全本全注全译丛书

中华经典名著

肖　航◎译注

白虎通义

中华书局

图书在版编目（CIP）数据

白虎通义/肖航译注. —北京：中华书局，2024.6（2025.3重印）.
—（中华经典名著全本全注全译）. —ISBN 978-7-101-16648-4

Ⅰ.B234.99

中国国家版本馆 CIP 数据核字第 20240CG036 号

书　　名	白虎通义
译 注 者	肖　航
丛 书 名	中华经典名著全本全注全译
责任编辑	王守青
装帧设计	毛　淳
责任印制	陈丽娜
出版发行	中华书局
	（北京市丰台区太平桥西里 38 号　100073）
	http://www.zhbc.com.cn
	E-mail：zhbc@zhbc.com.cn
印　　刷	北京中科印刷有限公司
版　　次	2024 年 6 月第 1 版
	2025 年 3 月第 2 次印刷
规　　格	开本/880×1230 毫米　1/32
	印张 16　字数 300 千字
印　　数	8001-13000 册
国际书号	ISBN 978-7-101-16648-4
定　　价	44.00 元

目录

前言

东汉建初四年（79），汉章帝召集当时一些著名儒生于洛阳白虎观讲论五经异同，这就是历史上有名的"白虎观会议"。这场会议由汉章帝亲自主持，参加者有魏应、淳于恭、贾逵、班固、杨终等。会议期间，五官中郎将魏应秉承皇帝旨意发问，诸儒作答，汉章帝亲自裁决，"考详同异，连月乃罢"。此后，会议讨论结果被编纂成《白虎通义》（简称《白虎通》），作为官方钦定的经典刊布于世。

一

该书得名与白虎观会议密切相关。白虎观位于东汉都城洛阳的北宫，其本身具有浓厚的象征意义与文化意蕴。这与东汉是一个完全沉浸于儒家氛围里的朝代有着密切的关系。西汉定都长安标志着刘邦集团在很大程度上承秦制，长安也更多被认为是霸业根基所在。而东汉选择定都洛阳，则鲜明地体现了东汉一朝对于儒家王道政治的向往。儒家所推崇的政治理想存于夏、商、周三代之治，东汉选择洛阳作为都城，宣告了自身试图继承上古三代的传统，故在实际政治中极为重视用儒家思想来教化引导民众。

东汉洛阳城本身的建筑设计也带有鲜明的儒家色彩。根据现在的考古资料可见，洛阳城位于东周王城的故址，在今洛阳市东三十里白马寺以东，北依邙山，南临洛水。城南北长九里七十步，东西宽六里十步，通称"九六城"，平面为长方形，有12座城门。洛阳城的总体布局是在纵向轴线上，依西汉旧宫经营南、北二宫，两宫相距一里，其间以三条复道相连。以后又陆续添建东、西二宫。北宫大规模修复于东汉明帝永平年间，先后历时五年。白虎观位于北宫，其具体规模形制已经不可考。一般而言，作为建筑物的"观"有两种意义：1.古代宫门外高台上的望楼，亦称为"阙"；2.楼观，宫廷中台榭之类高大华丽的建筑物。根据各类历史记载，东汉南、北两宫的建筑中名为"观"者，有北宫的增喜观、白虎观，南宫的东观、承风观，其中最为著名的是东观。东观是东汉时期设立于南宫中的藏书著述之地，史书中多有"校书东观"的记录。白虎观在《后汉书》中的记录只有三条："（章帝）建初元年，诏（贾）逵入讲北宫白虎观、南宫云台"，"（章帝）下太常、将、大夫、博士、议郎、郎官及诸生、诸儒会白虎观，讲议《五经》同异"，"（和帝）永元四年，帝移幸北宫章德殿，讲于白虎观"，这些记录共同说明了白虎观与皇帝参与讲学有着密切的关系。如果说东观的作用是以藏书校书等事业为主，那么可以说白虎观在东汉时期一般被作为经学讲学讨论的场所。

那么"白虎"有什么象征意义呢？为什么东汉一朝将讲论经学这类大事多放在白虎观中进行呢？史书并没有提出明确解释，清代惠士奇在《礼说》中有一种相对比较合理的解释："路寝制如明堂，面有四门。虎门者，路寝之西门也。西为成熟之方，学贵成熟，故小学在西，亦名西学。《祭义》云'食三老五更于大学，所以教诸侯之弟也；祀先贤于西学，所以教诸侯之德也'。大学在成均，则西学在虎门之左明矣。古者学在门，缪公学著人。《齐风·毛传》云'门屏之间曰著'。著人者《楚语》所谓'位宁有官师之典'，盖师氏、保氏也。师氏、保氏同居门左，各司王朝。保氏不言者，省文可知。或云南称门，北称闱，此臆说也。萧子良云'萧何以署书题苍龙白虎二阙'，不知据何书。后汉德阳殿，东门云龙，西门神虎。虎金兽也，故在西，则虎门为路寝，西门又何疑乎？家之学在门侧之堂，故国之学在虎门之左,此蔡邕所谓周官有门闱之学也。《左传·昭十年》'栾高与陈鲍相攻,遂伐虎门,晏平仲端委立于虎门之外',盖以虎门师保所居讲学视朝之地,故朝服立于其外欤?东汉有白虎观,肃宗诏诸儒论定五经同异于此,白虎门名于门,立观因以名之,盖取地官师氏虎门之义也。"

这段材料大致指出了"白虎"的三种内涵:一、与虎门有关。虎门是路寝的西门。路寝是帝王正殿所在,意指古代天子诸侯的正厅。西方象征着成熟,学贵成熟,因而西方也象征学术,故虎门意味着贤者所代表的学术。二、与五行中的白色相关。虎是一种金兽,属于西方,在东汉所尊奉的谶纬中有"《文耀钩》云:西宫白帝,其精白虎",虎门与白色是联系在一起的。三与师氏、保氏有关。《周官·地官》中对于师氏、保氏记载有明确分工,两者都担负着教导帝王的职责。前者在于以善道感召,以德行为主要教诲内容;后者在于劝谏过失,以道艺为主要教诲内容。他们都居于虎门左边,在这里对天子进行讲学、监督、劝谏。根据这种解释可见白虎观象征着学术,也象征着师氏、保氏等人的学术活动与政治职能。东汉章帝将讲经论道的活动安排在此地,不仅符合经书中的安排,而且具有丰富的象征意味。

这次会议召集者为皇帝,讨论在宫廷中进行了数月之久,仅仅看作是一种学术争论不足以解释这次会议。根据典籍所记载的与会学者基本情况,可以看出这次会议有几大特点:第一、与会者主要因其经学背景被召集,其中多通《诗》《尚书》《春秋》之人。其中特例是淳于恭,他的学术长项为《老子》。此次讨论会所牵涉的不仅限于经学,以《老子》为代表之道家思想并没有完全绝迹,从某种程度上显示了会议的政治意味多于学术意味。淳于恭本人也颇具儒者风范,他行为举止均符合礼,但其"进对陈政,皆本《道德》",据史书记载章帝对其讨论政事的言论也非常欣赏。第二、这次会议讨论所涉及的经学范围相当广泛,参会者有好几人都是博览书传之人。第三、这次会议尽管时间长,但规模应该不大。姑且不论现今可考者只有这十几人，仅就这些参加会议的学者具体情况来看亦如此。就地域而言，在会议召开前这些学者就已聚集于京城洛阳，没有任何外地学者加入。就这些学者当时职务而言，一系以太常为首，包括其所领博士；一系以光禄勋为首，包括大夫、中郎将；还有一系为负责宫廷宿卫的卫士令、校尉等。卢恭时任太傅府吏，所以云"特以经明得召"。这群人的共同特点在于，他们的活动范围主要是宫廷，很多人可以说是章帝很熟悉的人，如召驯曾为章帝侍讲，张酺、桓郁担任过章帝的老师。第四、这次会议并非学者的夸夸其谈、纸上谈兵，而是具有很强的政治实践意义。不仅因为有汉章帝、陈敬王等政治地位极高的人参与，还因为其他参与者中很多人兼具实际政治才干。他们不少人经明行修，仕途从郡县小吏等低级职位开始，经过了一番磨炼才进入中央。会议之后，张酺、丁鸿、鲁恭、魏应、召驯也担任了县令、太守等实际职务，为政一方。其中张酺虽是儒生，但是本传记载其"性刚断""擢用义勇，搏击豪强"等实际行政方式，其治理才能丝毫不逊于老练的文吏。最后，张酺、丁鸿、鲁恭甚至位至三公。在行政理民、治国安邦的事业中，他们自身的经历也充分践行了儒家的政治理想。

　　论者多倾向于将《白虎通》与《石渠议奏》对比，通过对比来说明该书的性质。史书所记载的石渠阁会议相关资料非常简略，现在只能依照唐代杜佑《通典》所辑与清代洪颐煊等撰集《石渠礼论》残存部分佚文，推测石渠阁会议之梗概。现存之《石渠议奏》与《白虎通》有很大文本差异，故学界一般公认：白虎观会议有《白虎议奏》与《白虎通》两种成果，一为详细的原始记录，记载下了所有讨论过程，类似于《石渠议奏》，即《白虎议奏》；一为经过章帝裁决后，史臣纂写的简略本，作为官方指导性文书，即《白虎通》。两者各有千秋，相得益彰。

　　章权才先生曾经分析过《白虎通》中"通"的意涵，他认为《白虎通》《白虎通义》《白虎通德论》三者都以"通"字相标榜，是"很关紧要的字眼"。他从三个角度来理解"通"字：一从地位上看，《白虎通义》是由

"皇帝钦定的阐发经义、阐发圣人之道的书";二从内容上看,"通过考详同异,使在各类经籍和有关书籍中找到了共同点,这就是所谓'通义'或'通德'";三从作用上看,"这部书据说不仅可以用之经纬社会,而且可以指导长远"。

总体而言,该书得名源于白虎观会议,会议成果有二,赞词有一。其中,《白虎议奏》是白虎观会议中积累下来的原始文件;《白虎通义》是史臣根据章帝的结论所纂写的文本,代表了治国的大经大法,《白虎通》为其简称。《白虎通德论》是班固所写的一篇关于白虎观会议及其成果的赞颂之辞,属于文学作品。

<h1 style="text-align:center">二</h1>

在各类目录中,对《白虎通》的作者有不同记录。如《隋书·经籍志》记载为《白虎通》六卷,不录撰者姓名;《旧唐书·经籍志》记载《白虎通》六卷,汉章帝撰;《新唐书·艺文志》记载的是班固等撰《白虎通》六卷。《四库全书总目提要》中认为《白虎通》为班固所撰写。作为文字流传物,尽管历来不同诠释者会给予文本不同的诠释向度,但最初作者是该流传物之意义的最先规定者,他的诠释对该流传物具有不可替代的作用。在这个意义上讲,《白虎通》意义的最先规定者是汉章帝,因而将汉章帝作为该书的作者也是情理之中,但是具体执笔者应该另有其人。下面紧接着要讨论的是,现在所看到的《白虎通》究竟是不是班固执笔?

班固(32—92)是东汉著名史学家、文学家,曾先后担任兰台令史、郎官、玄武司马等职务,长期活跃于东汉宫廷,是皇帝身边重要的侍读官员与政事参谋,对东汉前期的文化发展做出了杰出贡献。在史学界,他因《汉书》的写作与司马迁一起被并称为"班马"或"马班";在文学界,他创作了著名的《两都赋》等作品,与扬雄、张衡一起被称为"班扬""班张",也有人将他与马融并称"班马"。在后代,他的作品尤其是《汉书》

成为历代知识分子必读之书，以二十四史为代表的官修史书基本都沿袭了《汉书》的创作体裁；同时《汉书》在文学史上的地位也很突出，其语言雍容典雅、叙事生动客观，对后世的创作也产生了很大影响。

先来看相关材料：

　　1、《后汉书·班固传》："天子会诸儒讲论五经，作《白虎通德论》，令（班）固撰集其事。"2、《后汉书·肃宗孝章帝纪》："于是下太常，将、大夫、博士、议郎、郎官及诸生、诸儒会白虎观，讲议五经同异，使五官中郎将魏应承制问，侍中淳于恭奏，帝亲称制临决，如孝宣甘露石渠故事，作《白虎议奏》。"3、《后汉书·儒林列传》："建初中，大会诸儒于白虎观，考详同异，连月乃罢。肃宗亲临称制，如石渠故事，顾命史臣，著为通义。"4、《后汉纪·孝章皇帝纪》："是秋，诏儒会白虎观，讲五经同异，曰《白虎通》。"

由以上材料可以看出，明确和班固有关系的是《白虎通德论》，"通义"为"史臣"所著。班固是否就是文中所指的"史臣"呢？详考《汉书》里班固本传有：

　　固以彪所续前史未详，乃潜精研思，欲就其业。既而有人上书显宗，告固私改作国史者，有诏下郡，收固系京兆狱，尽取其家书。先是扶风人苏朗伪言图谶事，下狱死。固弟超恐固为郡所覈考，不能自明，乃驰诣阙上书，得召见，具言固所著述意，而郡亦上其书。显宗甚奇之，召诣校书部，除兰台令史，与前睢阳令陈宗、长陵令尹敏、司隶从事孟异共成《世祖本纪》。迁为郎，典校秘书。固又撰功臣、平林、新市、公孙述事，作列传、载记二十八篇，奏之。帝乃复使终成前所著书……固自永平中始受诏，潜精积思二十余年，至建初中乃成。当世甚重其书，学者莫不讽诵焉……及肃宗雅好文章，固愈得幸，数入读书禁中，或连日继夜。每行巡狩，辄献上赋颂。朝廷有大议，使难问公卿，辩论于前，赏赐恩宠甚渥……后迁玄武司马。天子会诸儒讲论五经，作《白虎通德论》，令固撰集其事。

这里有几点：一、班固修《汉书》原属于私人行为，所以才会被人以"私改作国史"的名义告发并因此被逮捕。后来因祸得福，他这种修史行为得到了汉明帝的认可，方才掺杂官方色彩。二、在东汉，修史一事可由各种官员兼职。班固被安排"与前睢阳令陈宗、长陵令尹敏、司隶从事孟异共成《世祖本纪》"，他写作《世祖本纪》是与另外三人合作，其余三人当时另有其他明确的行政职务。在东汉并无专门职官负责修史，其史官制度并不健全。这体现在以下几点：首先，并无专职史官，即便太史令也不负责修史。《后汉书·百官志》中有太史令"掌天时、星历。凡岁将终，奏新年历。凡国祭祀、丧、娶之事，掌奏良日及时节禁忌。凡国有瑞应、灾异，掌记之"，太史令主要掌握的是天文历法和记录灾异祥瑞等事件，并无著作史书的职责。其次，并无专门的修史场所。汉明帝时著述机构为"兰台"，这是汉朝宫内藏书之所，因其资料丰富等便利条件也是官员修史之处，但"兰台令史"也并非史官职务。《后汉书·百官志三》中很明确地说"兰台令史，六百石。本注曰：掌奏及印工文书"，可见其职务主要是掌官奏议、文书、印章等事务。《后汉书》相关记载中也体现了这一点，如《后汉书·祭祀志上》有"二月，（光武帝）上至奉高，遣侍御史与兰台令史，将工先上山刻石"，这里兰台令史是带着工匠到山上刻石。在当时，兰台令史多为有文才的人担任。傅毅即为一明证，史云"建初中，肃宗博召文学之士，以毅为兰台令史，拜郎中，与班固、贾逵共典校书。毅追美孝明皇帝功德最盛，而庙颂未立，乃依《清庙》作《显宗颂》十篇奏之，由是文雅显于朝廷"。傅毅的主要事迹为校书作颂，并无修史之事。这样的还有孔僖、班超等人，其事迹具在《后汉书》本传中。第三、班固在白虎观会议召开时已经迁任"玄武司马"，这不是文学性的职务。《后汉书·百官志二》有"宫掖门，每门司马一人，比千石……玄武司马，主玄武门……右属卫尉"，这一职务主要在于负责宫廷警卫。章帝时期，卫尉系统的官员很多。因为他们的活动范围主要为宫廷，其中也有一些人参与礼乐制作、文学著述之事，如前文提到的贾逵当时就是南官卫士令。因此,班固不一定是纂写《白虎通》的史臣,纂写者可能另有其人且可能不止一人,但班固对此书的重要贡献是不容抹杀的。

三

两汉时期,学术文化以经学兴盛为主要标志。以现代学术眼光来看,先秦诸子百家争鸣,中华民族由原始宗教的蒙昧走入理性主义的清明,这些现象都多么令人欢欣鼓舞。而到了汉代,以经学为标志的思想界却再度陷入神学的迷狂中,被后世思想家们指责为理性的倒退,其中清醒者只有扬雄、王充等为数不多的知识分子而已。在宋明理学时期,以朱熹为代表,不少理学家都认为按儒家道统而言,孟子之后,汉唐一千五百年间都是"人欲流行"的时代,"只是架漏牵补,过了时日",思想上无可称述。在清代朴学时期,朴学家们认为汉代一朝的学术,除了许慎、郑玄之学值得推许并可尊为典范之外,其余似乎都不足为观。

而与思想史对于汉代的贬抑形成鲜明对照的是,至今我们都不得不承认汉代是一个壮志飞扬又瑰丽多彩的时代,作为历史上盛世的代表,其流风余韵至今让人追慕不已。不论是汉高祖的匹夫仗剑夺天下,汉武帝的横绝大漠远征匈奴,抑或新朝王莽打着周公的幌子堂而皇之篡夺皇位,党锢名士之任情肆意、激扬名声,粉墨登场的各种人物、因缘际会的非凡事功、波澜壮阔的历史画面,都包含着启迪后世的无穷智慧。每当朝代更替、农民起义之时,革命者多推崇刘邦;每当受到异族攻击,尤其是割地赔款、屈辱求和之时,人们不由自主会神往当年卫青、霍去病封狼居胥的风采;每当权臣打着"和平过渡"的旗号篡夺最高政权之时,哪一个没有或明或暗地使用过两汉之际王莽的种种伎俩;而党锢清流士人之高尚气节,评劾裁量公卿,更是开创了一代又一代知识分子所羡慕的自由境界。

言及两汉思想或学术,"两汉经学"作为习惯性的概括描述,往往会遗漏历史的种种细节,也不足以诠释所有思想的具体流变。谈及汉代思想，一般以西汉为主，东汉末期因为和三国紧密相关往往被划至魏晋南北朝研究之中，东汉尤其是东汉前期被研究者关注的很少。以徐复观三卷本的《两汉思想史》为例，西汉的种种著作与人物是他重点描述的对象，对东汉仅仅涉及了王充的《论衡》、班固的《汉书》，这种研究体现了两汉思想史研究中的一种偏重。事实上，西汉与东汉的思想有着很大不同。西汉刘邦集团在政治制度上继承秦制，在思想上承接的也是战国时期诸子百家争鸣的余绪，黄老思想、儒家思想、法家思想各有其活动余地。在这种情况下，儒家思想在西汉发展经历了种种曲折反复。即便在董仲舒提倡"罢黜百家，独尊儒术"后，儒学的真正兴盛也要等到西汉中后期才慢慢实现。随着西汉政治危机的加深，王莽在试图完全实行"王道"的呼声中上台，他力图将当时儒家的政治空想强行推之于现实，但因抛弃了实际政治应该具备的理性精神而造成了社会各阶层的极大痛苦。东汉建国之后，紧承西汉中后期儒学发展的良好势头，儒家思想因社会各阶层的广泛尊崇很自然地渗透到了社会生活的各方面，那个时代所具有的"儒者气象"为后世所津津乐道。清代史学家赵翼讲："西汉开国功臣多出于亡命无赖，至东汉中兴，则诸将帅皆有儒者气象，亦一时风会不同也……光武诸功臣大半多习儒术，与光武意气相孚合。盖一时之兴，其君与臣本皆一气相钟，故性情嗜好之相近有不期然而然者，所谓有是君即有是臣也。"整体而言，东汉儒风更为纯粹，儒学传播更为广泛，儒家思想对政治实践社会生活影响更为深远，这些都是西汉社会所未曾有过的景象。

其次，"经学"一词也需深究。现代说"经学"基本指以十三经为代表的传统学术。但若要论传统社会中"经学"的含义，朱维铮先生的定义颇有一定代表性，他认为"特指中国封建时代的统治学说。具体地说，它特指西汉以后，作为封建主义的理论基础和行为准则的学说"。他还列举了经学所需要具备的三个条件："一、它曾曾经支配中国封建时代的思想文化领域；二、它以封建政府所承认并颁行标准解的'五经'或其他经典作为理论依据；三、它具有国定宗教的特征，即在实践领域中，只许信仰，不许怀疑。"（朱维铮：《中国经学与中国文化》，《复旦学报》社会科学版1986年第2期）而若将经学的范围扩展到稍微宽泛一点，则正如张广保先生所言，经学"是一套具有中国特色的融思想与制度于一体的文化创造。它凝结了中国先民古老的政治道德智慧，是他们漫长的政治社会实践经验的总结。简单地说，经学乃是以意义信仰为归依，以经世致用为目的，以道德践履为手段的一套价值制度体系"（张广保：《〈白虎通义〉制度化经学的主题思想》，收入姜广辉主编《经学今诠三编》，辽宁教育出版社2002年版）。若要用这样的定义来考察两汉经学，西汉并不能称为纯粹的经学时代。汉昭帝时盐铁论会议中以桑弘羊为首的御史大夫一系曾对当时以经学为核心的儒家思想发出种种质疑，汉宣帝在训斥太子刘奭（汉元帝）时所言"汉家自有制度，本以霸王道杂之，奈何纯用德教、用周政乎"等一些例子都可以证明经学在西汉时期远未达到支配整个思想文化领域的程度。直到东汉，经学才真正具备了上述三个条件。

东汉前期，人们所关注的最大现实问题即是怎样才能将儒家思想与政治现实结合起来，什么样的儒家思想才能够有效维护社会秩序。一直等到汉章帝时期，经过白虎观会议的反复讨论，汉章帝亲自裁定，朝廷上下就"儒家思想如何用以指导现实"这一问题才基本达成了共识。而《白虎通》正是经学制度化、儒学实践化的重要里程碑。

《白虎通》作为经学文本，与后世看到的经学注疏文本有极大不同，其特点也非常鲜明。可以概括为三：一、在文本组织结构上，"以礼名为纲，不以经义为区"，纲举目张，有总有分，秩序井然。其贯群经，《诗》《书》《礼》《易》《春秋》均被揽括；其言礼制，上至天子下至庶人，婚冠丧祭无所不包；其研礼意，不仅明确具体礼节仪文在现实中的含义，而且深入探索每项礼制最初设立之本义；其论实践，针对现实需要，论述完整清晰，使得实际操作有章可循、有理可依，是我国礼学史上第一部既考礼制又深研礼意，既贯穿群经又自成体系，既有理论观点又能够具体指导实践的礼书,其后以《通典》为代表的专门礼仪制度史在某些方面可以说是继承了《白虎通》"论礼"的传统。二、在行文方式上,"设主客之问,望似繁碎,其实简明"。《白虎通》的问答式对话以现实需要为指导,以达到实用效果为目的,具有强烈的现实感和时代意义,是非常严肃而深刻的一种对话。三、在语言特点上,"一字而深穷意义",融合了汉代今文经学所推崇之章句与古文经学所推崇之训诂两种经学阐释方法。《白虎通》对于各种规范意义的阐释蕴含了价值判断,它所要提供的是政治生活的一般准则与导向性知识。它之所以具有种种与一般经学文本不同的特点,是因为其并非仅仅就经学而讨论经学,而是有着重要的政治目的与政治意义,对中国传统政治思想有着非常深远的影响。

四

随着历史时代的变迁,具体社会生活情境的变化,在很长一段时间里,《白虎通》一直被视为类似于《说文》《尔雅》之类的经学字典。即使有人注意到其思想性或现实意义,也只将该书归为礼学经典或是诸子百家之流。这些变化从该书在传统目录学中地位的升降就可见一斑:《隋书·经籍志》中该书被列为"经部",与《尔雅》诸书并列—《旧唐书·经籍志》中被归为"七经杂解"类—《宋史·艺文志》中被归为"经部经解类"—《四库全书总目提要》被归为"子部·杂家"类—《书目答问补正》被归为"经部·礼类"。

大体而言,在《隋书·经籍志》中《白虎通》作为经学解释的参考文献放在"经部"是合适的,但与其同时被作为经学解释文献的《尔雅》,后来地位被提升为"十三经"中的一种,而《白虎通》仅仅成为了众多经学解释文献中的一种,这就显出了该书地位的某些变化。到了清代,该书被归为"子部·杂家"而排除出了"经学"类别,这也是该书地位下降的一种标志。这种目录学的归类影响了研究者相应的态度。

近代以来,因反封建反压迫等现实需要,社会上的时代思潮一直以批判宗教神学、批判等级制度、反对纲常名教、要求个人自由与国家独立自主为主流,故《白虎通》在相当长一段时间内常被作为封建法典和宗教神学批判。20世纪80年代,学者开始发掘其更深层次的内涵。林丽雪认为其意义在于引经书定礼制作为治国凭借,礼制人伦的制定才是最主要的目的。通过辨析,她指出"三纲"在当时仍有团结而非压制的意义,后发展为专制的护符也非班固等人的原意。余敦康则回顾了今古文经学和谶纬三派的相继出现与斗争,指出各派在"君臣之正义,父子之纲纪"的基础上建立了统一经学的认识,该书是一部简明扼要的经学百科全书,标志着统一经学的建立。金春峰则认为该书基本是一部经学名词汇编,已清除了谶纬中许多简单粗糙的神学说教,学术性在书中占主导地位。但他认为白虎观会议作为统一学术思想的会议彻底失败了,从实质看来是经学走向破产的标志。祝瑞开则指出该书把封建纲常明确规定为"三纲六纪",使"三纲"更具体完备,其性情学说是对《礼记·乐记》中天理人欲思想的进一步阐述,对宋儒"存天理去人欲"的思想产生了影响。他还特别注意到该书与东汉实际政治制度的具体关联。章权才认为白虎观会议的目的是重建统治思想,作为皇帝钦定阐发经义和圣人之道的《白虎通》不仅可以用之经纬社会,而且可以指导长远。葛兆光则为该书所含有的天人感应、阴阳五行等学说作出了合理解释,他认为叙述这些宇宙法则是为了论证人间秩序。张广保认为白虎观会议从某种程度上说相当于东汉一代的制宪会议,该书凝聚了当时经学大师的集体智慧又经汉章帝"称制临决",在东汉具有宪法的地位,为章帝之后的东汉诸帝确立了施政理国的大经大法,该书对经学由单纯理论体系到制度体系的跨越具有决定性的意义。李宗桂则认为该书以阴阳五行理论为基础,对董仲舒之后的经学中所宣扬的君权神授、天人感应等理论做了总结和发挥,重点论述了封建社会政治秩序和自然秩序的合理性和神圣性,确立了以"三纲六纪"为主的封建道德观。

　　就其各方面特点而言,《白虎通》更应该被视为经学、儒学、两汉哲学中的重要政治文献。首先，白虎观会议本为一场政治性会议，其召集者为汉章帝，与会者多为朝廷大臣，讨论主要针对的是合适的政治理念、有效的社会规范、权力合法性、政府职能等现实政治问题。其次，在《白虎通》中得以成型确立的"三纲六纪"等一系列的政治思想对整个中国传统社会政治实践影响相当深远，这是需要进一步分析阐释的。而且《白虎通》政治思想确立时，尚未受到外来佛教等其他思想的影响，具有浓厚的中国本土特色。该书确立了经学中具有普遍意义的形而上学基础，表达了种种独具特色的政治理念，代表了中国本土固有文化中政治思想的独特个性与魅力，这些都是值得进一步发掘考察的。

自东汉以来千百年间，史书及私人藏书目录多将《白虎通》归于"经解"类文献，这与其曾是皇家文献的性质有关，也与谶纬的命运有着很大联系。梁武帝天监年间、隋文帝开皇时期对谶纬大规模的禁止、烧毁对《白虎通》的流传有很大影响，"大概到晋宋以后，白虎议奏部分主减三十了。只有《白虎通义》还流传着，唐宋时期被刻印成书。但后来经过宋金多年战火，文献书籍又遭损失"。一直到元大德九年（1305），东平张楷得到刘世常家藏《白虎通德论》后，称"平生欲见其完书未之得也"，遂"镂板以广其传"。这便是我们现在所说的元大德本。明、清以后刻印的《白虎通》，大致都是出于这一版本。有了《白虎通》的文本，后世研究才有了基本的文献依据。自乾隆年间，卢文弨集清儒十余人，校正《白虎通》（见《清史稿》本传）之后，始有庄述祖《〈白虎通义〉考》、孙诒让《〈白虎通义〉考》。句容陈立"初治《公羊》也，因及汉儒说经师法，谓莫备于《白虎通》。先为疏证，以条举旧闻、畅隐扶微为主，而不事辨驳，成《白虎通疏证》十二卷"（见《清史稿》本传），是目前《白虎通义》最好的校释本。清末至民国时期，刘师培是相关研究之集大成者，他著有《〈白虎通义〉源流考》《〈白虎通德论〉补释》《〈白虎通义〉阙文补订》《〈白虎通义〉佚文考》《〈白虎通义〉斠补》《〈白虎通义〉定本》。1931年，洪业的《〈白虎通〉引得》为后人的研究提供了极大的方便。

　　本书正文文字以《白虎通疏证》为准，采用光绪元年淮南书局刊本为底本，分卷也以该底本为准，参考中华书局1994年出版、吴则虞点校的《白虎通疏证》（"新编诸子集成"本，书中简称"新编"）、国家图书馆出版社2019年影印本《元本白虎通德论》（书中简称"元本"）等。每篇均包括题解、正文、注释、译文四部分。因为该书牵涉经学问题众多、引用经学文献也非常广泛，有些文献散佚不可考，难免有谬误和不足，敬请诸位时贤俊彦批评指正。

肖　航

2024年5月

卷一

爵

【题解】

本篇题名为"爵",共计十条,都是在讨论爵禄分封的问题。第一条明确指出"天子"是一种爵称。第二条讨论了爵位究竟是分为三等还是五等,说明了不同区分方式背后隐含的深意。第三条讨论朝廷设置爵位是有等级高低差异的。第四条提出了天子诸侯的太子在获得爵位前也属于一般的士。第五条提出妇女没有爵位分封的观点。第六条讨论为什么将庶人称为匹夫,强调了一夫一妻制度的重要性。第七条讨论要在朝廷公开授予爵位,在宗庙正式分封诸侯。天子诸侯不能独断专行,私自授予他人爵禄。第八条讨论对去世的大夫要不要追封的问题及其相应的丧葬待遇。第九条讨论诸侯父子相继、世代承袭爵位的具体程序。第十条讨论太子在先君去世后,如何即位、何时改元等问题。

《白虎通》将"爵位"作为首要问题提出来,这是符合儒家"正名"为主的政治思想的。孔子明确提出过"名不正则言不顺,言不顺则事不成,事不成则礼乐不兴,礼乐不兴则刑罚不中,刑罚不中则民无所措手足"(《论语·子路》)。获得某种爵位,就应当体现相应的德行,承当相应的职责,这是儒家政治理想中"以德治国"思想的关键所在。其中比较特别的是,明确指出"天子"只是上天在人间设置的一个爵位。关于"天子"是否属于爵称的这个问题,儒家经传中存在着大量的争论。《礼记·王制》只承认五等爵,对天子是否亦为一级爵缺乏论述。《左传》《周官》也认为天子并非爵位。孟子却在序列古代班爵制度时,明确将天子与公、侯、伯、子、男都列为"一位",其云"天子一位,公一位,侯一位,伯一位,子、男同一位"(《孟子·万章下》)。孟子的这种思想与其一贯的民贵君轻主体思想相呼应。荀子则明确规定了天王在政治体制整体中的职责,将其视为与辟公、冢宰、司寇、治市、工师、乡师、虞师、治田、司空、太师、司马、司徒等职官一样的职位,归为全部政府结构中的一个环节,其述天王之职云:"全道德,致隆高,綦文理,一天下,振毫末,使天下莫不顺比从服,天王之事也。"(《荀子·王制》)《白虎通》所继承的就是孟子、荀子等儒家先贤这一极富民本色彩的思想。

　　1.1　天子者①,爵称也②。爵所以称天子何?王者父天母地,为天之子也。故《援神契》曰③:"天覆地载,谓之天子,上法斗极④。"《钩命决》曰⑤:"天子,爵称也。"帝王之德有优劣,所以俱称天子者何?以其俱命于天⑥,而王治五千里内也⑦。《尚书》曰⑧:"天子作民父母,以为天下王⑨。"何以知帝亦称天子⑩?以法天下也⑪。《中候》曰⑫:"天子臣放勋⑬。"《书》亡逸篇曰⑭:"厥兆天子爵⑮。"何以皇亦称天子也⑯?以其言天覆地载,俱王天下也。故《易》曰"伏羲氏之王天下也"⑰。

　　右论天子为爵称。

【注释】

　　①天子:古以君权为神授,谓君主秉承天意治理人民,故称"天子"。

《诗·大雅·常武》有"徐方既同，天子之功"，《礼记·曲礼下》有"君天下曰天子"。

②爵：原来为酒器，主要用来饮酒行礼，因为用爵行礼有尊卑贵贱之别，后来引申为"爵禄"之意。

③《援神契》：《孝经》纬书篇名。纬书是依托儒家经义宣扬符箓瑞应占验之书，相对于经书，故称"纬"。

④法：效法。斗极：北斗星与北极星。《晋书·天文志上》："斗为人君之象，号令之主也。"又："北极，北辰最尊者也，其纽星，天之枢也。"后来一般用"斗极"喻指皇帝或帝王。

⑤《钩命决》：《孝经》纬书篇名。

⑥命：禀受天的命令。

⑦五千里：泛指很大范围。里，长度名。古以三百六十步为一里，今以五百米为一里。

⑧《尚书》：六经之一，是第一部上古历史文件和部分追述古代事迹著作的汇编，保存了商周特别是西周初期的一些重要史料。相传由孔子编撰而成，但有些篇目是后来儒家补充的。西汉初存29篇，因用汉代通行的文字隶书抄写，称"今文尚书"。另外相传武帝时鲁恭王坏孔子宅，从孔壁中发现了"古文尚书"，现只存篇目和少量佚文，较《今文尚书》多16篇。但是流传至今的《古文尚书》，据专家考证乃是东晋梅赜所献的伪《古文尚书》，较《今文尚书》多25篇。通行《十三经注疏》里面的《尚书》是《今文尚书》和伪《古文尚书》的合编本。

⑨天子作民父母，以为天下王：语见《尚书·洪范》篇。作，为，担任。

⑩帝：古人认为德合天地的才能称为"帝"，后来逐渐变成对最高统治者的称呼。

⑪法：作为标准、模式。

⑫《中候》：《尚书》纬书名。

⑬放勋：上古圣王尧的号。

⑭《书》亡逸篇：据陈立《白虎通疏证》考证，"亡"为衍字。

⑮厥兆天子爵：开始以"天子"为爵禄。厥，助词，无意义。兆，原为甲骨上预示吉凶的裂纹，这里指开始。

⑯皇：本意为大地之上闪烁的太阳，秦始皇称帝之后开始变成最高统治者的称呼。

⑰《易》：《周易》，内容包括《经》和《传》两个部分。《经》主要是六十四卦和三百八十六爻。卦和爻各有说明，也就是卦辞、爻辞。《传》包括《彖》上下、《象》上下、《文言》《系辞》上下、《说卦》《序卦》《杂卦》共十篇，故称《十翼》。一般认为《周易》的重卦出自周文王之手，卦爻辞为周公所作，《十翼》为孔子所撰。伏羲氏之王天下也：语见《周易·系辞下》："古者包牺氏之王天下也，仰则观象于天，俯则观法于地，观鸟兽之文，与地之宜，近取诸身，远取诸物，于是始作八卦，以通神明之德，以类万物之情。"伏羲氏，华夏民族人文始祖。

【译文】

"天子"是一种爵称。为什么将这个爵位称为"天子"呢？作为人间的王者，他以天为父亲，以地为母亲，是天的儿子。所以《援神契》里讲："由天空所覆盖、大地所承载的人，称为'天子'。天子的存在是效法天上的北斗星和北极星的。"《钩命决》里讲："天子是一种爵称。"作为帝王，与生俱来的道德品行有好坏之分，为什么都可以被称为"天子"呢？那是因为他们都禀受了天的命令，作为王者统治五千里以内的地方。《尚书》里讲："天子能够为民父母，所以能作天下的王。"为什么知道"帝"也可以称为天子呢？那是因为他是天下效法的榜样。《中候》里面讲："天子挚以尧作为自己的臣子。"《尚书》逸篇里面讲："开始以'天子'作为爵位。"为什么说"皇"也可以称天子呢？因为"皇"是说由天空所覆盖、由大地所承载，都是作王的人。所以《周易》里面讲"伏羲氏称王天下"。

以上论述"天子"是一种爵称。

1.2　爵有五等，以法五行也①。或三等者，法三光也②。或法三光，或法五行何？质家者据天③，故法三光。文家者据地④，故法五行。《含文嘉》曰⑤："殷爵三等，周爵五等。"各有宜也⑥。《王制》曰⑦："王者之制禄爵，凡五等⑧。"谓公、侯、伯、子、男也。此据周制也。《春秋传》曰⑨："天子三公称公，王者之后称公，其余大国称侯，小者伯、子、男也⑩。"《王制》曰："公侯田方百里⑪，伯七十里，子男五十里。"

【注释】

①五行：金、木、水、火、土。在中国古代思想中，这是构成各种物质和事态的五种元素，与西方古代的地、水、火、风四元素学说类似，是一种朴素而抽象的哲学思想。

②三光：日、月、星。

③质家：指崇尚平实质朴风气的人士、学派或者时代。如《春秋公羊传·隐公元年》"立嫡以长不以贤，立子以贵不以长"，汉代何休注："嫡子有孙而死，质家亲亲，先立弟。文家尊尊，先立孙。"

④文家：崇尚礼仪节文的人士、学派或者时代。

⑤《含文嘉》：《礼》纬书篇名。

⑥宜：合适，相称。

⑦《王制》：《礼记》篇名。

⑧凡：总计，总共。

⑨《春秋传》：此指《春秋公羊传》。儒家经典《春秋》三传之一。相传其作者为子夏的弟子、战国时齐人公羊高。

⑩"天子三公称公"数句：语见《春秋公羊传·隐公五年》。三公，据《尚书大传》《礼记》等经典，西汉今文经学家认为"三公"指司马、司徒、司空；古文经学家则据《周礼》以"三公"为太师、太傅、太保。

⑪田：禄田，指收取租税作为俸禄的土地。

【译文】

爵位分为五个等次，用以效法金、木、水、火、土五行。有的分为三等，这是效法日、月、星三光。为什么有的时代效法"三光"，有的时代效法"五行"呢？崇尚平实质朴风气的时代，以天为制度的依据，所以效法"三光"。崇尚礼仪节文的时代，以地为制度的依据，所以效法"五行"。《含文嘉》里面讲："殷代的爵位分为三等，周代的爵位分为五等。"每个时代有各自相应的爵位制度。《王制》里面讲："帝王制定爵禄，总计分为五等。"这是指公、侯、伯、子、男五等。这是根据周代制度。《春秋传》里面讲："天子朝廷里的三公称为'公'，前代君王的后裔称为'公'，其余大国的君主称为'侯'，小国的君主称为'伯''子''男'"。《王制》里面讲："公、侯的禄田一百里见方，伯的禄田七十里见方，子、男的禄田五十里见方。"

所以名之为公侯者何？公者，通也。公正无私之意也。侯者，候也。候逆顺也①。人皆千乘②，象雷震百里所润同③。伯者，白也。子者，孳也。孳孳无已也④。男者，任也⑤。人皆五十里。

【注释】

①候：伺望。

②千乘（shèng）：形容兵车很多。乘，车子。春秋时多指兵车，包括一车四马。

③象雷震百里所润同:《仪礼疏》引郑玄注有"雷发声闻于百里,古
　者诸侯之象。诸侯之出教令,能警戒其国疆之内,则守其宗庙社
　稷,为之祭主,不亡其匕与凷也"。

④孳孳:形容勤勉不息的样子。孳,通"孜"。

⑤男者,任也:《周礼·职方氏》郑玄注有"男,任也。任王爵"。上
　古音中,"男"与"任"乃叠韵字,此处是叠韵为训。任,任功立业。

【译文】

　　把他们称为"公"或"侯"的原因是什么呢?"公"的意思是"通",
象征他们公正无私的德行。"侯"的意思是"候",表示他们要伺望天意,
看各种政策是顺应还是违背天意。公侯之家都拥有多辆兵车,象征着他
们治理百姓的范围如同震雷惊闻百里,能将雨露广泛地滋润大地。"伯"
的意思可以解释为"明白于德"。"子"的意思可以解释为"孳孳不息",
形容获得"子"爵的人勤勉的样子。"男"的意思可以解释为"任功立
业"。获得"子""男"两种爵位的人所受封的禄田都是五十里见方。

　　差次功德①。小者不满为附庸②。附庸者,附大国以名
通也③。百里两爵,公侯共之。七十里一爵,五十里复两爵
何? 公者,加尊二王之后④;侯者,百里之正爵⑤。上有可
次,下有可第⑥,中央故无二。五十里有两爵者,所以加勉进
人也⑦。小国下爵⑧,犹有尊卑,亦以劝人也⑨。

【注释】

①差次:分别等级次序。功德:功业与德行。

②附庸:禄田不足五十里见方的小诸侯,不直接受命于天子,而归属
　于附近的大诸侯,叫做"附庸国"。

③附:依附。通:通达于上。

④二王之后：周武王在建立周朝之后，为了巩固统治，按照"兴灭
　　国，继绝世"的道理，在分封诸侯的同时，把殷商的后裔封到宋
　　国，把夏朝的后裔封到杞国，此为"二王之后"。

⑤正：合适。

⑥上有可次，下有可第："新编"及"元本"均作"上可有次，下可有
　　第"。"公""侯"两种上等爵位，"子""男"两种低等爵位，都是为
　　了显示一定的尊卑秩序差别。次，次序。第，等级。

⑦勉：勉励，劝勉。进：荐引。

⑧下爵：低等的爵位。

⑨劝：勉励，奖励。

【译文】

　　爵禄分封都是为了将人们的功业德行区分出等级次序。如果分封的禄田少于五十里，只能作附庸国。附庸国从属于邻近的大国，通过所依附的大国将本国的名号上达于天子。禄田百里见方的有两种爵位，"公"和"侯"都属于此类。"伯"分封七十里见方的禄田，为什么"子""男"两种爵位都是分封五十里见方的禄田呢？"公"的爵位是为了特别尊显前代君王的后裔，"侯"是分封百里见方禄田的爵位。"公""侯"两种为上等爵位，"子""男"两种为较低等的爵位，这是为了显示一定的差别次序。"伯"因为处于五等爵位的中央，所以只有一种。"子""男"受封五十里见方的禄田，是为了勉励劝导更多的士人为国效力。小国的爵位仍有尊卑等级差异，也是为了劝勉士人勤于政务。

　　殷爵三等，谓公、侯、伯也。所以合子男从伯者何？王者受命，改文从质，无虚退人之义①，故上就伯也②。《尚书》曰"侯甸任卫作国伯"③，谓殷也。《春秋传》曰："合伯、子、男为一爵④。"或曰："合从子⑤，贵中也。"以《春秋》名郑忽，

忽者,郑伯也。此未逾年之君,当称子,嫌为改伯从子,故名之也⑥。

【注释】

①退:屏退。

②就:归于。

③侯甸任卫作国伯:语见《尚书·周书·酒诰》,今本《尚书》原文为"侯、甸、男、卫、邦伯"。古代王畿外围,以五百里为一区划,由近及远分为甸服、侯服、绥服(一曰宾服)、要服、荒服,合称"五服"。服,服事天子之意。王畿以外的侯、甸、男、卫称"外服",封在外服的是正式的国家。"内服"指王畿以内的政务官、事务官和军事官。

④合伯、子、男为一爵:语见《春秋公羊传·桓公十一年》。原文作"《春秋》伯、子、男一也,辞无所贬"。何休注:"合伯、子、男为一,一辞无所贬,皆从子,夷狄进爵称子是也。"

⑤从:依从,依顺。

⑥"以《春秋》名郑忽"几句:都是在讲《春秋》为何直接称呼郑昭公的名字,称其为"郑忽"。郑忽本有"伯"这个爵位,但因当时是刚刚即位不满一年的君主,所以暂时将"伯"称为"子",这样比较符合礼制。郑忽,郑昭公(?—前695),姬姓,郑氏,名忽,春秋时郑国第四任及第六任君主,郑庄公长子,郑厉公兄。逾年,谓时间超过一年。嫌,避忌。

【译文】

殷代的爵禄分为三等,为公、侯、伯。把"子"和"男"都归入"伯"这一爵位的原因是什么呢?原因在于商朝帝王重新承顺天命,要改变前朝崇尚礼仪节文的风尚回归平实质朴,但又不能凭空屏退那些对国家有贡献的人,所以将这一类爵位都定在"伯"这个比较高的等次。《尚书》里面讲"王畿外围的侯、甸、男、卫这些诸侯",这是殷商时期的制度。《春秋公羊传》里面讲:"将伯、子、男合为一个爵位。"有一种看法认为:"将这些爵位都合成'子'这个爵位,这里取'伯''子''男'中间的'子'这个爵位是体现崇尚中道的传统。"在《春秋经》里面将郑昭公称为"郑忽",他本来是有"伯"这个爵位的,但因刚即位不满一年,应当称为"子",这里将"伯"称为"子",所以这么称呼他。

地有三等不变,至爵独变者何? 地比爵为质①,故不变。王者有改道之文,无改道之实。殷家所以令公居百里,侯居七十里,何也? 封贤极于百里②,其改也③,不可空退人,示优贤之意④,欲褒尊而上之⑤。何以知殷家侯不过七十里? 曰:土有三等,有百里,有七十里,有五十里。其地半者其数倍⑥,制地之理体也⑦。多少不相配⑧。

右论制爵五等、三等之异。

【注释】

①质:本质,根本。

②极:至,达到最高限度。

③其改也:夏代公、侯都能分封百里见方的禄田。商代为了尊崇获得公爵的人,对夏代的分封方式有所改变,获得公爵的人分封百里、获得侯爵的人分封七十里禄田。

④优:优待。

⑤上:崇尚。

⑥半:减半。

⑦制:分割,分封。理体:道理法则。

⑧多少不相配:爵位的高低和分封禄田的多少应该是相称的。根据卢文弨考证这里"不"应该作"亦"。

【译文】

禄田的分封只有一百里、七十里、五十里三种等次,为什么爵位会有五种等级差异呢?禄田相较于爵位而言是更根本的,所以禄田的等次保持质朴的本色。帝王只改变体现道的表现形式,但不会改变道的实质。殷商时期为什么会让"公"拥有百里见方的禄田,侯有七十里见方的禄田呢?分封贤臣最多只能是百里见方的禄田,当时已经有所改革,不能凭空屏退其他有功德的人。为了表示优待贤臣,所以特别尊显获得公爵的人,让他们拥有百里见方的禄田。那又怎么知道商代的侯分封不过七十里见方的禄田呢?有人认为:分封的土地有三等,分别是一百里、七十里、五十里。如果将所分封的禄田规模缩小一半,其设置的数量便可以成倍增加,这是分封土地的规则。爵位的高低和分封禄田的规模应该是相称的。

以上论述爵位分为五等和三等的区别。

1.3 公卿大夫何谓也?内爵称也①。内爵称公卿大夫何?爵者,尽也。各量其职,尽其才也。公之为言公正无私也。卿之为言章也②,章善明理也③。大夫之为言大扶④,扶进人者也⑤。故传曰⑥:"进贤达能⑦,谓之卿大夫。"《王制》曰:"上大夫卿。"士者,事也。任事之称也。故传曰:"通古今,辩然否,谓之士。"何以知士非爵?《礼》曰"四十强而仕"⑧,不言"爵为士"。至五十爵为大夫⑨。何以知卿为爵也?以大夫知卿亦爵也。何以知公为爵也?《春秋传》曰:"诸侯四佾,诸公六佾⑩。"合而言之,以是知公卿为爵。

【注释】

①内:古代王畿之内,这里指服务于天子的朝廷。

②卿之为言章也:"卿"可解释为"章"。这里用的是古音的音训,"卿"在上古汉语中发音与"章"是同声母的。

③章:彰显。

④大夫之为言大扶:之为言,这是训诂学中表示"声训"的固定搭配,即释者和被释者之间在读音上相通,有时是同音关系,有时是双声叠韵的关系。这里"夫"和"扶"就是双声叠韵字。扶,扶掖。

⑤进:引荐。

⑥传:当时流行的传注。"传"指传述,原本指阐述儒家六经文义的书,如《左传》《公羊传》《穀梁传》、西汉毛亨《毛诗故训传》等。后来也用作一般的注释名称,如南宋朱熹《诗集传》。

⑦达:使人显贵。

⑧四十强而仕:语见《礼记·曲礼上》。强,壮健有力。

⑨至五十爵为大夫:士到了五十岁可以获得"大夫"这个爵位。《礼记·王制》有"五十而爵"。

⑩诸侯四佾,诸公六佾:语见《春秋公羊传·隐公五年》。今本原文作"天子八佾,诸公六,诸侯四"。佾,古代乐舞的行列,每行八人,称为"一佾"。

【译文】

"公""卿""大夫"这些爵位是表达什么意思呢? 这些爵位主要用来称呼王畿之内直接服务于天子的官员。为什么王畿之内的这些人称为"公""卿""大夫"呢?"爵"表示"尽"的意思,蕴含着要根据所执掌的相应职事来充分发挥他们的聪明才智。"公"可解释为"公平正义没有私心"。"卿"可解释为"章",表示能彰显好人好事,明白通达于道。"大夫"可以解释为"大扶",表示能够扶掖引荐人才。所以传里面讲:"能够引荐贤才并让他们获得尊贵的地位,这样的人可以称为'卿大夫'。"《礼记·王制》里面讲:"诸侯的卿都是上大夫,所以将上大夫、卿合为一等。""士"可以解释为"事",能够担任某些职务的意思。所以传里面讲："能够通晓古今、辨别事物是非对错的人称为'士'。"那又怎么知道"士"不是爵位呢？《礼记·曲礼》里面讲"四十岁的人正当壮年，应该出来做官"，而不说"分封'士'这个爵位"。士到了五十岁可以获得"大夫"这个爵位。怎么知道"卿"是爵位呢？从"大夫"可以称为爵位可以推知"卿"也是爵位。那怎么知道"公"是爵位？《春秋传》里面讲："诸侯的乐舞用三十二个人，公的乐舞用四十八个人。"这里把"侯"与"公"并列举出来，因此可以推知"公""卿"也都是爵位。

内爵所以三等何？亦法三光也。所以不变质文何？内者为本^①，故不改内也。诸侯所以无公爵者，下天子也^②。故《王制》曰："上大夫、下大夫、上士、中士、下士，凡五等。"此谓诸侯臣也。大夫但有上下，士有上中下何？明卑者多也^③。爵皆一字也，大夫独两字何？《春秋传》曰："大夫无遂事^④。"以为大夫职在之适四方^⑤，受君之法^⑥，施之于民^⑦，故独两字言之。或曰：大夫，爵之下者也。称大夫，明从大夫以上受下施，皆大自著也^⑧。

【注释】

①本：根本。

②下：次于，低于。

③明：显示。卑：低下。

④大夫无遂事：语见《春秋公羊传·僖公三十年》。遂，专擅。

⑤适：往，至。

⑥受：禀受。

⑦施：推行。

⑧著：标举。

【译文】

王畿之内的爵位为什么分为三等呢？这也是效法日、月、星三光的意思。为什么按照三等来分封王畿之内的爵位，不根据质文交替的规律做一些改变呢？因为王畿之内的官员是国家处理政务的根本，所以不改变王畿之内三等爵位的设置。诸侯的朝廷里面没有"公"这个爵位，是因为诸侯朝廷所设置爵位的等级必须低于天子的朝廷。所以《礼记·王制》里面讲："上大夫、下大夫、上士、中士、下士，一共五等。"这都是讲诸侯臣属的爵位设置。"大夫"只有上、下两等，为什么士有上、中、下三等呢？这是为了表示多数人获得的都是低等爵位。所有的爵位都是一个字称呼，为什么独有"大夫"是两个字呢？《春秋传》里面讲："大夫是没有专门职事的。"一般认为大夫的职责在于禀受君主的法令制度到各地去巡行，在老百姓中推行这些法令制度，所以专门用两个字来称呼。有的人认为："大夫"是低等的爵位。称他们为"大夫"，是为了表示这些人向上奉承君命，向下推广君命于民众，用"大"来标举自己身份的重要性。

天子之士独称元士何？士贱，不得体君之尊[①]，故加"元"以别于诸侯之士也[②]。《礼经》曰"士见于大夫[③]"，诸侯之士也。《王制》曰："王者八十一元士。"天子爵连言天子，诸侯爵不连言王侯何？即言王侯，以王者同称，为衰弱僭差生篡弑[④]，犹不能为天子也。故连言天子也。或曰：王者天爵，王者不能王诸侯，故不言王侯。诸侯人事自著[⑤]，故不著也。

右论天子、诸侯爵称之异。

【注释】

①体：体现。

②故加"元"以别于诸侯之士也：天子的"士"前面加个"元"字，称为"元士"，表示同诸侯之士有所区别。这里突出了《春秋》大义中"贵元重始"的宗旨。《汉书·董仲舒传》里面讲："《春秋》谓一元之意，一者万物之所从始也，元者辞之所谓大也。谓一为元者，视大始而欲正本也。《春秋》深探其本，而反自贵者始。"

③士见于大夫：语见《仪礼·士相见礼》："士见于大夫，终辞其挚。于其入也，一拜其辱也。"

④为衰弱僭差生篡弑：使等级差别弱化，容易让诸侯产生僭越等级之心，导致杀君夺位的悲剧。僭，指超越身份，冒用在上者的职权行事。差，差等。篡弑，杀君夺位。

⑤著：明显，显露。

【译文】

为什么唯独把天子朝廷的士称为"元士"呢？士的地位低贱，不能够体现作为天子之臣的尊贵，所以天子的"士"前面加个"元"字，显示同诸侯之士身份的分别。《礼经》里面讲"士去拜见大夫"，这里指诸侯的士。《礼记·王制》里面有："天子朝廷有八十一位元士。"天子的爵位是将"天"和"子"两个字放在一起，为什么诸侯的爵位不能够将"王"和"侯"两个字放在一起呢？因为如果称"王侯"的话，就会将"侯"和"王"混同在一起，使等级差别弱化，容易让诸侯产生僭越等级之心，导致杀君夺位的悲剧，就像诸侯不能称为"天子"一样。只有"天"和"子"两个字是并列称呼的。也有人认为：称王的人禀受天所赋予的爵位，但诸侯不像王一样从天禀受爵位，所以不称为"王侯"。"诸侯"这个称呼已经表明这类人所象征的人和事，所以不必再将"王"加于"侯"之上。

以上论述"天子"和"诸侯"爵称的区别。

1.4   王者太子亦称士何？举从下升①，以为人无生得贵者，莫不由士起。是以舜时称为天子，必先试于士。《礼·士冠经》曰："天子之元子,士也^②。"

右论王者太子称士。

【注释】

①举:推荐,举用。

②天子之元子,士也:语见《仪礼·士冠礼》。元子,嫡长子。

【译文】

为什么王者的太子也称为"士"呢? 他们也必须从比较低的位置逐步获得提拔。因为没有人生来尊贵,所有获得尊位的人都是从"士"开始做起的。因此上古时候舜为天子,一定也是从"士"开始被试用。《仪礼·士冠礼》里面讲:"天子的嫡长子,也是士。"

以上论述王者的太子称为"士"。

1.5　妇人无爵何? 阴卑无外事^①。是以有三从之义:未嫁从父,既嫁从夫,夫死从子。故夫尊于朝,妻荣于室^②,随夫之行。故《礼·郊特牲》曰:"妇人无爵,坐以夫之齿^③。"《礼》曰:"生无爵,死无谥^④。"《春秋》录夫人皆有谥,何以知夫人非爵也?《论语》曰:"邦君之妻,君称之曰夫人,国人称之曰君夫人^⑤。"即令是爵,君称之与国人称之不当异也。

右论妇人无爵。

【注释】

①阴:这里是抽象的哲学概念,与"阳"相对。"阴阳"是中国古代哲学的一对范畴。《易·系辞上》有"一阴一阳之谓道"。在这种观念指导下,分析人类社会的男女性别差异时,一般将男性归为阳,

女性归为阴。外：家庭之外。

②室：古人房屋前叫"堂"，堂后以墙隔开，后部中央叫"室"，室的东
西两侧叫"房"。《论语·先进》里有"由也升堂矣，未入于室也"。

③妇人无爵，坐以夫之齿：语见《礼记·郊特牲》。坐，排座次。齿，
年齿，表示辈分和年龄。

④生无爵，死无谥：语见《礼记·郊特牲》。

⑤邦君之妻，君称之曰夫人，国人称之曰君夫人：语见《论语·季
氏》。今本原文："邦君之妻，君称之曰夫人，夫人自称曰小童；邦
人称之曰君夫人，称诸异邦曰寡小君；异邦人称之亦曰君夫人。"

【译文】

为什么妇人不受封爵？这是因为妇人属于阴，没有家庭之外的职责
和事务。对妇人而言，有"三从"之义：没有出嫁的时候，听从父亲的教
导；出嫁之后，听从丈夫的教诲；丈夫去世之后，听从儿子的安排。当丈
夫在朝廷得到尊贵的地位，在家里的妻子也会觉得很光荣，这是依从丈
夫的意思。所以《礼记·郊特牲》里面讲："妇人不受封爵，排座次时按
丈夫的辈分和年龄入座。"《礼》里面讲："如果活着的时候没有封爵，那
么死了之后也没有谥号。"但《春秋》经文里面记录的夫人都有谥号，怎
么知道"夫人"不是爵位呢？《论语》里面说："国君的妻子，国君称她为
'夫人'，国人称她为'君夫人'。"如果"夫人"属于爵位，那么国君对她
的称呼与国人对她的称呼不应该有上述的差别。

以上论述妇人不受封爵。

1.6　庶人称匹夫者①，匹，偶也。与其妻为偶，阴阳相
成之义也。一夫一妇成一室。明君人者，不当使男女有过
失时无匹偶也②。故《论语》曰"匹夫匹妇③"。

右论庶人称匹夫。

【注释】

①庶人:泛指无官爵的平民百姓。

②男女过失时:错过合适的嫁娶时间。男三十而娶,女二十而嫁,这是周代官方倡导的适婚年龄。《礼记·内则》里面讲:男子"二十而冠……三十而有室,始理男事……女子十年不出……十有五年而笄,二十而嫁。"事实上古代民间并未严格遵守这个规定。

③匹夫匹妇:平民男女,泛指一般老百姓。语见《论语·宪问》。

【译文】

之所以把平民百姓称为"匹夫",是因为"匹"是匹配的意思。丈夫同自己的妻子相互匹配,象征阴阳相辅相成之义。一夫匹配一妻,组成一个完整的家庭。表明作为百姓的君主,不应当让普通男女错过婚龄没有合适的配偶。所以《论语》里有"匹夫匹妇"这样的说法。

以上论述无官爵的平民百姓称为"匹夫"。

1.7　爵人于朝者①,示不私人以官,与众共之义也。封诸侯于庙者②,示不自专也③。明法度皆祖之制也④,举事必告焉⑤。《王制》曰:"爵人于朝,与众共之焉。"《诗》曰⑥:"王命卿士,南仲太祖⑦。"《礼·祭统》曰:"古者明君,爵有德必于太祖,君降立于阼阶南,南向,所命北面,史由君右执策命之⑧。"

右论爵人于朝封诸侯于庙。

【注释】

①朝:朝廷。

②庙:供祀祖宗的屋舍。先秦两汉对庙的规模有严格的等级限制,《礼记·王制》里面有:"天子七庙,三昭三穆,与大祖之庙而七。

诸侯五庙,二昭二穆,与大祖之庙而五。大夫三庙,一昭一穆,与大祖之庙而三。士一庙。庶人祭于寝。""太庙"是帝王的祖庙,其他有官爵的人也可按规定的礼仪制度设立"家庙"。汉代以后,庙逐渐与原始的神社(土地庙)混在一起变为阴曹地府控辖江山河渎、地望城池之神社。"人死曰鬼",庙作为祭鬼神的场所,还常用来敕封、追谥文人武士,如文庙有孔子庙,武庙有关羽庙等。

③专:专擅,独断独行。

④法度:法令制度。

⑤举事:办事,行事。

⑥《诗》:《诗经》,中国最早的诗歌总集,收集了西周初年至春秋中叶(前11世纪至前6世纪)的诗歌,共311篇。这些诗歌反映了周初至周晚期约五百年间的社会面貌。《诗经》的作者佚名,绝大部分已经无法考证,传为尹吉甫采集、孔子编订。在先秦时期称为《诗》,或取其整数称"诗三百"。西汉时被尊为儒家经典,始称《诗经》并沿用至今。

⑦王命卿士,南仲太祖:语见《诗经·大雅·常武》。王,周宣王(?—前782),姬姓,名静,一作靖,周厉王之子。卿士,南仲所居之职。唐代孔颖达认为南仲当时为大师,属于三公,同时又兼卿士之官,又称"大师皇父"。南仲,生卒年不详,周宣王时的大臣,太师,周宣王初年的军事统帅,曾受命到朔方筑城讨伐西戎。

⑧"古者明君"数句:描绘君主在朝廷公开授予爵禄的情景。今本《礼记·祭统》原文为"古者明君爵有德而禄有功,必赐爵禄于大庙,示不敢专也。故祭之日,一献,君降立于阼阶之南,南乡,所命北面,史由君右执策命之"。降,从高处往下走。阼(zuò)阶,东阶,古代殿前两阶,无中间道。宾主相见,主人立东阶,宾自西阶升降。南向,面向南。史,古代文职人员。最初指王者身边担任星历、卜筮、记事的人员,如太史、内史。策,策书。古代命官授

爵,用策书为符信。

【译文】

天子在朝廷给人分封爵禄,这是为了显示官禄不是私下授予,而是和大家一起决定。天子要在祖庙分封诸侯,显示不独断专行。这都是为了表明法令制度是依据祖宗的规定,做事必须向祖先禀报。《礼记·王制》里面讲:"在朝廷上铨定爵位,与大家一起决定。"《诗经》里面讲:"周王命令卿士,大师皇父南仲。"《礼记·祭统》里面讲:"古代明君给有德的人封爵一定要在太祖庙前。君主下来站在东阶上,面朝南,接受爵禄的人面朝北,掌管册书的史在君主的右边把封爵进禄的策书授予他。"

以上论述天子在朝廷给人分封爵禄,在祖庙分封诸侯。

1.8　大夫功成未封而死,不得追爵赐之者,以其未当股肱也①。《春秋穀梁传》曰:"追锡死者,非礼也②。"《王制》曰"葬从死者,祭从生者"③,所以追养继孝也④。葬从死者何? 子无爵父之义也。《礼·中庸》记曰"父为大夫,子为士,葬以大夫,祭以士。子为大夫,父为士,祭以大夫,葬以士"也⑤。

右论追赐爵。

【注释】

①当:担当。股肱:大腿和胳膊,均为躯体的重要部分。引申为辅佐君主的大臣,又比喻左右辅助得力的人。

②追锡死者,非礼也:今本《春秋穀梁传》中没有这一条,应是当时《春秋》穀梁学的一种说法。锡,赐予。

③葬从死者,祭从生者:今本《礼记·王制》原文为"丧从死者,祭从生者",郑玄注:"从死者,为衣衾棺椁;从生者,谓奠祭之牲器。"

④追养：谓祭祀死者,继尽孝养之道。

⑤记：解释经传的文字。"父为大夫"数句：讲父子爵位不同,葬礼和
祭礼的差别。

【译文】

　　大夫建立了功业还没获得分封爵位就去世了,这种情况下不能对他
们追授爵位,因为他们还没成为辅佐君主的得力之人。《春秋穀梁传》里
面讲："追封死去的人,是不符合礼制的。"《礼记·王制》里面讲"葬礼
的规格根据死者的爵位而定,而祭祀的规格要根据主持祭祀者的爵位而
定",这样便于孝子通过祭祀来追念死者,让其孝敬之心能够持续表达。
为什么葬礼的规格要根据死者的爵位而设定呢？这是因为儿子没有给父
亲分封爵位的道理。《礼记·中庸》就有解释："父亲是大夫,儿子是士,父
亲死了就用大夫的礼来安葬,用士的礼来祭祀。儿子是大夫,父亲是士,
父亲死了就用大夫的礼来祭祀,用士的礼来安葬。"

　　以上论述追授爵位的事。

1.9

　　父在称世子何①？系于君也②。父殁称子某者
何？屈于尸枢也③。既葬称小子者,即尊之渐也④。逾年称
公者,缘臣民之心不可一日无君也⑤。缘终始之义,一年不
可有二君⑥。故逾年即位,所以系民臣之心也。三年然后受
爵者,缘孝子之心,未忍安吉也。故《春秋》鲁僖公三十三
年十二月乙巳⑦,公薨于小寝⑧。文公元年,春,王正月,公
即位。四月丁巳,葬我君僖公。《韩诗内传》曰⑨："诸侯世子
三年丧毕⑩,上受爵命于天子。"

【注释】

①世子：一般是帝王诸侯正妻所生的长子。《春秋公羊传·僖公五

年》："曷为殊会王世子？世子贵也。世子，犹世世子也。"何休
注："解贵意也。言当世父位。"

②系：连属，依附。

③屈于尸柩也：因为父亲的尸骨未寒，暂时委屈世子用简称。屈，屈
从，顺从。尸柩，尸体和灵柩，这里指刚刚去世的君主。

④即尊：正式继承尊位。渐：开端。

⑤缘：因为。

⑥缘终始之义，一年不可有二君：一年终始一贯，只能有一位君主。
《春秋公羊传•庄公三十二年》中有"既葬称子"，何休注云"缘
终始之义，一年不二君，故称子也"。

⑦鲁僖公：姬姓，名申，前659—前627年在位。鲁庄公之子。

⑧薨：古代诸侯或高级官员死亡。小寝：天子诸侯的寝宫。

⑨《韩诗内传》：这是《诗经•大雅•韩奕》中"韩侯受命"的相关
传注，现原书已亡逸。

⑩三年丧：《仪礼•丧服》中提出子为父母、妻为夫、臣为君的三年
丧期（实际为27个月），至《礼记》一书又对三年丧期内的守丧行
为在容体、声音、言语、饮食、衣服、居处等方面提出了具体标准，
如丧期内不得婚嫁，不得娱乐，不得洗澡，不得饮酒食肉，夫妻不
能同房，必须居住在简陋的草棚中，有官职者必须解官居丧等等。

【译文】

　　父亲在世的时候，为什么把嫡长子叫做"世子"呢？这是表明嫡长
子附属于作为君主的父亲。父亲死了之后，为什么把嫡长子称为"子
某"？这是因为父亲的尸骨未寒，暂时委屈世子用这类简称。葬礼后称
世子为"小子"，是表示正式开始继承尊位。超过一年才把即位的世子
正式称为"公"，是因为百姓臣子的心目中时时刻刻都要有君主的存在。
但按照礼制，一年之内只能有一位君主。所以一般世子要等父亲去世后
的来年再正式继承君位，这是为了安定百姓大臣的心。三年之后世子再

由天子正式授予爵位，因为孝子需要守三年之丧，对于各种吉庆之事不能安心享受。所以《春秋》记载鲁僖公三十三年十二月乙巳日，鲁僖公在寝宫去世。文公元年春季，周历正月，鲁文公才正式继承君位。四月丁巳日正式安葬鲁国国君僖公。《韩诗内传》里面讲："诸侯的嫡长子服完三年之丧后，再从天子那里正式接受命令获得爵位。"

　　所以名之为世子何？言欲其世世不绝也。何以知天子之子亦称世子也？《春秋》曰："公会王世子于首止①。"或曰：天子之子称太子。《尚书传》曰②："太子发升王舟③。"《中候》曰④："废考，立发为太子⑤。"明文王时称太子也。

【注释】

①公会王世子于首止：语见《春秋公羊传·僖公五年》。首止，古地名，一作首戴，在今河南睢县东南。春秋时属卫国，地近郑国。

②《尚书传》：《尚书大传》。对《尚书》的解释性著作，作者和成书时间均无法完全确定。目前只有后人辑本传世，以皮锡瑞本最佳。

③太子发升王舟：《后汉书》注引《尚书》有："太子发升舟，中流，白鱼入于王舟。"发，周武王姬发，周文王姬昌与太姒的次子。

④《中候》：《尚书》纬书篇名。

⑤废考，立发为太子：《太平御览》引《中候》："文王废伯邑考，立发为太子。"考，伯邑考。姬姓，周文王姬昌长子，周武王姬发同母兄。

【译文】

　　为什么把他们称为"世子"？这是希望诸侯世系能代代延续。怎么知道天子的嫡长子也称为"世子"呢？《春秋》里面讲："鲁僖公在首止和周王世子会面。"也有说法认为：天子的嫡长子称为"太子"。《尚书大传》里面讲："太子姬发登上了小船。"《中候》里面讲："废除了伯邑考，立姬发为太子。"说明周文王时世子称为"太子"。

　　世子三年丧毕,上受爵命于天子何?明爵者天子之所有,臣无自爵之义。童子当受爵命者,使大夫就其国命之。明王者不与童子礼也。以《春秋》鲁成公幼少[1],与诸侯会,不见公,《经》不以为鲁耻。明不与童子为礼也。世子上受爵命,衣士服何?谦不敢自专也。故《诗》曰"靺韐有赩"[2],谓世子始行也[3]。

　　右论诸侯袭爵。

【注释】

①鲁成公:姬姓,名黑肱,前590—前573年在位。鲁宣公之子,母穆姜。这里依据的是《春秋公羊传》"成公十六年"的相关说法:"秋,公会晋侯、齐侯、卫侯、宋华元、邾娄人于沙随。不见公,公至自会。不见公者何?公不见见也。公不见见,大夫执,何以致会?不耻也。曷为不耻?公幼也。"鲁成公十四年叔孙侨如去齐国迎亲。按照当时风俗推断,天子诸侯一般在十二岁举行冠礼,十四五岁订婚,那么鲁成公即位之时只有一两岁,成公十六年只有十七八岁,所以称"幼"。

②靺韐(mèi gé)有赩(xì):今本《诗经·小雅·瞻彼洛矣》作"靺韐有奭"。靺韐,赤色皮蔽膝。赩,火红色。

③行:出行,出征。

【译文】

　　世子服完了三年之丧,为什么一定要从天子那里接受封爵任命呢?这表明天子才拥有授予爵禄的权利,臣子不能自己给自己分封爵禄。如果接受封爵任命的世子是童子,天子会派遣大夫到世子所在的国家去给他任命册封。表明天子不与童子举行正式的礼仪。《春秋》中记载鲁成公年纪幼小,与诸侯会面,诸侯都不见他,《春秋》不认为是对鲁国的羞辱。这说明国君不与童子举行正式的礼仪。为什么世子从天子那里接受封爵任命的时候,穿着士的礼服呢? 这是表示谦让,不敢独断专行。所以《诗经》里面讲"穿着火红色的皮蔽膝",这是描绘世子刚继位随着天子出行的样子。

　　以上论述诸侯承袭爵位的事。

　　1.10　　天子大敛之后称王者①,明民臣不可一日无君也。故《尚书》曰:"王麻冕黼裳②。"此大敛之后也。何以知不从死后加王也? 以上言迎子钊③,不言迎王也。王者既殡而即继体之位何④? 缘民臣之心不可一日无君也,故先君不可得见,则后君继体矣。故《尚书》曰"王再拜兴对","乃受铜瑁"⑤,明为继体君也。

【注释】

①大敛:指把尸体放入棺内。敛,通"殓"。尸体穿上衣服曰"小殓",尸体入棺曰"大殓"。《礼记·丧大记》有"小敛于户内,大敛于阼。君以簟席,大夫以蒲席,士以苇席"。

②王麻冕黼裳:语见《尚书·周书·顾命》。王,周康王。姬姓,名钊。周武王姬发之孙,周成王姬诵之子。麻冕,麻制的礼帽。黼裳,绣着斧形花纹的礼服。

③以上言迎子钊:这里指《尚书·周书·顾命》中所言"太保命仲桓、南宫毛,俾爰齐侯吕伋,以二干戈、虎贲百人,逆子钊于南门之外"。子钊,周康王姬钊。

④殡:停枢,如《礼记·檀弓上》有"殡于五父之衢"。继体:继位,

这里指"继承国君之位"。《春秋公羊传·庄公四年》有"国君一体也","国君何以为一体? 国君以国为体,诸侯世,故国君为一体也",明确提出了国和君是一体的。位,君位。

⑤故《尚书》曰"王再拜兴对","乃受铜瑁":语见《尚书·周书·顾命》。兴,站起来。对,对答,回答。铜,今文经学中以铜为副玺。瑁,天子所执之玉,用以合诸侯之圭者。覆于圭上,故称为"瑁"。

【译文】

天子在前任天子大殓之后就可以称"王"了,这表明民众和臣子心中时刻都要有天子。所以《尚书》里面讲:"周康王戴着麻制的礼帽,穿着绣有斧形花纹的礼服。"这是描绘大殓之后天子继位的情况。怎么知道不是前任天子刚刚死,新君就继承"王"的爵位呢? 因为在《尚书》中讲到"迎子钊",没有说"迎王"。为什么前任天子的灵柩停放好之后,新任天子就可以继位呢? 这是因为民众和臣子们的心里面时刻都要有君主,前面的君主去世再也见不到,那么新君就应该立即继位。所以《尚书》里面讲"周康王拜了两拜,然后站起来回答","然后接受副玺和瑁",表明自己是继位的君主。

缘终始之义,一年不可有二君。故《尚书》曰:"王释冕丧服①。"吉冕服受铜②,称王以接诸侯③,明已继体为君也。释冕藏铜反丧服④,明未称王以统事也。不可旷年无君⑤,故逾年乃即位改元⑥。元以名年,年以纪事,君统事见矣,而未发号令也。

【注释】

①王释冕丧服:语见《尚书·周书·康王之诰》。

②吉冕服:指前文提到的"麻冕黼裳",这是吉服。

③接：接见。

④释冕藏铜反丧服：脱掉麻冕，收好副玺，恢复丧服。藏铜，把副玺
　收起来。反，恢复。

⑤旷：长久。

⑥改元：新君继位，按例于次年改用新年号纪年。

【译文】

　　因为一年要终始一贯，一年之中不可有两位君主，所以《尚书》里面讲："康王脱下帽子，重新穿上丧服。"戴着麻制的礼帽，穿着绣有斧形花纹的礼服，以王的身份来接见诸侯，表明康王已继位成为君主。脱下帽子，收好副玺，恢复丧服，表明尽管已经可称为"王"，但还没有正式开始管理政务。因为国家不能一年没有君主，到第二年就要正式继承君位，用新君的年号来纪年了。新君元年表示新的开始，根据新君的年号编年记录重大的事情，以此证明这些是新君统治下发生的事，但新君并没有发号施令。

　　何以知逾年即位改元也？《春秋传》曰："以诸侯逾年即位，亦知天子逾年即位也①。"《春秋》曰："元年春，王正月，公即位②。"改元位也。王者改元，即事天地。诸侯改元，即事社稷③。《王制》云："夫丧三年不祭，唯祭天地社稷，为越绋而行事④。"《春秋传》曰："天子三年然后称王者，谓称王统事发号令也⑤。"《尚书》曰"高宗谅闇三年"⑥，是也。《论语》曰："君薨，百官总己听于冢宰三年⑦。"缘孝子之心，则三年不忍当也⑧。故三年除丧，乃即位统事，践阼为主⑨，南面朝臣下⑩，称王以发号令也。

【注释】

①以诸侯逾年即位,亦知天子逾年即位也:语见《春秋公羊传·文公九年》。

②元年春,王正月,公即位:桓公、文公、宣公、成公、襄公、昭公、哀公元年都有"元年春,王正月,公即位"。元年,诸侯国国君执政的第一年。王,周天子。正月,周天子所颁布历法的正月。

③社稷:古代帝王诸侯所祭的土神和谷神,借指"国家"。

④越绋(fú):不受丧事的限制。绋,牵引棺材的绳索。

⑤天子三年然后称王者,谓称王统事发号令也:《春秋公羊传·文公九年》中"以天子三年然后称王"的注文。这是讲天子服完三年丧后,以王的身份开始管理政务发号施令。

⑥高宗谅闇三年:语见《尚书·周书·无逸》。今本原文为:"其在高宗,时旧劳于外,爰暨小人。作其即位,乃或亮阴,三年不言。"高宗,商王武丁,子姓。商王盘庚弟小乙之子,商朝第二十三任君主。《史记·殷本纪》中记载"帝武丁即位……三年不言,政事决定于冢宰,以观国风"。谅闇,亦作"谅阴",居丧时住的房子,借指居丧。

⑦君薨,百官总己听于冢宰三年:语见《论语·宪问》。总己,总摄己职。冢宰,周代官名,为六卿之首。一称"太宰"。

⑧当:承受,承当。

⑨践阼:天子新即位,升宗庙东阶以主祭。后来代指皇帝登基。阼,大堂前东面的台阶。

⑩南面:古代以坐北朝南为尊位,故天子诸侯见群臣,或卿大夫见僚属,皆南面而坐。泛指居尊位或官位。朝:古时凡访人皆为朝,后来专指臣见君。

【译文】

怎么知道第二年新君才继位改年号呢?《春秋传》里讲:"根据诸侯

一年后才正式继位，可以知天子也是一年后再正式即位。"《春秋》经里讲："诸侯国君执政的第一年春天，在周天子所颁布历法的正月，诸侯正式即位。"这都表示改元即位。天子改元即位，是为了表示正式开始承事天地。诸侯改元即位，是为了表示正式开始祭祀社稷。《礼记·王制》里面讲："服丧的三年中，只有关于天地社稷的祭祀不受丧事的限制照常举行。"《春秋传》里面讲："天子服完三年丧后才能称王，这是讲天子服完三年丧后，以王的身份开始管理政务发号施令。"《尚书》里讲"商王武丁居丧三年"，也是这个意思。《论语》里讲："诸侯死了，百官各统己职，三年都受冢宰的管理命令。"这是因为继承王位的君主，作为孝子至少三年不忍直接发号施令表现自己和先君旗鼓相当。所以三年之后，天子才脱掉丧服，真正即位管理国事。他会登基为王，接受臣民百姓朝见，以王的地位发号施令。

　　故天子诸侯，凡三年即位，终始之义乃备，所以谅闇三年，卒孝子之道。故《论语》曰："古之人皆然，君薨，百官总己听于冢宰三年。"所以听于冢宰三年者何？以为冢宰职在制国之用①，是以由之也②。故《王制》曰："冢宰制国用。"所以名之为冢宰何？冢者，大也。宰者，制也。大制事也。故《王度记》曰③："天子冢宰一人，爵禄如天子之大夫。"或曰：冢宰视卿④，《周官》所云也⑤。

　　右论天子即位改元。

【注释】

①制国之用：度支经用，制定国家的开支预算。

②由：从，跟从，听从。

③《王度记》：逸《礼》篇名。

④视：视作，等同于。

⑤《周官》：这里指《周官·天官·序官》。《周官》，儒家经典"三礼"之一。《周官》又称《周礼》，相传为周公所作，六篇分载天、地、春、夏、秋、冬六官，记古代官制，其中冬官已亡佚，由《考工记》补足。大至政治军事，小至衣冠陈设，都有说明阐释。

【译文】

所以天子诸侯一般都是三年之后才正式即位，这样终始一贯的意义才能充分体现，守孝三年是为了履行孝子应该尽的责任。所以《论语》里面讲："古代的人都是这样，诸侯死了，百官各统己职，三年中都受冢宰的管理命令。"为什么要三年中都受冢宰的管理命令呢？因为冢宰的职责在于为国家度支经用，所以百官都要听从他的命令。因此《礼记·王制》里面讲："冢宰为国家度支经用。"为什么把这个官职称为"冢宰"呢？"冢"是大的意思，"宰"是管理宰制的意思。冢宰就是最大的管理者。所以《王度记》里面讲："天子的朝廷设置冢宰一位，爵禄相当于天子大夫的待遇。"也有人认为冢宰应该视同于卿，这是根据《周官》里面的说法。

以上论述新王即位改用新年号纪年。

卷二

号

【题解】

本篇题名为"号"，共计五条，都是在讨论称号的问题。第一条明确指出"皇""帝""王"等这些称号都是用来表彰功劳、弘扬道德的，不同称号代表功德有高下之别。第二条讨论了最高统治者用"天子"这个称号侍奉天，用"帝王"这个称号来号令臣下和百姓。第三条讨论了"君子"是通称。第四条讨论了"三皇""五帝""三王""五霸"到底指哪些人，这些人有何等功德，这些称号背后所蕴含的象征意义。第五条说明不论诸侯实际上的爵位，在会聚朝聘的时候都可称自己的君主为"公"。

这里讨论的"三皇五帝三王五霸"古史系统，在中国历史上具有重要影响。"皇帝王霸"之争代表了不同的政治理想和施政措施，直至宋明理学中儒者对于理想政治形态的构想仍在采用这些概念进行讨论。"皇帝王霸"古史系统的形成是一个渐进过程，而这种过程背后蕴含的是两种思想演进的路径：一种主要出于上古传说的构想，这点明显地体现为"三皇五帝"之古史系统的构建；另一种则主要依据当时的历史现实，这点体现为"五帝三王五霸"之古史系统的构建。"三皇五帝三王五霸"这个整体系统可能要到西汉末年东汉初年才最终形成，比较完整的表述也具体展现在《白虎通》中。

2.1　帝王者何？号也[①]。号者，功之表也[②]。所以表功明德[③]，号令臣下者也。德合天地者称帝[④]，仁义合者称王[⑤]，别优劣也。《礼记·谥法》曰[⑥]："德象天地称帝，仁义所生称王[⑦]。"帝者天号[⑧]，王者五行之称也[⑨]。

【注释】

①帝王者何？号也：《太平御览》引《汉官仪》有"帝者，德象天地，言其能行天（下号曰皇帝）道，举措审谛，父天母地，为天下主"。《春秋公羊传·成公八年》何休注中有"王者号也，德合元者称皇"。第一篇《爵》中已明确指出"天子"是对爵禄的称谓，本篇以"帝王"作为称号。

②表：标记。

③表：表彰。

④德合天地者称帝：汉代董仲舒《春秋繁露·三代改制质文》有"明此通天地、阴阳、四时、日月、星辰、山川、人伦，德侔天地者称皇帝"，《文选》李善注引纬书《稽耀嘉》"德象天地为帝"。合，比拟。

⑤合：聚合。

⑥《礼记·谥法》：今本《礼记》中没有这篇，疑为亡逸了的篇章。

⑦仁义所生称王：《文选》李善注引纬书《稽耀嘉》"仁义所生为王"。《逸周书·谥法解》："仁义所在曰王。"

⑧帝者天号："帝"是像天一样的称号。纬书《尚书刑德放》有"帝者，天号也"。《荀子·强国篇》有"百姓贵之如帝，高之如天"，杨倞注"帝，天神也"。

⑨王者五行之称也："王"是效法地的称号。《白虎通·五行》有"五行者，何谓也？谓金木水火土也。言行者，欲言为天行气之义

也。地之承天，犹妻之事夫，臣之事君也。其位卑，卑者亲视事，故自同于一行尊于天也"，将五行运转视作为"天行气"，属于"地事天"的表现。又《白虎通·三纲六纪》"君臣法天，取象日月屈信，归功天也。父子法地，取象五行转相生也"，取象日月属于法"天"，取象五行属于法"地"。这两例都可证明五行之生成代表了"地"的生成。这里应是为了表明"王"的功德次于"帝"。"帝"的称号对应"天"，那么"王"的称号则对应"地"。

【译文】

"帝王"是什么意思？这是一种称号。称号是功德的标志，是用来表彰功劳、宣扬道德，对臣下发号施令的。道德能够参配天地之德的称为"帝"，能够汇聚仁义道德的称为"王"，两者还是有某种程度高下的区别。《礼记·谥法》中讲："道德能够参配天地之德的称为'帝'，天赋秉承仁义的称为'王'。""帝"是效法天的称号，"王"是效法地的称号。

　　皇者，何谓也？亦号也。皇，君也，美也，大也[1]。天人之总[2]，美大之称也。时质[3]，故总称之也[4]。号之为皇者，煌煌人莫违也[5]。烦一夫，扰一士，以劳天下，不为皇也。不扰匹夫匹妇，故为皇。故黄金弃于山，珠玉捐于渊，岩居穴处[6]，衣皮毛，饮泉液，吮露英，虚无寥廓，与天地通灵也。

【注释】

① 皇，君也，美也，大也：《尔雅·释诂》和《诗经·小雅·正月》毛传均有"皇，君也"，蔡邕《独断》有"皇，帝君也"。美也，《广雅·释诂》有"皇，美也"，《诗经·周颂·烈文》中有"继序其皇之"，毛传："皇，美也。"大也，《诗经·小雅·楚茨》中有"先祖是皇"，又有"皇尸载起"，毛传都解释为"大也"。

②总：统领，统管。

③质：质朴，朴素。

④总：总括，概括。

⑤煌煌：光辉的样子。蔡邕《独断》："皇者，煌也。盛德煌煌，无所不照。"

⑥岩居穴处：在山洞里面居住。《史记·伯夷列传》："岩穴之士，趣舍有时若此，类名堙灭而不称，悲夫！"

【译文】

"皇"又是什么含义呢？这也是称号。"皇"含有君主、美好、盛大的意思。"皇"象征着统领天上和人间万事，具有美好盛大的德行。当时风俗质朴，所以概括性地称呼。把称号定为"皇"，是指他盛德光辉普照，人们都不会违背他的号令。让人们觉得生活受到烦扰，让人觉得劳累的，都不能称为"皇"。不打扰普通百姓生活才能称为"皇"。在"皇"的那个时候，黄金都被遗弃在山中，珠宝玉石都被扔在水里，人们居住在山洞里面，穿着皮毛做的衣服，喝着清冽的山泉，吮着鲜花的甘露；人们胸怀冲淡虚无，气度宽宏，可以与天地精神自由往来。

号言为帝何①？帝者，谛也②。象可承也。王者，往也。天下所归往。《钩命决》曰："三皇步，五帝趋。三王驰，五伯骛③。"

右论皇帝王之号。

【注释】

①言：训释。

②帝者，谛也：帝是举措审谛的意思。蔡邕《独断》："帝者，谛也。能行天道，事天审谛。"应劭《风俗通》引《尚书传》："帝者任德设

刑,以则象之,言其能行天道,举措审谛。"帝""谛"属于双声叠
韵为训。

③"三皇步"四句:《古微书·钩命决》有"三皇步,五帝骤,三王驰,
五伯骛。"宋均注:"道德隆备,日月为步。时事弥顺,日月为之
骤。勤思不已,日月乃驰。"陈立疏证:"盖谓世愈降,德愈卑,政
愈促也。"三皇、五帝、三王、五伯,传说中古帝王与诸侯国君,具
体所指传说不一。步,行走。趋,快步行走。驰,疾驱。骛,纵横
奔驰。《汉书音义》有"直骋曰驰,乱驰曰骛"。

【译文】

把称号定为"帝"又是为什么呢?"帝"是举措审谛的意思,象征着
能够顺承天道而行。"王"是"归往"的意思,是天下百姓所归往的对象。
《钩命决》讲:"三皇带着百姓行走,五帝催着百姓快步走。三王让人急
急忙忙地驱驰,五霸带着人民横冲直撞。"

以上论述"皇""帝""王"的称号。

2.2　或称天子,或称帝王何? 以为接上称天子者,明
以爵事天也。接下称帝王者,明位号天下至尊之称,以号
令臣下也。故《尚书》曰:帝曰"谘四岳"①。王曰"裕汝
众"②。或称一人。王者自谓一人者,谦也。欲言己材能当
一人耳。故《论语》曰:"百姓有过,在予一人③。"臣下谓之
一人何? 亦所以尊王者也。以天下之大,四海之内,所共尊
者一人耳。故《尚书》曰:"不施予一人④。"或称朕何⑤? 亦
王者之称也。朕,我也。或称予者,予亦我也。不以尊称自
也,但自我皆谦。

右论王者接上下之称。

【注释】

①帝曰"谘四岳"：语见《尚书·虞书·尧典》。谘，嗟。四岳，官名，主持四岳的祭祀，为诸侯之长。

②王曰"裕汝众"：出处不详。陈立在《白虎通疏证》中认为"《盘庚》有'格汝众'之语。'格''裕'形近，或相涉而讹。又'格''裕'同韵，或声近而误也"。格，来。

③百姓有过，在予一人：语见《论语·尧曰》。

④不施予一人：出处不详。陈立在《白虎通疏证》中认同卢文弨的推论，认为此句是《盘庚》中"不惕予一人"，"惕"从"易"声，转平声入"支"韵，"施"从"也"得声，古"麻"韵、"支"韵多相转，故得转"惕"为"施"。施，给予。今本《盘庚》原文为"惟汝含德，不惕予一人"。

⑤朕：《尔雅·释诂》："朕，我也。"陈立在《白虎通疏证》中指出以"朕"专门为王者之称，是秦汉时期逐渐形成的制度。

【译文】

为什么有时候称"天子"，有时候又称"帝王"呢？作为继承上天之命的称呼则称"天子"，表明用"天子"这个爵禄来侍奉天。作为君临天下的称呼则称"帝王"，表明"帝王"这个爵位和称号是天下最为尊贵的称呼，用来对臣下发号施令。所以《尚书》里面讲："尧帝说'啊！四方诸侯之长'。"王说"来吧，你们各位"。为什么又有时候称为"一人"？王者自称为"一人"是谦虚的表现，这是为了表明自己的才干只相当于一个普通人而已。所以《论语》里讲："百姓有过错，责任都在我一人身上。"为什么臣下有时候也称"帝王"为"一人"呢？这也是为了尊崇帝王。因为在天下那么广阔的范围，四海所囊括的地域内，大家共同尊崇的只有这一个人而已。所以《尚书》里面讲："王说'不施予我一人'。"为什么有时候称"朕"呢？这也是对王者的称呼。"朕"是"我"的意思。有时候称为"予"，也是"我"的意思。即便是天子也不能够自己用尊贵的称呼来称呼自己,都只能用谦辞。

以上论述王者承接上天之命及号令臣下等情况时的不同称呼。

2.3　或称君子者何? 道德之称也。君之为言群也^①。子者,丈夫之通称也。故《孝经》曰^②:"君子之教以孝也,所以敬天下之为人父者也^③。"何以知其通称也? 以天子至于民^④。故《诗》云"恺悌君子,民之父母"^⑤。《论语》曰:"君子哉若人^⑥。"此谓弟子。弟子者,民也。

右论君子为通称。

【注释】

①君之为言群也:《韩诗外传》有"君者何也? 曰:群也",《逸周书·谥法解》"从之成群曰君","君"与"群"是叠韵字。

②《孝经》:儒家十三经之一。传说是孔子作,但南宋时已有人怀疑是出于后人附会。清代纪昀在《四库全书总目》中指出,该书是孔子"七十子之徒之遗言",成书于秦汉之际。今通行之《十三经注疏本》用的是唐玄宗注和宋代邢昺疏。

③君子之教以孝也,所以敬天下之为人父者也:语见《孝经·广至德章》。

④以天子至于民:"君子"可以作为天子至于庶民的通称。陈立在《白虎通疏证》中详细进行了阐释,《周易·系辞传》"是故君子所居而安者",《周易集解》引虞翻注:"君子谓文王。"这里是将天子称为"君子"。《荀子·大略》"君子听律习容而后士",杨倞注"君子,在位者之通称","在位"则说明诸侯也可以称为"君子"。《仪礼·士相见礼》"凡侍坐于君子",注有"君子谓卿大夫及国中贤者也",这是卿大夫称为"君子"。《礼记·玉藻》"古之君子

必佩玉"，注"君子，士已上"，这是士称为"君子"。《诗经·陈
风·东门之池》毛诗序中有"而思贤女以配君子也"，疏有"妻谓
夫为君子"。又《诗经·秦风·小戎》"言念君子"，这都是庶人
称为"君子"。

⑤恺悌（kǎi tì）君子，民之父母：语见《诗经·大雅·泂酌》。恺悌，
和乐平易。《毛诗序》认为这是召康公戒周成王的诗，这里"君
子"是称呼天子的。

⑥君子哉若人：语见《论语·公冶长》。这是孔子称赞学生宓子贱
的话。

【译文】

为什么有时候又称"君子"呢？"君子"是具有道德内涵的称呼。
"君"是指他能够和群众打成一片。"子"是对男性的通称。所以《孝经》
里面讲："君子教人行孝道，目的是让天下所有做父亲的人都能得到尊
敬。"怎么知道"君子"是一种通称呢？这是因为从天子到庶民都可以被
称为"君子"。所以《诗经》里面有："和悦的那位君子，是百姓的父母。"
《论语》里面讲："这个人真是个君子。"孔子这是在称赞自己的弟子宓子
贱。为人弟子的宓子贱，身份本来就是平民。

以上论述"君子"是一种通用的称呼。

2.4　三皇者，何谓也？谓伏羲、神农、燧人也①。或曰：
伏羲、神农、祝融也②。《礼》曰③："伏羲、神农、祝融，三皇
也。"古之时，未有三纲六纪④，民人但知其母，不知其父。
能覆前而不能覆后。卧之詓詓⑤，行之吁吁⑥，饥即求食，饱
即弃余，茹毛饮血，而衣皮革。于是伏羲仰观象于天，俯察
法于地，因夫妇，正五行，始定人道⑦。画八卦以治下，下伏
而化之，故谓之伏羲也⑧。谓之神农何？古之人民，皆食禽

兽肉。至于神农，人民众多，禽兽不足。于是神农因天之时，分地之利⑨，制耒耜，教民农作。神而化之⑩，使民宜之，故谓之神农也。谓之燧人何？钻木燧取火，教民熟食，养人利性，避臭去毒，谓之燧人也。谓之祝融何？祝者，属也；融者，续也，言能属续三皇之道而行之，故谓祝融也。

【注释】

①神农：古史又称炎帝，烈山氏。相传始教民为耒耜以兴农业，尝百草为医药以治疗疾病。燧人：古帝名。传说其发明钻木取火使民熟食。《韩非子•五蠹》："民食果蓏蚌蛤，腥臊恶臭而伤害腹胃，民多疾病。有圣人作，钻燧取火，以化腥臊，而民说之，使王天下，号之曰燧人氏。"

②祝融：高辛氏火正。《国语•郑语》有"夫黎为高辛氏火正，以淳耀敦大，天明地德，光照四海，故命之曰'祝融'。"《史记•楚世家》有"重黎为帝喾高辛居火正，甚有功，能光融天下，帝喾命曰祝融"。

③《礼》：此处出处不详，最为接近者为纬书《含文嘉》。《风俗通》引《礼含文嘉》"伏羲、燧人、神农"，与《白虎通》中排序不同，无法详考。陈立在《白虎通疏证》中指出"凡一说有数义者，以首一义为主，余则广异闻"。

④三纲六纪：《白虎通》卷七有专门的"三纲六纪"篇。按照《白虎通》的说法"三纲"即是"君为臣纲，父为子纲，夫为妻纲"，"六纪"为"诸父有善，诸舅有义，族人有序，昆弟有亲，师长有尊，朋友有旧"。

⑤詋詋（qǔ）：拟声词，形容呼吸声。

⑥吁吁（xū）：安闲自得的样子。

⑦因夫妇，正五行，始定人道：纬书《易乾凿度》有"于是伏羲乃仰观象于天，俯观法于地，中观万物之宜，始作八卦，以通神明之德，以类万物之情"，"五气以立，五常以之行，象法乾坤，顺阴阳，以正君臣父子夫妇之义"。西汉陆贾《新语·道基》有"先圣乃仰观天文，俯察地理，图画乾坤，以定人道，民始开悟，知有父子之亲，君臣之义，夫妇之别，长幼之序。于是百官立，王道乃生"。因，依靠，根据。正，决定，考定。人道，人伦秩序。

⑧画八卦以治下，下伏而化之，故谓之伏羲也：《风俗通》引纬书《含文嘉》："伏羲始别八卦，以变化天下，天下法则，咸伏贡献，故曰伏羲也。"伏，通"服"，佩服。化，变化，改变。

⑨神农因天之时，分地之利：因，根据。分，分别，辨别。《孝经·庶人章》"因天之道，分地之利"，郑玄注"春生，夏长，秋收，冬藏，顺四时以奉事天道。分别五土，视其高下……此分地之利"。

⑩神：神力。化：感化。

【译文】

"三皇"是指什么呢？指伏羲、神农、燧人三位古帝王。也有说法认为是指伏羲、神农、祝融三位古帝王。《礼》里面讲："伏羲、神农、祝融这几位称为'三皇'。"远古时期还没有"三纲六纪"这类伦理规范，百姓们只知道自己的母亲，不认识自己的父亲。穿的衣服能够遮住身体前面，不能遮住身体后面。行住坐卧自在随意，肚子饿了就去寻找食物充饥，吃饱了就随意丢弃剩下的食物，连毛带血地生食鸟兽，穿着皮毛和蒲苇做的衣服。因此，伏羲氏抬头观察天上的天文气象，俯身观察大地的形状，根据夫妇阴阳之道来正定五行，使最初的人伦秩序得以规范。他图画八卦来治理天下，百姓都臣服于他而听从教化，所以称他为"伏羲"。为什么叫"神农"呢？远古时期的人民都生吃禽兽的肉。到了神农时期，人口繁衍，可供食用的禽兽数量就远远不够了。因此，神农氏根据不同时节气候，区分辨别不同土地性质，制作了耒、耜等农耕工具，教导百姓合理地进行耕种。他运用的事理玄妙神奇，百姓得以感化，生活习惯也发生了改变，所以称他为"神农"。为什么称为"燧人"呢？他告诉人们如何钻木取火，食用烤熟的食物，这样利于人们调养身体，涵养性情；百姓也能避开食物的腥味，有效去除食物的毒性，所以称他为"燧人"。为什么称为"祝融"呢？"祝"是连属的意思，"融"是持续的意思，是说他能够坚持三皇之道并且能付诸实践，所以称他为"祝融"。

　　五帝者，何谓也？《礼》曰[①]："黄帝、颛顼、帝喾、帝尧、帝舜[②]，五帝也。"《易》曰："黄帝、尧、舜氏作[③]。"《书》曰"帝尧""帝舜"[④]。黄者，中和之色[⑤]，自然之性，万世不易。黄帝始作制度，得其中和，万世常存。故称黄帝也。谓之颛顼何？颛者，专也，顼者，正也，能专正天人之道，故谓之颛顼也。谓之帝喾何？喾者，极也。言其能施行穷极道德也。谓之尧者何？尧犹峣峣也，至高之貌[⑥]。清妙高远[⑦]，优游博衍[⑧]，众圣之主，百王之长也。谓之舜者何？舜犹僢僢也[⑨]。言能推信尧道而行之。

【注释】

①《礼》：指《大戴礼记·五帝德》。

②黄帝、颛顼、帝喾、帝尧、帝舜：黄帝，姬姓，少典之子，姓公孙，号轩辕氏。国于有熊，故亦称"有熊氏"。败炎帝于阪泉，又与蚩尤战于涿鹿之野，斩杀蚩尤。有土德之瑞，故号"黄帝"。传说蚕桑、医药、舟车、宫室、文字等之制，皆始于黄帝时。颛顼，古帝名，相传为黄帝之孙，昌意之子，生十年而佐少皞，十二年而冠，二十年而登帝位，在位七十八年而崩，号高阳氏。帝喾，古帝名，相传为黄帝子玄嚣的后代，居亳，号高辛氏。甲骨卜辞中商人以帝喾为

高祖。

③黄帝、尧、舜氏作：语出《周易·系辞传下》。

④《书》：指《尚书》的《虞书》和《夏书》。

⑤中和：中正平和。

⑥尧犹峣峣（yáo）也，至高之貌：《广雅·释言》有"尧，峣也"，《广雅·释诂》与扬雄《方言》均有"峣，高也"。《尚书大传》："尧者，高也，饶也，言其隆兴焕炳，最高明也。"

⑦清妙：原指天体轻清，这里形容人格清高美好。高远：高尚而深远。

⑧优游：悠闲自得。博衍：广远。

⑨僢：据陈立《白虎通疏证》中考证，"僢"为相抵之义，与后文意思不符合。可能是"信"的误字，信奉的意思。

【译文】

"五帝"又是什么意思呢？《礼》里面讲："黄帝、颛顼、帝喾、帝尧、帝舜，这几位就是'五帝'。"《易》里面讲："黄帝、尧、舜兴起。"《尚书》里面讲"帝尧""帝舜"。黄色象征中正平和的颜色，性质最为天然，虽经历漫长的时间也不会发生变化。黄帝最先创立各种制度，得天地中正平和之气，可以作为永久的垂范，所以称他为"黄帝"。为什么称为"颛顼"呢？"颛"是"专门"的意思，"顼"是"正定"的意思，能够专门正定天人之道，所以称他"颛顼"。为什么称为"帝喾"？喾是"极致"的意思。这是为表明他能够充分践行道德。为什么称为"尧"？"尧"的本义是指山很高，这里指最为高明。尧的人格清高美好，境界高尚，胸怀广阔，平时能够悠闲自得，但福泽却能广泛地惠及百姓。他是诸位圣人和王的首领。为什么称为"舜"呢？"舜"是"信"的意思。这是称赞舜能够推崇信奉尧所尊奉的道并切实加以施行。

　　三王者，何谓也？夏、殷、周也。故《礼·士冠经》曰"周弁殷冔夏收，三王共皮弁"也①。所以有夏、殷、周号何？以为王者受命，必立天下之美号以表功自克②，明易姓为子孙制也。夏、殷、周者，有天下之大号也。百王同天下，无以相别，改制天子之大礼，号以自别于前，所以表著己之功业也。必改号者，所以明天命已著，欲显扬己于天下也。己复袭先王之号，与继体守文之君无以异也。不显不明，非天意也。故受命王者，必择天下美号，表著己之功业，明当致施是也③。所以预自表克于前也④。

【注释】

①《礼·士冠经》：指《仪礼·士冠礼》。皮弁：白鹿皮做的冠。

②自克：根据陈立《白虎通疏证》中考证，"克"为"见"字之误，表示显示、显现的意义。

③致：尽，极。施：散布，推行。

④预：事先。克：制胜。

【译文】

"三王"是什么意思呢？指夏、商、周三代。所以《礼·士冠经》讲"祭祀用的帽子，周人叫'弁'，殷人叫'冔'，夏人叫'收'。夏、殷、周三代的王都用白鹿皮做的冠"。为什么会有夏、殷、周这些称号呢？这是因为王者秉受天命，会用天下最美好的称号来表彰自己的功劳，显示自己的成就，明确表示已改朝换代，为子孙创制垂统。夏、殷、周是天下最大的称呼。百王都拥有同一个天下，从这点而言是没有办法进行区别的，所以必须对天子施行的礼仪进行改制，其中包括采用新的称号与前朝的天子进行区分，以此表彰自己的功劳业绩。一定要改称号的原因是为了表明天命是非常明显的，要在天下显扬本朝的功德。如果新朝开国之君还继续沿袭前王的称号，那就与前朝继承父业、遵循先王法度的继体守文之君没有什么区别。新的天子不能让新的朝代功德彰显，这是不符合天意的。所以重新受命为王的天子,一定会选择天下的美号来表彰本朝的功劳业绩,表明要极力广施自己的恩泽。以这种改变称号的方式来显示新的朝代将胜过前代的德业。

　　不以姓为号何?姓者,一字之称也,尊卑所同也。诸侯各称一国之号,而有百姓矣,天子至尊,即备有天下之号,而兼万国矣。夏者,大也。明当守持大道。殷者,中也。明当为中和之道也。闻也,见也,谓当道著见中和之为也[1]。周者,至也,密也。道德周密,无所不至也。何以知即政立号也?《诗》云"命此文王,于周于京"[2]。此改号为周,易邑为京也。《春秋传》曰"王者受命而王,必择天下之美号以自号"也[3]。

【注释】

[1] 当道:当权的人。著:明显。

[2] 命此文王,于周于京:语见《诗经·大雅·大明》。文王指周文王,姬姓,名昌,周太王之孙,季历之子,周武王之父。殷朝诸侯,曾被商纣王囚于羑里。子武王起兵伐纣,建立周王朝,追尊为"文王"。

[3]《春秋传》曰"王者受命而王,必择天下之美号以自号"也:今本《春秋》三传均不见此句,陈立怀疑为《春秋》其他学说的讲法。

【译文】

　　为什么不能把自己的姓作为称号呢?姓是一个字的称呼,不管地位高低都可以使用同样的姓。诸侯各自都有自己国家的称号,拥有管辖范围内的百姓。天子是天下最为尊贵的人,必须拥有与号令整个天下相匹配的称号,才能表明德及万邦。"夏"是大的意思,表明应该遵守保持大道。"殷"是中的意思，表明应当实行中正平和之道。"闻"是见的意思，表明当权的人应当明白切实地施行中正平和的行为。"周"是极致周密的意思，表明周天子道德周到细密，能够广泛地施予天下。那又怎么知道要根据具体政治情况来设立称号呢？这是因为《诗》里面有："命令这个周文王，在周地，在京城。"这里指周文王改称尊号为"周"，改称他所在的城邑为"京城"。《春秋传》里面有"王者秉受天命而称王，一定会选择天下美好的称号来作为自己的称号"。

　　五帝无有天下之号何？五帝德大能禅，以民为子，成于天下，无为立号也。或曰：唐、虞者号也。唐，荡荡也。荡荡者，道德至大之貌也。虞者，乐也。言天下有道，人皆乐也。《论语》曰："唐、虞之际①。"帝喾有天下，号曰高辛。颛顼有天下，号曰高阳。黄帝有天下，号曰有熊。有熊者，独宏大道德也。高阳者，阳犹明也。道德高明也。高辛者，道德大信也②。

【注释】

①唐、虞之际：语见《论语·泰伯》。

②信（shēn）：通"伸"，伸张。

【译文】

　　为什么五帝都没有匹配整个天下的这种称号呢？五帝的道德是最为崇高的，能够禅让最高统治者的位置，将老百姓当作自己的孩子，能够为天下百姓而公天下，所以不需要设立称号。也有人认为："唐""虞"这一类都是拥有整个天下的称号。"唐"意味着浩浩荡荡。"荡荡"是用来形容道德最为宏大的样子。"虞"意味着快乐。这是说天下大道施行，人们都非常快乐。《论语》里面讲："唐、虞之际。"帝喾拥有天下，称号叫做"高辛"。颛顼拥有天下，称号叫做"高阳"。黄帝拥有天下，称号叫做"有熊"。"有熊"表示特别能够弘扬道德。高阳，"阳"是光明的意思。这是形容他道德高明。高辛，表明能够很好地阐明道德。

五霸者，何谓也？昆吾氏、大彭氏、豕韦氏、齐桓公、晋文公是也^①。昔三王之道衰，而五霸存其政，率诸侯朝天子，正天下之化，兴复中国，攘除夷狄，故谓之霸也。昔昆吾氏，霸于夏者也。大彭、豕韦，霸于殷者也。齐桓、晋文，霸于周者也。

【注释】

①昆吾氏、大彭氏、豕韦氏、齐桓公、晋文公：昆吾氏，夏朝诸侯。己姓。后为商汤所灭。大彭氏，商朝诸侯。《国语·郑语》"大彭、豕韦为商伯矣"，韦昭注"大彭，陆终第三子，曰籛，为彭姓，封于大彭，谓之彭祖，彭城是也"。豕韦氏，商朝诸侯。有功于商。齐桓公（？—前643），姜姓，名小白，春秋五霸之一。任管仲为相，尊王攘夷，九合诸侯，一匡天下，终其身为盟主。后管仲死，用竖刁、易牙、开方等，怠于政事。晋文公（前697—前628），姬姓，名重耳，晋献公之子。献公宠幸骊姬，杀太子申生，重耳流亡十九年，以秦穆公之力得返为君。任用狐偃、先轸、赵衰、贾佗、魏犨等人实行通商宽农、明贤良、赏功劳等政策，作三军六卿，使晋国国力大增，霸诸侯。

【译文】

"五霸"又是什么意思呢？应该是指昆吾氏、大彭氏、豕韦氏、齐桓公、晋文公。那个时候三王之道已渐衰灭，但五霸还能够勉强支持前代留下的政治格局，率领诸侯朝拜天子，规范天下的礼乐教化，复兴中原，攘除夷狄,所以称他们为"霸"。以前昆吾氏是在夏朝称霸的,大彭、豕韦是在商朝称霸的,齐桓公、晋文公是在周朝称霸的。

　　或曰:五霸,谓齐桓公、晋文公、秦穆公、楚庄王、吴王阖庐也①。霸者,伯也。行方伯之职,会诸侯朝天子,不失人臣之义。故圣人与之。非明王之法不张。霸犹迫也,把也。迫胁诸侯,把持王政。《论语》曰:"管仲相桓公,霸诸侯②。"《春秋》曰"公朝于王所"③,于是知晋文之霸也。《尚书》曰"邦之荣怀,亦尚一人之庆"④,知秦穆之霸也。楚胜郑,而不告从,而攻之,又令还师,而佚晋寇⑤。围宋,宋因而与之平,引师而去⑥。知楚庄之霸也。蔡侯无罪,而拘于楚,吴有忧中国心,兴师伐楚,诸侯莫敢不至⑦。知吴之霸也。

【注释】

①齐桓公、晋文公、秦穆公、楚庄王、吴王阖庐:秦穆公(? —前621),嬴姓,名任好。秦德公少子,成公弟。用百里奚、蹇叔为谋臣,励精图治,国势日强。又用由余谋伐西戎,开地千里,遂霸西戎。楚庄王(? —前591),又称荆庄王(出土战国楚简作臧王),芈姓,熊氏,名旅(一作侣、吕),楚穆王之子。先后灭庸,伐宋,伐陈,围郑,伐陆浑戎,观兵于周境,问九鼎大小轻重,隐有灭周之意。吴王阖庐(? —前496),姬姓,名光,吴王诸樊之子(《左传》《世本》作吴王余昧之子)。派专诸刺杀吴王僚,夺取王位。以楚国旧臣伍子胥为相,以齐人孙武为将军,攻克楚国都城郢都。与越王勾践战,兵败伤指而死。

②管仲相桓公,霸诸侯:语见《论语·宪问》。

③公朝于王所:语见《春秋·僖公二十八年》经文。这里指晋文公

到周襄王的住处朝觐，能够尊王，以此可以推知晋文公将成为诸侯的霸主。

④邦之荣怀，亦尚一人之庆：语见《尚书·周书·秦誓》。荣怀，谓国家繁荣则万民归附。庆，善。这里是称赞秦穆公并不因为崤之战大败而责怪大臣，而是深刻反省自己的过错，重用贤人，可以推知秦穆公将成为诸侯的霸主。

⑤楚胜郑，而不告从，而攻之，又令还师，而佚晋寇：这里讲的是晋楚争霸中的重要战役邲之战。具体经过为：楚庄王十七年（前597）春，楚庄王亲统楚国三军精锐部队北伐郑国。郑国顽强抵抗三个多月，楚国才将其攻克。郑送质于楚以与楚和。是年夏，晋荀林父率军救郑，途中听说郑、楚两国已经讲和，就是否与楚战的问题，晋军内部产生分歧。此时，楚庄王北进至邲（今河南滑县），打算饮马黄河即班师回国。听说晋军已渡过黄河，楚庄王本想马上撤兵，但在伍参的建议下，楚庄王决定与晋一战。楚军一方面派使者去与晋军议合以麻痹晋军，另一方面又派军向晋军挑衅加以试探。晋派魏锜、赵旃到楚营议合，二人因私怨而挑衅楚军。楚叔孙敖率军出战，大败晋军。这里主要是称赞楚庄王战争获胜后，能够省悟到"两君不相好，百姓何罪"，没有对打败的晋军乘胜追击。佚，使逃亡。

⑥围宋，宋因而与之平，引师而去：楚庄王十九年（前595），楚庄王遣申舟使齐而没有借道，遭到宋文公及右师华元等人的反感。宋国人杀死申舟，楚庄王大怒，攻打宋都睢阳，与宋国相持了整整九个月。楚庄王二十年（前594）五月，攻守双方都不能再坚持。宋右师华元突围，趁夜潜入楚营。子反不备，为华元劫持。华元将宋国国情据实以告子反，子反也告诉华元楚军的粮草只剩几日之用。此后子反将事情经过一五一十告知楚庄王。最后以宋国与楚结盟、楚国退兵为结束。这里主要称赞楚庄王能够尊重华元

与子反的坦诚相待。平,媾和。

⑦"蔡侯无罪"数句:蔡昭侯十年(前509),蔡昭侯去朝见楚昭王,
带着两件漂亮皮衣,一件献给昭王,一件自己穿。楚国令尹子常
想要蔡昭侯那一件,蔡昭侯不给。子常就向楚昭王说昭侯的坏
话,把蔡昭侯扣留在楚国达三年之久。后来蔡昭侯知晓原因,就
把自己那件皮衣献给子常,子常接受皮衣后向楚王建议把蔡昭侯
放回国。蔡侯回国后赶到晋国,请求晋国帮助蔡国攻楚。蔡昭侯
十三年(前506)夏,蔡国按晋国意愿灭掉沈国,楚王大怒,发兵
攻蔡。晋人不能救。蔡昭侯派其子去吴国做人质,请吴国发兵共
伐楚国。冬天,蔡侯与吴王阖闾攻破楚国,进入楚都城郢。

【译文】

　　也有人认为"五霸"是指齐桓公、晋文公、秦穆公、楚庄王、吴王阖
庐。"霸"就是伯的意思。表明要行方伯之职,把诸侯召集起来一起朝
觐周天子,履行为人臣的职责。所以圣人部分地肯定他们。但也有些不
符合三王之道的行为是不能宣扬的。"霸"还有强迫、把持的意味。这
意味着五霸都强迫胁持诸侯,掌握了周天子才能享有的各种权力。《论
语》说:"管仲辅佐齐桓公,使他成为诸侯的霸主。"《春秋》里面讲"晋文
公到周襄王的住处朝觐",可以知道晋文公将是诸侯的霸主。《尚书》里
面讲"国家的繁荣安定,也是因为君王一人的善良",可以知道秦穆公将
是诸侯的霸主。楚军战胜了郑国,但是没有灭掉郑国。晋国来救郑,攻
打楚军,楚军大获全胜却命令收兵,让晋国军队得以逃走。楚军包围了
宋国,但却能与宋军讲和,主动退兵而去。以此可以知道楚庄王将是诸
侯的霸主。蔡昭侯没有罪过却被楚国无端扣押,吴国对中原情势十分担
忧,率领军队讨伐楚国,诸侯不敢不听从。以此可以知道吴王阖庐将是
诸侯的霸主。

　　或曰:五霸,谓齐桓公、晋文公、秦穆公、宋襄公、楚庄

王也①。宋襄伐齐，不擒二毛②，不鼓不成列。《春秋传》曰"虽文王之战不是过"③，知其霸也。

　　右论三皇、五帝、三王、五伯。

【注释】

①宋襄公（？—前637）：子姓，名兹父。春秋时宋国国君，前650年
　　至前637年在位。

②二毛：人老头发斑白，故以称老人。

③虽文王之战不是过：语见《春秋公羊传·僖公二十二年》。周襄
　　王十四年（前638）初冬，宋襄公领兵攻打郑国，郑国向楚国求
　　救。宋军和楚军在泓水相遇。楚军开始渡泓水向宋军进攻，有人
　　建议趁楚兵渡河之机消灭他们，宋襄公说"君子不厄人"。楚军
　　过了河开始在岸边布阵，有人建议进攻，宋襄公说等他们列好阵。
　　等楚军布好军阵，楚兵一冲而上大败宋军，宋襄公也被楚兵射伤。
　　宋军打了败仗，损失惨重。这里对宋襄公的行为是表示称赞的，
　　认为是君子之行，所谓"大其不鼓不成列，临大事而不忘大礼，有
　　君而无臣"。

【译文】

　　也有人认为"五霸"应该是齐桓公、晋文公、秦穆公、宋襄公、楚庄
王。宋襄公率领军队讨伐齐国，不俘虏年纪大的人，不攻打没有列好阵
的军队。《春秋传》讲"即使是周文王作战也不能比宋襄公更仁义"，由
此可知宋襄公也可列为霸主。

　　以上论述"三皇""五帝""三王""五伯"。

　　2.5　伯、子、男臣子，于其国中，褒其君为公①。王者
臣子，独不得褒其君谓之为帝何？以为诸侯有会聚之事，相

朝聘之道，或称公而尊，或称伯子男而卑，为交接之时不私其臣子之义，心俱欲尊其君父，故皆令臣子得称其君为公也②。帝王异时，无会同之义③，故无为同也。何以知诸侯得称公？《春秋》曰"葬齐桓公"④，齐侯也。《尚书》曰"公曰嗟"⑤，秦伯也。《诗》云"覃公维私"⑥，覃子也。《春秋》"葬许穆公"⑦，许男也。《礼·大射经》曰⑧："公则释获⑨。"大射者，诸侯之礼也，伯子男皆在也⑩。

　　右论伯、子、男于国中得称公。

【注释】

①褒：赞美，嘉奖。

②"以为诸侯有会聚之事"数句：讲不论诸侯实际上有何等爵位，诸侯臣子在会聚朝聘的时候都可以称自己的君主为"公"，这里采用的是《春秋》今文经的说法。《春秋公羊传·隐公元年》有"三月，公及邾娄仪父盟于眛"，何休注"鲁称公者，臣子心所欲尊号其君父。公者，五等之爵最尊，王者探臣子心欲尊其君父，使得称公。故《春秋》以臣子书葬者，皆称公"。朝聘，古代诸侯定期朝见天子。春秋时期，政在霸主，诸侯朝见霸主也称"朝聘"。交接，交往。

③会同：古代诸侯朝见天子的通称。

④葬齐桓公：语见《春秋·僖公十八年》。

⑤公曰嗟：语见《尚书·秦誓》。

⑥覃公维私：语见《诗经·卫风·硕人》。私，毛亨注"姊妹之夫曰私"。

⑦葬许穆公：语见《春秋·僖公四年》。

⑧《礼·大射经》：这里指《仪礼·大射仪》。

⑨释：解释为。获：射中鹄的。

⑩在：在内。《礼记·少仪》"有尊长在，则否"，郑玄注"在，在内也"。

【译文】

　　伯、子、男等诸侯的臣子在他们国家内都可以尊称他们的国君为"公"，但王臣却单单不能尊称他们的君主为"帝"，这又是为什么呢？这是因为诸侯经常有会聚朝聘之事，在这种场合下，如果称国君为"公"显得比较尊贵，如果称国君为"伯""子""男"就会显得地位有些卑下。为了诸侯臣子交往的时候，称呼不随着各自臣子私心而随意变化，也考虑到每位臣子都是想尊崇自己本国国君的，所以不论国君实际爵位为哪一等，都让臣子可以称自己国君为"公"。但是因为五帝、三王等人是不同朝代的最高统治者，不可能同时会聚在一起，所以王臣不能称自己的君主为"帝"。怎么知道诸侯都可以称为"公"呢？《春秋》里面讲"安葬齐桓公"，齐桓公在当时是侯爵。《尚书》里面讲"秦穆公说'啊'"，当时秦穆公是伯爵。《诗经》里面讲"覃公是她姐姐的丈夫"，覃公在当时是子爵。《春秋》里面讲"安葬许穆公"，许穆公当时是男爵。《礼·大射经》里面讲"对于国君都可以视为射中"。大射礼是诸侯通行的礼仪，这里称"公"是包涵了伯、子、男等各种爵位在内的。

　　以上论述"伯""子""男"等诸侯在他们的国中可以被称为"公"。

谥

【题解】

　　"谥"共计八条，都是在讨论谥号的问题。第一条明确指出谥号是帝王、贵族、大臣或其他有爵位的人死后被追加的带有褒贬意义的称号。根据一个人生前的爵号和死后的谥号，其生平行迹就可大概得以了解。第二条讨论了黄帝、尧、舜、文、武、周公等上古帝王谥号的制定依据。第三、四、五、六、七条都在讨论天子、诸侯、卿大夫、后夫人等应该怎样上谥号。第八条总结了称号和谥号是来宣扬德行的，做出什么样的行为起决定因素的是自己，但是获得什么样的名号主要在于公共舆论。

2.6　谥者[①]，何也？谥之为言引也，引列行之迹也[②]。所以进劝成德，使上务节也[③]。故《礼·郊特牲》曰："古者生无爵，死无谥。"此言生有爵，死当有谥也。死乃谥之何？《诗》云"靡不有初，鲜克有终"[④]。言人行终始不能若一，故据其终始，从可知也。《士冠经》曰："死而谥今也。"所以临葬而谥之何？因众会，欲显扬之也。故《春秋》曰："公之丧至自乾侯[⑤]。"昭公死于晋乾侯之地，数月归[⑥]，至急，当未有谥也。《春秋》曰"丁巳葬"，"戊午日下侧乃克葬"[⑦]。明祖载而有谥也[⑧]。

右总论谥。

【注释】

①谥：帝王、贵族、大臣或其他有爵位的人，死后被追加的带有褒贬意义的称号。《通典》："号者亦所以表功德号令天下也。谥之言列，陈列所行。善行有善谥，恶行有恶谥，以为劝戒也。"

②谥之为言引也，引列行之迹也：陈立在《白虎通疏证》中认为"以'谥'为'引'者，'引'取伸长之义，言其伸明详列生前之行，而为之谥也"。

③上：崇尚，提倡。务：致力，从事。

④靡不有初，鲜克有终：语见《诗经·大雅·荡》。靡，无。鲜，少。克，能够。

⑤公之丧至自乾侯：语见《春秋·定公元年》。鲁昭公（？—前510），姬姓，名裯，一名稠、裯。春秋时期鲁国国君，前541—前510年在位。公元前517年，鲁国发生内乱，鲁昭公先后逃亡到齐国、晋

国。公元前510年，鲁昭公在晋国的乾侯去世。

⑥昭公死于晋乾侯之地，数月归：据《春秋》记载鲁昭公在公元前510年十二月己未去世，第二年六月癸亥灵柩从乾侯运回鲁国。

⑦"丁巳葬"，"戊午日下侧乃克葬"：语见《春秋公羊传·定公十五年》。日下侧，太阳偏西。

⑧祖载：将葬之际，举柩升车上，行祖祭礼。《白虎通·崩薨》有"祖者，始也。始载于庭也。乘轴车辞祖祢，故名为祖载也"。

【译文】

谥号是什么意思呢？"谥"可解释为"引"，申明详列死者平生的行迹。用谥号来对人们进行劝勉，让人们能够成就德行，崇尚气节操守。所以《礼记·郊特牲》里面讲："古时候活着的时候没有封爵，死后也就不加谥号。"这说明如果活着的时候有封爵，死后就应当加谥号。为什么死了以后要加谥号呢？《诗经》里面讲："万事开头都讲得很好，但是往往很难有好的收尾。"这是说人生平行迹很难做到始终一致，所以根据其生前的爵号和死后的谥号，可以大概了解一个人生平的行迹。《仪礼·士冠礼》里面讲："人死了以后有谥号，这是现在的做法。"为什么到了下葬的时候才给死者加谥号呢？这时候刚好大家都聚在一起参加葬礼，可以趁机显扬死者的德行。所以《春秋》里面讲："公的灵柩从乾侯运回国。"鲁昭公在晋国的乾侯去世，几个月后灵柩从乾侯运回鲁国，事情发生得比较紧急，应当是没有获得谥号的。《春秋》里面讲"丁巳日，安葬国君"，"戊午日，太阳偏西，才终于得以安葬"。这都说明只有在将葬之际，举柩升车上行祖祭礼，然后才确定谥号。

以上总体论述谥号。

2.7　黄帝先黄后帝者何？古者质，生死同称，各持行合而言之①。美者在上②，黄帝始制法度，得道之中，万世不易，后世虽圣，莫能与同也。后世德与天同，亦得称帝，不能制作③，故不得复称黄也。

【注释】

①持：凭借，依据。合：匹配。

②美者在上：这里指将"黄"这个美号加在"帝"这个称号之前。陈
立《白虎通疏证》认为"轩辕制法度，得道之中，故称'黄'，百王
所不能同，故独美号在'帝'上也"。《通典》注里有"黄者中和美
色，黄承天德，最盛淳美，故以尊色为谥也"。

③制作：这里指黄帝最先创立各种制度，为万世垂范。

【译文】

"黄帝"为什么先称"黄"后称"帝"？远古时候人民质朴，生时和去
世后都是同样的称呼，各自依据生平行迹而配以相应的谥号。将"黄"
这个美号加在"帝"之前，是因为黄帝最先创制各种规则制度，掌握了天
道运行的规律，这些都是永垂不朽的功绩；后代虽然有圣王出现，但是没
有人的功绩能够和黄帝相媲美。后代圣王即便德行可以与天相类，也可
以用"帝"为称号，但却不能创立各种制度为万世垂范，所以是不能用
"黄"这个称号的。

谥或一言，或两言何？文者以一言为谥，质者以两言为
谥。故汤死后称成汤，以两言为谥也。号无质文，谥有质文
何？号者，始也，为本，故不可变也。周已后，用意尤文①，
以为本生时号令善②，故有善谥。故合言文王武王也。合言
之则上其谥，别善恶，所以劝人为善，戒人为恶也。帝者，天
号也。以为尧犹谥，顾上世质直③，死后以其名为号耳。所
以谥之为尧何？为谥有七十二品④。《礼·谥法记》曰⑤："翼
善传圣谥曰尧⑥，仁圣盛明谥曰舜⑦。慈惠爱民谥曰文，刚强

理直谥曰武⑧。"

　　右论帝王制谥之义。

【注释】

①用意：立意。文：礼仪法度。

②本：根据，依据。

③顾：但是，只是。质直：质朴简单。

④为谥有七十二品：《逸周书·谥法解》中共有谥法一百八十余条，
　除去重复的谥号，共九十九种。

⑤《礼·谥法记》：据陈立《白虎通疏证》考证"《玉海》载沈约《谥
　法》十卷序，《大戴礼》及《世本》旧并有《谥法》，而二书传至约
　时，已亡其篇，唯取《周书》及刘熙《谥法广谥》旧文，仍采乘奥
　《帝王世纪谥法篇》之异者，以为此书。案此引作《谥法记》，当是
　《大戴记》文也。"

⑥翼：扶翼，辅佐。

⑦盛明：昌盛，昌明。

⑧理直：忠恕正直。理，忠恕。

【译文】

　　谥号为什么有时候是一个字，有时候又是两个字呢？崇尚礼仪节文
的时代，谥号一般是一个字；崇尚质朴平实的时代，谥号一般是两个字。
所以汤死后，谥号是"成汤"，这是两个字作为谥号。称号没有文、质之
分，为什么谥号有文、质之别呢？称号从开始就有，这是根本，是不可以
改变的。周代之后，尤其措意于礼仪法度，认为根据生时美善的称号，
去世后就应该加以美好的谥号。所以将两个阶段结合起来，有了"文
王""武王"这类谥号。这种将两个阶段结合起来加谥号的目的是为了
分别善恶，以此来劝勉人们努力为善，警诫人们不要作恶。"帝"是象征
天的谥号。也有看法认为"尧"也是谥号，只是上古风气质朴简单，尧死

了之后用生时的名称作为谥号。为什么谥号里面还有"尧"这个称号？这是因为谥号有七十二种。《礼·谥法记》里面讲："能够扶翼宣扬美善的圣德谥为'尧'，仁爱之圣德昌盛则谥为'舜'。慈爱善良恩泽流及百姓谥为'文'，刚毅坚强、忠恕正直则谥为'武'。"

以上论述帝王创造谥号的含义。

2.8　天子崩①，大臣至南郊谥之者何？以为人臣之义，莫不欲褒称其君，掩恶扬善者也。故之南郊，明不得欺天也。故《曾子问》②："孔子曰：'天子崩，臣下之南郊告谥之。'"②

右论天子谥南郊。

【注释】

①崩：古代称帝王、皇后之死。

②《曾子问》：指《礼记·曾子问》。

③孔子曰："天子崩，臣下之南郊告谥之"：今本《礼记·曾子问》中无此句，疑为逸文。《通典》引《五经通义》有"大臣吉服之南郊告天，还，素服称天命以谥之"，陈立在《白虎通疏证》中认为这是公羊家的说法。

【译文】

天子去世之后，为什么大臣要到南郊告天来给天子上谥号呢？这是因为为人臣子，都是要褒扬称颂君主功德的，要为君主掩恶扬善。所以要到南郊去告天，表明给君主上谥号的过程是不敢欺瞒上天的。所以《礼记·曾子问》讲："孔子说：'天子去世，臣子们要到南郊告天而给天子上谥号。'"

以上论述大臣在南郊告天给天子上谥号。

2.9　诸侯薨^①，世子赴告于天子^②，天子遣大夫会其葬而谥之何？幼不诔长，贱不诔贵，诸侯相诔，非礼也。臣当受谥于君也。

右论天子谥诸侯。

【注释】

①薨：周代天子死曰"崩"，诸侯死曰"薨"。

②赴告：古代诸侯以崩薨祸福相告。

【译文】

为什么诸侯去世了，世子要赴告于天子，天子专门派遣大夫参加诸侯的葬礼并给诸侯上谥号呢？这是因为按照礼仪，年幼的人不能给年长的人上谥号，地位低的人不能给地位高的人上谥号，诸侯互相上谥号也是不符合礼仪的。作为臣子，他的谥号应当是由君主来授予。

以上论述天子为诸侯授予谥号。

2.10　卿大夫老归死者有谥何^①？谥者，所以别尊卑，彰有德也。卿大夫归无过，犹有禄位，故有谥也。

右论卿大夫老有谥。

【注释】

①归：回乡，回家。

【译文】

为什么卿大夫年老还乡后去世可以有谥号呢？因为谥号是用来分别尊卑秩序、彰显德行的。卿大夫不是因为犯了错误而还乡养老，还会享有相应的俸禄和爵位，所以去世后有谥号。

以上论述卿大夫年老还乡去世后有谥号。

2.11　夫人无谥者何？无爵，故无谥。或曰：夫人有谥。夫人一国之母，修闺门之内①，则群下亦化之，故设谥以彰其善恶。《春秋》曰："葬宋共姬②。"《传》曰："称谥何？贤也③。"《传》曰："哀姜者何？庄公夫人也④。"卿大夫妻，命妇也。无谥者何？以贱也。八妾所以无谥何⑤？亦以卑贱，无所能豫，犹士卑小不得有谥也。太子夫人无谥何？本妇人随夫。太子无谥，其夫人不得有谥也。《士冠经》曰："天子之元子犹士也。"士无谥，知太子亦无谥也。附庸所以无谥何？卑小无爵也。《王制》曰："王者之制禄爵，凡五等⑥。"附庸不在其中。明附庸无爵也。

右论无爵无谥。

【注释】

①修：整治。闺门之内：古时女子居于内室，这里指宫内。

②葬宋共姬：语见《春秋·襄公三十年》。宋共姬，原名伯姬，是春秋时期鲁宣公的女儿，嫁给宋国共公，故名共姬。

③称谥何？贤也：语见《春秋公羊传·襄公三十年》："秋，七月，叔弓如宋，葬宋共姬。外夫人不书葬，此何以书？隐之也。何隐尔？宋灾，伯姬卒焉。其称谥何？贤也。何贤尔？宋灾，伯姬存焉，有司复曰：'火至矣，请出。'伯姬曰：'不可。吾闻之也：妇人夜出，不见傅、母不下堂。傅至矣，母未至也。'逮乎火而死。"《春秋穀梁传·襄公三十年》云："妇人以贞为行者也，伯姬之妇道尽矣。详其事，贤伯姬也。"这里都将宋共姬作为恪守妇道的贤女进行称颂。

④哀姜者何？庄公夫人也：语见《春秋公羊传·僖公二年》。哀姜，姜姓，齐国国君之女，鲁庄公夫人。刘向《列女传·孽嬖传》："哀

姜好邪,淫于鲁庄。延及二叔,骄妒纵横。庆父是依,国适以亡。
齐桓征伐,酖杀哀姜。"哀姜无子,其姊妹叔姜为庄公妾,生启方,
后为鲁闵公。哀姜与庄公弟庆父通奸,欲立庆父,遂杀闵公。事
发她逃到邾国,被齐国引渡回国后杀之;以其尸归鲁,鲁以夫人之
礼葬之。这里认为哀姜并不是谥号。庄公,鲁庄公(前706—前
662),姬姓,名同,春秋时鲁国国君。

⑤八妾:这里指左媵、右媵、嫡姪娣。这里涉及中国古代的媵妾
制。《春秋公羊传·庄公十九年》:"媵者何? 诸侯娶一国,则二国往
媵之,以姪娣从。姪者何? 兄之子也。娣者何? 弟也。诸侯壹聘
九女,诸侯不再娶。"诸侯国嫁女,以侄、娣从媵,同姓国以两女来
媵,来媵女又有两人从媵,总计九女。九女中,除正妻之外,其余
为八妾。

⑥王者之制爵禄,凡五等:语见《礼记·王制》。

【译文】

　　为什么夫人没有谥号呢? 这是因为夫人生前没有爵位,所以死后没
有谥号。也有说法认为:夫人有谥号。夫人是一国之母,专门负责管理
规范宫内事务,感化比她地位低的其他人,所以要设置谥号来显扬她生
前行事的善或者恶。《春秋》里面讲:"安葬宋共姬。"《传》里面讲:"为什
么宋共姬是谥号? 因为她是贤女的代表。"《春秋公羊传》里面讲:"为什
么又有'哀姜'这种称呼呢? 这是用来称庄公夫人的。"卿大夫的妻子
都是朝廷命妇,为什么没有谥号呢? 因为她们地位相对卑贱。八妾为什
么没有谥号呢? 也是因为地位比较卑下,不能参与事务,就像士地位卑
下不能获得谥号一样。太子的夫人也没有谥号,这是为什么呢? 这是根
据妇人地位由她丈夫的情况来确定。太子没有谥号,他的夫人也不可能
有谥号。《仪礼·士冠礼》里面讲:"天子的嫡长子也是士。"士没有谥号,
所以可以推知太子也没有谥号。为什么附庸国的国君也没有谥号呢?
因为这些国君地位卑下,实力弱小,没有爵位。《王制》里面讲:"帝王制

定的爵禄，共有五等。"附庸是不在五等之爵里面的。这表明附庸本来就没有爵位。

以上论述生前没有爵位的人，死后没有谥号。

2.12　后夫人于何所谥之？以为于朝廷。朝廷本所以治政之处，臣子共审谥白之于君[1]，然后加之。妇人天夫[2]，故但白君而已。何以不之南郊也？妇人本无外事，何为于郊也？《礼·曾子问》曰："唯天子称天以诔之[3]。"唯者，独也。明天子独于南郊耳。

右论谥后夫人。

【注释】

①审：仔细研究。白：禀告，陈述。

②天夫：以丈夫为自己的天。

③唯天子称天以诔（lěi）之：天子地位最为尊贵，无人敢诔。天子死后，臣子要祭告上帝，以上帝的名义作诔文。诔，累述死者功德以哀悼，后来引申为哀悼死者之文。

【译文】

在哪里给后夫人上谥号呢？有人认为应该在朝廷给后夫人上谥号。朝廷本来是治理政事的地方，大臣们在这里一起研究审定谥号向君主禀告，此后再给后夫人加谥号。妇女以丈夫作为自己的天，所以后夫人的谥号只要禀告君主就行了。为什么不到南郊告天之后才给后夫人上谥号呢？妇女本来没有家外的各种事务，又有什么必要到南郊去呢？《礼记·曾子问》里面讲："只有天子死后，臣子要祭告上帝，以上帝的名义作诔文。""唯"是单独的意思。这表明只有天子一个人需要在南郊祭天后上谥号。

以上论述给后夫人上谥号的事。

2.13　显号谥何法①? 号法天也,法日也,日未出而明。谥法地也,法月也,月已入有余光也。是以大行受大名,细行受小名②。行生于己,名生于人。

右论号谥取法。

【注释】

①显:显扬。法:效法。

②行:行为。名:称号。

【译文】

用称号和谥号来宣扬君主的德行,这是效法什么呢? 称号是效法天,效法太阳的,太阳没有出来之前就可以感受到它的明亮光芒。谥号是效法地,效法月亮的,月亮已经隐没了仍会有微弱的光亮残存。因此如果有丰功伟绩就应该有伟大的称号和谥号,如果只有微小的功业则只能有微小的称号和谥号。做出什么样的行为起决定因素的是自己,获得什么样的名号则取决于舆论评价。

以上论述称号和谥号效法的事物。

五祀

【题解】

"五祀"共计四条,当时人们认为门、户、井、灶、中霤都有神,每年都要进行五种祭祀。第二条指出在礼仪制定之初,只有大夫爵位以上的人才能够进行五种祭祀,士及以下的人群只能祭祀自己的祖先。第三条指出每年进行这五种祭祀是按照五行运行的规律来规定的。第四条专门讲了举行五种祭祀中所使用的牺牲。

2.14　五祀者,何谓也? 谓门、户、井、灶、中霤也[①]。所以祭何? 人之所处出入,所饮食,故为神而祭之。何以知五祀谓门、户、井、灶、中霤也?《月令》曰[②]:"其祀户。"又曰:"其祀灶","其祀中霤","其祀门","其祀井"。

右总论五祀。

【注释】

①谓门、户、井、灶、中霤(liù)也:古人以门、户、井、灶、中霤都有神,每年都要祭祀。门、户,一扇为户,两扇为门,建筑物的出入口。灶,生火做饭的设备。一般认为灶神所依。灶神除了掌管人们饮食,也是玉皇大帝派遣到人间考察一家善恶之职的官。中霤,室的中央。一般认为中霤为土神所依,引申为后来的宅神。

②《月令》:指《礼记·月令》。

【译文】

"五祀"是指什么呢? 指门、户、井、灶、中霤。为什么要祭祀这五种神呢? 这些都是人们日常出入、赖以饮食生活的地方,所以要祭祀依凭于这五处的神。又怎么知道"五祀"就是指谓门、户、井、灶、中霤呢?《礼记·月令》里面讲:"祭祀户神。"又讲:"祭祀灶神","祭祀中霤神","祭祀门神","祭祀井神"。

以上总体论述五种祭祀。

2.15　独大夫已上得祭之何[①]? 士者位卑禄薄,但祭其先祖耳。《礼》曰:"天子祭天地,诸侯祭山川,卿大夫祭五祀,士祭其先。"《曲礼下》记曰:"天子祭天地,四方山川,五祀,岁遍。诸侯方祀,祭山川,五祀,岁遍。卿大夫祭五祀。士祭其先②。有废莫敢举,有举莫敢废,非所当祭而祭之曰淫祀③。淫祀无福。"

　　右论大夫已上得祭。

【注释】

①独大夫已上得祭之何:只有大夫爵位以上的人才能够进行这五种祭祀。据陈立《白虎通疏证》考证这是根据殷商时期的制度来讲的。而在周代,祭祀制度已经发生了改变,《礼记·祭法》里面有:"王为群姓立七祀:曰司命,曰中霤,曰国门,曰国行,曰泰厉,曰户,曰灶。王自为立七祀。诸侯为国立五祀:曰司命,曰中霤,曰国门,曰国行,曰公厉。诸侯自为立五祀。大夫立三祀:曰族厉,曰门,曰行。适士立二祀:曰门,曰行。庶士、庶人立一祀,或立户,或立灶。"

②"天子祭天地"几句:《礼记·曲礼下》作"天子祭天地,祭四方,祭山川,祭五祀,岁遍。诸侯方祀,祭山川,祭五祀,岁遍。大夫祭五祀,岁遍。士祭其先"。

③淫祀:不合礼制的祭祀。

【译文】

　　为什么只有大夫爵位以上的人才能够进行这五种祭祀呢? 这是因为士的爵位低下,俸禄也很微薄,只需要祭祀他的先祖就行了。《礼记》里面讲:"天子祭祀天地,诸侯祭祀本国所在方位的山川之神,卿大夫祭祀门、户、井、灶、中霤等神,士祭祀自己的祖先。"《曲礼下》里面讲:"天子祭祀天地,祭四方之神,祭大山大河的神,祭门、户、井、灶、中霤等神,一年之内都要祭遍。诸侯祭本国所在方位的山川之神,祭门、户、井、灶、中霤等神,一年之内都要祭遍。卿大夫祭祀门、户、井、灶、中霤等神。士祭祀自己的祖先。祭祀之事,如果一经废止,不敢再恢复举行;已经列入进行祭祀的，不敢随便废止；不应该祭祀的进行了祭祀，叫作'淫祀'。淫祀不会获得神的保佑。"

以上论述大夫爵位以上的人才能进行这五种祭祀。

2.16　祭五祀所以岁一遍何？顺五行也。故春即祭户。户者，人所出入，亦春万物始触户而出也①。夏祭灶。灶者，火之主，人所以自养也。夏亦火王②，长养万物。秋祭门。门以闭藏自固也。秋亦万物成熟，内备自守也。冬祭井。井者，水之生藏在地中。冬亦水王，万物伏藏。六月祭中霤。中霤者，象土在中央也。六月亦土王也。故《月令》春言其祀户，祭先脾。夏言其祀灶，祭先肺。秋言其祀门，祭先肝。冬言其祀井，祭先肾。中央言其祀中霤，祭先心。春祀户，祭所以特先脾者何？脾者，土也。春木王煞土，故以所胜祭之也。是冬肾六月心，非所胜也，以祭何？以为土位在中央，至尊，故祭以心。心者，藏之尊者③。水最卑，不得食其所胜④。

右论祭五祀顺五行。

【注释】

①户：洞穴。

②王：通"旺"。

③藏：同"脏"，五脏。

④食：通"蚀"，消耗。

【译文】

祭祀门、户、井、灶、中霤等神，为什么一年之内都要祭遍呢？这是顺应五行的运行规律。所以春天祭祀户神。户是人们出入的地方,万物也是在春天破土而出。夏天祭祀灶神。灶是火的主宰,也是人们用来滋养自己生命的重要器具。夏天是五行之中火最旺盛的季节,火使万物得以生长繁育。秋天祭祀门神。门是用来封闭收藏,使自身获得稳固安定的。秋天也是万物成熟的季节,内在已经富足了,要善于自我守藏。冬天祭祀井神。井象征水在地下滋生藏养万物。冬天也是五行中水最旺盛的季节,万物都会潜伏藏匿。六月祭祀中霤神。中霤象征五行中的土,位置在中央。六月也是五行中土最旺盛的季节。所以《礼记·月令》里面记载春天祭祀户神,祭品中以脾为上。夏天祭祀灶神,祭品中以肺为上。秋天祭祀门神,祭品中以肝为上。冬天祭祀井神,祭品中以肾为上。在中央祭祀中霤神,祭品以心为上。春天祭祀户神,祭品为什么以脾为上呢?脾在五行中属于土。春天五行中木最旺盛,木克土,所以要祭祀象征土的脾,作为土被克的补充来平衡五行的力量。冬天五行中水为盛,水克火,但祭品以象征水的肾为上;六月五行中土最旺盛,木克土,祭品以象征木的心为上,这都不是祭祀当季五行中被克制的那一行,这又是为什么呢?有人认为,土的位置在中央,这是至尊之地,所以必须用心来祭祀。因为心是五脏中最为尊贵的。而水的地位是最卑下的,不能够充分消解五行火。

　　以上论述五种祭祀是顺应五行的运行规律。

　　2.17　祭五祀,天子诸侯以牛,卿大夫以羊,因四时祭牲也。一说户以羊,灶以鸡,中霤以豚[①],门以犬,井以豕[②]。或曰:中霤用牛,不得用牛者用豚。井以鱼。

　　右论祭祀所用牲。

【注释】

①豚：小猪。

②豕：猪。

【译文】

祭祀门、户、井、灶、中霤等神，天子诸侯用牛作为祭品，卿大夫用羊作为祭品，根据四时情况来确定祭祀用的牺牲。有一种说法，认为祭祀户神用羊，祭祀灶神用鸡，祭祀中霤神用小猪，祭祀门神用狗，祭祀井神用猪。也有人认为：祭祀中霤神应该用牛，不能够用牛的才用小猪。祭祀井神应该用鱼。

以上论述祭祀所用的牺牲。

卷三

社稷

【题解】

"社稷"共计十三条,都是在讨论为什么要祭祀社稷、祭祀社稷的具体礼仪等。社稷是中国古代非常重要的祭祀之一,代表了人们对于土地生育万物的感激之情,对谷物等粮食的爱惜和尊崇。这里认为天子诸侯治理天下,本是代天理民,所以祭祀社稷乃是向上天汇报自己教化长养民众所取得的功绩。

3.1　王者所以有社稷何? 为天下求福报功。人非土不立,非谷不食①。土地广博,不可遍敬也。五谷众多②,不可一一祭也。故封土立社③,示有土也。稷,五谷之长④,故立稷而祭之也。稷者得阴阳中和之气,而用尤多,故为长也。

右总论社稷。

【注释】

①谷:粮食作物的总称。

②五谷:说法不一。第一种为《周礼·天官·疾医》"以五味、五谷、
　五药养其病"注,《庄子·逍遥游》"不食五谷"疏,均作麻、菽、
　麦、黍、稷。第二种为《周礼·夏官·职方氏》"其谷宜五种"注,
　作稻、黍、稷、麦、菽。后来统称谷物为"五谷",不一定限于五种。
③封土:把土堆在一起。社:土地之神。
④稷,五谷之长:汉代蔡邕《独断》有"以稷五谷之长也,因以稷名其
　神也"。《左传·昭公二十九年》有"有烈山氏之子曰柱,为稷,自
　夏以上祀之。周弃亦为稷,自商以来祀之"。唐以后以黍为稷。

【译文】

帝王为什么要祭祀社稷呢? 这是为天下百姓祈求上天福佑,向上天
禀告自己的功绩。人如果没有土地,就没有立足之地;如果没有五谷,就没
有食物可吃。土地是那么宽广博大,不可能向所有的土地表达敬意。谷物
众多,也不可能全部用作祭品。所以堆土立社用来祭祀土神。稷是五谷
里面最有代表性的,所以立稷为谷神进行祭祀。稷的生长充分吸收了天
地阴阳中和之气,被人们广泛食用,因此用它作为粮食的代表进行祭祀。

以上总体论述社稷。

3.2　岁再祭之何①? 春求秋报之义也②。故《月令》
仲春之月,"择元日,命民社"③。仲秋之月,"择元日,命民
社"。《援神契》曰:"仲春祈谷,仲秋获禾④,报社祭稷。"

右论岁再祭。

【注释】

①再:两次。
②报:报恩,后被用作专门的祭祀名。《国语·鲁语上》有"幕,能帅
　颛顼者也,有虞氏报焉"。韦昭注:"报,报德,谓祭也。"

③仲:第二个。元日:吉日。

④禾:谷子,脱壳后为小米。

【译文】

一年祭祀两次又是为什么呢?春天祭祀是为了向上天祈求福佑,秋天再次祭祀是为了向上天汇报一年的功绩。所以《月令》里面讲春天第二个月择吉日,命令人民祭祀社神。秋天第二个月择吉日,命令人民祭祀社神。《援神契》里面讲:"仲春时节向上天祈求五谷丰登,仲秋时节收获谷物后,也通过祭祀社稷向上天汇报一年的功绩。"

以上论述一年祭祀两次的原因。

3.3　祭社稷以三牲何①?重功故也。《尚书》曰:"乃社于新邑,牛一、羊一、豕一②。"《王制》曰:"天子社稷皆太牢③,诸侯社稷俱少牢④。"宗庙俱太牢,社稷独少牢何?宗庙太牢,所以广孝道。社稷为报功,诸侯一国所报者少故也。《孝经》曰:"保其社稷,而和其民人⑤,盖诸侯之孝也。"

右论祭社稷所用牲。

【注释】

①三牲:牛、羊、豕。

②乃社于新邑,牛一、羊一、豕一:语出《尚书·周书·召诰》。据《史记·周本纪》记载,成王派遣召公重新营洛邑,随后周公也去了,经过视察和占卜,周公认为洛邑是周王朝统治天下的适中地域。成王同意了周公、召公的决定。

③太牢:盛牲的食器叫"牢",大的叫"太牢"。太牢盛三牲,因此把宴会或祭祀时并用牛、羊、豕三牲叫"太牢"。

④少牢:祭祀只用羊、豕二牲。

⑤和：使和睦。

【译文】

　　为什么祭祀社稷要用牛、羊、豕三牲呢？这是重视汇报功绩的缘故。《尚书》里面讲："在新的洛邑举行社祭，用牛、羊、豕各一头。"《王制》里面讲："天子祭祀社稷用牛、羊、豕三牲，诸侯祭祀社稷用羊、豕二牲。"为什么祭祀宗庙都用太牢，祭祀社稷却用少牢呢？祭祀宗庙用太牢是为了尊崇孝道。祭祀社稷是为了报答上天的功德，诸侯只能治理自己所分封的国土，需要汇报的不如天子那么多。《孝经》里面讲："能够保持对社稷的祭祀，使治下的民众和睦相处，这就是诸侯的孝。"

　　以上论述祭祀社稷所用的牺牲。

　　3.4　王者诸侯所以有两社何？俱有土之君也。故《礼三正记》曰①："王者二社。为天下立社曰太社，自为立社曰王社。诸侯为百姓立社曰国社，自为立社曰侯社"。太社为天下报功，王社为京师报功②。太社尊于王社，土地久，故而报之。

　　右论天子、诸侯两社。

【注释】

　①《礼三正记》：现存《礼记》无此篇，所引文献与《礼记·祭法》中相关文字基本相同。

　②京师：国都。"京师"之称始于《诗经·大雅·公刘》"京师之野，于时处处"。

【译文】

　　帝王、诸侯为什么有两社？这是因为他们都是拥有土地的君主。所以《礼三正记》里面讲："帝王诸侯都要立两社。帝王为天下百姓所立的社叫做'太社'，为自己立的社叫做'王社'。诸侯为国内百姓立的社叫做'国社'，为自家立的社叫做'侯社'。"太社是为天下百姓向天汇报功绩，王社是为了国都向上天汇报功绩。太社的地位比王社地位要尊贵，天子拥有的土地更为广袤，所以更需要向上天汇报功绩。

以上论述帝王、诸侯有两社。

3.5　王者诸侯必有诫社者何[①]？示有存亡也。明为善者得之，为恶者失之。故《春秋公羊传》曰："亡国之社，奄其上，柴其下[②]。"《郊特牲》记曰"丧国之社屋之"，示与天地绝也。在门东[③]，明自下之无事处也。或曰：皆当著明诫，当近君，置宗庙之墙南。《礼》曰"亡国之社稷，必以为宗庙之屏"[④]，示贱之也。

右论诫社。

【注释】

①诫：警诫。

②亡国之社，奄其上，柴其下：语出《春秋公羊传·哀公四年》。古代立社，为了能够上通于天，所以都是露天的。亡国之社，则会筑屋掩盖在上面，使它不能通天，这是"奄其上"。奄，掩盖。《礼记·郊特牲》有"天子大社，必受霜露风雨，以达天地之气也。是故丧国之社屋之，不受天阳也"。柴其下，指亡国之社的下部用散木阻拦，使之不能通地气。

③门：库门。古传天子宫室有五门，库门是最外面的门。

④亡国之社稷，必以为宗庙之屏：逸《礼》篇章。

【译文】

帝王诸侯为什么一定要有专门用作警诫的社呢？这是为了表明国

家存亡无常，如果能够行善积德就可以得到政权，如果作恶多端则失去江山。所以《春秋公羊传》里面讲："亡国之社则筑屋掩盖在上面，使它不能通天；下部用散木阻拦，使之不能通地气。"《郊特牲》里面讲"筑屋掩盖在亡国之社上面"，表示要隔绝亡国之社与天地之间的交感。亡国的社稷神一般放在库门东边，是为了显示自处于卑下无事之处。也有说法认为：亡国的社稷应该成为明显的告诫，应该放在靠近君主的位置，所以要设在宗庙墙垣的南边。《礼》里面讲"亡国的社稷要放在宗庙那里，作为宗庙的屏障"，表示对已灭亡国家的轻贱。

以上论述作为警诫的社。

3.6　社稷在中门之外，外门之内何①？尊而亲之，与先祖同也。不置中门内何？敬之，示不袭渎也。《论语》曰："譬诸宫墙，不得其门而入，不见宗庙之美，百官之富。②"《祭义》曰③："右社稷，左宗庙。"

右论社稷之位。

【注释】

①中门：即雉门。外门：天子的库门、皋门，诸侯的库门。

②譬诸宫墙，不得其门而入，不见宗庙之美，百官之富：语见《论语·子张》。宫墙，围墙。官，房舍。

③《祭义》：即《礼记·祭义》。

【译文】

为什么把社稷放在雉门之外、库门之内呢？这是为了表达尊重而亲近的意思，这就如同和祖先时时刻刻在一起的样子。为什么不放在雉门之内呢？这是为了表示对祖先的尊敬，不能够用日常琐事来亵渎先祖。《论语》里面讲："拿房屋的围墙来做比喻，找不到大门走进去，就看不到宗庙的雄伟，房舍的多种多样。"《礼记·祭义》里面讲："社稷的庙在右边，祖宗的庙在左边。"

以上论述社稷的位置。

　　3.7　大夫有民，其有社稷者，亦为报功也。《礼·祭法》曰："大夫以下，成群立社①，曰置社。"《月令》曰："择元日，命民社。"《论语》曰："季路使子羔为费宰。""曰：有民人焉，有社稷焉。"②

　　右论大夫有社稷。

【注释】

①成群立社：按居住地区，每百家立一个社。

②"季路使子羔为费宰。""曰：有民人焉，有社稷焉"：语出《论语·先进》。

【译文】

大夫拥有人民，祭祀社稷也是为了向上天汇报功绩。《礼记·祭法》里面讲："大夫以下的人按居住地共同立社，叫做'置社'。"《礼记·月令》里面讲："选择一个吉日，命令百姓祭祀土地神。"《论语》里面讲："子路让子羔去做费县宰。""说：那地方有老百姓，有土地和五谷。"

以上论述大夫祭祀社稷。

　　3.8　不谓之土何？封土立社，故变名谓之社，别于众土也。为社立祀，始谓之稷，语不自变有内外①。或曰社稷，不以为稷社。故不变其名，事自可知也。不正月祭稷何？礼不常存，养人为用，故立其神②。

　　右论名社稷之义。

【注释】

①为社立祀，始谓之稷，语不自变有内外：这里指为土地神设立祭祀，然后祭祀稷神。这种先"社"后"稷"的做法不能改变，是因为有内外之别，先有土地，然后才有谷物粮食的生长。

②礼不常存，养人为用，故立其神：据卢文弨考证，这里"礼"可能为"稷"的讹字。稷不能一年四季都有，而且稷主要是用来滋养人的生命，所以立稷的神来进行祭祀。

【译文】

不把"社"称为"土"又是为什么呢？这里特地把土堆起来用以祭祀土神，因此要改变名称叫做"社"，这是为了和其他一般的土进行区分。先祭祀土地神，然后再祭祀稷神，这种先"社"后"稷"的做法不能改变，必须有内外之别。也有人认为应该叫做"社稷"，不能称为"稷社"。按照这种名称就可知道祭祀的先后了。为什么不在正月祭祀稷神呢？稷不可能一年四季都有，而且稷主要是用来滋养人生命的，所以立稷的神来进行祭祀。

以上论述命名"社稷"的意义。

3.9　社无屋何？达天地气。故《郊特牲》曰："天子大社，必受霜露风雨，以达天地之气。"社稷所以有树何？尊而识之①，使民望见即敬之，又所以表功也。故《周官》曰："司徒班社而树之，各以土地所宜②。"《尚书》逸篇曰："大社唯松，东社唯柏，南社唯梓，西社唯栗，北社唯槐。"

右论社无屋有树。

【注释】

①识：标记。

②司徒班社而树之,各以土地所宜:语出《周礼·地官·大司徒》。司徒,据《周礼》记载大司徒主要掌管天下土地的舆图和记载人民数目的户籍,因此他详知九州的地域和面积,能够辨别山林、川泽、丘陵等不同地形和各地生产的物品。班,分赐。

【译文】

社为什么没有用房子来覆盖呢?这是为了通达天地之气。所以《郊特牲》里面讲:"天子的社坛叫'大社',上面没有遮盖,让它承受霜露风雨,使天气与地气相通。"祭祀社稷的地方为什么有树木?这是为了表达尊崇,用树木作为特别标记,让民众看见就能肃然起敬;同时也可以显示诸侯封疆治国的功绩。所以《周官》里面讲:"大司徒负责分赐诸侯土地,让他们祭祀社稷,并根据各地土地性质种上适宜的树木。"《尚书》亡逸了的篇章讲:"大社这个地方只能种松树,东社这个地方只能种柏树,南社这个地方只能种梓树,西社这个地方只能种栗树,北社这个地方只能种槐树。"

以上论述社没有房子遮蔽、祭祀社稷的地方有树木的原因。

3.10　王者自亲祭社稷何?社者,土地之神也。土生万物,天下之所王也。尊重之,故自祭也。

右论王者亲祭。

【译文】

帝王为什么要亲自来祭祀社稷呢?这是因为社代表土地神。土地生育长养的万事万物,是天下最为尊贵的。帝王为了表达对土地的尊重之情,所以亲自祭祀社稷。

以上论述帝王亲自祭祀社稷的原因。

3.11　其坛大如何？《春秋文义》曰[1]："天子之社稷广五丈，诸侯半之。"其色如何？《春秋传》曰[2]："天子有大社也，东方青色，南方赤色，西方白色，北方黑色，上冒以黄土[3]。故将封东方诸侯，取青土，苴以白茅[4]。各取其面以为封社明土。谨敬洁清也。"

右论社稷之坛。

【注释】

[1]《春秋文义》：来源不详。

[2]《春秋传》：《史记·三王世家》引《春秋大传》："天子之国有泰社。东方青，南方赤，西方白，北方黑，上方黄"，接着解释"故将封于东方者取青土，封于南方者取赤土，封于西方者取白土，封于北方者取黑土，封于上方者取黄土。各取其色物，裹以白茅，封以为社。此始受封于天子者也。此之为主土。主土者，立社而奉之也"。据陈立考证，这里的《春秋传》应该就是《史记》所引的《春秋大传》。

[3]冒：覆盖。

[4]苴（jū）：包裹。

【译文】

社稷的坛应该有多大呢？《春秋文义》里面讲："天子的社稷坛宽五丈，诸侯的宽度只有天子的一半。"社稷坛又是什么颜色呢？《春秋传》里面讲："天子的大社，东方放置青色的土，南方放置红色的土，西方放置白色的土，北方放置黑色的土，上面会用黄土覆盖。所以如果将分封诸侯到东方去，就会取青色的土，用白茅草包裹起来赐给诸侯。分封到不同方位去的诸侯都会被赐予相应方位的土，作为他们在封地设立社稷坛的基础。这里面含有要谨慎、敬畏、纯洁、清静的意思。"

以上论述祭祀社稷的坛。

3.12　　祭社稷有乐乎?《乐记》云:"乐之施于金石,越于声音,用于宗庙社稷[1]。"

右论祭社稷有乐。

【注释】

[1]乐之施于金石,越于声音,用于宗庙社稷:语见《礼记·乐记》。金石,这里指钟、磬等乐器。越,发出。

【译文】

祭祀社稷有音乐吗?《乐记》里面讲:"礼乐借助钟磬,发出声音,运用于宗庙社稷的祭祀。"

以上论述祭祀社稷的音乐。

3.13　《曾子问》曰:"诸侯之祭社稷,俎豆既陈,闻天子崩,如之何? 孔子曰废。[1]"臣子哀痛之,不敢终于礼也。

右论祭社稷废祀。

【注释】

[1]"诸侯之祭社稷"数句:语见《礼记·曾子问》。

【译文】

《曾子问》里面讲:"诸侯准备举行祭祀社稷的时候,供品已经陈设好,忽然听到天子驾崩,怎么办? 孔子说:那就不举行祭祀。"臣子因为天子去世心里会非常哀痛,所以不敢再继续祭祀社稷。

以上论述停止祭祀社稷的情况。

礼乐

【题解】

"礼乐"共计十一条，都是在讨论礼乐制度的相关问题。礼乐是中国古代宗庙祭祀和政治生活中非常重要的治理方式，制礼作乐一般作为圣王之治的重要标志。这篇讨论了礼乐的来源、礼乐制度的等级、四夷之乐的含义、歌舞不同的地点、降神和侑食用的音乐、宫商角徵羽不同音调、钟鼓箫琴等不同乐器的含义等等，基本涵盖了经学中礼乐制度的众多关键问题。

3.14　礼乐者，何谓也？礼之为言履也。可履践而行。乐者，乐也。君子乐得其道，小人乐得其欲。王者所以盛礼乐何①？节文之喜怒②。乐以象天，礼以法地。人无不含天地之气，有五常之性者③。故乐所以荡涤，反其邪恶也④。礼所以防淫泆⑤，节其侈靡也。故《孝经》曰："安上治民，莫善于礼。""移风易俗，莫善于乐。"

【注释】

①盛：极致。

②节文之喜怒：据陈立《白虎通疏证》考证，这里当作"以节文喜怒"。节文，节制修饰。

③五常：仁、义、礼、智、信。在《白虎通·性情》中明确有"五性者何谓？仁、义、礼、智、信也"。

④反：覆，翻转。

⑤淫泆：恣纵逸乐。

【译文】

"礼乐"是指什么呢?"礼"可以说成是"履",含有"可以履行实践"的意思。"乐"是"快乐"的意思。君子因大道得行而觉得快乐,小人因为自己的欲望得到满足而觉得快乐。帝王为什么要追求礼乐到极致呢?主要是为了用礼乐来节制修饰天下人喜怒哀乐等各种情感的表达。音乐是模仿天道而成,礼仪是效法地道而立。人都禀含天地之气而生,生来就具有仁、义、礼、智、信这五种德性。所以用音乐来净化人们内心,让偏邪之心得以返归为正。礼仪用来防止人恣纵逸乐,对人们的生活进行节制,使之不流于奢侈浪费。所以《孝经》里面讲:"用礼来使在上位者安处其位,使百姓得以治理,是最好的。""用音乐来改易风俗是最好的。"

子曰:"乐在宗庙之中,君臣上下同听之,则莫不和敬。在族长乡里之中,长幼同听之,则莫不和顺。在闺门之内,父子兄弟同听之,则莫不和亲。故乐者,所以崇和顺,比物饰节①,节奏合以成文,所以和合父子君臣,附亲万民也。是先王立乐之方也。故听其雅颂之声,志意得广焉,执干戚②,习俯仰屈伸,容貌得庄焉。行其缀兆③,要其节奏④,行列得正焉,进退得齐焉。故乐者,天地之命,中和之纪,人情之所不能免焉也。故乐者,先王之所以饰喜也。军旅铁钺⑤,先王之所以饰怒也。故先王之喜怒,皆得其齐焉⑥。喜则天下和之,怒则暴乱者畏之。先王之道,礼乐可谓盛矣⑦。"闻角声,莫不恻隐而慈者;闻徵声,莫不喜养好施者;闻商声,莫不刚断而立事者;闻羽声,莫不深思而远虑者;闻宫声,莫不温润而宽和者也。

【注释】

①物：匏、土、革、木、石、金等制作的乐器。

②干戚：盾与斧。古代的两种兵器。亦为武舞所执的舞具。

③缀兆：古代乐舞中舞者的行列位置。

④要（yāo）：配合。

⑤铁钺（fū yuè）：斫刀和大斧。

⑥齐：匹配。

⑦礼乐可谓盛矣：按自"乐在宗庙之中"至此，都是引自《礼记·乐
记》，内容稍微有出入。"故乐者，所以崇和顺"，在今本《礼记》里
面作"故乐者，审一以定和"。大意都是在讲先王用礼乐来治理
天下的效用。

【译文】

孔子讲："在宗庙之中演奏音乐，君臣上下一同来听，大家都会和平
恭敬。在乡邻之间演奏音乐，长幼老少一同来听，大家都会和睦顺畅。
在家里演奏音乐，父子兄弟一同来听，大家都会和谐亲热。所以这音乐
追求和谐顺畅，用各种乐器来配合节奏，节奏合在一起便成为乐章，这样
可以用来调和父子君臣的关系，使天下民众团结亲爱。这是先王制定音
乐的目的。所以听了《雅》《颂》一类的音乐，心胸就会变得宽广了；拿
起干戚，演习那些俯仰屈伸的动作，容貌就会变得齐整端庄了。按照舞
步行走配合音乐的节奏，行列就会端正了，一进一退的动作就整齐了。
所以音乐仿佛是天地的命令，是使一切事物归于中正平和的纲纪，是人
的感情里不能缺少的东西。音乐是先王用来表达喜悦之情的。军队和
武器是先王用来表达愤怒之情的。所以先王的喜怒都有与之匹配的音
乐来表达。他欢喜的时候，天下的百姓就跟着和悦；他愤怒的时候，暴乱
的人们就因而畏惧。先王治理天下的大道，在礼乐之中可以说得到了充
分的表达。"听到角声，人们都会触动恻隐慈悲之心；听到徵声，人们都
会愿意抚育万物、乐善好施；听到商声，人们都会刚毅决断，能够成就事

业；听到羽声，人们都会对事情进行深思远虑；听到宫声，人们都会性情趋向温润宽和。

礼所揖让何？所以尊人自损也，揖让则不争。《论语》曰："揖让而升，下而饮，其争也君子①。"故"君使臣以礼，臣事君以忠"②。"谦谦君子，利涉大川"③，以贵下贱，大得民也。屈己敬人，君子之心。故孔子曰："为礼不敬，吾何以观之哉④？"夫礼者，阴阳之际也，百事之会也，所以尊天地，傧鬼神⑤，序上下，正人道也。

【注释】

①揖让而升，下而饮，其争也君子：语见《论语·八佾》。

②君使臣以礼，臣事君以忠：语见《论语·八佾》。

③谦谦君子，利涉大川：语见《周易·谦卦》的卦辞。

④为礼不敬，吾何以观之哉：语见《论语·八佾》。

⑤傧（bīn）：尊敬。

【译文】

行礼为什么一定要有作揖等表示谦让的动作呢？这是为了表达对别人的尊敬，对自己的贬抑。凡事能够谦让，就不会有争执。《论语》里面讲："当要射箭的时候，相互作揖然后登堂；射箭完了走下堂，互相作揖后再饮酒。即便是竞争，也是有君子风度的。"所以"君主应该依照礼仪来差遣臣子，臣子应该忠诚于自己的君主"。"阴柔谦虚的君子，可以涉越大江大河"。君子如果处在尊贵的地位，对地位比自己卑贱之人表示谦虚，可以广泛地获取民心。能够委屈自己而对他人恭敬，这是君子应该有的胸怀。所以孔子讲："行礼的时候没有敬畏感，这种样子我怎么看得下去呢！"行礼祭祀的场合是阴阳之气的交汇点，是各类事务汇聚的焦点。人们通过行礼表达对天地的尊奉，对鬼神的礼敬，使上下得其秩序，使人心能够归于正道。

　　乐所以必歌者何？夫歌者，口言之也。中心喜乐，口欲歌之，手欲舞之，足欲蹈之。故《尚书》曰："前歌后舞，假于上下①。"礼贵忠何？礼者，盛不足，节有余。使丰年不奢，凶年不俭，贫富不相悬也。乐尚雅何？雅者，古正也②。所以远郑声也。孔子曰："郑声淫何？郑国土地民人，山居谷浴，男女错杂，为郑声以相诱悦怿，故邪僻，声皆淫色之声也③。"
　　右总论礼乐。

【注释】

①前歌后舞，假（gé）于上下：此句不见于今本《尚书》通行本，据陈立考证，应该是《今文尚书》中的语句。假，至，到。

②雅者，古正也：《诗大序》以"政有小大"来区分《小雅》《大雅》，从历史叙事上说来，大雅是叙述宏大的历史事件，而小雅则侧重于朴素的日常生活叙事。

③"郑声淫何"数句：都在解释郑国音乐是淫靡之音，非正音。《论语·卫灵公》里面有"郑声淫"，刘宝楠《论语正义》引《五经异义》："《鲁论》说，郑国之俗，有溱、洧之水，男女聚会，讴歌相感，故云'郑声淫'。《左传》说烦手淫声谓之郑声者，言烦手踟蹰之声使淫过矣。"悦怿，高兴愉快。邪僻，乖戾不正。

【译文】

为什么音乐一定需要歌唱呢？歌唱是用嘴巴来唱诵，人的心里开心快乐，嘴巴就会想唱歌，手足就会想舞蹈。所以《尚书》里面讲："前前后后都在唱歌跳舞，都是为了向天地神灵表达自己内心的喜悦之情。"礼仪为什么以中道为贵呢？因为凡事应该遵照礼仪，使物质匮乏的人显得较为丰盛，让物质富余的人也不要铺张浪费。在丰收的年岁人们生活不太过奢侈，在歉收的年份人们生活也不过于俭啬，让社会贫富差距不要太大。音乐为什么崇尚高雅呢？"雅"在古代意思就是"正"，是为了远离郑声这类靡靡之音。孔子讲："为什么郑声是淫靡之音呢？郑国有独特的风俗，人民喜爱到山林间去游玩，到溪水间去洗浴嬉戏，男女没有差别地混杂在一起。郑声就是他们用来互相调情、表达男女之间爱慕之情的音乐，所以说郑声乖戾不正，属于沉迷美色的音乐。"

　　以上总体论述礼乐。

　　3.15　太平乃制礼作乐何？夫礼乐所以防奢淫。天下人民饥寒，何乐之乎？功成作乐，治定制礼。乐言作，礼言制何？乐者，阳也。动作倡始①，故言作。礼者，阴也。系制于阳，故言制②。乐象阳也，礼法阴也。

　　右太平乃制礼乐。

【注释】

　　①动：心中有所触动。作：兴起。倡：发起，倡导。
　　②系：承。制：裁断。

【译文】

　　帝王在太平时期为什么要制礼作乐呢？礼乐是用来防止人们奢侈淫乱的。如果天下人民还在忍受饥寒，又有什么可乐之处需要制礼作乐呢？因此必须要功业成就之后才来创作音乐，天下治理安定才制定礼仪。创作音乐称为"作"，制定礼仪被称为"制"，又是为什么呢？乐是属于阳的，心中有所触动而有所动作，兴起发动作为其他事务的开端，所以叫做"作"。礼是属于阴的，为阳所裁断，所以叫做"制"。乐是取象于阳的,礼是效法于阴的。

　　以上论述帝王在太平时期制作礼乐。

　　3.16　王者始起,何用正民? 以为且用先代之礼乐①,天下太平,乃更制作焉。《书》曰:"肇称殷礼,祀新邑②。"此言太平去殷礼。《春秋传》曰:"曷为不修乎近而修乎远? 同己也。可因先以太平也。③"必复更制者,示不袭也。

【注释】

　　①且:暂且,暂时。

　　②肇称殷礼,祀新邑:语见《尚书·洛诰》。肇,开始。称,举行。殷礼,商代会见诸侯之大礼。

　　③曷为不修乎近而修乎远? 同己也。可因先以太平也:今本《春秋》三传不见此句。据陈立《白虎通疏证》考证,这句话应该是《春秋》今文家异说。近,新建立的朝代。远,前朝的音乐。同己,取前朝音乐与本朝相同者。因,凭借。先,前朝之乐。

【译文】

　　帝王的事业刚开始兴起的时候,用何种礼乐来引导民众归于正道呢? 有人认为应该暂时沿用前朝的礼乐,等到天下太平之后,再重新制礼作乐。《尚书》里面讲:"开始举行殷礼接见诸侯,在新邑举行祭祀。"这是讲周朝在太平时期才不再沿用殷礼。《春秋传》里面讲:"为什么不用新建立朝代的音乐,而用前朝的音乐呢? 那是因为取前朝与本朝情况相符合的音乐。也可以用来致太平。"一定要重新制礼作乐是为了表示不再沿袭前朝的制度。

　　又天下乐之者,乐所以象德表功,而殊名也。《礼记》曰:

"黄帝乐曰《咸池》,颛顼乐曰《六茎》,帝喾乐曰《五英》,尧乐曰《大章》,舜乐曰《箫韶》,禹乐曰《大夏》,汤乐曰《大濩》,周乐曰《大武象》,周公之乐曰《酌》,合曰《大武》[①]。"

【注释】

[①]"黄帝乐曰《咸池》"数句:讲古圣先王所用音乐的名称。今本《礼记》没有这些语句,陈立怀疑为亡逸了的《礼》经篇章。

【译文】

又因为天下太平,人民安乐,音乐是用来象征新朝的德行,用来表彰功绩的,所以每个朝代音乐的名称都不一样。《礼记》里面讲:"黄帝制作的音乐叫做《咸池》,颛顼制作的音乐叫做《六茎》,帝喾制作的音乐叫做《五英》,尧制作的音乐叫做《大章》,舜制作的音乐叫做《箫韶》,禹制作的音乐叫做《大夏》,汤制作的音乐叫做《大濩》,周制作的音乐叫做《大武象》,周公制作的音乐叫做《酌》,合起来叫做《大武》。"

黄帝曰《咸池》者,言大施天下之道而行之,天之所生,地之所载,咸蒙德施也。颛顼曰《六茎》者,言和律吕以调阴阳。茎著万物也[①]。帝喾曰《五英》者,言能调和五声,以养万物,调其英华也[②]。尧曰《大章》者,大明天地人之道也。舜曰《箫韶》者,舜能继尧之道也。禹曰《大夏》者,言禹能顺二圣之道而行之,故曰《大夏》也。汤曰《大濩》者,言汤承衰,能护民之急也。周公曰《酌》者,言周公辅成王,能斟酌文武之道而成之也。武王曰《象》者,象太平而作乐,示已太平也[③]。合曰《大武》者,天下始乐周之征伐行武,故诗人歌之曰:"王赫斯怒,爰整其旅[④]。"当此之时,乐文王之怒以定天下，故乐其武也。

【注释】

①茎：根茎。著：附着。

②调（diào）：征发，征调。

③《象》：《象舞》，又名《三象》，是周代的一种重要乐舞，创于周初，广泛用于祭祀、宴飨、射礼等场合，也是当时贵族子弟的必学内容。

④王赫斯怒，爰整其旅：语见《诗经·大雅·皇矣》。赫，发怒的样子。斯，语气词，犹"其"也。旅，五百人为旅，这里指军队。

【译文】

　　黄帝制作的音乐叫做《咸池》，是说黄帝能够广泛地将恩泽布施于天下，让道在天下流行，天生地载的万事万物都能蒙受黄帝德行的恩惠。颛顼制作的音乐叫做《六茎》，是说颛顼能够协和律吕之音，调和阴阳之气。万物能够得其根茎本末，生长过程中能得到充分的滋养。帝喾制作的音乐叫做《五英》，是说帝喾能调和五声来长养万物，让万物都能够显其英华。尧制作的音乐叫做《大章》，是说他能够最大程度地显明天、地、人之道。舜制作的音乐叫做《箫韶》，表明舜能够继承尧的道。禹制作的音乐叫做《大夏》，是讲禹能够继承尧、舜二圣的道而继续践行，所以叫做《大夏》。汤制作的音乐叫做《大濩》，是讲汤承衰世之弊，能够救护百姓的急难。周公制作的音乐叫做《酌》，是讲周公能够辅佐成王，斟酌文王、武王所实行的道而进一步落实。武王制作的音乐叫做《象》，模仿太平景象而创作音乐，表明已天下太平。合在一起叫做《大武》，说明最开始天下就愿意看到周朝以武力讨伐商纣王，所以诗人歌咏说："周文王对此勃然大怒，整顿他的军队出征。"大家都为文王发怒之后兴义兵安定天下感到高兴，所以对文王使用武力是赞同的。

　　周室中制《象》乐何？殷纣为恶日久，其恶最甚，斫涉句胎①,残贼天下。武王起兵,前歌后儛,克殷之后,民人大喜,故中作所以节喜盛。

　　右论帝王礼乐。

【注释】

①斮(zhuó)涉句(kū)胎:这都是讲商纣王残暴之行。"斮涉"讲的是严冬之际,商纣王宠妃妲己遥见有人赤脚走在冰上,认为其生理构造特殊而将他双脚砍下,研究其不怕寒冻的原因。"刳胎"讲的是妲己目睹一孕妇腹部隆起,为猜测胎儿性别而剖开孕妇肚皮,枉送了母子二人的性命。句,意同"刳(kū)"。

【译文】

　　为什么周王室用中正平和的方式制作了《象》呢?这是因为殷纣王长久作恶,其恶行非常过分,甚至砍斮涉水之人的小腿、剖开孕妇的肚子,残害天下百姓。武王兴起义兵之后,人们载歌载舞;征服殷商之后,民众非常喜悦,所以用中和的方式创作了《象》乐,用以节制大家过于喜悦的心情。

　　以上论述帝王的礼乐。

　　3.17　天子八佾①,诸侯四佾,所以别尊卑。乐者,阳也。故以阴数②,法八风、六律、四时也③。八风、六律者,天气也。助天地成万物者也。亦犹乐所以顺气变化,万民成其性命也④。故《春秋公羊传》曰:"天子八佾,诸公六佾,诸侯四佾⑤。"《诗传》曰:"大夫士琴瑟御⑥。"佾者,列也。以八人为行列,八八六十四人也。诸公六六为行,诸侯四四为行。诸公谓三公二王后⑦,大夫士北面之臣,非专事子民者也⑧,故但琴瑟而已。

右论天子、诸侯佾数。

【注释】

①佾：古代乐舞的行列。八人为一行，称一佾。

②阴数：偶数。

③八风：八方之风。各种经典里面名目不一。《吕氏春秋·有始览》："何谓八风？东北曰炎风，东方曰滔风，东南曰熏风，南方曰巨风，西南曰凄风，西方曰飂风，西北曰厉风，北方曰寒风。"《淮南子·坠形训》作"何谓八风？东北曰炎风，东方曰条风，东南曰景风，南方曰巨风，西南曰凉风，西方曰飂风，西北曰丽风，北方曰寒风"。《说文解字》里面作"八风也。东方曰明庶风，东南曰清明风，南方曰景风，西南曰凉风，西方曰阊阖风，西北曰不周风，北方曰广莫风，东北曰融风。风动虫生，故虫八日而化。从虫，凡声。凡风之属皆从风"。六律：律，定音器，相传黄帝时伶伦截竹为管，以管的长短，分别声音的高低清浊。乐器的音调，都以它为准则。乐律共有十二个，奇数（阳）称"六律"，偶数（阴）称"六吕"，合称"律吕"。

④性命：天生之质性及其所禀受。

⑤天子八佾，诸公六佾，诸侯四佾：语见《春秋公羊传·隐公五年》。

⑥大夫士琴瑟御：语见《春秋公羊传·隐公五年》注引《鲁诗传》。御，侍奉陪伴。

⑦诸公谓三公二王后：《春秋公羊传·隐公五年》传文有"天子三公称公，王者之后称公，其余大国称侯，小国称伯、子、男"。诸公是指天子三公和前代帝王之后裔。

⑧专事：专门治理。

【译文】

天子用八行八列的乐舞规模，诸侯用四行四列的乐舞规模，这是为了区分等级尊卑。音乐是属于阳的,所以用偶数来计数,所以为八风、六律、四时。八风、六律,是天的气在流动,帮助天地化成万物的。就像音乐是用来顺应气的变化,帮助广大民众各得正其性命。所以《春秋公羊传》里面讲:"天子用八行八列的乐舞规模,诸公用六行六列的乐舞规模,诸侯用四行四列的乐舞规模。"《诗传》里面讲:"大夫、士每天都有琴瑟等乐器的陪伴。"佾是行列的意思。以八人为一行,八八六十四人。诸公用六行六列的乐舞规模,诸侯用四行四列的乐舞规模。诸公是指天子三公和前代帝王的后裔。大夫、士都是面向北而朝见帝王的臣子,不是专门治理百姓的人,所以日常只有琴瑟等乐器为伴。

以上论述天子和诸侯乐舞的规模。

3.18　王者有六乐者①,贵公美德也②。所以作供养。谓倾先王之乐③,明有法,示正其本,兴己所自作乐,明作己也。

右论王者六乐。

【注释】

①六乐:六代之乐。《周礼·地官·保氏》注有"六乐,《云门》《大咸》《大韶》《大夏》《大濩》《大武》也"。

②贵公:陈立《白虎通疏证》疑为"贵功",以功德为贵,尊崇功德。

美德:以德行为美。

③倾:向往,钦佩。

【译文】

帝王用六代的音乐,是为了表达自己对前代帝王伟大功业的尊崇和美好德行的向往。因此以六代之乐来供养历代帝王。天子向往先王之乐,代表本朝对前朝有学习效法,这是为了正其根本;而本朝也会自行创作音乐,这是为了表明本朝也有自身独特之处。

以上论述帝王用六代的音乐。

3.19 所以作四夷之乐何？德广及之也。《易》曰："先王以作乐崇德，殷荐之上帝，以配祖考①。"《诗》云："奏鼓简简，衎我烈祖②。"《乐元语》曰③："受命而六乐，乐先王之乐，明有法也。兴其所自作，明有制。兴四夷之乐，明德广及之也。故东夷之乐曰《朝离》，南夷之乐曰《南》，西夷之乐曰《味》，北夷之乐曰《禁》。合欢之乐儛于堂，四夷之乐陈于右④，先王所以得之顺命重始也。"王者之乐有先后者，各上其德也。此言以文得之先以文，谓持羽毛儛也⑤。以武得之先以武，谓持干戚儛也。《乐元语》曰："东夷之乐持矛舞，助时生也。南夷之乐持羽舞，助时养也。西夷之乐持戟舞，助时煞也。北夷之乐持干舞，助时藏也。"

【注释】

①先王以作乐崇德，殷荐之上帝，以配祖考：语见《周易·豫卦·象辞》。崇，推崇，褒扬。殷，盛大。荐，献。上帝，天帝，古人视为主宰万物的至高无上的神。配，古代祭祀礼仪中的配飨礼，这里指用祖先来配飨上帝。祖考，祖先。

②奏鼓简简，衎（kàn）我烈祖：语见《诗经·商颂·那》。简简，鼓声。衎，欢乐。烈祖，建功立业的祖先。

③《乐元语》：该书散佚已久，留存佚文甚少。具体内容应该和音乐有关。

④右：门外之右。

⑤儛（wǔ）：舞蹈，跳舞。

【译文】

为什么也要创作四夷的音乐呢？这是为了表明王者的德行能够广泛地施予所有人。《周易》里面讲："先代君王制作音乐用来赞美功德，通过隆盛的典礼奉献给天帝，并让祖先的神灵配合共享。"《诗经》里面讲："敲起鼓来声音咚咚咚响，用来娱乐建立功业的祖先。"《乐元语》里面讲："王者从天受命而继承先王的六乐，这是表明王者也以先王之乐作为本朝的音乐，表明对前朝是有所效法继承的。但也要创作本朝新的音乐，表明新的朝代有新的制度。创作四夷的音乐，是为了表明王者的德行能够广泛地施予天下。所以东夷之乐叫做《朝离》，南夷之乐叫做《南》，西夷之乐叫做《味》，北夷之乐叫做《禁》。合欢之乐在堂上表演，四夷之乐在门外的右边进行演奏，先王以此表明自身获得政权乃是顺应天命，让万事万物得以重新更始。"王者的音乐也要区分先后次序，这是为了突显各自的功德。这是说因文治的功德获取天下，先用文乐，表演舞蹈时是拿着羽毛的。以武力征伐得到天下，先用武乐，表演舞蹈时是拿着盾牌和斧子的。《乐元语》里面讲："东夷之乐是拿着长矛跳舞的，这是为了助养万物生长的时气。南夷之乐是拿着羽毛跳舞的，这是为了助养万物长养的时气。西夷之乐是拿着戟跳舞的，这是为了助养万物肃杀的时气。北夷之乐是拿着盾牌跳舞的，这是为了助养万物收藏的时气。"

谁制夷狄之乐？以为先圣王也。先王推行道德，调和阴阳，覆被夷狄。故夷狄安乐，来朝中国，于是作乐乐之。《南》之为言任也，任养万物①。《味》之为言昧也。昧者，万物衰老，取晦昧之义也。《禁》者，言万物禁藏。《朝离》者，万物微离地而生。一说东方持矛，南方歌，西方戚，北方击金②。夷狄质，不如中国文，但随物名之耳，故百王不易。

【注释】

①《南》之为言任也，任养万物：《南》是指怀妊的意思，南方阳气用事，万物得以怀妊长养。任，通"妊"。妊娠，怀孕。上古音中，"南"与"任"乃叠韵字，此处是叠韵为训。

②金：铜钟。

【译文】

又是谁制定的夷狄之乐呢？大家都认为是古圣先王制定的。古圣先王推行道德能够调和阴阳之气，德化能够流及夷狄居住的地方。所以夷狄生活安乐，愿意朝觐中国，于是创作音乐来表达这种快乐。《南》是指"怀妊"的意思，南方阳气用事，万物得以怀妊长养。《味》是"昧"的意思。"昧"是形容万物已经衰老，进入昏暗模糊的状态。《禁》是说明此时万事万物都进入潜匿隐藏的阶段。《朝离》的意思是万物微微离开地面开始生长。还有一种说法是：东方的夷人跳舞拿着长矛，南方的蛮人喜爱唱歌，西方的戎人跳舞拿着斧子，北方的狄人喜爱敲钟。夷狄民风质朴，不如中国文雅，只是根据他们跳舞所用的物品来命名他们的音乐，所以即便经历了历代圣王的统治，这些音乐的名称也都没有变化。

王者制夷狄乐，不制夷狄礼何？以为礼者，身当履而行之。夷狄之人，不能行礼。乐者，圣人作为以乐之耳。故有夷狄乐也。谁为舞者？以为使中国之人，何以言之？夷狄之人礼不备，恐有过误也。作之门外者何？夷在外，故就之也。夷狄无礼义，不在内。《明堂》记曰："九夷之国，东门之外①。"所以知不在门内也。《明堂》记曰："纳夷蛮之乐于太庙②。"言纳，明有入也。

【注释】

①九夷之国,东门之外:语见《礼记·明堂位》。九夷,古代称东方
　的九种民族。泛称少数民族。

②纳夷蛮之乐于太庙:语见《礼记·明堂位》。

【译文】

　　王者为什么制作夷狄的音乐,却没有制作夷狄所应遵守的礼仪呢?
人们认为,礼是要亲自践履实行的,但夷狄之人不能亲身践履实行礼仪。
音乐是圣人创作出来给四夷娱乐的,所以有夷狄的音乐。谁来随着这些
音乐表演舞蹈呢? 人们认为应该是中原之人来表演舞蹈。为什么这么
说呢? 这是因为夷狄之人不能践行完备的礼仪,怕他们表演舞蹈时会有
各种差错。为什么在门外表演? 因为夷狄在朝廷都是居于门外,所以
在门外表演夷狄的音乐。夷狄们无礼无义,不适合在门内侍立。《明堂
记》里面讲:"九夷诸部的君长,立于东门之外。"因此知道他们不在门
内。《明堂记》里面讲:"在太庙中纳入蛮夷的音乐"。说"纳",这是特别
纳入的意思。

　　曰四夷之乐者,何谓也? 以为四夷外无礼义之国,数夷
狄者从东①,故举本以为之总名也。言夷狄者,举终始也。言
蛮,举远也。言貉,举恶也。则别之,东方为九夷,南方为八
蛮,西方为六戎,北方为五狄。故《曾子问》曰:"九夷八蛮,
六戎五狄,百姓之难至者也②。"何以知夷在东方?《礼·王
制》曰:"东方曰夷,被发文身。"又曰:"南方曰蛮,雕题交趾。
西方曰戎,被发衣皮。北方曰狄,衣羽毛,穴居③。"东所以有
九者何? 盖来过者九,九之为言究也④。德遍究,故应德而
来亦九也。非故为之,道自然也。

【注释】

①数：列举。

②九夷八蛮，六戎五狄，百姓之难至者也：语不见于今本《礼记·曾子问》。《礼记·王制》孔颖达疏云"东方谓之夷者，《风俗通》云：'东方人好生，万物觝触地而出。夷者，觝也，其类有九。'依《东夷传》九种：一曰玄菟，二曰乐浪，三曰高骊，四曰满饰，五曰凫臾，六曰索家，七曰东屠，八曰倭人，九曰天鄙。南方曰蛮者，《风俗通》云：'君臣同川而浴，极为简慢。蛮者，慢也，其类有八。'李巡注《尔雅》云：'一曰天竺，二曰咳首，三曰僬侥，四曰跛踵，五曰穿胸，六曰儋耳，七曰狗轵，八曰旁春。'西方曰戎者，《风俗通》云：'斩伐杀生，不得其中。戎者凶也，其类有六。'李巡注《尔雅》云：'一曰侥夷，二曰戎央，三曰老白，四曰耆羌，五曰鼻息，六曰天刚。'北方曰狄者，《风俗通》云：'父子嫂叔，同穴无别。狄者，辟也，其行邪辟。其类有五。'李巡注《尔雅》云：'一曰月支，二曰秽貊，三曰匈奴，四曰单于，五曰白屋。'"

③"东方曰夷，被发文身"数句：语见《礼记·王制》，讲四夷的风俗习惯。雕题，额头上刺有花纹。交趾，两足趾相向而行。

④过：过从往来。究：穷，极。

【译文】

四夷之乐又是什么意思呢？一般认为四夷都处于中原之外，属于无礼无义之国，所以在列举夷狄名称时，最先从东方的夷开始列举。举"夷"这个名称，一般可以代表四方蛮夷的总名。称他们为"夷狄"，是用最开始的东夷和最后的北狄来概括。称他们为"蛮"，表示他们所处之国与中原相隔遥远。称为"貉"，则表示丑恶的意思。如果要仔细区分的话，东方有九夷，南方有八蛮，西方有六戎，北方有五狄。所以《曾子问》里面讲："九夷八蛮，六戎五狄，这些少数民族地区都是人迹罕至的地方。"又怎么知道夷在东方呢？《礼记·王制》里面讲："住在东方的

人民叫做'夷',披着头发,身上刺着花纹。"同时还讲"住在南方的叫做
'蛮',他们额头上刺着花纹,走路时两脚拇指相对而行。住在西方的叫
做'戎',他们披着头发,穿着用兽皮做的衣服。住在北方的叫做'狄',
他们用羽毛连缀成衣服,住在洞穴之中。"东边的夷为什么是九个部落
呢? 大概是因为来往过从的东夷有九个部族,"九"这个数字是极致穷
尽的意思。德行普施到极致,因此受德行感召而来朝觐的夷族部落也有
九个。不是刻意为之而得的结果,这都是效法自然之道。

　　何以名为夷蛮? 曰:圣人本不治外国,非为制名也,因
其国名而言之耳。一说曰:名其短而为之制名也。夷者,僔
夷无礼义[①]。东方者,少阳易化,故取名也。蛮者,执心违
邪。戎者,强恶也。狄者,易也。辟易无别也[②]。北方太阴,
鄙吝[③],故少难化。
　　右论四夷之乐。

【注释】

①僔(zǔn):聚合。夷:傲慢。

②辟易:邪辟。

③鄙吝:鄙陋浅俗。

【译文】

　　为什么有时候又可以叫做"夷蛮"呢? 有人说:圣人本来不管辖国
外的政事,这些称呼不是给这些蛮夷专门设立的名字,而是根据他们的
国家名称来指代这些国家的人民。还有一种说法认为:故意用这些蛮
夷的短处来给他们命名。"夷"是指这些部族随意聚合,高傲自大,无礼
无义。因为在东方,处于八卦中少阳的方位,容易感化,所以称为"夷"。
"蛮"是指这些部族心性偏邪固执。"戎"是指这些部族刚强凶恶。"狄"是

邪辟的意思，形容他们偏邪简慢，长幼上下男女没有分别。这些部族所在的北方处在八卦中太阴之地，鄙陋浅薄，所以比较难以教化。

以上论述四方蛮夷的音乐。

3.20　歌者在堂上，舞在堂下何？歌者象德，舞者象功，君子上德而下功。《郊特牲》曰："歌者在上①。"《论语》曰："季氏八佾舞于庭②。"《书》曰："下管鼗鼓"，"笙镛以间"。

右论歌舞异处。

【注释】

①歌者在上：语见《礼记·郊特牲》。

②季氏八佾舞于庭：语见《论语·八佾》。

③"下管鼗（táo）鼓"，"笙镛（yōng）以间"：语见《尚书·虞书·益稷》。下，堂下。郑玄在《周礼·春官·大司乐》中注"已上皆宗庙堂上之乐所感也"，"'下管'以下言舜庙堂下之乐，故言下也"。管，管乐。鼗，有柄的小鼓。镛，大钟。

【译文】

为什么唱歌的人在堂上，跳舞的人在堂下呢？歌谣是象征道德的，舞蹈是象征功业的。君子崇尚道德，将功业放在次要的地位。《郊特牲》里面讲："唱歌的人在堂上。"《论语》里面讲："季氏用八行八列六十四人这种天子的排场奏乐舞蹈。"《尚书》里面讲："庙堂下吹起管乐，敲着鼓"，"笙和大钟交替演奏着音乐"。

以上论述唱歌和跳舞在不同的地方。

3.21　降神之乐在上何？为鬼神举也①。故《书》曰："戛击鸣球，搏拊琴瑟以咏，祖考来格②。"所以用鸣球搏拊

者何？鬼神清虚，贵净贱铿锵也③。故《尚书大传》曰："搏
拊鼓，装以糠。琴瑟练丝徽弦④。"鸣者，贵玉声也。

　　右论降神之乐。

【注释】

①举：兴办。

②戛（jiá）击鸣球，搏拊（bó fǔ）琴瑟以咏，祖考来格：语见《尚书·虞
　书·益稷》。戛，敲击。鸣球，击响玉磬。搏拊，古乐器名，打击
　乐器，单称"拊"。明清所制搏拊，形如建鼓而小，鼓腰有环系绳。
　作乐时挂在颈上用手拍，建鼓击一下，搏拊击两下，互相应和。
　咏，演唱诗歌。祖考，先祖先父。格，至，降临。

③清虚：清净虚无。贵净贱铿锵：这里指降神的音乐没有钟、鼓、竽、
　笙等声音铿锵响亮的乐器，音乐比较质朴简洁。《礼记·乐记》有
　"清庙之瑟，朱弦而疏越，壹倡而三叹，有遗音者矣"。

④搏拊鼓，装以糠。琴瑟练丝徽弦：今本《尚书大传》无此文，疑为
　逸文。练丝，熟丝。徽弦，琴上的徽和弦。

【译文】

　　为什么在堂上演奏降神的音乐呢？这是因为降神之乐是专门为鬼
神所演奏的。所以《尚书》里面讲："敲起玉磬、打起搏拊、弹起琴瑟唱起
歌来，先祖先父的灵魂就会降临了。"为什么要敲起玉磬、打起搏拊呢？
鬼神以清净虚无为贵，所以喜欢简洁质朴的音乐，不喜欢铿锵激烈的音
乐。所以《尚书大传》里面讲："搏拊是一种小鼓，里面装着糠而制成。
琴瑟的弦都用熟丝制成。"敲起玉磬，这是以玉代表的中和之声为贵。

　　以上论述降神的音乐。

　　3.22　王者食所以有乐何？乐食天下之太平，富积之

饶也^①。明天子至尊，非功不食，非德不饱，故《传》曰："天子食，时举乐^②。"王者所以日四食何？明有四方之物，食四时之功也。四方不平，四时不顺，有徹膳之法焉^③。所以明至尊著法戒焉。王者平居中央，制御四方。平旦食，少阳之始也。昼食，太阳之始也。铺食，少阴之始也。暮食，太阴之始也^④。《论语》曰："亚饭干适楚，三饭缭适蔡，四饭缺适秦^⑤。"诸侯三饭，卿大夫再饭，尊卑之差也。《弟子职》曰"暮食复礼"^⑥，士也。食力无数^⑦。庶人职在耕桑，戮力劳役，饥即食，饱即作，故无数。

　　右论侑食之乐^⑧。

【注释】

①富积：丰富的积蓄。

②天子食，时举乐：语见《春秋公羊传·隐公五年》注引《鲁诗传》。

③徹膳：撤去膳食，减损饮食方面的享用。《周礼·天官·膳夫》有"膳夫掌王之食饮膳羞，以养王及后、世子。凡王之馈，食用六谷，膳用六牲，饮用六清，羞用百有二十品，珍用八物，酱用百有二十瓮。王日一举，鼎十有二，物皆有俎。以乐侑食，膳夫授祭，品尝食，王乃食。卒食，以乐徹于造。王斋，日三举。大丧则不举，大荒则不举，大札则不举，天地有灾则不举，邦有大故则不举"。

④"平旦食，少阳之始也"数句：讲天子四顿饭分别放在一天中四个不同的时段，这代表着阴阳之气的转换。平旦，清晨。昼，中午。铺（bū），用同"晡"，申时。暮，日落时，傍晚。

⑤亚饭干适楚，三饭缭适蔡，四饭缺适秦：语见《论语·微子》。亚饭、三饭、四饭，皆以乐侑食之官。亚，次。干、缭、缺，人名。古代天子诸侯用饭都需要奏乐，所以乐官有"亚饭""三饭""四饭"

等名称。

⑥《弟子职》:《管子》中的一篇。分学则、早作、受业、对客、馈馈、乃食、洒扫、执烛、进退等节,均记弟子事先生之礼,是古代塾师相传教弟子之法。

⑦食力无数:庶民没有具体规定一定吃几顿。食力,力作以得食,指靠劳动生活的人。无数,没有具体规定的次数。

⑧侑(yòu)食:劝食,侍奉尊长进食。

【译文】

帝王吃饭的时候为什么要有音乐演奏呢？帝王这样子吃饭是为天下太平、百姓生活富裕充足感到高兴。天子处于最尊贵的地位,没有建立应有的功业和美好的德行,是没有资格这样子来享受饮食的,所以《传》里面讲:"天子吃饭的时候,按照时间不同会安排不同的音乐演奏。"帝王为什么一天要吃四顿饭呢？这象征他拥有四方各种事物,能享用四时出产的所有物品。如果四方局势不安定,四时寒暑燥湿失节,那么帝王也会采取撤去膳食等方法来以示对自己的惩戒。这表明地位最尊贵的天子要遵从天地的法则并引以为戒。帝王一般居住在国土的中央,这样可以有效治理四方之政。清晨进食代表少阳之气开始生长,中午进食代表太阳之气开始生长,申时进食代表少阴之气开始生长,傍晚进食代表太阴之气开始生长。《论语》里面讲:"二饭乐师干逃到了楚国,三饭乐师缭逃到了蔡国,四饭乐师缺逃到了秦国。"诸侯一天吃三顿饭,卿大夫一天吃两顿饭,这表明君臣上下有尊卑等级的差别。《弟子职》里面讲:"晚饭时仍然要遵守早上吃饭时所践行的礼仪",这主要是用来规定士这个阶层的。如果是庶民,那就没有具体规定一天吃几顿饭了。庶人主要工作在于耕田和种桑织布,尽全力来从事劳作,饿了就需要吃东西,吃饱了就继续干活,所以没有具体的礼仪来规范他们的饮食。

以上论述吃饭时安排的音乐。

3.23　声音者，何谓也？声者，鸣也①。闻其声即知其所生。音者，饮也。言其刚柔清浊和而相饮也②。《尚书》曰：“予欲闻六律、五声、八音者③。”五声者，宫商角徵羽。土谓宫，金谓商，木谓角，火谓徵，水谓羽。《月令》曰：“盛德在木”，“其音角”。又曰：“盛德在火”，“其音徵”。“盛德在金”，“其音商”。“盛德在水”，“其音羽”。所以名之为角者何？角者，跃也。阳气动跃。徵者，止也。阳气止。商者，张也。阴气开张，阳气始降也。羽者，纡也④。阴气在上，阳气在下。宫者，容也，含也。含容四时者也。

【注释】

①鸣：发声。

②饮：没。这里用“饮”来训“音”是同声叠韵为训。

③予欲闻六律、五声、八音者：语见《尚书·虞书·益稷》。六律，十二乐律，阴六为吕，阳六为律。五声，宫、商、角、徵、羽。八音，金、石、丝、竹、匏、土、革、木。

④纡：盘曲回旋。

【译文】

“声音”是什么意思呢？“声”是发声的意思，听到声音就知道其与生俱来的特点。“音”是“饮”的意思，是说刚柔清浊的不同声音能相互调和而掩映成趣。《尚书》里面讲：“我想听到六种乐律、五种声音、八类乐器的演奏。”“五声”是指宫、商、角、徵、羽。用五行来配合的话，则是土配宫，金配商，木配角，火配徵，水配羽。《月令》里面讲：“木德当令”，角音与之相配合。又讲：“火德当令”，徵音与之相配合。“金德当令”，商音与之相配合。“水德当令”，羽音与之相配合。为什么称为“角”呢？“角”是“跃动”的意思，表示阳气萌动生长。“徵”是“停止”的意思，表示阳气停止生长。"商"是"张"的意思,表示阴气扩展,阳气开始沉降。"羽"是"盘曲回旋"的意思,表示阴气在上,阳气在下互相纠缠。"宫"是"包容""包含"的意思,表示能够含容四时之气的变化。

八音者,何谓也?《乐记》曰:"土曰埙,竹曰管,皮曰鼓,匏曰笙,丝曰弦,石曰磬,金曰钟,木曰柷敔①。"此谓八音也。法《易》八卦也。万物之数也②。八音,万物之声也。天子所以用八音何? 天子承继万物,当知其数。既得其数,当知其声,即思其形。如此,蜎飞蠕动无不乐其音者③,至德之道也。天子乐之,故乐用八音。

【注释】

①"土曰埙"数句:今本《礼记·乐记》没有这条。据陈立考证,疑为西汉刘向校书时所得的《乐记》,现在该书已亡逸,其中有《乐器》一篇,此条可能出于该篇。讲八种乐器。

②万物之数也:《周易·系辞上》有"乾之策二百一十有六,坤之策百四十有四,凡三百有六十,当期之日……二篇之策,万有一千五百二十,当万物之数也。这里认为《周易》上下经六十四卦总共有一万一千五百二十策,相当于万物的数目。

③蜎(xuān)飞:飞翔。借指能飞翔的昆虫。蜎,通"翾"。

【译文】

"八音"又是什么意思呢?《乐记》里面讲:"用泥土制作的叫做'埙',用竹子制作的叫'管',用皮革制作的叫'鼓',用葫芦一类制作的叫做'笙',用丝制作的叫做'弦',用玉石等制作的叫做'磬',用金属制作的叫做'钟',用木头制作的叫做'柷敔'。"这就是"八音"。这是效法《周易》里面的八卦。《周易》中的数代表万物的数目,"八音"正是代表万物发出的声音。天子为什么要用"八音"呢？这是因为天子从上天那里获得长养看护万物的责任，理应知道万物之数。既然知道万物之数，那么就应该知道万物的声音，可通过声音而想象万物的形态。这样飞行或蠕动的各种小动物都有属于自己的声音并得以充分表达，这是至德之道的体现。天子也想达到这种状况，所以音乐用八类乐器。

《乐记》曰①："埙，《坎》音也。管，《艮》音也。鼓，《震》音也。弦，《离》音也。钟，《兑》音也。柷，《乾》音也②。"埙在十一月，埙之为言熏也。阳气于黄泉之下熏蒸而萌③。匏之为言施也④，牙也⑤。在十二月，万物始施而牙。笙者，大蔟之气⑥，象万物之生，故曰笙。有七政之节焉，有六合之和焉，天下乐之，故谓之笙⑦。鼓，《震》音，烦气也⑧。万物愤懑震而出⑨。雷以动之，温以煖之，风以散之，雨以濡之。奋至德之声，感和平之气也⑩。同声相应，同气相求，神明报应，天地佑之，其本乃在万物之始耶？故谓之鼓也。鞀者，《震》之气也。上应昴星，以通王道，故谓之鞀也。箫者，中吕之气也⑪。万物生于无声，见于无形，劭也⑫，肃也⑬。故谓之箫。箫者，以禄为本，言承天继物为民本，人力加，地道化，然后万物劭也。故谓之箫也。瑟者，啬也⑭，闲也⑮。所以惩忿窒欲，正人之德也⑯。故曰：瑟有君父之节，臣子之法。君父有节，臣子有义，然后四时和。四时和，然后万物生。故谓之瑟也。琴者，禁也。所以禁止淫邪，正人心也。磬者，夷则之气也⑰。象万物之成也。其声磬。故曰：磬有贵贱焉，有亲疏焉，有长幼焉。朝廷之礼，贵不让贱，所以明尊卑也。乡党之礼，长不让幼，所以明有年也。宗庙之礼，亲不让疏,所以明有亲也。此三者行,然后王道得,王道得,然后万物成,天下乐之。故乐用磬也。钟之为言动也[18]。阴气用事[19],万物动成。钟为气,用金为声也。镈者[20],时之气声也,节度之所生也。君臣有节度则万物昌,无节度则万物亡。亡与昌正相迫,故谓之镈。柷敔者[21],终始之声,万物之所生也。阴阳顺而复,故曰柷。承顺天地,序迎万物,天下乐之,故乐用柷。柷,始也。敔,终也。

【注释】

①《乐记》:陈立疑为亡逸的《乐记·礼器》篇中的文字。

②"埙,《坎》音也"数句:讲八音所代表的八卦卦象。在八卦与四时相配的组合中,《坎》主冬至,《艮》主立春,《震》主春分,《巽》主立夏,《离》主夏至,《坤》主立秋,《兑》主秋分,《乾》主立冬。

③黄泉:地下的泉水。熏蒸:升腾的样子。

④施:施展。

⑤牙:发芽。

⑥大蔟:太蔟,十二律之一。《周礼·春官·大司乐》:"凡乐圜钟为宫,黄钟为角,大蔟为徵,姑洗为羽。"

⑦有七政之节焉,有六合之和焉,天下乐之,故谓之笙:既象征了七曜的节文又象征了天地四方的和乐。天下都以之为乐,所以叫做"笙"。这里指笙有十三簧,七象征七政,六象征六合。七政,古天文术语,亦称"七曜""七纬",一说指日、月和金、木、水、火、土五星,一说指北斗七星。六合,天地四方。

⑧烦:烦躁愤懑。

⑨万物愤懑震而出:陈立《白虎通疏证》有"仲春时阳尚未著,伏于阴下,故有愤懑震动之象"。

⑩奋至德之声,感和平之气也:在传统儒家观念中,认为天地间最大的德为生生之德,而鼓声所象征的震卦正是代表了天地间万物因春雷震动而蓬勃发展的郁郁生机,故有此言。

⑪中吕:古乐十二律的第六律。其于十二月为四月,因亦用以称农历四月。《礼记·月令》:"(孟夏之月)律中中吕。"《史记·律书》:"中吕者,言万物尽旅而西行也。其于十二子为巳。巳者,言阳气之已尽也。"

⑫勠:合力,并力。

⑬肃:肃清,清平。

⑭啬:通"穑"。《礼记·郊特牲》有"蜡之祭也,主先啬而祭司啬也"。疏有:"种曰稼,敛曰啬。"

⑮闲:安静。

⑯正:端正。

⑰夷则:古十二乐律之一。《礼记·月令》孟秋之月"律中夷则"。《国语·周语下》:"五曰夷则,所以咏歌九则。"注云:"夷,平也。则,法也。言万物既成,可法则也。"《史记·律书》:"夷则,言阴气之贼万物也。"

⑱动:改变。

⑲用事:当令。

⑳镈(bó):顶作编环钮或伏兽形的平口钟,是古代单个打击乐器。贵族在宴飨或祭祀时,常将它同编钟、编磬相配合使用。

㉑柷敔(zhù yǔ):柷,古乐器名。状如漆桶,中有椎柄,奏乐开始时先击柷。《礼记·王制》:"天子赐诸侯乐,则以柷将之。"敔,古乐器名。形如伏虎,以竹条刮奏,用于历代宫廷雅乐,表示乐曲的终结。《尔雅·释乐》"所以鼓敔谓之籈",疏云:"敔如伏虎,背上有二十七鉏铻,刻以木,长尺,栎之。"

【译文】

《乐记》里面讲："埙代表《坎》音，管代表《艮》音，鼓代表《震》音，弦代表《离》音，钟代表《兑》音，柷代表《乾》音。"埙代表的时间在十一月，"埙"是熏的意思，此时地下深处的阳气升腾萌发。"匏"是蔓延发芽的意思，代表的时间在十二月，此时万物开始蔓延发芽。"笙"代表太蔟之气就像万物生长一样，既象征了七曜的节文，又象征了天地四方的和乐。天下都以之为乐，所以叫做"笙"。"鼓"是象征《震》卦的声音。《震》主春分，其中蕴含着愤懑之气。万物怀藏愤懑之气，因雷震奋发而出。万物因春雷得以震动，因春天的阳气而获得热量，因春风得以广泛播散，因春雨而获得滋润。鼓音发扬了天地间的最高德行，能感召到天地间和平之气。相同声音的事物会互相应和，相同气类的事物会互相靠近，神明会报之以祥瑞，天地也会庇佑万物。这不正说明最根本的东西都蕴藏在万物开始生长的时节吗？所以称其为"鼓"。"鞀"是《震》卦的余气，在天上对应昴星，代表通达王道，所以称为"鞀"。"箫"代表中吕之气。万物生长过程是无声无形的，在天地间生长繁育，并行不悖，天地间一片清平和乐之象，所以叫做"箫"。箫是以福禄作为根本的，这是说人们能顺应天道长养万物，这是生活的根本。百姓以人力辛勤耕耘田地，地貌因而发生了改变，万物得以并育生长，所以叫做"箫"。"瑟"是收敛安静的意思。用它来戒止愤怒，杜塞情欲，使人们的德性得以端正。所以瑟里面包含了君父的威仪和臣子的法度。君父有威仪，臣子有法度，四时之气得以调和。四时之气调和，然后万物才能够顺利生长，所以称之为"瑟"。"琴"是禁止的意思，用来禁止荒淫邪僻之行为，端正人心。"磬"代表夷则之气，象征万物成熟。所以讲：磬声象征贵贱等级的区分，亲疏远近的分别，年纪长幼的秩序。按照朝廷的礼仪，地位尊贵的不必谦让地位卑贱的，这样才能明确尊卑。按照乡党的礼仪，年纪长的不必谦让年纪幼小的，这样才能明确年龄长幼秩序。按照宗庙的礼仪，血缘关系亲近的不能谦让血缘关系疏远的，这样才能明确血缘亲疏的差别。这三种区别明确建立后才能使王道真正得以实行。王道得以实行，然后才能成就万物，天下都能够同乐。所以乐器用磬。"钟"是在讲改变，此时阴气当令，万物都会变化成就。"钟"象征阴气用事，以金为声。"镈"代表的声音象征时节变化，这是万物节度产生的根源。君臣之间有节度区分，才能使万物昌盛；君臣上下无别，那么万物就会消亡。事物的消亡与昌盛是互相斗争转化的，所以叫做"镈"。"柷敔"表示乐曲终结后又重新开始的声音，万物都是这样的生生不已。顺应阴阳之气的变化而循环往复，所以叫做"柷"。这表示承顺天地，按照时间顺序来生长万物，天下都以此为乐，所以乐器用柷。"柷"是开始的意思，"敔"是终结的意思。

　　一说笙、柷、鼓、箫、琴、埙、钟、磬如其次。笙在北方，柷在东北方，鼓在东方，箫在东南方，琴在南方，埙在西南方，钟在西方，磬在西北方。声五、音八何？声为本，出于五行；音为末，象八风。故《乐记》曰"声成文谓之音，知音而乐之谓之乐"也[1]。

　　右论五声、八音。

【注释】

①声成文谓之音，知音而乐之谓之乐：今本《礼记·乐记》只有"声成文谓之音"。

【译文】

　　也有人认为应该是这样的顺序：笙、柷、鼓、箫、瑟、埙、钟、磬。笙在北方，柷在东北方，鼓在东方，箫在东南方，琴在南方，埙在西南方，钟在西方，磬在西北方。为什么声是五、音是八呢？声为根本，来源于五行；音为枝节，来源于八风。所以《乐记》里面讲"声按照音律变化成乐章便称之为'音',因为音乐而觉得快乐所以称作'乐'"。

　　以上论述"五声""八音"。

　　3.24　问曰:异说并行,则弟子疑焉。孔子有言:"吾闻择其善者而从之。多见而志之,知之次也①。""文武之道,未坠于地②。""天之将丧斯文也③。""乐亦在其中矣④"。圣人之道,犹有文质,所以拟其说,述所闻者,亦各传其所受而已⑤。

　　右通论异说。

【注释】

　　①吾闻择其善者而从之。多见而志之,知之次也:语见《论语·述而》。

　　②文武之道,未坠于地:语见《论语·子张》。周文王、周武王的道,并没有失传,散在人间。

　　③天之将丧斯文也:语见《论语·子罕》。

　　④乐亦在其中矣:语见《论语·述而》。

　　⑤"圣人之道"数句:讲如何对待各种不同经学传承系统。拟,仿效。述,记述,申述。受,接受。

【译文】

　　有人问:各种各样的说法都存在,弟子不得不产生疑惑。孔子讲过:"多多地听,选择其中好的加以接受。多多地看并记在心里,这样的知,是仅次于'生而知之'的。""周文王、周武王的道,并没有失传,散在人间。""天若要消灭这种文化。""其中也有着乐趣。"圣人的道在传授过程中,有的说法很文雅,有的说法很质朴。后人只能尽量仿效圣人的说法,记述各自从老师那里听到的圣人之学,认真传承从老师那里学到的内容。

　　以上论述"异说"。

3.25　大瑟谓之洒，长八尺一寸，广一尺八寸，二十
七弦。

【译文】

大瑟也可以称为"洒"，长八尺一寸，宽一尺八寸，一共有二十七
根弦。

卷四

封公侯

【题解】

"封公侯"共计十四条，都是在讨论古代重要的官职三公九卿、州牧等官员设置的根据和原因，还讨论了分封诸侯的原因、时间、爵位的继承方式、太子设立等问题。分邦建国、封侯拜相是中国古代政治生活中非常重要的事件，《白虎通》主要根据天地阴阳等运行的道理，试图寻求对这些事件最终极根源的解释，强调了各级官员权力都来源于天授，其中也包含"设官为民"的重要儒家政治理念。

4.1 王者所以立三公九卿何^①? 曰：天虽至神^②，必因日月之光。地虽至灵，必有山川之化。圣人虽有万人之德，必须俊贤。三公、九卿、二十七大夫、八十一元士，以顺天成其道。司马主兵，司徒主人，司空主地。王者受命为天地人之职，故分职以置三公，各主其一，以效其功。一公置三卿，故九卿也。天道莫不成于三：天有三光，日、月、星；地有三形，高、下、平；人有三等^③，君、父、师。故一公三卿佐之，一卿三大夫佐之，一大夫三元士佐之。天有三光，然后能遍照，各自有三法，物成于三，有始，有中，有终。明天道而终之也。三公、九卿、二十七大夫、八十一元士，凡百二十官。下应十二子④。

【注释】

①三公：辅助国君掌握军政大权的最高官员。主要说法有：1.《尚书·周官》"立太师，太傅，太保。兹惟三公，论道经邦，燮理阴阳。官不必备，惟其人。"又《汉书·百官公卿表》："太师、太傅、太保，是为三公。"2.《春秋公羊传·隐公五年》："天子三公者何？天子之相也。天子之相则何以三？自陕而东者，周公主之；自陕而西者，召公主之；一相处乎内。"3.《汉书·百官公卿表》："或说司马主天，司徒主人，司空主土，是为三公。"4.或说丞相、太尉、御史大夫为三公。据陈立在《白虎通疏证》中考证，《白虎通》主要采取今文《尚书》、今文《韩诗》、今文《春秋》的说法，以司徒、司马、司空为三公。九卿：古代中央政府的九个高级官职。周代指冢宰、司徒、宗伯、司马、司寇、司空、少师、少傅、少保。秦代指奉常、郎中令、卫尉、宗正、太仆、廷尉、典客、治粟内史、少府。汉以太常（秦与汉初为奉常）、光禄勋（秦与汉初为郎中令）、卫尉、太仆、廷尉、大鸿胪（秦典客，汉景帝改大行令，武帝改定）、宗正、大司农（秦治粟内史，汉景帝改大农令，武帝改定）、少府为九卿。

②神：事理玄妙神奇。

③等：类。

④十二子：十二地支，子、丑、寅、卯、辰、巳、午、未、申、酉、戌、亥，也称为"岁阴""十二辰"。

【译文】

王者为什么要设立三公九卿呢？有人认为：天道尽管极为玄妙神

奇,还必须通过日月的光明才能得以显示。地道即便非常灵妙,也须经由山川化育才能得以展露。圣人尽管道德高于众人,但也必须有贤人英才的辅佐才能有所作为。三公、九卿、二十七大夫、八十一元士,都是顺应天地规律而成其道。司马掌管军事,司徒主管教化民众,司空主管水土营建工程等。王者从天受命,掌管天、地、人各方面的职事,所以要将这些职事分给三公,让他们各自负责某一类的事情来考察他们的功绩。一公有三卿辅佐,三公总共有九卿。天下万事万物都是由三而成:天有三光,太阳、月亮、星辰;地上有三种地貌,高原丘陵、平原沼泽、江河湖海等;人有三类,君主、父亲、师长。一公有三位卿来辅佐,一卿有三位大夫来辅佐,一大夫由三位士来辅佐。天有日、月、星三光,所以能遍照万物。万物都按着三的数理得以成就,有开头、中间和结尾。这些过程都是顺应天道的。三公、九卿、二十七大夫、八十一元士,总计一百二十位官,向下对应着十二地支。

《别名记》曰[1]:"司徒典民,司空主地,司马顺天。"天者施生,所以主兵何?兵者为谋除害也[2],所以全其生,卫其养也,故兵称天。寇贼猛兽,皆为除害者所主也。《论语》曰:"天下有道,则礼乐征伐自天子出[3]。"司马主兵。不言兵言马者,马阳物,乾之所为,行兵用焉[4]。不以伤害为文,故言马也。司徒主人。不言人言徒者,徒,众也。重民众。司空主土。不言土言空者,空尚主之,何况于实?以微见著。

右论三公九卿。

【注释】

①《别名记》:逸《礼》篇名。

②兵:军事。谋:计谋筹策。

③天下有道，则礼乐征伐自天子出：语见《论语·季氏》。

④马阳物，乾之所为：《周易·说卦》里面有"乾为马"，《乾》卦六爻
　皆为阳爻，象征刚健有为。

【译文】

　　《别名记》里面讲："司徒主管教化民众，司空主管水土营建工程等，司马的职事顺应天道。"天是万物生命的来源，为什么司马顺应天道却主兵呢？军事行动是为了免除祸患，以此来保全养护天下百姓的生命，所以掌握兵权的人也称为"司马"。抵御寇贼、防御猛兽，也都归专门为民除害的司马负责。《论语》里面讲："道能够行于天下的时期，天子决定制礼作乐、出兵作战等各种事宜。"司马掌管军事。不用"兵"而用"马"，这是因为马属于阳刚之物，卦象上对应《乾》卦，行军打战一定会用到。不想用代表"伤害"意思的"兵"作官名，所以采用"马"字。司徒主管教化民众。不用"人"字而用"徒"字，徒是"众"的意思，这代表对民众的看重。司空主管水土营建工程等。不用"土"字而用"空"字，虚空都能够掌管，更何况是其他实存的事物呢？从微小的事情中就可以推测到其他更显著的事情。

　　以上论述"三公""九卿"。

　　4.2　王者立三公、九卿、二十七大夫，足以教道照幽隐，必复封诸侯何？重民之至也。善恶比而易知，故择贤而封之，以著其德，极其才。上以尊天子，备蕃辅①。下以子养百姓，施行其道。开贤者之路，谦不自专，故列土封贤，因而象之，象贤重民也。

　　右论封诸侯。

【注释】

①蕃辅：捍卫，辅佐。

【译文】

王者设立三公、九卿、二十七大夫，就能以道来教化百姓，明照各种幽深晦暗的地方。为什么又一定要分封诸侯呢？这是非常重视民众的意思。善恶经过比较后才能更清楚，所以要选择贤人分封给他们职务，表彰他们的德行，充分发挥他们的才能。诸侯对上要尊崇天子作好辅佐，对下要像对待子女一样抚养百姓，让道能够在天下施行。王者要广开贤者之路，保持谦虚，不能够专权独断。所以将贤人分封到各地，让他们作为民众的榜样，这也是效法贤人、重视民众的意思。

以上论述分封诸侯。

4.3　州伯者，何谓也？伯，长也。选择贤良，使长一州，故谓之伯也。《王制》曰："千里之外设方伯。五国以为属，属有长。十国以为连，连有率。三十国以为卒，卒有正。二百一十国以为州，州有伯①。"唐虞谓之牧者何②？尚质。使大夫往来牧视诸侯，故谓之牧。旁立三人，凡十二人③。《尚书》曰："咨十有二牧④。"何知尧时十有二州也？以《禹贡》言九州也⑤。

【注释】

①"千里之外设方伯"数句：讲《礼记·王制》里地方官员设置的问题。

②牧：察看。

③旁：通"方"。

④咨十有二牧：语见《尚书·虞书·舜典》。"州牧"制度实际形成于两汉，西汉末州牧为名副其实之地方最高行政官。王莽时仍采

州牧制,东汉光武初年沿袭旧制置州牧。光武帝建武十八年,罢州牧,置刺史。东汉的州刺史,不仅加大了监察职能,而且有时还要处理救济灾荒、劝课农桑、兴修水利等行政上的事务,但在东汉末年刘焉建议改刺史为州牧以前,刺史仍基本为监察官,州(部)仍为监察区域。《白虎通》中体现的正是东汉时期州牧逐渐扩大的权力。

⑤ 何知尧时十有二州也? 以《禹贡》言九州也:九州,《尚书·夏书·禹贡》记载为豫州、青州、徐州、扬州、荆州、梁州、雍州、冀州、兖州。《尔雅·释地》中没有青、梁,而有幽、营二州。《周礼·夏官·职方氏》中没有梁、徐,而有幽、并二州。因为武王灭商之后,将徐州合并入青州,将梁州合并入雍州,以冀州之地分出并州和幽州。《史记》注引马融注有“禹平水土,置九州。舜以冀州之北广大,分置并州。燕、齐辽远,分燕置幽州,分齐为营州。于是为十二州也”。并州、幽州、营州加上原来的九州,是以有时又称十二州。

【译文】

“州伯”又是什么意思呢?“伯”是官长的意思。选举推荐贤能良善的人来做一州的官长,所以叫做“伯”。《王制》里面讲:“王畿千里之外的各个州,每州设一长,称为‘方伯’。一州之中,五个诸侯国为一属,设一属长。十个诸侯国为一连,设一连帅。三十个诸侯国为一卒,设一卒正。二百一十个诸侯国为一州,设一方伯。”唐虞时期为什么称为“牧”呢? 因为当时崇尚质朴。让大夫在各个州之间往来巡视,察看各诸侯,所以叫做“牧”。东、西、南、北四方各立三人,总共十二人。《尚书》里面讲:“啊,十二州的长官。”怎么知道尧的时候有十二州呢? 这是因为在《尚书·禹贡》里明确记载了九州。

王者所以有二伯者,分职而授政,欲其亟成也①。《王制》曰:"八伯各以其属属于天子之老二人,分天下以为左右,曰二伯②。"《诗》云:"蔽芾甘棠,勿翦勿伐,召伯所茇③。"《春秋公羊传》曰:"自陕已东,周公主之。自陕已西,召公主之④。"不分南北何? 东方被圣人化日少,西方被圣人化日久,故分东西,使圣人主其难,贤者主其易,乃俱致太平也。又欲令同有阴阳寒暑之节,共法度也⑤。所分陕者,是国中也。若言面,八百四十国矣。

　　右论设牧伯。

【注释】

①亟(jí):赶快,急速。

②八伯各以其属属于天子之老二人,分天下以为左右,曰二伯:语见《礼记·王制》。二伯,管理四州的行政长官,位在方伯之上。

③蔽芾(fèi)甘棠,勿翦勿伐,召伯所茇(bá):语见《诗经·召南·甘棠》。蔽芾,形容树高大茂密的样子。翦,同"剪"。召伯,姬姓,名奭,又称召公(一作邵公)、召康公。西周宗室。因采邑于召(今陕西岐山西南),故称"召公"或"召伯"。辅佐周武王灭商后,受封于北燕。成王时期,与周公旦分陕而治。茇,草房。这里用做动词,住下。

④自陕已东,周公主之。自陕已西,召公主之:语见《春秋公羊传·隐公五年》。何休解诂:"陕者,盖今弘农陕县是也。"今河南三门峡陕州区。

⑤又欲令同有阴阳寒暑之节,共法度也:这里是在回答前文提出的为什么不按照南北划分统治区域而是按照东西划分。《白虎通》给出的答案是根据阴阳寒暑变化划分,这是比较玄妙的解释。就历史实际而言,周代中国主要行政区域在今中原地区,当时南北

差异不是很大。周兴起于西,殷商在周东,当时主要政治文化差
异在东西之分。

【译文】

　　帝王之所以设置二伯,是为了合理分配职事,对他们授以政务,让国
家迅速得到治理。《王制》里面讲:"八个方伯各自统辖自己州内的诸侯,
同时也受天子的二老统领。二老分管左右四州,称作'二伯'。"《诗》里
面讲:"白棠树,高又大,莫剪它也莫砍它,召伯曾宿在那树下。"《春秋公
羊传》里面讲:"自陕地以东,由周公主管;自陕地以西,由召公主管。"为
什么两伯管理的区域不按照南北划分呢？因为东部地区受圣人教化的
时间比较少,西部地区受圣人教化时间比较长久,所以按照东西来划分。
让圣明的周公来主管比较难以管理的东部地区,让贤能的召公管理比较
容易管理的西部地区,这样东西部都可以达到太平之治。同时又想让东
西两边的行政区域都遵循同样的阴阳寒暑变化规律,遵守同样的法令制
度。划分东西的根据地是陕地,这是一国的中心。如果按照每一方各自
而言,东西部各自有八百四十国。

　　以上论述设立州牧、州伯。

　　4.4　诸侯有三卿者,分三事也。五大夫下天子①。《王
制》曰:"大国三卿,皆命于天子,下大夫五人,上士二十七
人。次国三卿,二卿命于天子,一卿命于其君②。""小国二
卿,皆命于其君③。"大夫悉同。《礼·王度记》曰:"子男三
卿,一卿命于天子④。"

　　右论诸侯卿大夫。

【注释】

　　①下:地位低。

②"大国三卿"数句：语见《礼记·王制》。都是在讲诸侯的卿是如
　　何任命的。

③小国二卿，皆命于其君：语见《礼记·王制》。

④子男三卿，一卿命于天子：这是针对前面提出的"小国二卿，皆命于
　　其君"保留另外一种说法，也就是小诸侯国也有人认为是三位卿。

【译文】

　　诸侯也有三位卿，分理三类政事。诸侯只设置五位大夫，这是表示
自己地位比天子要低。《王制》里面讲："大诸侯国的官属有三卿，都由天
子直接任命。另外还有五位下大夫，二十七位上士。中等诸侯国的官属
有三卿，其中有两位是天子直接任命的，一位是国君自己任命的。""小
诸侯国的官属有两位卿，都是国君自己任命的。"大夫数量都是一样的。
《礼·王度记》里面讲："子爵和男爵也设置三位卿，其中一位是天子直
接任命的。"

　　以上论述诸侯的卿和大夫。

　　4.5　诸侯封不过百里，象雷震百里所润云雨同也。雷
者，阴中之阳也，诸侯象焉①。诸侯比王者为阴，南面赏罚为
阳，法雷也。七十里、五十里，差德功也②。故《王制》曰：
"凡四海之内九州，州方千里，建百里之国三十，七十里之国
六十，五十里之国百有二十③。""名山大泽不以封，其余以
为附庸闲田④。"天子所治方千里，此平土三千，并数邑居、
山川至五十里⑤。名山大泽不以封者，与百姓共之，不使一
国独专也。山木之饶，水泉之利，千里相通，所以均有无，赡
其不足。制土三等何？因土地有高下中三等。

　　右论封诸侯制土之等。

【注释】

①雷者,阴中之阳也,诸侯象也:雷是阴中之阳,象征诸侯。《淮南子•天文训》有"阴阳相薄,成而为雷",陈立《白虎通疏证》有"雷于《易》为《震》,《震》为一阳生于二阴之下,故为阴中之阳也"。

②差:差次,等差。

③"凡四海之内九州"数句:都是在讲诸侯国分封范围,语见《礼记•王制》。四海之内,古代人观念中陆地为方形,四周有海,所以四海之内指天下。

④名山大泽不以封,其余以为附庸闲田:语见《礼记•王制》。闲田,留作备用的土地。

⑤天子所治方千里,此平土三千,并数邑居、山川至五十里:据陈立《白虎通疏证》考证这里"五十里"应该作"五千里"。《礼记•王制》有"凡四海之内,断长补短,方三千里",这是讲的"平土三千"。陈立《白虎通疏证》还有"山陵、林麓、川泽、沟渎、城郭、宫室、涂巷三分去一,故并数之为五千里。除去止平土三千也"。

【译文】

诸侯分封的范围不超过百里,就像震雷惊闻百里,将云雨甘露广泛地滋润大地。雷为阴中之阳,是象征诸侯的。诸侯相对于帝王而言,属于阴,但是他们相对于百姓而言也南面为君,掌握各种赏罚,属于阳,这是效法震雷的。七十里、五十里,这是为显示诸侯道德和功劳的差异。所以《王制》里面讲:"天下一共有九个州,每个州一千里见方。每州之内分封一百里见方的大诸侯国三十个,七十里见方的中等诸侯国六十个,五十里见方的小诸侯国一百二十个。""名山大川不分封给诸侯,剩余的地方就作为附庸或闲置备用。"天子所直接管辖的范围一千里见方。天下土地不过三千里,加上山陵、林麓、川泽、沟渎、城郭、宫室、涂巷一起算上为五千里。名山大川不分封给诸侯,原因在于这些地方要让百姓共同享有利益,不能让某一国专有其利。山陵林麓草木丰饶,江河湖海也富有宝藏,这是千里之内的人都想共同享有的。靠这些地方的资源共享能平均各地的有无,补充某些方面财用不足的情况。将土地分为三等,征收不同赋税,又是为什么呢? 这是因为按照自然条件,土地天然有高、中、下三等之分。

以上论述分封诸侯的土地等级。

4.6　王者即位,先封贤者,忧民之急也。故列土为疆非为诸侯①,张官设府非为卿大夫②,皆为民也。《易》曰:"利建侯③。"此言因所利故立之。《乐记》曰:"武王克殷反商,下车封夏后氏之后于杞,投殷人之后于宋,封王子比干之墓,释箕子之囚④。"

【注释】

①列:同"裂"。

②张:设置。府:官署,官员办公的地方。

③利建侯:语见《周易·屯卦》卦辞。

④"武王克殷反商"数句:都在讲周武王分封诸侯之事,语见《礼记·乐记》。反商,当作"及商",来到商国。比干,殷末商纣王的伯父(一说为商纣王的庶兄)。传说纣王淫乱,比干犯颜直谏,纣王怒,剖其心。与箕子、微子并称为"殷之三仁"。箕子,纣王的叔父,官太师,封于箕。纣王暴虐,箕子谏言不听,乃批发佯狂为奴,被纣王囚禁。周武王灭商,释放箕子,以箕子归镐京。今《尚书·洪范》相传是箕子应周武王要求而作。

【译文】

王者继承王位,首先就要分封贤人,这表明要将百姓利益放在首位。因此分割土地作为各自的疆域不是为了尊崇诸侯,设置各类职官、建立各种官署也不是为了养活卿大夫，都是为了百姓的利益。《易》里面讲："利于建立诸侯。"这是说因为要利益百姓，所以建立诸侯。《乐记》里面讲："周武王打败了商纣王，来到商朝国都，下了车，将夏人的后代分封在杞，把殷人的后代安置在宋，修了王子比干的墓，释放了关在牢里的箕子。"

　　天下太平，乃封亲属者，示不私也。即不私封之何？"普天之下，莫非王土，率土之宾，莫非王臣。"①海内之众已尽得使之，不忍使亲属无短足之居②，一人使封之③，亲亲之义也。以《尚书》封康叔，据平安也④。王者始起，封诸父昆弟，示与己共财之义，故可以共土地。

【注释】

①普天之下，莫非王土，率土之宾，莫非王臣：语见《诗经·小雅·北山》。普，普遍。率，自，由。宾，通"滨"，水边。

②短足之居：据陈立《白虎通疏证》引卢文弨考证疑为"托足之居"。

③一人使封之：据陈立《白虎通疏证》这里"人"为衍字。

④以《尚书》封康叔，据平安也：《左传·定公四年》有"分康叔以大路、少帛、绸茷、旃旌、大吕，殷民七族：陶氏、施氏、繁氏、錡氏、樊氏、饥氏、终葵氏。封畛土略，自武父以南，及圃田之北竟，取于有阎之土，以共王职；取于相土之东都，以会王之东蒐。聃季授土，陶叔授民，命以《康诰》，而封于殷虚"。今本《尚书》以分封康叔在平定武庚叛乱之后。

【译文】

　　天下太平之后才会分封自己的亲属，表示不以个人利益为重。为什么不能私自分封亲属呢？"普天之下没有哪块地，不是国王的领土；四海之内没有哪个人，不是国王的臣民。"天下所有人都可以为君主所用，不忍心让自家亲属无处立足,所以要一起分封,这是表达亲人之间要相亲相爱的意思。所以《尚书》里面有专门封康叔的《康诰》,这是平定天下之后分封诸侯的安排。王者刚刚获得天下,分封叔伯兄弟,表示他们这些人可以与自己共同享有财富,因此都能获得分封。

　　一说诸父不得封诸侯,二十国厚有功,象贤,以为民也。贤者子孙类多贤①。又卿不世位,为其不子爱百姓,各加一功,以虞乐其身也。受命不封子者,父子手足无分离异财之义。至昆弟支体有分别,故封之也。以舜封弟象有比之野也②。
　　右论封诸侯亲贤之义。

【注释】
　　①类:大抵,大都。
　　②有比:《孟子·万章》作"有庳",声音相通,故互用。一说为今湖
　　　南道县北。

【译文】
　　也有人认为叔伯这些人不得分封为诸侯,二十个诸侯国都是分封的有功之臣,这是让贤人作为众人的榜样,是为了百姓的利益。贤人的子孙后代大多也比较贤能。而且卿不是世袭爵位的,因为他们不能像诸侯那样把百姓当作自己的孩子爱护,所以只能各自按照功勋获得俸禄,让自己获得安乐。王者受命却不分封自己的儿子,这是因为父子同手足一样不可分割,没有分开生活去各自享用财富的道理。至于兄弟则像身体四肢各有分别,所以要对他们进行分封。因此,舜把弟弟象分封在有比这个地方。
　　以上论述帝王分封诸侯蕴藏亲贤的含义。

4.7　封诸侯以夏何？阳气盛养^①，故封诸侯，盛养贤也。封立人君，阳德之盛者也。《月令》曰："孟夏之月，行赏，封诸侯，庆赐，无不欣悦^②。"

右论夏封诸侯。

【注释】

①盛：旺盛。养：长养。

②"孟夏之月"数句：语见《礼记·月令》。

【译文】

分封诸侯为什么要在夏天呢？夏天阳气旺盛能够长养万物，所以此时分封诸侯，表示要隆重地奉养贤能之人。分封诸侯，为百姓设立君主，这是充分显现德行光辉盛大的美事。《月令》里面讲："孟夏之月，进行奖赏，分封诸侯。所有该褒奖和赏赐的都统统兑现，人人都觉得很喜悦。"

以上论述夏天分封诸侯的原因。

4.8　何以言诸侯继世？以立诸侯象贤也^①。大夫不世位何？股肱之臣任事者也。为其专权擅势^②，倾覆国家。又曰：孙首也庸^③，不任辅政，妨塞贤路，故不世位。故《春秋公羊传》曰："讥世卿。世卿非礼也^④。"诸侯世位，大夫不世，安法？以诸侯南面之君，体阳而行^⑤，阳道不绝。大夫人臣北面，体阴而行，阴道有绝。以男生内向，有留家之义，女生外向，有从夫之义。此阳不绝，阴有绝之效也。

右论诸侯继世。

【注释】

①象：效法，仿效。

②专权：独揽大权。擅势：独揽权势。擅，独揽，专。

③孙首也庸：卢文弨疑为"又虑子孙庸愚"。

④讥世卿。世卿非礼也：语见《春秋公羊传·隐公三年》。世卿，何休解诂有"世卿者，父死子继也"。世卿非礼也，解诂有"礼，公卿大夫士皆选贤用之。卿大夫任重职大，不当世。为其秉政久，恩德广大，小人居之，必夺君之威权"。

⑤体：体现。

【译文】

　　为什么说诸侯的位置可以世代相承呢？这是因为设立诸侯是将贤者树立为学习的榜样。大夫不能够世代承袭职位，这又是为什么呢？大夫作为君主的股肱之臣，他们负责具体职事。如果他们长期独揽权势，会让国家灭亡。也有人说：大夫的子孙有时候也会有平庸寻常的人，不能够担任辅政的重任，如果勉强任用会妨碍阻塞贤人晋升的路，所以不能够世代继承大夫的职位。所以《春秋公羊传》里面讲："讥讽世世为卿。世世为卿是不合礼法的。"诸侯能够世世做诸侯，大夫不能够世世做大夫，这是什么道理呢？这是因为诸侯属于南面而治管理国家的君主，行为体现阳的道，而阳的道是恒常不绝的。大夫是向北面侍奉君主的臣子，行为体现阴的道，而阴的道是可以断绝的。男子处胎就面朝里面，这表示会留在家里继承家业；女子处胎则面朝外面，表示会出嫁跟随自己的丈夫。这也是阳道恒常不绝、阴道有绝的现实体现。

　　以上论述诸侯的位置可以世代相承的原因。

　　4.9　国在立大子者，防篡煞，压臣子之乱也①。《春秋》之弑太子，罪与弑君同。《春秋》曰"弑其君之子奚齐"②，明与弑君同也。君薨，嫡夫人无子，有育遗腹，必待其产立之何？专嫡重正也③。《曾子问》曰："立嫡以长不以贤何？以言为贤不肖不可知也④。"《尚书》曰："惟帝其难之⑤。"立子以贵不以长,防爱憎也。《春秋传》曰"立嫡以长不以贤,立子以贵不以长"也⑥。

右论立太子。

【注释】

①大:同"太"。煞:杀害。压:抑制。

②《春秋》曰"弑其君之子奚齐":语见《春秋公羊传·僖公九年》。后文《春秋公羊传·僖公十年》有"晋杀其大夫里克","里克弑二君,则曷为不以讨贼之辞言之? 惠公之大夫也。然则孰立惠公? 里克也。里克弑奚齐、卓子,逆惠公而入。里克立惠公,则惠公曷为杀之? 惠公曰:'尔既杀夫二孺子矣,又将图寡人。为尔君者,不亦病乎?'于是杀之"。按照《春秋》的笔法,下杀上为"弑",敌相杀为"杀"。

③专:单独,特别。

④立嫡以长不以贤何? 以言为贤不肖不可知也:语不见于今本《礼记·曾子问》,疑为亡逸了的篇章。

⑤惟帝其难之:语见《尚书·虞书·皋陶谟》。

⑥立嫡以长不以贤,立子以贵不以长:语见《春秋公羊传·隐公元年》。立子,没有嫡子的情况下,立庶子为太子。《春秋公羊解诂》有"'子'谓左右媵及姪娣之子。位有贵贱,又防其同时而生,故以贵也"。根据当时礼法,嫡夫人无子则立右媵之子,右媵无子再立左媵之子。

【译文】

国君有生之年就会设立太子的原因,是为了防止篡位谋杀之类的阴谋,抑制臣子可能制造的叛乱。《春秋》里将杀害太子的罪等同于弑君的大罪。所以《春秋》里面有:"杀害了国君的儿子奚齐",这说明杀害太子的罪与弑君之罪是一样的。国君去世，嫡夫人没有儿子，但是怀有遗腹子，一定要等她生下这个孩子之后再确立太子人选，为什么呢？这表明特别尊重嫡妻所生的长子。《曾子问》里面有："为什么立嫡子为太子选择年纪最大而不是贤能的嫡子呢？这是因为众嫡子贤能与否，在小时候不可能有明确的判断。"《尚书》里面讲："连尧帝都会觉得困难。"立庶子根据地位尊贵程度而不根据年龄，这是防止国君对儿子爱憎不同而感情用事。《春秋传》讲："立嫡子根据年纪大小，不根据贤能；立庶子根据地位的尊贵程度，不根据年纪大小。"

以上论述设立太子的事。

4.10　始封诸侯无子死，不得与兄弟何？古者象贤也，弟非贤者子孙。《春秋传》曰"善善及子孙[①]"，不言及昆弟。昆弟尊同，无相承养之义。昆弟不相继，至继体诸侯，无子得及亲属者，以其俱贤者子孙也。重其先祖之功，故得及之。继世诸侯无子，又无弟，但有诸父庶兄，当谁与？与庶兄，推亲之序也。以僖公得继闵公也[②]。

右论昆弟相继。

【注释】

①善善及子孙：语见《春秋公羊传·昭公二十年》。

②僖公：鲁僖公，姬姓，名申，鲁庄公的儿子，母亲是成风。鲁闵公：姬姓，名启，又作鲁湣公，也是鲁庄公的儿子，母亲为叔姜。

【译文】

最开始分封诸侯的时候，被分封的诸侯去世了而且没有儿子，他的诸侯之位不能被分封给他的兄弟，这是为什么呢？古来分封诸侯是要将贤者树立成榜样，诸侯的弟弟不是贤者的子孙。《春秋传》讲："称许贤人善良的品德,能够惠及其子孙",没有说要及于贤人的兄弟。兄弟的辈分是一样的,没有互相继承爵位财富且进行奉养的理由。尽管兄弟不互相继承爵位财富,但如果已经获得分封后,诸侯之位是可以世袭的。诸侯如果没有儿子继承爵位,可以由其他亲属继承。因为这些人都是贤者的子孙,要尊重他们先祖的功劳,所以其他亲属可以继承诸侯之位。世袭的诸侯没有儿子也没有兄弟,只有叔伯或庶出兄弟,那么诸侯之位应该由谁继承呢? 那就应该给庶出的兄弟,这是根据血缘亲疏远近来考虑的。所以鲁僖公能够继承鲁闵公的君位。

以上论述诸侯兄弟能否继承诸侯之位的情况。

4.11　《礼服传》曰[①]:"大宗不可绝[②],同宗则可以为后为人作子何? 明小宗可绝,大宗不可绝。故舍己之后,往为后于大宗。所以尊祖重不绝大宗也。"《春秋传》曰:"为人后者为之子[③]。"

右论为人后。

【注释】

①《礼服传》:逸《礼》篇章。

②大宗不可绝:按照周代的宗法制度,宗族中分为大宗和小宗。周王自称天子,为天下的大宗。天子除嫡长子以外,其他儿子被封为诸侯。诸侯对天子而言是小宗,但在他所封国内却是大宗。诸侯的其他儿子被分封为卿大夫。卿大夫对诸侯而言是小宗,但在他的采邑内却是大宗。从卿大夫到士也是如此。依照宗法的规定"有百世不迁之宗,有五世则迁之宗"。至于小宗由于族类繁衍的结果,分家出去另立门户的人越来越多,小宗也就不断增加。《礼记·丧服小记》有"别子为祖,继别为宗,继祢者为小宗。有

五世而迁之宗，其继高祖者也。是故祖迁于上，宗易于下。尊祖
故敬宗，敬宗所以尊祖、祢也。庶子不祭祖者，明其宗也"。

③为人后者为之子：语见《春秋公羊传·成公十五年》。

【译文】

《礼服传》讲："大宗不能够断绝世代相承的世系，为什么同宗的人
可以过继为大宗的后代，做人家的儿子呢？这表明小宗可以断绝世系，
但是大宗必须世代延续下去。所以小宗能够舍弃自己的继承人，过继给
大宗作为继承人。这是为了尊重先祖，不能让大宗绝后。"《春秋传》讲：
"做人家的继承人就是做了人家的儿子。"

以上论述小宗之子作为大宗继承者的情况。

4.12　王者受命而作，兴灭国，继绝世何？为先王无
道，妄杀无辜，及嗣子幼弱，为强臣所夺，子孙皆无罪囚而
绝，重其先人之功，故复立之。《论语》曰："兴灭国，继绝
世①。"诛君之子不立者，义无所继也。诸侯世位，象贤也。
今亲被诛绝也。《春秋传》曰："诛君之子不立②。"君见弑，
其子得立何？所以尊君，防篡弑也。《春秋经》曰"齐无知
杀其君③"，贵妾子公子纠当立也④。

右论兴灭继绝之义。

【注释】

①兴灭国，继绝世：语见《论语·尧曰》。

②诛君之子不立：语见《春秋公羊传·昭公十一年》。清代孔广森
　　的《春秋公羊通义》有"此《春秋》托王法也。昔周公诛管叔，而
　　宥蔡叔。厥后蔡仲绍封，而管叔之子不得立，是其制也"。

③齐无知杀其君：语见《春秋公羊传·庄公八年》。

④贵妾子公子纠当立也：《春秋公羊传·庄公九年》有"九月，齐人
　　取子纠，杀之。其言取之何？内辞也。胁我使我杀之也。其称子
　　纠何？贵也。其贵奈何？宜为君者也"。

【译文】

　　王者禀受天命而兴起，恢复被灭亡的国家，让诸侯已经断绝的世系
得以延续，这是为什么呢？国家之所以会灭亡，有的是因为君主无道，滥
杀无辜，有的是因为继承君位的太子年龄幼小势力微弱，被权臣篡夺了
君位，子孙没有罪却被囚禁而亡国。因为推重他们祖先的功绩，所以重
新立他们为诸侯。《论语》讲："恢复被灭亡的国家，让诸侯已经断绝的世
系得以延续。"被诛的国君，他的儿子是不能再被立为诸侯的，因为就道
义而言，诸侯有罪被诛，后代就没有可以继承的爵位了。诸侯世代承袭
爵位，这是设立贤者作为榜样。被诛杀的君主没有贤德可以继承，所以
世系断绝。《春秋传》里面讲："被诛杀的君主，其子不能复立为诸侯。"
君主如果是被篡弑，那么他的儿子可以复立为诸侯，又是为什么呢？这
是为了体现君主的地位是尊贵的，防止有人杀害君主篡夺君位。《春秋
经》讲"齐国的无知杀了他的君主齐襄公"，公子纠是贵妾的儿子，按照
礼法是可以继承君位的。

　　以上论述恢复被灭亡的国家，让诸侯已经断绝的世系得以延续的含义。

4.13　大夫功成未封而死，子得封者，善善及子孙也。
《春秋传》曰："贤者子孙宜有土地也①。"

　　右论大夫功成未封，得封子。

【注释】

①贤者子孙宜有土地也：语见《春秋公羊传·昭公三十一年》。

【译文】

大夫立下功劳但没有等到封爵就去世了，他的儿子是能得到父亲应

有的封赏的，这是因为褒扬善行应该及于贤人的子孙。《春秋传》讲："贤者的子孙应该拥有土地。"

以上论述立下功劳的大夫如果来不及分封就去世，他的儿子可以得到父亲应有的封爵。

4.14　周公不之鲁何？为周公继武王之业也。《春秋传》曰："周公曷为不之鲁？欲天下一于周也①。"《诗》云："王曰叔父，建尔元子，俾侯于鲁②。"周公身薨，天为之变，成王以天子之礼葬之，命鲁郊③，以明至孝，天所兴也。

右论周公不之鲁。

【注释】

①周公曷为不之鲁？欲天下一于周也：语见《春秋公羊传·文公十三年》。

②王曰叔父，建尔元子，俾（bǐ）侯于鲁：语见《诗经·鲁颂·閟宫》。王，成王。叔父，指周公。元子，这里指周公长子伯禽。俾，使。

③郊：祭祀天地。周代天子冬至祭天称郊，夏至祭地称社。

【译文】

周公为什么没有去鲁国就封呢？因为周公要继承武王的功业。《春秋传》讲："周公为什么没有去鲁国？这是因为他要实现周统一天下的使命。"《诗》里面讲："周成王说叔父，立您的长子为侯王，分封于鲁国。"周公去世后，天地为之变色，成王用天子之礼安葬了周公，让鲁国享有天子才能举行的郊祀之礼，说明如果孝行达到极致，上天都会让他的国家得到兴旺。

以上论述周公没有去鲁国就封的原因。

京师

【题解】

"京师"共八条，首先介绍了建设国都一定要选择国家中心地点的原因、周朝国都的具体演变、"京师"这个词的内涵等。其后，主要讨论了太子、诸侯、公卿大夫等人食邑俸禄的差异及其背后的原因。

4.15　王者京师必择土中何①？所以均教道②，平往来③，使善易以闻，为恶易以闻，明当惧慎，损于善恶④。《尚书》曰："王来绍上帝，自服于土中⑤。"圣人承天而制作。《尚书》曰："公不敢不敬天之休，来相宅⑥。"

右论建国。

【注释】

①京师：国都。中，中央。

②均：公平，均匀。

③平：齐一，均等。

④损：据陈立《白虎通疏证》考证应该为"省"。

⑤王来绍上帝，自服于土中：语见《尚书·周书·召诰》。绍，卜问。服，治理。土中，指洛邑，在九州的中心。

⑥公不敢不敬天之休，来相宅：语见《尚书·周书·洛诰》。休，美好，这是指好的兆头。

【译文】

为什么王者一定会在天下中央选址来建设国都呢？这是为了让道的教化能够均衡施予天下，各地来往首都的距离都差不多，便于了解各地的善人好事，也便于了解各地的恶人坏事。表明作为帝王应该恐惧戒慎,对天下善恶是非能够了如指掌。《尚书》讲:"王来卜问上帝,打算亲自在洛邑治理他们。"圣人顺承天命而营建国都。《尚书》还讲:"周公不敢不敬重上帝赐给的福庆,亲自勘察国都的地址。"

以上论述建设国都的地址。

4.16　周家始封于何? 后稷封于邰^①,公刘去邰之邠^②。《诗》曰:"即有邰家室^③。"又曰:"笃公刘,于邠斯观^④。"周家五迁,其意一也。皆欲成其道也。时宁先白王者^⑤,不以诸侯移,必先请从然后行。

右论迁国。

【注释】

①后稷:周的先祖。相传少年时被父母所弃却有神灵保护。有相地之宜,善稼穑,教民耕种。封于有邰,号后稷,别姓姬氏。邰,古国名。姜姓,炎帝之后。周代后稷母姜嫄,为有邰氏女。故址在今陕西武功西南。

②公刘:古代周部落的祖先,相传为后稷的曾孙。邠(bīn):同"豳",在今陕西彬县。

③即有邰(tái)家室:语见《诗经·大雅·生民》。有,语气词。

④笃公刘,于邠斯观:语见《诗经·大雅·公刘》。笃,忠诚厚道。观,宫室。

⑤时宁先白王者:卢文弨认为这里是"言必先请之于王"。

【译文】

周最早分封在什么地方呢? 后稷被分封在邰,公刘又从邰迁居到邠。《诗》里面讲:"定居在有邰。"又有:"忠诚厚道的公刘,在邠地营建宫室。"周的国都经过五次迁徙,但用意是一致的,都是为了成就道业。

每次迁徙都事先禀报过天子,因为诸侯不能随意迁换国都,一定要请示获得批准后才能行动。

以上论述迁换国都的事。

4.17　京师者,何谓也?千里之邑号也[①]。京,大也。师,众也。天子所居,故以大众言之。明什倍诸侯,法日月之经千里。《春秋传》曰:"京师,天子之居也[②]。"《王制》曰:"天子之田方千里[③]。"

右论京师。

【注释】

①邑:城邑。

②京师,天子之居也:语见《春秋公羊传·桓公九年》。

③田:禄田,指收取租税作为俸禄的土地。

【译文】

"京师"是什么意思呢?这是用来指称千里见方的城邑。"京"是宏大的意思。"师"是众多的意思。天子居住的地方,所以要用"宏大""众多"之类的词语来形容。国都的规模是诸侯都城的十倍,效法日月经行千里。《春秋传》里面讲:"京师是天子居住的地方。"《王制》里面讲:"天子的禄田一千里见方。"

以上论述京师的问题。

4.18　或曰:夏曰夏邑,殷曰商邑,周曰京师。《尚书》曰"率割夏邑"[①],谓桀也。"在商邑"[②],谓殷也。

右论三代异制。

【注释】

①率割夏邑：语见《尚书・商书・汤誓》。率，语气助词。割，剥削。

②在商邑：语见《尚书・周书・酒诰》。

【译文】

有的人认为：夏朝的国都叫做"夏邑"，商朝的国都叫做"殷邑"，周朝的国都才叫做"京师"。《尚书》里面有："夏桀剥削国都的人民"，这是在讲夏桀。"在商都作恶"，这是指殷商国都。

以上论述夏、商、周三代国都的不同。

4.19　禄者，录也①。上以收禄接下，下以名录谨以事上。《王制》曰："天子三公之田视公侯，卿视伯，大夫视子男，士视附庸②。上农夫食九人③，其次食八人，其次食七人，其次食六人。下农夫食五人。庶人在官者以是为差也④。诸侯之下士视上农夫，禄足以代其耕也。中士倍下士，上士倍中士，下大夫倍上士。卿四大夫禄，君十卿禄。次国之卿⑤，三大夫禄，君十卿禄。小国之卿，倍上大夫禄，君十卿禄。天子之县内⑥，有百里之国九，七十里之国二十一，五十里之国六十三，凡九十三国。名山大泽不以封。其余以禄士，以为闲田。"

右论制禄。

【注释】

①录：簿记。

②附庸：禄田不足五十里见方的小诸侯，不直接受命于天子，而归属于附近的大诸侯。

③上农夫：以所受之田土质肥瘠程度分成上、中、下三等田，以此区

别农夫为各类。

④庶人在官:在官府担任吏役徒胥的平民。

⑤次国:中等诸侯国。

⑥天子之县内:天子王畿所在的州。

【译文】

"禄"也可以称为"录"。在上位者接受下面供养的俸禄得以了解下情,在下位者通过供奉时所录的姓名来表达自己对在上位者谨慎的侍奉。《王制》讲:"天子的三公禄田比照公侯,卿的禄田比照伯,大夫的禄田比照子、男,士的禄田比照附庸。上农夫每一百亩田养活九人,稍次一点的养活八人。中农夫每一百亩田养活七人,稍次一点的养活六人。下农夫每一百亩田养活五人。在官府当差的平民,他们的俸禄也参照这个等差来。诸侯的下士俸禄比照上农夫,使他们的俸禄能够抵得上他们耕种的收获。中士的俸禄是下士两倍,上士的俸禄是中士两倍,下大夫是上士的两倍。大国的卿俸禄是大夫的四倍,国君的俸禄是卿的十倍。中等诸侯国的卿俸禄是大夫的三倍,国君的俸禄是卿的十倍。小国的卿俸禄是大夫的两倍,国君的俸禄是卿的十倍。天子王畿所在的州,只分封一百里见方的大国九个,七十里见方的中等诸侯国二十一个,五十里见方的小诸侯国六十三个,一共九十三个国。名山大泽不分封给诸侯。剩余的土地作为士的禄田或者闲置备用。"

以上论述关于俸禄的制度。

4.20　诸侯入为公卿大夫,得食两家采不①? 曰:有能然后居其位,德加于人,然后食其禄,所以尊贤重有德也。今以盛德入辅佐,得两食之。故《王制》曰:"天子之县内诸侯禄也,外诸侯嗣也②。"

右论诸侯入为公卿食采。

【注释】

①采：采邑，这里指诸侯在王畿内的封地，以这类封地的收入作为俸禄。何休《春秋公羊传·定公四年》解诂"举采者，礼，诸侯入为天子大夫，更受采地于京师，天子使大夫为治其国"，诸侯可以享有原有封地的俸禄和京师采地的俸禄这两种俸禄。

②天子之县内诸侯禄也，外诸侯嗣也：语见《礼记·王制》。禄，禄田，在官时作为俸禄，退职后需要缴还。嗣，可以世袭的领地。

【译文】

诸侯到天子的朝廷做公卿大夫，能够同时享用原有封地的俸禄和京师采地的俸禄吗？人们认为：有才能然后能有相应的爵位，德行胜于众人然后能够获得俸禄，这些都是为了表示对贤人的尊重，对有德之人的推崇。现在诸侯凭借自己美好的德行得以入朝辅佐天子，就应该享用两份俸禄。所以《王制》讲："天子王畿内的诸侯封地可以作为禄田，但不能世袭；王畿外的封地，诸侯可以世袭。"

以上论述诸侯到天子的朝廷做公卿大夫所享用的俸禄。

4.21　天子太子食采者，储君，嗣主也，当有土以尊之也。太子食百里，与诸侯封同。故《礼》曰："公士大夫子子也①。"无爵而在大夫上，故知百里也。

右论太子食采。

【注释】

①公士大夫子子也：今本《礼记》无此句。《仪礼·丧服》有"公士大夫"，据陈立考证，此处应该有误。《白虎通》引用这句是为了说明公、士、大夫是有次序差异的。

【译文】

天子的太子也享有采邑的俸禄，因为太子作为储君，将来是会继承大统的君主,所以他应该拥有土地来显示自己尊贵的地位。太子的采邑百里,这个与诸侯封地相同。所以《礼》里面讲:"公、士、大夫、子子。"这里的"士"没有爵位而排名在大夫前面,所以知道作为士的太子应该享有百里封地的俸禄。

以上论述太子所享用的采邑的俸禄。

4.22　公卿大夫皆食采者,示与民同有无也。

右论公卿大夫食采。

【译文】

公卿大夫都应享用所分封采邑的俸禄,表示他们能够与自己封地上的百姓同甘共苦。

以上论述公卿大夫所享用的采邑的俸禄。

五行

【题解】

"五行"共七条,分别从五行的性质、五行与味道、香气、方位等方面的搭配,五行与太阳、太阴、少阳、少阴的配合,五行与十二地支、十二律的配合进行了讨论。同时还阐释了五行相生相克、轮流当王等运转规律,并将这种道理贯穿人伦法则,体现了中国传统思想中独特的思维方式。

《白虎通义》在宇宙论、性情论和伦理规范等层面对汉代已有的阴阳五行思想进行了贯通整合,兼摄内外,为阴阳五行思想的进一步发展奠定了基础。在抽象理论层面,《白虎通义》也进一步对阴阳五行做出更为严密的配合调整,使得这套模式运用起来更为便利。就这种意义而言,《白虎通义》可谓两汉时期阴阳五行说之集大成者之一。

4.23　五行者，何谓也？谓金木水火土也。言行者，欲言为天行气之义也[1]。地之承天[2]，犹妻之事夫，臣之事君也。其位卑，卑者亲视事，故自同于一行尊于天也。《尚书》曰："一曰水，二曰火，三曰木，四曰金，五曰土[3]。"水位在北方。北方者，阴气在黄泉之下，任养万物[4]。水之为言准也。养物平均，有准则也。木在东方。东方者，阳气始动，万物始生。木之为言触也。阳气动跃，触地而出也。火在南方。南方者，阳在上，万物垂枝。火之为言委随也[5]。言万物布施[6]。火之为言化也。阳气用事，万物变化也。金在西方。西方者，阴始起，万物禁止。金之为言禁也。土在中央。中央者土，土主吐含万物[7]，土之为言吐也。何以知东方生？《乐记》曰[8]："春生夏长，秋收冬藏。"土所以不名时者[9]，地，土之别名也。比于五行最尊，故不自居部职也。《元命苞》曰："土无位而道在，故大一不兴化，人主不任部职[10]。"

右总论五行。

【注释】

①行：流动，传布。

②承：承奉，顺承。

③"一曰水"五句：语见于《尚书·周书·洪范》。

④任：通"妊"，怀妊、孕育的意思。

⑤委随：顺从，顺化。

⑥布施：分布散播。这里形容万物繁育、姿态纷呈的样子。

⑦吐：吐生。含：含藏。

⑧《乐记》：今本《礼记·乐记》无此句，疑为亡逸了的《乐经》传记。

⑨名:通"命",命令,当令。

⑩"土无位而道在"三句:语见纬书《春秋元命苞》。

【译文】

"五行"是什么意思呢?这是指金、木、水、火、土。称为"行"是想说明五行是天的气在地上流行运转的样子。地对于天的顺承,就像妻子侍奉丈夫、臣子侍奉君主一样。地处于低下的位置,地位卑下就必须事必躬亲,所以地上的万物必须归于五行中的一种来表示对天的尊崇。《尚书》讲:"一是水,二是火,三是木,四是金,五是土。"水的方位在北方。北方是阴气旺盛之处,在地下深处,万物孕育长养。"水"是平准的意思。水对万事万物都一视同仁,有确定的原则。木的方位是东方。东方是阳气刚刚开始活动的地方,万物也因此而得到最初的生命。木可以说含有"触动"的意思。阳气跳动奔腾,从土地中踊跃而出。火的方位在南方。南方阳气旺盛处于上,万物垂下累累枝条。"火"是指顺化,这是形容万物生长繁育、姿态纷呈的样子。火也可以说成"化",代表阳气当令,万物变化发展。金的方位在西方。西方是阴气开始生长的地方,万物停止变化发展。金也有"禁止"的意思。土的方位在中央。处于中央的土吐生含藏万物,土也可以称为"吐"。又怎么知道万物始生于东方呢?《乐记》讲:"春天万物初生,夏天万物繁育,秋天万物收获,冬天万物闭藏。"土之所以不专门当令于一时,这是因为"地"本来就是土的别名。土在五行中地位最为尊贵,所以不独自承担某一方面的职责。《元命苞》讲:"土没有一定的位置,但道却包含其中,所以最高的'大一'不具体表现为创生化育某类具体事物的功用,就像作为君主也不担任某个具体的职责。"

以上总体论述"五行"。

4.24 五行之性,或上或下何?火者,阳也。尊,故上。水者,阴也。卑,故下。木者少阳,金者少阴,有中和之性,故可曲直从革①。土者最大，苞含物将生者出，将归者入，不嫌清浊为万物。《尚书》曰："水曰润下，火曰炎上，木曰曲直，金曰从革，土爰稼穑②。"五行所以二阳三阴何？尊者配天③，金木水火，阴阳自偶。

　　右论五行之性。

【注释】

　　①从：顺从。革：变革。

　　②"水曰润下"五句：语见《尚书·周书·洪范》。曰，语气助词。

　　③尊者配天：这里指五行中土的地位最为尊贵，是配天的。

【译文】

　　五行的性质，为什么有的向上，有的趋下呢？火属于阳，代表尊贵，所以向上。水属于阴，代表卑贱，所以趋下。木属于少阳，金属于少阴，都有中和阴阳的性质，所以可曲可直，可顺从也可变革。土是最广大的，它养育含藏所有将出生的事物，也接纳生命消亡后将要回归的所有事物，从来不因万物禀气清浊而区分对待。《尚书》讲："水向下滋润；火向上燃烧；木可以揉使之弯曲，也可以顺绳墨而笔直；金可以顺从人意而改变形状；土可以种植百谷。"五行为什么有两种属于阳、三种属于阴呢？五行中，土最为尊贵是配天的，其余的金、木、水、火以太阴太阳、少阴少阳互相匹配。

　　以上论述五行的性质。

　　4.25　水味所以咸何？是其性也。所以北方咸者，万物咸与所以坚之也①，犹五味得咸乃坚也②。木味所以酸何？东方万物之生也。酸者以达生也③，犹五味得酸乃达也。火味所以苦何？南方主长养，苦者，所以长养也，犹五味须苦可以养也。金味所以辛何？西方煞伤成物④，辛所以煞伤之也，犹五味得辛乃委煞也⑤。土味所以甘何？中央者，中和也，故甘，犹五味以甘为主也。《尚书》曰："润下作咸，炎上作苦，曲直作酸，从革作辛，稼穑作甘。⑥"

【注释】

①万物咸与所以坚之也：陈立《白虎通疏证》考证为"咸"与"坚"叠韵为训，意义也相通。

②五味：酸、甜、苦、辣、咸。坚：巩固，强化。

③酸者以达生也：隋朝萧吉的《五行大义》有"酸者，钻也。言万物钻地而出生，五味得酸乃达也"。陈立《白虎通疏证》考证为"酸"与"钻"叠韵为训。

④煞：杀死。

⑤委煞：枯萎。这里指味道变弱。委，通"萎"。枯萎。煞，削弱，损坏。

⑥"润下作咸"五句：语见《尚书·周书·洪范》。

【译文】

水的味道为什么是咸味呢？这是由水的性质所决定的。之所以北方属于咸，这是因为万物都因咸味而变得坚固，就像五味因咸味而使味道更强烈。木的味道为什么是酸味呢？东方是万物开始生长的地方。酸味使得万物生长得以通畅，就像五味因为酸味而得以宣畅。火的味道为什么是苦味呢？南方是万物生长养育的地方，苦味是可以帮助生长养育的，就像五味需要苦味而得以滋养。金的味道为什么是辛味呢？西方是万物生命逐渐走向毁灭消亡的地方，辛金有杀伤的作用，就像五味得辛味则变弱。土的味道为什么是甘甜呢？中央是中正平和之气所聚的地方，所以味道是甘甜，就像五味以甘甜为主。《尚书》讲："水产生咸味，火产生苦味，木产生酸味，金产生辛味，土产生甜味。"

北方其臭朽者①，北方水，万物所幽藏也。又水者受垢浊，故臭腐朽也。东方木也。万物新出地中，故其臭羶②。南方者火也。盛阳承动，故其臭焦。西方者金也。万物成熟始复诺③，故其臭腥。中央者土也。土养，故其臭香也。《月令》曰："东方其臭羶，南方其臭焦，中央其臭香，西方其臭腥，北方其臭朽。"所以名之为东方者，动方也。万物始动生也。南方者，任养之方，万物怀任也。西方者，迁方也④。万物迁落也。北方者，伏方也⑤。万物伏藏也。

右论五味五臭五方。

【注释】

①臭（xiù）：气味。

②羶：亦作"膻"。春天草木所生的气味。

③诺：此处应该为"落"。

④迁：离散。

⑤伏：藏匿。

【译文】

北方的味道是腐朽，因为北方属于水，是万物幽禁闭藏的地方。水可容受污浊尘垢，所以味道是腐味。东方属于木。万物都是刚从土地中冒出来，这时味道是羶味。南方属于火。巨大的阳气鼓舞帮助万物的生长，所以发出的味道是焦味。西方属于金，万物都成熟之后开始凋零，这时味道是腥味。中央属于土。土主长养万物，所以味道是香味。《月令》里面讲："东方的味道是膻味，南方的味道是焦味，中央的味道是香味，西方的味道是腥味，北方的味道是腐味。"之所以叫做"东方"，这是气开始运行之地，万物都开始因为气息运化而得以生长。南方是怀妊长养之地，万物因此得以怀妊。西方是离散的地方，万物离散衰落。北方是伏藏之地，万物隐匿闭藏。

以上论述"五味""五臭""五方"。

4.26　少阳见于寅，寅者，演也^①。律中太蔟。律之言率，所以率气令生也^②。盛于卯。卯者，茂也。律中夹钟。衰于辰。辰者，震也。律中姑洗。其日甲乙。甲者，万物孚甲也^③。乙者，物蕃屈有节欲出^④。时为春。春之为言偆，偆动也^⑤。位在东方，其色青，其音角者，气动跃也。其帝太皞^⑥。太皞者，大起万物扰也^⑦。其神句芒^⑧。句芒者，物之始生，芒之为言萌也。其精青龙，阴中阳故。

【注释】

①少阳见于寅，寅者，演也：《史记·律书》有"寅言万物始生演然也"。见，同"现"。显现。

②率：遵循，遵行。

③孚甲：指草木种子分裂发芽。孚，通"莩"，叶里白皮。甲，草木初生时所带种子的皮壳。

④蕃：草木茂盛。屈：弯曲。节：节奏，规律。

⑤偆：通"蠢"，动。

⑥太皞：传说中的古帝名。即伏羲氏。

⑦起：物体自下向上的动作。扰：扰动。

⑧句（gōu）芒：相传为古代主管树木的神。《春秋左氏传·昭公二十九年》有"木正曰句芒"。

【译文】

少阳之气，在寅开始出现。"寅"是推衍、推广的意思。音律上对应于太蔟。"律"是遵从的意思，顺应气的运行而让万物生长。少阳之气旺盛在卯。"卯"是茂盛的意思。音律上对应于夹钟。少阳之气衰落在辰。"辰"是震动的意思。音律上对应于姑洗。日子对应甲乙。"甲"是草木的种子分裂发芽的样子。"乙"象征万物都蜿蜒曲折，努力生长露出地面。时节对应春季。"春"指"偆"，有蠢蠢欲动的意思。方位对应东方，颜色对应青色，音调对应角音，表示气息跳动腾跃之意。这个时节当值的帝是太皞。"太皞"有万物扰动兴起的意思。这时当值的神是句芒。"句芒"是万物刚刚开始生长，"芒"是指萌芽的意思。这时当值的精灵是青龙，阴中蕴含着阳。

　　太阳见于巳。巳者，物必起，律中中吕。壮盛于午。午，物满长，律中蕤宾。衰于未。未，味也①。律中林钟。其日丙丁。丙者，其物炳明②。丁者，强也。时为夏。夏之言大也。位在南方。其色赤，其音徵。徵，止也。阳度极也。其帝炎帝③。炎帝者，太阳也。其神祝融④。属续也。其精朱鸟，《离》为鸾故⑤。

【注释】

①未，味也：《说文解字·未部》有"未，味也。六月滋味也。五行，木老于未。象木重枝叶也"。《史记·律书》有"未者，言万物皆成，有滋味也"。

②炳明：明显，显著。

③炎帝：传说中的古帝名。古史又称"神农""烈山氏"。

④祝融：高辛氏火正。

⑤《离》为鸾故：《周易·旅卦》"上九：鸟焚其巢"，虞翻注"《离》为鸟"。陈立考证为"鸾为鸟之长，故云《离》为鸟"。

【译文】

太阳之气在巳开始出现。"巳"是说万物一定会兴起之意,音律上对应于中吕。太阳之气在午最为壮盛。"午"形容万物盛满,生长繁育,音律上对应于蕤宾。太阳之气衰落于未。"未"是滋味的意思。音律上对应于林钟。日子对应丙丁。"丙"形容此时万物光明鲜亮。"丁"是强盛的意思。时节对应夏季。"夏"是大的意思。方位对应南方,颜色对应赤色,音调对应徵音。"徵"是停止的意思,指阳气旺盛到了极点。这时候当值的帝是炎帝。炎帝象征最旺盛的阳气。这时当值的神是祝融,有连续不断的意思。这时当值的精灵是朱雀,因为属于南方的《离》卦本来就象征鸾凤。

少阴见于申。申者,身也①。律中夷则。壮于酉。酉者,老也。物收敛,律中南吕。衰于戌。戌者,灭也。律中无射。无射者,无声也。其日庚辛。庚者,物庚也②。辛者,阴始成。时为秋,秋之言愁也。其位西方。其色白,其音商。商者,强也。其帝少皞③。少皞者,少敛也。其神蓐收④。蓐收者,缩也。其精白虎。虎之为言搏讨也故⑤。

【注释】

①申者,身也:《释名·释天》"申,身也。物皆成其身体,各申束之,使备成也"。

②庚:坚强貌。《释名·释天》:"庚,犹更也。庚,坚强貌也。"

③少皞:传说中的古帝名,也作"少昊"。名挚,字青阳,黄帝子,己姓。以金德王,故也称"金天氏"。邑穷桑,号穷桑帝。

④蓐(rù)收:西方神名,司秋。《国语·晋语二》有"虢公梦在庙,有神人面白毛虎爪,执钺立于西阿之下,公惧而走。神曰:'无走!'

帝命曰：'使晋袭于尔门。'公拜稽首。觉，召史嚚占之，对曰：'如
君之言，则蓐收也，天之刑神也，天事官成。'公使囚之，且使国人
贺梦。"

⑤搏：搏斗。讨：讨伐。故：据卢文弨考证为衍字。

【译文】

少阴之气，在申开始出现。"申"是身体的意思。音律上对应于夷
则。少阴之气盛壮于酉。"酉"是老的意思，万物开始收敛，音律上对应
于南吕。少阴之气衰落于戌。"戌"是熄灭的意思，音律上对应无射。
"无射"是没有声音的意思，日子对应庚辛。"庚"指万物强壮。"辛"指
阴气开始成形。时节对应秋季，"秋"是忧愁的意思。方位对应西方。
颜色对应白色，音调对应商音。"商"是强壮的意思。这时当值的帝是少
皞。"少皞"有稍微收敛的意思。这时当值的神是蓐收。"蓐收"有收缩
的意思。这时当值的精灵是白虎。"虎"是搏斗讨伐的意思。

太阴见于亥。亥者，侅也①。律中应钟。壮于子。子
者，孳也。律中黄钟。衰于丑。丑者，纽也②。律中大吕。
其日壬癸。壬者，阴使壬③。癸者，揆度也④。时为冬。冬之
为言终也。其位在北方。其音羽。羽之为言舒，言万物始
孳。其帝颛顼⑤。颛顼者，寒缩也。其神玄冥⑥。玄冥者，入
冥也。其精玄武，掩起离体泉⑦，龟蛟珠蛤⑧。

【注释】

①侅（gāi）：非常。据陈立《白虎通疏证》考证这里应该是"阂（hé）"
　的假借，陈立认为应该是"十月阴匿阳于下，万物皆荄（gāi）兹未
　达而该阂"，意思为阻隔不通。

②纽：纽结。《释名·释天》有"丑，纽也。寒气自屈纽也"。

③壬：任。

④揆度：揣度，估量。

⑤颛顼：古帝名，相传为黄帝之孙、昌意之子，生十年而佐少暤，十二
　　年而冠，二十年而登帝位，在位七十八年而崩。号高阳氏。

⑥玄冥：水神，一谓雨师。《左传·昭公十八年》有"禳火于玄冥、回
　　禄"。杜预注："玄冥，水神。"

⑦掩：隐匿。

⑧珠蛤（gé）：能产珍珠的蚌蛤一类。

【译文】

　　太阴之气，在亥开始出现。"亥"是阻隔不通的意思。音律上对应
于应钟。太阴之气盛壮于子。"子"是孳生的意思。音律上对应于黄钟。
太阴之气衰落于丑。"丑"是纽结的意思。音律上对应于大吕。日子对
应壬癸。"壬"是指阴气开始任事。"癸"是揆度估量的意思。时节上对
应冬季。"冬"是终结的意思。方位对应北方。音调对应羽音。"羽"是
舒展的意思，这里讲万物开始孳生。这时当值的帝是颛顼。"颛顼"含有
因寒冷而收缩的意思。这时当值的神是玄冥。"玄冥"形容进入幽深昏
暗的境界。这时当值的精灵是玄武，"玄武"是指乌龟、蛟龙、蚌蛤一类，
此时它们都将身体隐藏在黄泉之下进行各种活动。

　　土为中宫。其日戊己。戊者，茂也。己者，抑屈起。其
音宫。宫者，中也。其帝黄帝，其神后土①。

　　右论阴阳盛衰。

【注释】

①后土：古代称地神或者土神。

【译文】

　　土是中间的宫位。日子对应戊己。"戊"是茂盛的意思。"己"是顽

强生长的意思。音调对应宫音。宫是"中"的意思。这时当值的帝是黄帝,当值的神是后土。

以上论述阴阳之气的盛衰规律。

4.27　《月令》十一月律谓之黄钟何? 黄者,中和之色。钟者,动也。言阳气于黄泉之下,动养万物也。十二月律谓之大吕何? 大者,大也。吕者,拒也。言阳气欲出,阴不许也。吕之为言拒也,旅抑拒难之也[1]。正月律谓之太蔟何? 太亦大也,蔟者凑也。言万物始大,凑地而出也[2]。二月律谓之夹钟何? 夹者,孚甲也。言万物孚甲,种类分也。三月律谓之姑洗何? 姑者,故也。洗者,鲜也。言万物皆去故就其新,莫不鲜明也。四月谓之仲吕何? 言阳气将极中充大也,故复中难之也。五月谓之蕤宾何? 蕤者,下也[3]。宾者,敬也。言阳气上极,阴气始起,故宾敬之也。六月谓之林钟何? 林者,众也。万物成熟,种类众多也。七月谓之夷则何? 夷,伤也[4]。则,法也。言万物始伤,被刑法也。八月谓之南吕何? 南者,任也[5]。言阳气尚有,任生荠麦也[6],故阴拒之也。九月谓之无射何? 射者,终也。言万物随阳而终,当复随阴而起,无有终已也。十月谓之应钟何? 应者,应也。钟者,动也。言万物应阳而动下藏也。

右论十二律。

【注释】

①旅:出行。

②凑:凑集。

③下：垂下。

④伤：伤害，杀戮。

⑤任：怀妊。

⑥任生荞麦也：《礼记·月令》有"（仲秋）乃劝种麦"，孔颖达疏引

蔡邕《章句》"阳气初胎于酉，故八月种麦应时而生也"。

【译文】

《月令》中为什么称十一月对应的音律叫做"黄钟"呢？"黄"是中和之色，"钟"是运动的意思。说明阳气在地下深处运动，滋养万物。为什么十二月对应的律称为"大吕"？"大"的意思是长大，"吕"的意思是拒绝。形容阳气生长壮大想冒出，但阴气不允许。"吕"是拒绝的意思，阴气不允许阳气出行，会进行压制为难。为什么正月对应的律称为"太蔟"？"太"也是大的意思，"蔟"是凑的意思。这是说阴气衰弱，阳气开始盛大，万物凑集于地面得以生长出来。为什么二月对应的音律叫做"夹钟"呢？"夹"的意思是裂开的皮壳发出新芽，形容万物种子都分裂皮壳而萌发嫩芽，各种各样的事物得以区别开来。为什么三月对应的音律叫做"姑洗"呢？"姑"是故旧的意思，"洗"是新鲜的意思。这是说万物都除去旧形趋向新鲜的状态，色彩都很鲜明。为什么四月对应的音律叫做"仲吕"呢？这是说阳气将要达到极为中正、充盈盛大的状态，所以阴气又开始在中间为难它。为什么五月对应的音律叫做"蕤宾"呢？"蕤"是垂下的意思。"宾"是恭敬的意思。这是说阳气上升达到极致将要下降，阴气开始兴起，所以尊敬它。为什么六月对应的音律叫做"林钟"呢？"林"是众多的意思，形容此时万物成熟，各种事物数量众多。为什么七月对应的音律称为"夷则"呢？"夷"是伤害的意思，"则"的意思是法则。这是说万物开始遭受损伤，根据自然法则接受刑戮。为什么八月对应的音律叫做"南吕"呢？"南"是怀妊的意思，这是说此时的阳气还可孕育滋生荞麦，但阴气对此是抗拒的。为什么九月对应的音律叫做"无射"呢？"射"是终结的意思。这是说万物随阳气的终结而终结，

又应再随着阴气的兴起而兴起，没有绝对终止的时刻。为什么十月对应的音律叫做"应钟"呢？"应"是顺应的意思，"钟"是运动的意思。说明万物顺应阳气的变化而向下运动，收藏起来。

以上论述十二个月的音律。

4.28　五行所以更王何？以其转相生①，故有终始也。木生火，火生土，土生金，金生水，水生木。是以木王，火相，土死，金囚，水休②。王所胜者死，囚③，故王者休。木王火相何以知为臣？土所以死者，子为父报仇者也④。五行之子慎之物归母⑤，木王、火相、金成，其火燋金。金生水，水灭火，报其理。火生土，土则害水，莫能而御。

【注释】

①转：轮转，轮流。

②是以木王，火相，土死，金囚，水休：因此木当令，则火辅助，土无生机，金囚困，水休息。王，当令，做主宰，五行某一种在年周期中某一个时间段做主宰者。相，辅助，五行主宰所生出的子孙为相，将来要进而为王。死，没有生机，王克者为死，王冲者为死。囚，囚困，克制当王者为囚。克制王的五行可以被王的相所制服。休，退休，休息。生王者为休，方退者为休。

③囚：卢文弨考证"囚"字前面脱落了"胜王者"。

④土所以死者，子为父报仇者也：木王则土死，木克土。土克水，水生木。木为水子，木克土。这里指木作为水的子，为水报仇于土。

⑤五行之子慎之物归母：据陈立考证，此节上下文可能有脱漏。大体而言在讨论木王金囚之义，金能克木，木生火，火燋金，也含有为父报仇的意思。隋朝萧吉《五行大义》中有"五行之道，子能

拯父之难,故金往克木,火复其仇"。

【译文】

五行之所以轮流作王是什么原因呢?因为五行之间有相生的关系,所以各自当令的时候都是有一定时期的。木生火,火生土,土生金,金生水,水生木。因此木当令,则火为辅助,土无生机,金囚困,水休息。王克者为死,克制当王者为囚,胜王者为休。木王火相,怎么知道火为臣?木当王则土死,木为水子,为水报仇于土。五行之子都能为父复仇,木当王,火为相,金能成,但火可以烧金。金生水,水为金子,为金灭火,也是子为父报仇的道理。火生土,土为火子,为火克制水,这是没有什么力量能够抵挡的。

五行所以相害者,天地之性,众胜寡,故水胜火也。精胜坚,故火胜金。刚胜柔,故金胜木。专胜散,故木胜土。实胜虚,故土胜水也。火阳,君之象也。水阴,臣之义也。臣所以胜其君何?此谓无道之君,故为众阴所害,犹纣王也。是使水得施行,金以盖之①,土以应之②,欲温则温,欲寒则寒,亦何从得害火乎?

【注释】

①盖:掩盖,遮掩。

②应:应和,调和。

【译文】

五行之所以能相害,这是因为天地间万物性质不同。多的能够战胜少的,所以水能够战胜火。精密能胜坚固,所以火胜金。刚强能够战胜柔弱,所以金胜木。专一能够胜松散,所以木胜土。充实能够战胜空虚,所以土胜水。火属于太阳,象征君主。水属于太阴,象征臣子。水克火,臣子为什么能够战胜君主呢？这是说无道之君可以被自己的大臣推翻，就像无道的商纣王一样。如果君主有道，那么臣子就像水，安于其道而行，金覆盖在上面，土自能与水相调和，想温暖就可以保持温暖，想寒冷就可以变得寒冷，又怎么想要去灭火呢？

曰：五行各自有阴阳。木生火，所以还烧其母何？曰：金胜木，火欲为木害金，金者坚强难消，故母以逊体助火烧金①，此自欲成子之义。又阳道不相离，故为两盛，火死，子乃继之。

【注释】

①逊体：自身退避，这里指自我牺牲的意思。

【译文】

有人认为：五行各自有阴阳。木能够生火，但为什么火又反过来烧其母呢？有人说：金胜木，火为帮助木来战胜金，但又因为金非常坚强、难以消融，所以木作为母自我牺牲，助旺火势来烧金，这里是母想成就子的意义。又因为火为太阳，木为少阳，两者是互相辅助的，所以木盛则火盛，木为帮助火克金而死，之后火则能当令作王。

木王所以七十二日何？土王四季各十八日，合九十日为一时，王九十日。土所以王四季何？木非土不生，火非土不荣，金非土不成，水非土不高，土扶微助衰，历成其道，故五行更王，亦须土也①。王四季，居中央，不名时。

【注释】

①"木非土不生"数句：都是在讲土王四季的原因。荣，陈立考证应

该为"荧",光明。成,成型。

【译文】

木为什么当王是七十二日呢？这是因为土在四季都当王十八日,九十日合起来为一个季节。土为什么能四季当王呢？木没有土就不能生长,火没有土就不能火光明艳,金没有土就不能成型,水没有土引导就不能向高处流行。土辅助微小衰弱的其他事物,帮助它们成就自己的道,所以五行轮流作王都离不开土的作用。因此土四季当王,居于中央的地位,不专门以某时为限。

五行何以知同时起丑讫义相生①？《传》曰②:"五行并起,各以名别。"阳气阴煞③,火中无生物,水中反有生物何？生者以内,火阴在内,故不生也。水火独一种,金木多品何？以为南北阴阳之极也,得其极,故一也。东西非其极也,故非一也。

【注释】

①五行何以知同时起丑讫义相生:陈立根据隋朝萧吉《五行大义》考证这里当为"五行何以知同时而起,托义相生"。《五行大义》里面有"五行同出而异时者,出离其亲,有所配偶。譬如人生,亦同元气而生,各出一家,配为夫妻,化生子息,故五行皆相须而成也。五行同胎而异居,有先后耳。夫五行皆资阴阳气而生,故云濡气生水,温气生火,强气生木,刚气生金,和气生土。故知五行同时而起,托义相生。传曰:'五行并起,各以名别。'然五行既以名别,而更互用事,轮转休王,故相生也"。

②《传》:此处《传》出处不明。

③气:生物之气。

【译文】

　　怎么知道即便五行同时兴起,根据义理仍要讲五行相生呢? 这是因为《传》里面讲:"一时五行都兴起,各自以名号相区别。"阳是主生的,阴是主杀的。火不能生物,为什么水反而能够生物呢? 能够生物主要靠内在的阳,火内部是阴,所以不能够生物。水、火都只有一种,为什么金、木的品类有很多呢? 大家普遍认为水象征北方,火象征南方,南北是阴阳的最高点,作为最高点只能是一个。木象征东方,金象征西方,都不是最高点,所以可以有很多种。

　　水木可食,金火土不可食何? 木者阳,阳者施生,故可食。火者阴在内,金者阴啬吝,故不可食。火水所以杀人何? 水盛气也,故入而杀人。火阴在内,故杀人壮于水也①。金木微气,故不能自杀人也。火可不入其中者,阴在内也。入则杀人矣。水土阳在内,故可入其中。金木微气也,精密不可得入也。水火不可加人功为用,金木加人功。火者盛阳,水者盛阴者也。气盛不变,故不可加人功为人用,金木者不能自成,故须人加功以为人用也。

【注释】

　　①壮:胜过。

【译文】

　　水、木都可以食用,为什么金、火、土不能够食用呢? 木属于阳,阳能够滋润生命,所以可以食用。火内部是阴,金也属于少阴,性质本来吝啬,所以不能够食用。火、水为什么能够杀人呢? 水气势壮盛,所以人如果到水中可能会被淹死。火里面蕴含着阴,其实杀人比水更加厉害。金、木气势相对弱小,所以不能靠自己力量杀人。人们不能进入火中,这也因为火内部属阴，到火里面去就会丧失性命。水、土里面蕴含阳，所以人可以去里面活动。金、木气势相对弱小，质地精密，人不能够进入内部。水、火不可以用人力改变性质为人所用，金、木可以人力加工改变性质后为人所用。火富于阳，水富于阴。火与水气盛不会随人工而变，所以不可用人力改变性质为人所用。金与木不能自己成型，所以必须人力加工后为人所用。

五行之性，火热水寒，有温水，无寒火何？明臣可为君，君不可更为臣①。五行常在，火乍亡何？水太阴也，刑者，故常在。金少阴，木少阳，微气无变，故亦常在。火太阳精微，人君之象，象尊常藏，犹天子居九重之内，臣下卫之也。藏于木者，依于仁也。水自生金，须人取之乃成，阴卑不能自成也。

【注释】

①"五行之性"数句：都在讨论有温水无寒火所象征的君臣大义。据《五行大义》更为详细，其言"火热水冷，有温水无寒火何？明臣可为君，君不可为臣。火煎水为汤者，不改其形，但变其名也。水灭火为炭者，形名俱尽也。亦如君被废而不存，臣有罪而退职也"。

【译文】

五行的特性是火性热，水性寒，但有温水没有寒火，这是为什么呢？这是告诉人们五行相克的规律，臣可为君，君不可为臣。五行都是永恒存在的，为什么有时候火会熄灭呢？水属于太阴，主持实施刑法，所以常在。金属于少阴，木属于少阳，气势微弱而不变，所以也是永恒存在。火属于太阳，精致细微，象征人君，处于尊贵地位，所以要经常隐藏起来，就像天子藏于高高的宫殿之内，由臣下守卫。火藏于木，表示人君要依于仁德。水自己也能够生金，但还需人来淘沙取金，这是因为阴处于卑弱的地位不能自成。

　　木所以浮，金所以沉何？子生于母之义^①。肝所以沉，肺所以浮何？有知者尊其母也^②。一说木畏金，金之妻庚，受庚之化，木者法其本，柔可曲直，故浮也。肝法其化，直故沉^③。五行皆同义^④。

　　右论五行更王相生相胜变化之义。

【注释】

①木所以浮，金所以沉何？子生于母之义：这里指水生木，金生水，木为水子，故在水中得生。水为金子，故金沉于水底生水。

②肝所以沉，肺所以浮何？有知者尊其母也：中医典籍《素问·难经三十三》"难曰：肝青象木，肺白象金，肝得水而沉，木得水而浮，肺得水而浮，金得水而沉。其意何也？然肝者，非为纯木也，乙，角也，庚之柔。大言阴与阳，小言夫与妇。释其微阳，而吸其微阴之气，其意乐金，又行阴道多，故令肝得水而沉也。肺者，非为纯金也，辛，商也，丙之柔。大言阴与阳，小言夫与妇。释其微阴，婚而就火，其意乐火，又行阳道多，故令肺得水而浮也。肺熟而复沉，肝熟而复浮者，何也？故知辛当归庚，乙当归甲也。"水生木，金生水，木为水子，金为水母，肝木为水子，故沉。肺金为水母，故浮。这里以浮为尊，以沉为卑。

③"一说木畏金"数句：都在解释"肝所以沉，肺所以浮"的另一种说法。《五行大义》有"一说云：甲木畏金以乙妻庚，受庚之化，木法其本，直甲故浮；肝法其化，直乙故沉。庚金畏火以辛妻丙，受丙之化，金法其本，直庚故沉；肺法其化，直辛故浮。"这里将木分

为甲木和乙木，甲木为阳，乙木为阴，认为肝效法的是乙木，已经被金所化，性质变化了，所以沉。

④五行皆同义：这里指五行各自还有阴阳之分，因为属性不同而作用不同。《五行大义》有"赵怡云：五行之位，得其方为盛，得其所畏为终。故木畏金，甲以女弟乙妻庚，庚得木气，故木胎于金乡，而生于水中，盛于其方，衰于火乡，火中有生金，故终于未，至西方而木终，以金王也。丙以女弟丁妻壬，壬得火气，故火胎于水乡，生于木中，盛于其方，衰于金位，至北方而终，以水王也。戊以女弟己妻甲，甲得土气，故土胎于木乡，而生于火中，盛于其位，衰于水乡，至东方而终，以木王也。庚以女弟辛妻丙，丙得金气，故金胎于火乡，生于火位，盛于其方，衰于水乡，至东方而终，有生火也。壬以女弟癸妻戊，戊得水气，故水胎于土乡，生于金中，盛于其方，衰于木乡，至南方而终，有强土也。更互相生相畏，终始不绝之义也。"

【译文】

木在水上会浮起来，金在水中会沉下去，为什么呢？这是取子生于母的意思。但为什么肝木会沉、肺金会浮呢？真正的智者都会尊崇自己的母亲。也有一种说法认为木性质是畏金的，因此用乙木妻庚金，乙木会受庚的转化，甲木者保持木的柔软本性，可曲可直，所以会浮起来。肝效法受过转化的乙木，所以会沉下去。五行皆各自内部又有阴阳之分，因阴阳属性不同而作用不同。

以上论述五行轮流作王，有相生相克、互相变化的含义。

4.29　天子所以内明而外昧①，人所以外明而内昧何？明天人欲相向而治也。行有五，时有四何？四时为时，五行为节，故木王即谓之春，金王即谓之秋。土尊不任职，君不居部，故时有四也。子不肯禅何法？法四时火不兴土而兴金也②。父死子继何法？法木终火王也。兄死弟及何法？夏之承春也。"善善及子孙"何法？春生待夏复长也③。"恶恶止其身"何法？法秋煞不待冬。主幼臣摄政何法？法土用事于季、孟之间也④。子复仇何法？法土胜水，水胜火也。子顺父，妻顺夫，臣顺君，何法？法地顺天也。男不离父母何法？法火不离木也。女离父母何法？法水流去金也。娶妻亲迎何法？法日入，阳下阴也⑤。

【注释】

①明：清楚，明白。昧：昏聩，糊涂。

②子不肯禅何法？法四时火不兴土而兴金也：这里指五行中火生土，但是土没有继承王位，而是金继火而王。

③长：长养。

④季：季夏。孟：孟秋。

⑤法日入，阳下阴也：《周易·咸卦·象传》："咸，感也。柔上而刚下，二气感应以相与。止而说，男下女，是以'亨，利贞，取女吉'也。天地感而万物化生，圣人感人心而天下和平。观其所感，而天地万物之情可见矣。"

【译文】

　　为什么天子内心明白而外表却显得昏昧，而普通人外表显得明白其实内心昏昧呢？这表明天人相向而行，才能达到大治。为什么五行是五种，季节是四种呢？四季为时间，五行为节气，所以木气当令叫做"春"，金气当令就叫做"秋"。土的地位尊贵，不担任具体职务，象征君主不担任某方面职务，所以季节只有四个。子没有接受王位效法什么？这效法四季轮换中，夏火后面继位的是秋金。父死子继效法什么？效法木当王的时间终结了，接下来就是火当王。哥哥去世、弟弟继位效法什么？效法夏天接着春天到来。"褒扬善行应该及于贤人的子孙"效法什么？这是效法春天生育的万物，要等到夏天才能生长旺盛。"惩罚罪恶止于当事人本人"效法什么？这是效法秋天主杀，但冬天就不再大兴杀伐。君主幼小、大臣摄政效法什么？效法土在季夏、孟秋时用事。子为父复仇效法什么？效法土克水，水克火。儿子顺从父母，妻子顺从丈夫，臣子顺从君主效法什么呢？效法地要顺从天。男子不离开父母效法什么？效法火不离开木。女子会离开父母效法什么？效法水生于金，但会从金那里离开。娶妻的时候，丈夫要亲自迎亲效法什么？效法太阳下山之后，阳处于阴的下位。

　　君让臣何法？法月三十日，名其功也[①]。善称君，过称己，何法？法阴阳共叙共生[②]，阳名生，阴名煞。臣有功，归功于君何法？法归明于日也。臣谏君何法？法金正木也。子谏父何法？法火揉直木也。臣谏君不从则去，何法？法水润下达于土也。君子远子近孙，何法？法木远火近土也。亲属臣谏不相去，何法？法木枝叶不相离也。父为子隐何法？木之藏火也。子为父隐何法？法水逃金也。君有众民何法？法天有众星也。王者赐，先亲近后疏远，何法？法天雨高者先得之也。

【注释】

①君让臣何法？法月三十日，名其功也：陈立《白虎通疏证》解释为"日为君，月为臣，三十日统名月，是为名功于月，故与君让臣义合也"。

②叙：陈立考证这里当为"煞"。

【译文】

　　君主谦让臣子是效法什么呢？这是效法三十日为一个月，以"月"

为名来表彰月亮的功劳。善行都归美于君主，过错都揽到臣子名下效法什么？效法阴阳互相斗争又互相长养。阳主生，阴主煞。臣有功，为什么归功于君主？效法所有光明都来源于太阳。臣子谏诤于君主效法什么？效法金修正木。儿子劝谏父亲效法什么？效法火可以加热木头，使其变直。臣子劝谏君主，君主不听从就可以离开效法什么？效法水滋润土。君子远离儿子却亲近孙子效法什么？效法木远离火却亲近土。同姓之臣有亲属之恩，即便谏诤不被君主接受也不忍心离开，效法什么？效法同一树木上的枝叶不会分离。父亲为儿子隐藏小过效法什么？效法木里面藏火。儿子为父亲隐藏小过效法什么？效法水会离开金。君主有许多民众管理效法什么？效法天上有众多星辰。帝王赏赐要优先给亲近的人然后再给疏远的人，效法什么？效法天降雨水，位置高的最先得到雨露滋润。

长幼何法？法四时有孟、仲、季也。朋友何法？法水合流相承也。父母生子养长子何法？法水生木长大也。子养父母何法？法夏养长木，此火养母也。不以父命废王父命，何法？法金不畏土而畏火。阳舒阴急何法？法日行迟，月行疾也。有分土，无分民，何法？法四时各有分，而所生者道也。君一娶九女何法？法九州，象天之施也。不娶同姓何法？法五行异类乃相生也。

【译文】

长幼有序效法什么？效法四时分孟、仲、季。朋友效法什么？效法江河湖海的水，最终会合流在一起。父母生育抚养子女效法什么？效法水生木，而且滋润树木让其长大。儿子奉养父母效法什么？效法夏天会让树木生长繁盛，这是火滋养木。不因为父亲命令而不遵守王命效法什么？效法金不害怕土，但是害怕火。阳的运动舒缓、阴的运动急切效法什么？效法太阳自转一周时间长，月亮自转一周时间短。土地可以分封，百姓不可以分开效法什么？效法四季分明，但所生的万物都是符合道的。君王一次娶亲可以娶九女效法什么？效法天下有九州，要像天一样广施恩泽。不娶同姓效法什么？效法五行必须不同种类才能相生。

子丧父母何法？法木不见水则憔悴也。丧三年何法？法三年一闰①，天道终也。父丧子，夫丧妻，何法？法一岁物有终始，天气亦为之变也。年六十闭房何法？法六月阳气衰也。人有五藏六府何法？法五行六合也。人目何法？法日月明也。日照昼，月照夜。人目所不更照何法？法日亦更用事也②。王者监二王之后何法？法木须金以正，须水以润也③。明王先赏后罚何法？法四时先生后煞也。

右论人事取法五行。

【注释】

①三年一闰：地球公转一周的时间为365天5时48分46秒。农历一年比地球公转一周相差大约十日有奇，每数年累积所余之时日为闰。所余时间约每三年积累成一个月，加在一年里，在历法上叫做"三年一闰"。

②人目所不更照何法？法日亦更用事也：这里指眼睛醒着时观看，睡觉时则休息。更，轮流。

③王者监二王之后何法？法木须金以正，须水以润也：金生水，水生木。金、水相对于木为前代二王，金克木，水润木，所以效法此道，在新王朝建立后，一般会分封前面两朝的王族后裔为诸侯国君。

【译文】

儿子为父母服丧效法什么？效法木不见水就会憔悴。服丧要三年效法什么？效法三年置一闰月，这是天道终结的表示。父亲为儿子服丧、丈夫为妻子服丧效法什么？效法一年万物生长经过的整个过程，天的气也相应有所改变。男性六十岁不再有房事效法什么？效法六月阳气开始衰弱。人有五脏六腑效法什么？效法金、木、水、火、土五行与上、下、四方六合。人的眼睛效法什么？效法日、月轮流来照明。白天太阳照耀万物，晚上月亮照耀万物。人的眼睛不是一直来看东西的，这是效法什么呢？这是效法太阳和月亮是轮流照耀大地的。王者要监临前代二王的后代，这是效法什么呢？这是效法木需要金来斧正其生长，需要水滋润其生长。圣明的君王总是赏赐优先，惩罚在后，这是效法什么？效法四季当中，以长养万物为先，以杀戮为后。

以上论述人间万事效法五行的运行法则。

卷五

三军

【题解】

"三军"共十条,主要讲国家为何要设置三军、具体建制如何、建制所蕴含的意义、王者征伐所穿的衣服、征伐前后告天祭祖的礼仪等,还分析了商朝与周朝因为文质不同而诛伐先后不同,天子亲自讨伐与派诸侯进行讨伐的区别、在宗庙派遣诸侯、将军在外不受君命、出征不能超过一定时限等。儒家尽管不主张滥用武力,但对军事问题也不忽视,认为"有文事者必有武备"(《孔子家语·相鲁》)。这里涉及了古代军事制度的许多重要方面,对后世有深刻影响。

5.1　国必三军何[①]?所以戒非常,伐无道,尊宗庙,重社稷,安不忘危也。何以言有三军也?《论语》曰:"子行三军则谁与[②]?"《诗》云:"周王于迈,六师及之[③]。"三军者何法?天地人也。以为五人为伍,五伍为两,四两为卒,五卒为旅,五旅为师,五师为军。万二千五百人为一军。三军三万七千五百人也[④]。《传》曰[⑤]:"一人必死,十人不能当。百人必死，千人不能当。千人必死，万人不能当。万人必死，横行天下。"虽有万人，犹谦让自以为不足，故复加二千人，因法月数。月者，群阴之长也。十二月足以穷尽阴阳，备物成功，万二千人亦足以征伐不义，致天下太平也。《穀梁传》曰："天子有六军，诸侯上国三军，次国二军，下国一军⑥。"诸侯所以一军者何？诸侯，蕃屏之臣也。任兵革之重，距一方之难⑦，故得有一军也。

　　右总论三军。

【注释】

①三军：周制天子六军，诸侯大国三军。一军为一万二千五百人。到春秋时期，大国多设三军，如晋国称中军、上军、下军，楚国称中军、左军、右军，齐、鲁、吴也设上、中、下三军。

②子行三军则谁与：语见《论语·述而》。

③周王于迈，六师及之：语见《诗经·大雅·棫朴》。于，往。迈，行。及，与，和。

④"以为五人为伍"数句：都是在讲军队人数与各级设置。这里与《周礼·夏官·序文》中对军队人数和级别的规范基本相同。

⑤《传》：不详何《传》。

⑥"天子有六军"四句：不见于今本《春秋穀梁传》。

⑦距：通"拒"，抗拒。

【译文】

　　国家为什么一定要有三军呢？这是为了戒备非常之事，讨伐无道之人，维护宗庙的尊崇地位，保护社稷不被侵犯，即便在和平安宁的时期也不能忘记可能存在着风险。为什么称为"三军"呢？《论语》讲："你若率领军队，找谁共事呢？"《诗经》里面讲："周王出兵去征伐，六军跟着他前

行。"三军效法什么呢？三军的设置是效法天、地、人三才并立。五人称
为"伍"，五伍共有二十五人称为"两"，四两共有一百人称为"卒"，五卒
共有五百人称为"旅"，五旅共有两千五百人称为"师"，五师共有一万两
千五百人为一军。三军总共有三万七千五百人。《传》里面讲："一人抱
定必死的决心，那么十个人都不是他的对手。百人抱定必死的决心，那
么千人都不是他们的对手。千人抱定必死的决心，那么万人都不是他们
的对手。万人抱定必死的决心，则可以横行于天下。"即便有万人，国君
也要保持谦虚退让，能够看到自己的不足，所以还要在一万人基础上多
加两千人，这是效法一年有十二个月。月亮是众阴的首领。一年十二个
月里，阴阳之气的运行都会达到极致。正是在这个过程中，万物也都成
就了自身。一万两千人足以征讨所有不义之人，达到天下太平的境界。
《穀梁传》里面讲："天子有六军，诸侯大国有三军，次一等的诸侯国有二
军，下等诸侯国一军。"诸侯为什么有一军呢？诸侯是天子的辅佐蕃屏
之臣，也有领导军队的重任，诸侯拥有军队是为了应对各地可能出现的
各种灾难。

　　以上总体论述"三军"。

　　5.2　王者征伐，所以必皮弁素帻何①？伐者凶事，素服
示有凄怆也②。伐者质，故衣古服。《礼》曰："三王共皮弁素
帻③。"服亦皮弁素帻。又招虞人亦皮弁④，知伐亦皮弁。

　　右论王者征伐所服。

【注释】

①皮弁：古冠名，用白鹿皮制作。素帻：据陈立《白虎通疏证》考证
　　应该为"素积"，细褶白布衫。

②凄怆：悲伤，悲哀。

③三王共皮弁素帻:语见《仪礼·士冠礼》。

④又招虞人亦皮弁:语见《孟子·万章下》。虞人,古代掌管山泽、
　园囿、田猎的官员。

【译文】

　　王者出征讨伐,为什么一定要带着白鹿皮做的帽子,穿着细褶白
布衫呢? 这是因为出征讨伐是凶事,穿着素服表示内心其实是很悲伤
的。"讨伐"的含义比较质朴厚重,属于质家,所以穿着比较传统的素服。
《礼》里面讲:"夏、商、周三代之王都是用皮弁和细褶的白布衫。"可知
长久以来讨伐时所穿的衣服也是皮弁和细褶的白布衫。又根据召唤掌
管山泽、园囿、田猎的官员时需要用皮帽子,所以知道出征讨伐也要带
皮帽子。

　　以上论述帝王出征讨伐所穿的服饰。

　　5.3　王者将出,辞于祢①,还格于祖祢者②,言子辞面
之礼③,尊亲之义也。《王制》曰:"王者将出,类于上帝,宜
于社,造于祢④。"独见祢何? 辞从卑,不敢留尊者之命,至
祢不嫌不至祖也。《尚书》曰:"归格于艺祖⑤。"出所以告天
何? 示不敢自专也。非出辞反面之道也。与宗庙异义。还
不复告天者,天道无外内,故不复告也。《尚书》言"归格于
祖祢"⑥,不言告于天,知不告也。

　　右论告天告祖之义。

【注释】

①祢(nǐ):父庙。

②祖:祖庙。

③言子辞面之礼:这里是指为人子者必须守"出必告,反必面"的礼仪。

④王者将出,类于上帝,宜于社,造于祢:语见《礼记·王制》。类、
　宜、造均为祭名,现在具体礼仪的实行方式已经失传。

⑤归格于艺祖:语见《尚书·虞书·舜典》。格,到。艺祖,文祖,这
　里指尧的庙。

⑥归格于祖祢:语不见于今本《尚书》,可能为逸文。

【译文】

　　王者将要出门,先要到父亲的庙里进行祭祀表示告辞,回来了要到
祖庙和父庙进行禀告。为人子者必须守"出必告,反必面"的礼仪,这是
表达对父、祖等长辈的尊重。《王制》讲:"帝王将要出行,要祭祀上帝、社
稷和宗庙。"为什么单独把告辞父庙提出来呢? 这表示告辞的话,先从
宗庙里位次最低的先父开始,依次到最尊贵的先祖,告别了先祖就要立
刻启程,不敢延缓执行祖宗的命令,所以先讲告辞父庙,这里已经蕴含了
要到祖庙进行告辞的意思。《尚书》里面讲:"回来后,到尧的太庙进行祭
祀。"出行为什么要祭祀天呢? 这说明出行是奉天命而行,不是擅自做
出的决定,但不必遵循"出必告,反必面"的礼仪,与王者辞别宗庙的意
义不同。王者回来后不用再告天,原因在于天道不分内外,所以没有必
要再去祭祀禀告于天。《尚书》里面讲"回来后,到宗庙那里进行祭祀",
没有讲要"告于天",就知道不用再祭天进行禀告了。

　　以上论述帝王禀告上天、禀告祖宗的情况。

　　5.4　王者受命,质家先伐①,文家先改正朔何②? 质家
言天命已使己诛无道,今诛得③,为王,故先伐。文家言天命
已成,为王者乃得诛伐王者耳。故先改正朔也。又改正朔
者,文代其质也。文者先其文,质者先其质。故《论语》曰:
"予小子履,敢用玄牡,敢昭告于皇天上帝④。"此汤伐桀告
天,用夏家之牲也⑤。《诗》曰:"命此文王,于周于京⑥。"此

言文王诛伐,故改号为周,易邑为京也。明天著忠臣孝子之义也。汤亲北面称臣而事桀,不忍相诛也。《礼》曰⑦:"汤放桀,武王伐纣时也。"

右论商周改正诛伐先后之义。

【注释】

①质家:崇尚平实质朴风气的人士、学派或者时代。

②文家:崇尚礼仪节文的人士、学派或者时代。改正朔:重新颁布历法。正朔,一年的第一天。正为一年的开始。朔为一月的开始。古时候改朝换代,新王朝表示"应天承运"需要重定正朔。

③得:得胜。

④予小子履,敢用玄牡,敢昭告于皇天上帝:语见《论语·尧曰》。予小子,上古帝王自称之词。履,相传汤又名履。

⑤此汤伐桀告天,用夏家之牲也:这里是说明商汤没有改变礼仪形式等文家重视的内容,而是遵循夏礼,用夏朝祭天的玄牡告天,然后直接进行征伐,属于质家。

⑥命此文王,于周于京:语见《诗经·大雅·大明》。

⑦《礼》:出处不详。

【译文】

王者禀受天命之后,如果是质家就会先出征讨伐,如果是文家就会先重新颁布历法,这是为什么呢?质家认为天已经命令自己去诛杀无道之君,如果能够成功诛杀无道之君就可以称王,所以以征伐为先。文家认为天命已在自己这里,自己要先称王之后才能去征伐无道之君,所以先重新颁布历法。又因为重新颁布历法,用改变礼仪节文这种方式象征征伐的实质。崇尚礼仪节文的朝代就会将改变礼仪节文作为首要任务,崇尚实质的朝代就会将实际征伐放在首位。所以《论语》讲:"我履谨用黑色牡牛作牺牲,明明白白地告诉光明而伟大的天帝。"这是商汤讨伐夏桀之前向天禀告,用的是夏朝祭天的牺牲黑色公牛。《诗》里面讲:"命令周文王,将周国都城设为京师。"这是说文王出征讨伐,先改国号为"周",将周的都城称为"京师"。这是向天表明忠臣孝子的大义。汤亲自面朝北向夏桀称臣来侍奉他,表明不忍心诛杀夏桀。《礼》里面讲:"汤放逐夏桀,武王讨伐商纣,都是符合时势的。"

以上论述王者禀受天命后出征讨伐和重新颁布历法的先后次序不同所蕴藏的含义。

5.5　　王法天诛者[①],天子自出者,以为王者乃天之所立,而欲谋危社稷,故自出,重天命也。犯王法,使方伯诛之。《尚书》曰:"今予惟恭行天之罚[②]。"此言开自出伐扈也[③]。《王制》曰:"赐之弓矢,乃得专征伐[④]。"谓诛犯王法者也。

右论天子自出与使方伯之义。

【注释】

①法:效法。

②今予惟恭行天之罚:语见《尚书·夏书·甘誓》。恭,在《墨子·明鬼》和《史记·夏本纪》都作"共"。"共行"即奉行。

③开:夏启。为避汉景帝讳改"启"为"开"。扈:夏的同姓诸侯。

④赐之弓矢,乃得专征伐:语不见于今本《礼记·王制》,较为接近的有"诸侯赐弓矢,然后征;赐铁钺,然后杀;赐圭瓒,然后为鬯"。

【译文】

王者效法天进行诛伐。天子有时会亲自进行征伐,这是因为受命为王的人是天选定的天子,其余人如果想要危害他的社稷,那么他就会亲自出征,表示对天命的重视。如果有人触犯王法,他会委派一方诸侯直接进行诛杀。《尚书》里面讲:"现在我只有奉行上天对他的惩罚。"这里是讲夏启亲自出征讨伐有扈氏。《王制》讲："赐给诸侯弓和箭,诸侯就可以进行征伐。"这里是讲诸侯可以替天子诛罚犯了王法的人。

以上论述天子亲自征伐与委派一方诸侯直接诛杀的含义。

5.6　大夫将兵出[①],不从中御者[②],欲盛其威,使士卒一意系心也。故但闻军令,不闻君命,明进退在大夫也。《春秋传》曰:"此受命于君,如伐齐则还何? 大其不伐丧也[③]。""大夫以君命出,进退在大夫也[④]。"

右论兵不内御。

【注释】

①将(jiàng):率领,统率。

②御:治理,统治。

③此受命于君,如伐齐则还何? 大其不伐丧也:语见《春秋公羊传·襄公十九年》。大,赞美。

④大夫以君命出,进退在大夫也:语见《春秋公羊传·襄公十九年》。

【译文】

大夫率领军队出征,天子不再对大夫发号施令,这是为了巩固大夫在军队中的威望,让士卒一心一意听从大夫的指挥。所以出征过程中全军只听从大夫的命令,不再听君主的命令,表明进退的决定权在于大夫。《春秋公羊传》讲:"受命于国君去攻伐齐国,到了谷邑就回来了,为什么呢? 这是称赞他不趁着诸侯有丧事进行攻伐。""大夫接受君命外出,进退的决定权在于大夫。"

以上论述天子不对出征的军队直接发号施令。

5.7　天子遣将军必于庙何[①]? 示不敢自专也。独于祖庙何？制法度者,祖也。《王制》曰:"受命于祖,受成于学②。"言于祖庙命遣之义也。

　　右论遣将于庙。

【注释】

①遣:派遣。

②受命于祖,受成于学:语见《礼记·王制》。成,战术计谋。

【译文】

　　天子为什么一定在宗庙送将军出征呢？这表示天子不敢自己独断专行。为什么单单在祖庙送将军出征呢？因为祖先为王朝制定了各项法令制度。《王制》里面讲:"出发前在祖庙接受祖先征伐的命令,到大学里面听取师长的计策。"这是讲在祖庙接受祖命派将军出征的意思。

　　以上论述天子在宗庙派将军出征。

　　5.8　王命法年卅受兵何①？重绝人世也②。师行不必反,战不必胜,故须其有世嗣也。年六十归兵何？不忍并斗人父子也。《王制》曰:"六十不预服戎③。"又曰:"八十一子不从政,九十家不从政,父母之丧,三年不从政,衰齐大功,三月不从政,废疾非人不养者,一人不从政④。"

　　右论受兵、还兵。

【注释】

①法:法令,制度。卅:三十岁。

②绝:断绝。世:世系,世代。

③六十不预服戎:语见《礼记·王制》。

④"八十一子不从政"数句:都在讲百姓不再参与力役征召的各种

情况。语见《礼记·王制》。衰齐，丧服名，为五服之一，次于斩
衰。以粗麻布做成，缘边部分缝缉整齐故名。一般而言，为继母、
慈母服齐衰三年，为祖父母、妻、庶母服齐衰一年，为曾祖父母服
齐衰五月，为高祖父母服齐衰三月。大功，丧服名。用熟麻布做
成，较齐衰稍细，较小功略粗，故名。服孝期为九个月。凡本宗为
堂兄弟、未嫁的堂姊妹、已嫁的姑姊妹等，侄女及众孙、众子妇、侄
妇等之丧，都服大功；已嫁女为伯叔父、兄弟、侄、未婚姑姊妹、侄
女等服丧，也服大功。

【译文】

　　为什么王者颁布法令规定男性满三十岁才去当兵？因为如果使人
世系断绝没有后代，是很严重的事情。军队出征后，将士们不一定还能
回来，打战不能保证一定胜利，所以每个人都需要有能够继承世系的后
代才能安心从军。男子年满六十可以离开军队回家，为什么呢？这是不
忍心让一家的父亲儿子都在战场上为国奋战。《王制》里面讲："六十岁
以后不参与征战。"又讲："家有八十岁老人可以一人不应力役之征，家
有九十岁老人全家都可以不应力役征召。父母死丧，服丧三年间不应力
役征召。有齐衰、大功等丧服，三个月不应征召。家中有需人照顾生活
的残疾人，可以一人不应力役征召。"

　　以上论述去军队当兵和不用服兵役的相关问题。

　　5.9　古者师出不逾时者，为怨思也①。天道一时生，一
时养。人者，天之贵物也，逾时则内有怨女，外有旷夫。《诗》
云："昔我往矣，杨柳依依；今我来思，雨雪霏霏。②"《春秋》
曰："宋人取长葛③。"《传》曰："外取邑不书，此何以书？久
也④。"

　　右论师不逾时。

【注释】

①时：三月一时，一个季度。怨思：因思念产生埋怨的情绪。

②"昔我往矣"四句：语见《诗经·小雅·采薇》。依依，柳枝茂盛
　　而随风披拂的样子。思，语气助词。雨雪，下雪。霏霏，雪花纷飞
　　的样子。

③宋人取长葛：语见《春秋·隐公六年》。长葛，今河南许昌下属县
　　级市。

④外取邑不书，此何以书？久也：语见《春秋公羊传·隐公六年》。

【译文】

　　古时候军队出征不超过一个季度，是为了防止人们因思念产生哀怨
的情绪。按照天道运行的规律，万物生育有一定的时节，长养也有一定
的时节。人是天地间最为尊贵的，一旦军队出征超过时间，在内就会有
思念丈夫的妻子，在外也会有惦记妻子的丈夫。《诗》里面讲："当初出征
的时候，杨柳依依随风飞舞；如今归来的路途上，大雪纷飞。"《春秋》里
面讲："宋国人拿下了长葛。"《春秋公羊传》里面讲："其他国家攻下城邑
是不记录的，这里为什么记录下来呢？这是因为这次出征时间太久了。"

　　以上论述古代军队出征不超过一定时间。

　　5.10　王者有三年之丧，夷狄有内侵，伐之者，重天诛，
为宗庙社稷也。《春秋传》曰："天王居于狄泉①。"《传》曰：
"此未三年，其称天王何？著有天子也②。"

　　右论大丧作畔。

【注释】

①天王居于狄泉：语见《春秋公羊传·昭公二十三年》。天王，这里
　　指周敬王。狄泉，池水名，在今河南洛阳故洛阳城中，已湮没。当
　　时当在王城外，敬王避王子朝而居此。

②此未三年,其称天王何? 著有天子也:语见《春秋公羊传·昭公
　　二十三年》。按照当时正式礼制,天子要服丧三年期满后才可以
　　称王。这里尽管周敬王是名正言顺的天子,但后来王子朝却被立
　　为王。

【译文】

王者是要为先王服三年丧的,但如果在服丧期间夷狄内侵,王者是可以出兵讨伐的。这是为了保存国家的宗庙社稷,重视代天行诛杀之义。《春秋公羊传》讲:"周敬王住在狄泉。"《春秋公羊传》讲:"这还没有满三年,称王是为什么呢? 这是为了表示周敬王才是天子。"

以上论述大丧之时,夷狄叛乱天子可以出兵讨伐的情况。

诛伐

【题解】

"诛伐"共九条,都在讨论王者的军队进行诛伐征讨等事。其中包含了诛不避亲戚、不讨伐服丧的诸侯、冬至休兵、乱臣贼子人人可讨伐、佞人应该被诛杀、臣子和儿子的复仇大义等等。

5.11　诛不避亲戚何? 所以尊君卑臣,强干弱枝,明善善恶恶之义也。《春秋传》曰:"季子煞其母兄,何善尔? 诛不避母兄,君臣之义也①。"《尚书》曰"肆朕诞以尔东征②",诛弟也。

右论诛不避亲。

【注释】

①"季子煞其母兄"四句:语见《春秋公羊传·庄公三十二年》。这

是解释经文"秋,七月癸巳,公子牙卒"的公羊家说法。鲁庄公病重时,叔牙因受其兄公子庆父的收买而极力推荐庆父为国君的继承者。其弟季友认为庆父凶残专横,不可继承国君之位,因而大义灭亲派人毒杀了叔牙。

②肆朕诞以尔东征:语见《尚书·周书·大诰》。诞,语中助词。以,率领。这是周武王去世之后周公摄政,管叔、蔡叔叛乱,周公大诰各诸侯国同心协力去平定叛乱的诰词。

【译文】

诛伐为什么不对亲戚网开一面呢? 这是因为要尊崇君主,让其他臣子安于其位,就像为了加强树干就需削弱枝叶,要让善人好事得以弘扬,让恶人坏事得到惩罚。《春秋公羊传》里面讲:"季友杀了同母的兄长,为什么可以称为好事呢? 因为季友诛杀乱臣贼子,不包庇同母的兄长,这是符合君臣之义的。"《尚书》讲:"所以我要率领你们东征",这是周公要亲自去诛伐自己的弟弟们。

以上论述诛伐不对亲戚网开一面。

5.12　诸侯有三年之丧,有罪且不诛何①? 君子恕己,哀孝子之思慕,不忍加刑罚。《春秋传》曰:"晋士匄帅师侵齐,至谷,闻齐侯卒,乃还②。"《传》曰:"大其不伐丧也③。"

右论不伐丧。

【注释】

①且:暂时。

②"晋士匄(gài)帅师侵齐"数句:语见《春秋公羊传·襄公十九年》。

③大其不伐丧也:语见《春秋公羊传·襄公十九年》。大,夸赞。

【译文】

诸侯在服三年丧期间,即便有罪也暂时不对他进行诛伐,为什么呢？君子要像宽容自己一样来宽恕别人，因此君子能够感受到服丧的诸侯作为孝子的悲哀思慕之情，不忍心在此时对他们加以刑罚。《春秋公羊传》里面讲："晋国的士匄率领军队去攻打齐国，到了谷邑，听说齐灵公去世就还师了。"《春秋公羊传》里面讲："夸赞他不趁诸侯办丧事进行攻伐。"

　　以上论述不在诸侯办丧事的时候进行攻伐。

　　5.13　诸侯之义，非天子之命，不得动众起兵诛不义者，所以强干弱枝，尊天子，卑诸侯也。《论语》曰："天下有道，则礼乐征伐自天子出。天下无道，则礼乐征伐自诸侯出[①]。"上无天子，下无方伯，诸侯有相灭亡者，力能救之，则救之可也。《论语》曰："陈恒弑其君，孔子沐浴而朝，请讨之[②]。"王者诸侯之子，篡弑其君而立，臣下得诛之者，广讨贼之义也。《春秋传》曰："臣弑君，臣不讨贼，非臣也[③]。"又曰："蔡世子班弑其君，楚子诛之[④]。"

　　右论讨贼之意。

【注释】

①"天下有道"四句：语见《论语·季氏》。

②陈恒弑其君，孔子沐浴而朝，请讨之：语见《论语·宪问》。陈恒即田恒，也称"田成子"，因其家族出自陈国，也称为"陈恒"。汉朝为汉文帝刘恒避讳，改称"田常"。曾唆使齐国大夫鲍息弑杀齐悼公，立齐简公，后发动政变杀死了齐简公，拥立齐简公的弟弟为国君。

③臣弑君，臣不讨贼，非臣也：语见《春秋公羊传·隐公十一年》。

④蔡世子班弑其君，楚子诛之：《春秋公羊传·襄公三十年》有"夏，四月，蔡世子般弑其君固"，《春秋公羊传·昭公十一年》有"冬十

有一月丁酉，楚师灭蔡，执蔡世子有以归，用之”。世子般，蔡景
侯的太子即后来的蔡灵侯。据《左传》记载蔡景侯为太子般娶于
楚，自己却与楚女私通，太子遂杀景侯。

【译文】

诸侯应该遵守的道义：没有天子的命令，绝不能兴师动众，自己擅自
起兵诛伐不义之臣。这是为了强干弱枝，尊崇天子，让诸侯安于自己的
分位。《论语》里面讲："天下太平，制礼作乐以及出兵都会由天子决定。
天下昏乱，制礼作乐及出兵就会由诸侯决定。"在上没有天子，天子之下
也没有能够威震群雄的诸侯霸主，这种情况下如果有国家即将被其他
诸侯所灭亡，有能力的诸侯可以出兵去帮助面临险境的国家。所以《论
语》里面讲："陈恒杀害齐简公，孔子斋戒沐浴后上朝，请求鲁哀公讨伐
陈恒。"帝王诸侯的儿子杀了父亲篡位做君主，其他臣子是可以诛杀篡
位者的，这是推衍了讨伐乱臣贼子的大义。《春秋公羊传》讲："臣子杀害
了君主，其他大臣不讨伐这个乱臣，就没有尽到为人臣子的义务。"又讲：
"蔡太子班杀掉了自己的国君，楚人诛杀了他。"

以上论述讨伐乱臣贼子的大义。

5.14　王者受命而起，诸侯有臣弑君而立，当诛君身
死，子不得继之者，以其逆，无所承也。《诗》云："毋封靡于
尔邦，惟王其崇之①。"此言追诛大罪也。或盗天子土地，自
立为诸侯，绝之而已②。

右论诛大罪。

【注释】

①毋封靡于尔邦，惟王其崇之：语见《诗经·周颂·烈文》。封，敛
　藏。靡，侈。

②绝：诛绝。

【译文】

王者是禀受天命而兴起的，诸侯国如果有臣子通过杀害君主而获得君位，当这个篡位者死后，他的儿子是不能继承君位的。因为这类篡位者都属于乱臣贼子，不是合法地承受天命。《诗》里面讲："在你的国家不要贪财，不要奢侈，要尊崇王者。"这是讲诸侯若有大罪，要对他们进行诛杀。若有臣子通过弑君的方式窃据天子的土地，自立为诸侯，一定要诛绝他们。

以上论述诸侯有大罪要对其进行诛杀。

5.15　父煞其子当诛何？以为天地之性人为贵，人皆天所生也，托父母气而生耳。王者以养长而教之，故父不得专也。《春秋传》曰："晋侯煞其世子申生①。""直称君者，甚之也②。"

　　右论父煞子。

【注释】

①晋侯煞（shā）其世子申生：语见《春秋公羊传·僖公五年》。晋侯，晋献公。煞，杀死。申生，晋献公的嫡长子。骊姬有宠于晋献公，想立自己的儿子奚齐为世子，设计陷害世子申生，申生被迫自杀。

②直称君者，甚之也：语见《春秋公羊传·僖公五年》。甚，过分。

【译文】

如果父亲任意杀掉自己的儿子，父亲也应该被诛杀，为什么呢？大家都认为天地所生的万物中，人最为贵重。人都是天生地养，暂时托庇于父母赋予的形气而有身体而已。王者代替上天来抚养教育天下所有的人，因此父亲并不能独自决断子女的生死。《春秋公羊传》里面讲："晋侯杀了他的世子申生。""直接称晋侯,是认为他太过分了。"

以上论述父亲任意杀掉他的儿子的严重后果。

5.16　佞人当诛何①?为其乱善行,倾覆国政。《韩诗内传》曰②:"孔子为鲁司寇,先诛少正卯③,谓佞道已行,乱国政也。佞道未行,章明远之而已。"《论语》曰:"放郑声,远佞人④。"

右论诛佞人。

【注释】

①佞(nìng)人:善于花言巧语、阿谀奉承的人。

②《韩诗内传》:此书已亡逸,应为三家诗中韩诗一派解经的作品。

③孔子为鲁司寇,先诛少正卯:《荀子·宥坐》中有较详细记载:"孔子为鲁摄相,朝七日而诛少正卯。门人进问曰:'夫少正卯鲁之闻人也,夫子为政而始诛之,得无失乎?'孔子曰:'居!吾语女其故。人有恶者五,而盗窃不与焉:一曰心达而险,二曰行辟而坚,三曰言伪而辩,四曰记丑而博,五曰顺非而泽。此五者有一于人,则不得免于君子之诛,而少正卯兼有之。故居处足以聚徒成群,言谈足饰邪营众,强足以反是独立,此小人之桀雄也,不可不诛也。"

④放郑声,远佞人:语见《论语·卫灵公》。

【译文】

为什么善于花言巧语、阿谀奉承的人应该被诛杀?这是因为他们扰乱了视听,使国家政权有被倾覆的危险。《韩诗内传》里面讲:"孔子担任鲁国司寇,首先就诛杀了少正卯。说少正卯的歪门邪道已经实行,扰乱了国政,所以必须诛杀。这些佞人的歪门邪道如果还没有实行,那就让国君显扬、远离这些人就行了。"《论语》里面讲:"舍弃郑国的乐曲,斥退小人。”

以上论述诛杀善于花言巧语、阿谀奉承的人。

　5.17　冬至所以休兵不举事，闭关商旅不行何？此日阳气微弱，王者承天理物，故率天下静，不复行役，扶助微气，成万物也。故《孝经谶》曰：“夏至阴气始动，冬至阳气始萌。”《易》曰：“先王以至日闭关，商旅不行①。”夏至阴始起，反大热何？阴气始起，阳气推而上，故大热也。冬至阳始起，反大寒何？阴气推而上，故大寒也。

　　右论冬至休兵。

【注释】

　①先王以至日闭关，商旅不行：语见《周易·复卦·象传》。

【译文】

　冬至这天为什么要停止用兵，也不办理任何事务，关闭各地的关口，商贾旅客也不外出呢？因为冬至这天阳气最微弱，王者要按照天道来治理万物，所以应该带领天下人守于安静，不再让人们出行或服役，这是为了保养扶助微弱的阳气，便于孕育万物。所以《孝经谶》里面讲：“夏至阴气开始萌动，冬至阳气开始萌动。”《易》里面讲：“先代帝王在微阳初动的冬至闭关静养，商贾旅客不外出远行。”夏至阴气开始兴起，为什么这个时候会最热呢？这是因为阴气刚兴起，会将阳气往地面上推，所以感觉非常炎热。冬至阳气刚开始兴起，为什么反而大寒呢？这是因为阴气会被阳气往地面上推，所以感觉非常寒冷。

　以上论述冬至这天要停止用兵。

　5.18　子得为父报仇者，臣子之于君父，其义一也。忠臣孝子所以不能已，以恩义不可夺也。故曰："父之仇不与共天下，兄弟之仇不与共国，朋友之仇不与同朝，族人之仇不共邻①。"故《春秋传》曰："子不复仇非子②。"子夏曰："居兄弟之仇如之何？仕不与共国，衔君命遇之不斗③。"父母以义见杀，子不复仇者，为往来不止也。《春秋传》曰："父不受诛，子不复仇可也④。"

　　右论复仇。

【注释】

①"父之仇不与共天下"四句：语见《礼记·曲礼上》。

②子不复仇非子：语见《春秋公羊传·隐公十一年》。

③居兄弟之仇如之何？仕不与共国，衔君命遇之不斗：语见《礼记·檀弓上》。

④父不受诛，子不复仇可也：语见《春秋公羊传·定公四年》。这里第二个"不"为衍字。这是公羊家解释伍子胥率吴国军队讨伐楚国的说法。《春秋公羊传解诂》也认为"父以无罪为君所杀。诸侯之君与王者异，于义得去，君臣已绝，故可也"。

【译文】

　　儿子能够为父亲报仇，因为君臣之间与父子之间所要遵循的道义是一样的。不能禁止忠臣孝子为他们的君主或父亲报仇，这是因为君臣父子之间的大义是一定要维护的。所以讲："对于杀害父亲的仇人不能和他共存于天下。对于杀害兄弟的仇人，不能和他共处在一国之中。对于杀害朋友的仇人，不能和他在一个朝廷共事。对于杀害族人的仇人，不能和他做邻居。"《春秋公羊传》里面讲："儿子不为父亲复仇，就不算他父亲的儿子。"子夏讲："对待杀害兄弟的仇人怎么办？做官不能和他在一个国家，如果禀受君命执行公务时遇见了不能和他争斗。"但是如果父母按照道义应该被杀,儿子就不能再为他们复仇,这是因为冤冤相报没有停止的时候。《春秋公羊传》讲:"父亲按道义不该被诛杀却被杀了,儿子是可以复仇的。"

以上论述"复仇"的情况。

5.19　诛者何谓也?诛犹责也①。诛其人,责其罪,极其过恶。《春秋》曰:"楚子虔诱蔡侯班煞之于申②。"《传》曰:"诛君之子不立③。"讨者何谓也?讨犹除也。欲言臣当扫除弑君之贼也。《春秋》曰:"卫人杀州吁于濮④。"《传》曰:"其称人何?讨贼之辞也⑤。"伐者何谓也?伐者,击也。欲言伐击之也。《尚书·叙》曰:"武王伐纣⑥。"征者何谓也?征犹正也。欲言其正也。轻重从辞也⑦。《尚书》曰"诞以尔东征",诛禄甫也⑧。又曰:"甲戌,我惟征徐戎⑨。"战者何谓也?《尚书大传》曰⑩:"战者,惮警之也。"《春秋谶》曰:"战者,延改也⑪。"

【注释】

①责:谴责,诘问。

②楚子虔诱蔡侯班煞之于申:语见《春秋·昭公十一年》。楚子虔,楚灵王,名熊虔。蔡侯班,蔡灵公,名般。申,本为姜姓国名,为楚所灭,此时为楚国地名,在今河南南阳北。

③诛君之子不立:语见《春秋公羊传·昭公十一年》。诛君,被诛戮的国君。

④卫人杀州吁于濮:语见《春秋·隐公四年》。州吁(?—前719),姬姓,卫氏,卫庄公之子,卫桓公异母弟。州吁少受父宠,爱好军事。卫桓公继位后,州吁因骄横奢侈傲被免职,出国逃亡。公元前

719年，州吁弑杀卫桓公自立。因喜欢打仗，不能安定百姓，因此不受拥护。同年九月，卫国大臣石碏联合陈国国君陈桓公杀死州吁。濮，陈国濮水旁边。

⑤其称人何？讨贼之辞也：语见《春秋公羊传·隐公四年》。

⑥武王伐纣：语见《尚书·周书·泰誓》序。

⑦轻重从辞也：陈立《白虎通疏证》有"征，轻辞，正，重辞，声意相兼也"。

⑧《尚书》曰"诞以尔东征"，诛禄甫也：语见《尚书·大诰》。禄甫，即武庚。子姓武氏，名庚，字禄父，商纣王帝辛之子。周武王灭商后，封武庚管理商朝旧地（河南安阳），商朝遗民大悦。为了防止武庚叛乱，在朝歌东部设立卫国，以管叔为卫王；西南部为鄘国，使蔡叔为鄘王；北面为邶国，使霍叔为邶王，共同监视武庚。后来三监和武庚一起发动叛乱。

⑨甲戌，我惟征徐戎：语见《尚书·周书·费誓》。根据曾运乾《尚书正读》的观点认为这是周公归政之明年，即公元前1056年，徐州之戎和淮浦之夷联合起来侵害鲁国。鲁侯伯禽率领诸侯讨伐，到达费地而告诫军士的誓词。

⑩《尚书大传》：此书是对《尚书》的解释性著作，作者和成书时间均无法完全确定。目前只有后人辑本传世，以皮锡瑞本最佳。

⑪战者，延改也：据陈立《白虎通疏证》考论，"延改也"意思不详，认为"延"应该作"诞"，"改"应该作"攻"，大相攻斗的意思。

【译文】

"诛"是什么意思？"诛"是谴责的意思。要诛伐这个人，先要谴责他犯下的罪过，穷尽他的过恶。《春秋》里面讲："楚子虔诱骗蔡侯班，在申邑杀了他。"《春秋公羊传》里面讲："被诛戮国君的儿子不立为君。""讨"是什么意思？"讨"是除掉的意思。这是说臣子应当清除弑君的贼人。《春秋》讲："卫人在陈国濮水旁边杀掉了州吁。"《春秋公羊传》

里面认为："为什么这里称'人'？这是讨伐乱臣贼子的说法。""伐"是什么意思？"伐"是攻击的意思，是说要去讨伐攻击他。《尚书·叙》里面讲："周武王讨伐商纣王。""征"是什么意思？"征"同于"正"，是说要使其复归于正的意思。"征"和"正"轻重发音不同，但意思相同。《尚书》讲"我要率领你们东征"，这是讲周公去诛伐叛乱的武庚。又讲："甲戌，我们征伐徐戎。""战"是什么意思？《尚书大传》讲："'战'是让人害怕，发出警告的意思。"《春秋谶》讲："'战'是大相攻斗的意思。"

弑者何谓也？弑者，试也。欲言臣子杀其君父，不敢卒①，候间司事②，可稍稍弑之。《易》曰："臣弑其君，子弑其父，非一朝一夕之故也③。"篡者何谓也？篡犹夺也，取也。欲言庶夺嫡，孽夺宗，引夺取其位。《春秋传》曰："其言入何？篡词也④。"

【注释】

①卒（cù）：突然。

②间：间隙。司：通"伺"。侦察。

③臣弑其君，子弑其父，非一朝一夕之故也：语见《周易·坤卦·文言》。

④其言入何？篡词也：语见《春秋公羊传·庄公六年》。何休注："国人立之曰立，他国立之曰纳，从外曰入。"

【译文】

"弑"是什么意思？"弑"是尝试的意思。这是讲臣子杀害他的君父，不敢仓促行事，总是等待时机偷偷进行篡弑。《易经》里面讲："臣子杀害君主，儿子杀害父亲，不是一朝一夕的缘故。""篡"是什么意思？"篡"是强取抢夺的意思，这是说庶子夺走嫡子的位置，旁支夺走大宗的位置。

他们都是通过抢夺而获得位置。《春秋公羊传》里面讲："用'入'字是为什么呢？这是篡位的说法。"

　　袭者何谓也？行不假途①，掩人不备也②。《春秋传》曰："其谓之秦何？夷狄之也。曷为夷狄之？秦伯将袭郑③。"入国掩人不备，行不假途，人衔枚，马缰勒，昼伏夜行为袭也。诸侯家国，入人家，宜告主人，所以相尊敬，防并兼也。《春秋传》曰："桓公假途于陈而伐楚④。"《礼》曰："使次介先假道，用束帛⑤。"

【注释】

①假：借。

②掩：突然袭击。

③"其谓之秦何？"四句：语见《春秋公羊传·僖公三十三年》。

④桓公假途于陈而伐楚：语见《春秋公羊传·僖公四年》。

⑤使次介先假道，用束帛：此为逸《礼》中的文献。次介，副使。束帛，捆为一束的五匹帛。古代用为聘问、馈赠的礼物。

【译文】

"袭"是什么意思？这是指经过别的国家却不找该国诸侯借路，趁别国没有防备而袭击他。《春秋公羊传》里面讲："为什么称他为'秦'？这是将他看做夷狄。为什么把他看做夷狄？这是因为秦伯要偷袭郑国。"趁人没有防备，进入别的诸侯国境也不找别国借路，士卒嘴里含着木块，马被勒住马缰，白天潜伏，晚上行军，这叫做"偷袭"。诸侯以国为家，到了别人家应该告诉主人，这是互相表示尊敬，防止用非常手段兼并别的国家。《春秋公羊传》里面讲："齐桓公向陈国借道去征伐楚国。"《礼》里面讲："让次介带上五匹帛先去借道。"

即如是，诸侯卖王者道，礼无往不反，非谓所卖者也。将入人国，先使大夫执币假道，主人亦遣大夫迎于郊，为宾主设礼而待之，是其相尊敬也。防并兼奈何？诸侯之行，必有师旅，恐掩人不备。士卒敛取恒迟①，先假途，则预备之矣。

右总论诛讨征伐之义。

【注释】

①敛取：聚集。

【译文】

如果是上述这种情况，那么算不算诸侯把王者的道路卖给别人使用了呢？也不是。因为按照礼仪，即便后来没有出行，这个礼物也不会再归还了，所以根本称不上出卖道路。诸侯将要进入别人的国境，先要让大夫带着缯帛去借路，东道主也会派遣大夫到郊外迎接，为来客设宾主之礼进行招待，这是诸侯之间互相表达尊重的意思。为什么也有防止兼并的意思呢？诸侯出行一定会带军队，这里面就存在趁人不备进行偷袭的可能性。士卒们收拾准备再出发，时间总会相对较晚，这期间应该先去借路，让别的国家能有所准备。

以上总体论述"诛""讨""征""伐"的意思。

谏诤

【题解】

"谏诤"共八条，主要讨论了臣对君、子对父都有谏诤的义务和职责，谏诤要符合道义等。如果屡次劝谏不听，臣子可以离开君主，另谋出路。劝谏有五种不同方式，符合五行之道。还讲了天子身边谏臣的设置和意义。不过，该章也主张在有些情况下，君臣、父子、夫妇、朋友可以互相隐恶，这与后世所讲的"君要臣死，臣不得不死；父要子亡，子不得不亡"一类的愚忠愚孝有很大差距。同时，"弃妻令可嫁"更是与后世强调妻子必须从一而终的婚嫁观念有较大差距。这些反映了当时比较流行的伦理关系应该是伦理双方对应的关系，并非一方完全占据支配地位，是比较符合人性的。

5.20　臣所以有谏君之义何？尽忠纳诚也①。《论语》曰："爱之能勿劳乎？忠焉能勿诲乎②？"《孝经》曰："天子有诤臣七人，虽无道不失其天下；诸侯有诤臣五人，虽无道不失其国；大夫有诤臣三人，虽无道不失其家；士有诤友，则身不离于令名；父有诤子，则身不陷于不义。"天子置左辅、右弼、前疑、后承，以顺③。左辅主修政，刺不法④。右弼主纠，纠周言失倾⑤。前疑主纠度定德经⑥。后承主匡正常，考变失，四弼兴道，率主行仁。夫阳变于七，以三成⑦，故建三公，序四诤，列七人。虽无道不失天下，杖群贤也。

右总论谏诤之义。

【注释】

①纳：贡献。

②爱之能勿劳乎？忠焉能勿诲乎：语见《论语·宪问》。

③顺：秩序。

④刺：检举。

⑤失：失误。倾：偏颇。

⑥度：法令制度。

⑦夫阳变于七，以三成：隋代萧吉《五行大义》中有"《孝经援神契》曰'以一立，以二谋，以三出，以四孳，以五合，以六嬉，以七变，以

八舒，以九列，以十钧’”。

【译文】

为什么按照道义臣子有劝谏君主的职责呢？这是因为臣子要向君主奉献自己的忠心诚意。《论语》里面讲："爱他，能够不叫他劳苦吗？忠于他，能够不教诲他吗？"《孝经》里面讲："天子有善于劝谏的臣子七人，即便无道也不会失去天下；诸侯有善于劝谏的臣子五人，即便无道也不会失去自己的国家；大夫有善于劝谏的臣子三人，即便无道也不会失去自己的家；士有善于劝谏的朋友，那么立身行事方面会享有美名；父亲有善于劝谏的儿子，那么他绝对不会做不义之事。"天子会按照顺序，专门设置左辅、右弼、前疑、后承。左辅负责监督行政事务的运行，检举违反法令的人。右弼负责监督王者的言论，防止言论的偏颇和失误。前疑负责监督法令制度的修订，制定权威的道德经典。后承负责匡扶正义和弘扬正道，考察灾变原因和政治得失。这四位专门辅弼君主的谏臣能够振兴道德，督促君主推行仁政。阳气在七处于变化至极之态，在三处于有所成的状态，所以王者会设置三公和四诤，总共七人。这样王者就算无道也不会失去天下，这是因为他能够充分依靠信赖众贤人的缘故。

以上总体论述谏诤的含义。

5.21　诸侯之臣诤不从得去何？以屈尊申卑，孤恶君也。去曰："某质性顽钝，言愚不任用，请退避贤。"如是君待之以礼，臣待放；如不以礼待，遂去。君待之以礼奈何？曰："予熟思夫子言，未得其道，今子不且留。圣人之制，无塞贤之路，夫子欲何之？"则遣大夫送至于郊。

【译文】

如果谏诤不被听从，为什么诸侯的臣子可以选择离开呢？这是为了提醒国君应该屈尊采纳臣子的谏诤,使臣子正确的主张得到伸张;如果是无道之君,就只能让他被孤立。离开时臣子会讲:"我的气质秉性顽劣鲁钝,说话也愚笨,不堪重用,请求退位让给贤者。"在此之后,如果君主待之以礼,那么臣子要等待国君下达正式放逐的命令再离开;如果君主不能以礼相待,臣子可以选择直接离开。怎么样才算君主以礼相待呢?君主应该说:"我仔细思考了您的话,仍不能明白其中的道理。您在我这里可能不合适。圣人立下过规矩,任何人都不能妨碍贤人施展自己的才华,不知道您想去哪里?"然后会专门派大夫把这位谏臣送到郊外。

必三谏者何? 以为得君臣之义。必待放于郊者,忠厚之至也。冀君觉悟能用之。所以必三年者,古者臣下有大丧,君三年不呼其门,所以复君恩。今己所言,不合于礼义,君欲罪之可得也。《援神契》曰[①]:"三谏,待放复三年,尽倦倦也[②]。"所以言放者,臣为君讳,若言有罪放之也。所谏事已行者,遂去不留。凡待放者,冀君用其言耳。事已行,灾咎将至,无为留之。《易》曰:"介如石,不终日,贞吉[③]。"《论语》曰:"三日不朝,孔子行[④]。"

【注释】

①《援神契》:纬书《孝经援神契》。

②倦倦(quán):恳切貌。

③介如石,不终日,贞吉:语见《周易·豫卦》"六二"爻辞。介,耿直。

④三日不朝,孔子行:语见《论语·微子》。

【译文】

为什么臣子一定要多次进行劝谏呢? 因为这样才符合君臣大义。臣子一定要在郊区等待国君下达放逐的命令再走,这也是表达臣子忠厚到了极点。他希望国君能觉悟，采纳他的建议。之所以臣子还要等待三年，这是因为古代臣下遭遇大丧，君主三年不会命令他做事，臣子通过这种方式回报君主的这份恩情。如果现在自己所说的话不符合礼义，君主想要加以惩罚也是可以的。《孝经援神契》里面讲："多次劝谏，如果被放逐也要等三年，这是为了让臣子竭尽自己的恳切之心。"之所以称为"放"，是因为臣子要为君主避讳，就像在说是因为自己犯罪而被放逐。如果臣子所劝谏的事情君主不顾劝谏已经做了，那就可以直接离开。一般臣子会选择等待君主的放逐命令，是希望君主能够采纳自己的建议。事情如果已经做了，灾祸将要降临，那就没有必要再留下来了。《易经》里面讲："耿介如石，不等候一天结束就悟知道理，守持正固可获吉祥。"《论语》里面讲："季桓子三天不问政事，孔子就离开了。"

臣待放于郊，君不绝其禄者，示不合耳。以其禄参分之二与之，一留与其妻长子，使得祭其宗庙。赐之环则反，赐之玦则去，明君子重耻也。《王度记》曰："反之以玦[1]。其待放者，亦与之物，明有分土无分民也。"《诗》曰："逝将去女，适彼乐土[2]。"或曰：天子之臣，不得言放。天子以天下为家也。亲属谏不得放者，骨肉无相去离之义也。《春秋传》曰："司马子反曰：'君请处乎此，臣请归。'[3]"子反者，楚公子也，时不得放。

右论三谏待放之义。

【注释】

①反之以玦：陈立《白虎通疏证》考证应该为"反之以环，其不得反者，赐之玦"。

②逝将去汝，适彼乐土：语见《诗经·魏风·硕鼠》。逝，通"誓"，

　　发誓。

　　③司马子反曰："君请处乎此，臣请归"：语见《春秋公羊传·宣公十
　　　五年》。

【译文】

　　臣子在郊区等待被放逐的命令，君主不会停发他的俸禄，这说明只是君臣之间意见不合而已。君主会把三分之二的俸禄给他，三分之一给他的妻子和长子，让他的家人能够延续对宗庙的祭祀。如果君主赐给臣子玉环，就表示请他回去；如果君主赐给臣子玉玦，就表示请他离开。这样是因为君子极为重视自己的荣誉和体面。《王度记》里面讲："如果君主赐给臣子玉环，就表示请他回去；如果君主赐给臣子玉玦，表示请他离开。等待放逐命令的臣子，君主也会供给他所需的物质。尽管土地可以分封不同的诸侯，但百姓是不分彼此的。"《诗》里面讲："发誓要离开你，搬到别的乐土那里去。"有人讲：天子之臣不能够讲放逐。天子将天下作为自己的家。六亲眷属作为臣子进行劝谏后，即便建议不被采纳也不能被放逐，骨肉至亲没有相分离的道理。《春秋公羊传》里面讲："司马子反说：'国君您请待在这里，我请求回去。'"子反是楚国的公子，是不会因被放逐而离开祖国的。

　　以上论述臣子多次劝谏等待被放逐的含义。

　　5.22　士不得谏者，士贱，不得豫政事，故不得谏也。谋及之，得因尽其忠耳。《礼保傅》曰："大夫进谏，士传民语①。"

　　右论士不得谏。

【注释】

　　①《礼保傅》：今《大戴礼记》中存有《保傅》篇，无此条。另外，西

汉贾谊《新书》有专门《保傅》。其中的"大夫进谋，士传民语"最接近。

【译文】

士不能够对君主进行劝谏，因为士的地位低贱，不能够直接参与国家大政，所以不能够劝谏君主。但如果君主向他咨询谋略，士是可以竭尽忠诚来进行应答的。《礼保傅》里面讲："大夫对国君进行劝谏，士只传达来自百姓的消息。"

以上论述士不能对君主进行劝谏。

5.23　妻得谏夫者，夫妇一体，荣耻共之。《诗》云："相鼠有体，人而无礼，人而无礼，胡不遄死①？"此妻谏夫之诗也。谏不从，不得去之者，本娶妻非为谏正也。故一与之齐，终身不改，此地无去天之义也。

右论妻谏夫。

【注释】

①"相鼠有体"四句：语见《诗经·鄘风·相鼠》。遄（chuán），疾速。

【译文】

妻子能够劝谏丈夫，这是因为夫妇一体，荣誉和耻辱都是共享的。《诗》里面讲："老鼠都有肢体，一个人却不知礼。不知礼的人，怎么还不赶快死掉？"这是妻子劝谏丈夫的诗。妻子劝谏丈夫而不被听从，妻子也不能够自行离开，这是因为娶妻的本义不是为了让妻子劝谏丈夫归于正道。妻子一旦与丈夫匹配成婚，终身不能改变，这是效法地没有离开天的道理。

以上论述妻子劝谏丈夫。

5.24　子谏父，父不从，不得去者，父子一体而分，无相离之法。犹火去木而灭也。《论语》："事父母几谏。"下言"又敬不违"①。臣之谏君何法？法金正木也。子之谏父，法火以揉木也。臣谏君以义，故折正之也。子谏父以恩，故但揉之也，木无毁伤也。待放去，取法于水火，无金则相离也。

右论子谏父。

【注释】

①事父母几（jī）谏、又敬不违：语见《论语·里仁》。几，轻微，婉转。违，触犯，冒犯。

【译文】

儿子劝谏父亲，如果父亲不听从，儿子也不能够离开。因为父子本来就是一体，没有儿子离开父亲的道理，就像火离开木头就会熄灭一样。《论语》里面讲："侍奉父母，如果他们有不对的地方，要轻微婉转地劝止。"下面又讲"仍然恭敬地不冒犯他们"。臣子劝谏君主效法什么？效法金斧正木。儿子劝谏父母，效法用火来烘烤木头。臣子劝谏君主为的是大义，所以要折服斧正他。儿子劝谏父母为的是恩情，所以只能像火烘烤木头一样，并不毁坏伤害木头。臣子等待放逐命令再离开，取法的是五行中的水火，如果缺乏金作为中介，则会互相乖违。

以上论述儿子劝谏父亲。

5.25　谏者何？谏者，间也①，更也②。是非相间，革更其行也。人怀五常，故知谏有五。其一曰讽谏，二曰顺谏，三曰窥谏，四曰指谏，五曰陷谏。讽谏者，智也。知祸患之萌，深睹其事，未彰而讽告焉。此智之性也。顺谏者，仁也。出词逊顺，不逆君心。此仁之性也。窥谏者，礼也。视君颜色不悦，且却，悦则复前，以礼进退。此礼之性也。指谏者，信也。指者，质也。质相其事而谏③。此信之性也。陷谏者，义也。恻隐发于中，直言国之害，励志忘生，为君不避丧身。此义之性也。孔子曰："谏有五，吾从讽之谏④。"事君进思尽忠，退思补过，去而不讪，谏而不露。故《曲礼》曰："为人臣，不显谏⑤。"纤微未见于外，如《诗》所刺也⑥。若过恶已著，民蒙毒螫，天见灾变，事白异露，作诗以刺之，幸其觉悟也。

　　右论五谏。

【注释】

　　①间：夹杂。

　　②更：正。

　　③相（xiāng）：质地，实质。

　　④谏有五，吾从讽之谏：语见《论语·里仁》。

　　⑤为人臣，不显谏：语见《礼记·曲礼下》。

　　⑥刺：指责，讽刺。

【译文】

　　"谏"是什么意思？"谏"是夹杂、更正的意思。这里的意思主要为是非相杂，要改变其观念，纠正其行为。人有仁、义、礼、智、信五常之性，所以劝谏也分为五种。第一种叫做讽谏，第二种叫做顺谏，第三种叫做窥谏，第四种叫做指谏，第五种叫做陷谏。讽谏属于五常中的智。这是臣子看出了祸患的苗头，深刻了解事情的走向，事态还没有明显表露时指出来，委婉地告诉君主。这都是由智的性质所决定的。顺谏属于五常中的仁。臣子劝谏时说话谦逊卑顺，不违背君主的心意。这是由仁的性质所决定的。窥谏属于五常中的礼。臣子看到君主的脸色已经很不好了，暂时停止劝谏，等到君主高兴了再进行劝谏。整个过程中，臣子以礼进退。这是由礼的性质所决定的。指谏属于五常中的信。"指"是本质的意思，直接切中事物的本质而进行劝谏。这是由信的本质所决定的。陷谏属于五行中的义。内含恻隐不忍的心，直接讲明事件对国家的危害，志向坚定，完全不顾自己个人安危，为了君主能够觉悟而不惜生命。这是由义的本质所决定的。孔子讲："劝谏方式有五种，我主要会用讽谏的方法。"臣子侍奉君主，如果得到任用就要竭尽忠诚，退朝后要考虑如何匡正君主的失误，如果离开君主也不会对君主进行讪谤，劝谏时不用表达得非常露骨。所以《曲礼》里面讲："为人臣子不必过于明显直白地进行劝谏。"如果君主的过错完全没有显露出来，那么就像《诗》里面那样进行讽谏。如果君主过恶已经非常明显，老百姓已经因此遭受祸害，上天也用各种灾异变化加以警告，事态紧急，灾异频仍，臣子会专门作诗对君主进行劝谏，希望君主能够觉悟。

　　以上论述五种劝谏方式。

　　5.26　明王所以立谏诤者，皆为重民而求己失也。《礼保傅》曰："于是立进善之旌，悬诽谤之木，建招谏之鼓[1]。"王法立史记事者，以为臣下之仪样，人之所取法则也。动则当应礼，是以必有记过之史，彻膳之宰[2]。《礼·玉藻》曰："动则左史书之，言则右史书之[3]。"《礼·保傅》曰："王失度，则史书之，工诵之，三公进读之，宰夫彻其膳。是以天子不得为非[4]。"故史之义不书过则死，宰不彻膳亦死[5]。

【注释】

①于是立进善之旌，悬诽谤之木，建招谏之鼓：语见西汉贾谊《新书·保傅》。相传上古三代在四通八达的地方，设进善之旌（即

幡），谁有好主意都可以站在旌下发表。在街头设通往进谏处所
的指路标称为"诽谤之木"。在庭外设置一鼓供民众击鼓进谏，
称为"招谏之鼓"。其目的都是鼓励百姓发表意见，改善政府的
工作。

②彻膳之宰：掌用膳时司过的官员，天子有缺点过失则撤去膳食而
劝谏。

③动则左史书之，言则右史书之：语见《礼记·玉藻》。左史，又称
大史。右史，又称内史。

④"王失度"数句：都在讲各种对天子劝谏的职官，语见贾谊《新
书·保傅》。

⑤故史之义不书过则死，宰不彻膳亦死：语见贾谊《新书·保傅》。

【译文】

圣明的帝王一定会设立谏诤制度，都是为了以人民的利益为重，所
以会经常自我反省，勤求自己的过失。《礼记·保傅》里面讲："上古三代
在四通八达的地方设进善的旌幡，在街头设立通往进谏处所的指路标，
在庭外设置一鼓供民众击鼓进谏。"按照王者颁布的法令，专门设立史
官来记事，这是为让王者能成为臣下学习的榜样，人们都可以效法他的
言行。王者一举一动都应该符合礼仪，因此一定会有专门记录他的过错
的史官，用膳时也有记过的宰官。《礼记·玉藻》里面讲："天子的举动由
左史记录下来，他的言论由右史记录下来。"《礼记·保傅》里面讲："王
者行为不符合法度，那么史官会记下他的行为，乐工会专门将这些记录
诵读出来，三公也会觐见时提到这些事，专门主管膳食的官员会裁撤天
子的膳食而劝谏。因此天子不能够做一点点坏事。"所以做史官的大义，
如果不能够秉笔直书天子的过错宁愿死去，宰官不能够裁撤天子的膳食
进行劝谏也宁愿死去。

所以谓之史何？明王者使为之也。谓之宰何？宰，制

也。使制法度也。宰所以彻膳何？阴阳不调，五谷不熟，故王者为不尽味而食之。《礼》曰^①："一谷不升，不备鹑鷃。二谷不升，不备凫雁。三谷不升，不备雉兔。四谷不升，不备囿兽。五谷不升，不备三牲。"人臣之义，当掩恶扬美，所以记君过何？各有所缘也^②。掩恶者，谓广德宣礼之臣。

　　右论记过彻膳之义。

【注释】

①《礼》：此处为逸《礼》篇章。

②缘：因缘，事由。

【译文】

　　为什么称为"史"呢？这说明王者专门使他来记录自己的行为。为什么称为"宰"呢？"宰"是宰制的意思，让他来制定法度。宰官为什么要裁撤膳食呢？如果阴阳之气不调和，五谷就不能成熟，王者的食物就不能兼备各种味道。《礼》里面讲："一种谷物不能成熟，膳食里面撤去鹌鹑。两种谷物不能成熟，膳食里面撤去野鸭和雁。三种谷物不能成熟，膳食里面撤去野鸡和兔子。四种谷物不能成熟，膳食里面撤去园囿里面的兽类。五种谷物不能成熟，膳食里面撤去猪、牛、羊三牲。"为人臣子的大义，应该为君主掩盖恶行，宣扬美德。为什么史官等人要专门记录君主的过失呢？这是因为臣子各有各的职责。为君主掩盖丑恶的臣子是那些专门负责推广德行、宣讲礼仪的大臣。

　　以上论述记录君主过失并撤去膳食来进行劝谏的含义。

　　5.27　所以为君隐恶何？君至尊，故设辅弼，置谏官，本不当有遗失。《论语》曰："陈司败问：'昭公知礼乎？'孔子曰：'知礼。'^①"此为君隐也。君所以不为臣隐何？以为君之与臣,无适无莫,义之与比。为赏一善而众臣劝,罚一恶而众臣惧。若为卑隐,为不可殆也。故《尚书》曰:"毕力赏罚,以定厥功②。"诸侯臣对天子,亦为隐乎? 然本诸侯之臣,今来者为聘问天子无恙,非为告君之恶来也。故《孝经》曰:"将顺其美,匡救其恶,故上下能相亲也③。"

【注释】

①陈司败问:"昭公知礼乎?"孔子曰:"知礼":语见《论语·述而》。陈司败,人名,不可考。昭公,鲁昭公。

②毕力赏罚,以定厥功:语见《尚书·周书·康王之诰》。毕,尽,完全。

③将顺其美,匡救其恶,故上下能相亲也:语见《孝经·事君章》。疏有"君有美善,则顺而行之,君有过恶,则正而止之。下以忠事上,上以义接下,君臣同德,故能相亲"。

【译文】

为什么臣子要为君主隐藏他的恶行呢? 君主处于至尊的地位,所以为他设置了左辅右弼,还要安排专门的谏官,按道理是不应有过错和失误的。《论语》讲:"陈司败问:'昭公知道礼吗?'孔子说:'知道礼。'"这就是在为君主隐藏他的恶行。君主为什么不用为臣子隐恶呢? 有人认为君主与臣子不刻意求同也不故意求异,凡事只求符合正义。君主奖赏臣子所做的某件善事,对所有臣子都会有激励作用;君主惩罚臣子所做的某件恶事,其他臣子都会引以为戒。如果君主总为地位低的人隐瞒过恶,那么这种状况就没有穷尽。所以《尚书》里面讲:"天子尽力于赏罚得当,来成就文王、武王那样的功业。"诸侯的臣子也需要为天子隐瞒过恶吗? 诸侯的臣子到朝廷里面来,本来是为了对天子进行聘问,看看天子身体是否还好,不是为了揭露天子的过恶而来。所以《孝经》讲:"要将天子的美善之事发扬光大,要对天子的过恶进行匡正补救,这样上下就能相亲相爱。"

君不为臣隐，父独为子隐何？以为父子一体，荣耻相及。故《论语》曰："父为子隐，子为父隐，直在其中矣[①]。"兄弟相为隐乎？曰：然。与父子同义。故周公诛四国[②]，常以禄甫为主也。

【注释】

①父为子隐，子为父隐，直在其中矣：语见《论语·子路》。

②四国：三监及武庚。

【译文】

为什么君主不为臣子隐瞒过恶，父亲却要为儿子隐瞒过恶呢？大家认为父子本是一体，荣誉和耻辱都是共同的。所以《论语》讲："父亲为儿子隐瞒，儿子为父亲隐瞒，直率就蕴含在里面了。"兄弟之间要相互隐瞒过恶吗？有人说：是的。这和父子相隐是一个道理。所以周公实际上诛伐了四个国家，但常常只说讨伐武庚，因为其他国家的国君都是他弟弟。

朋友相为隐者，人本接朋结友，为欲立身扬名也。朋友之道有四焉，通财不在其中。近则正之，远则称之，乐则思之，患则死之。

【译文】

朋友也应该互相隐瞒过恶。因为人结交朋友，是为了立身扬名。朋友相处应该遵循四种原则，共享财货不在这些原则里面。这四种原则是：如果朋友在身边要匡正他的错误，如果朋友隔远了要称扬他的好处，如果朋友有快乐的事情要为他感到高兴，如果朋友有忧患之事要能够拼死相助。

　　夫妻相为隐乎？《传》曰："曾子去妻,黎蒸不熟①。"问曰:妇有七出②,不蒸亦预乎? 曰:吾闻之也,绝交令可友,弃妻令可嫁也。梨蒸不熟而已,何问其故乎? 此为隐之也。
　　右论隐恶之义。

【注释】

①曾子去妻,黎蒸不熟:语见《孔子家语·七十二弟子解》,今本原文为"及其妻以藜烝不熟,因出之。人曰:'非七出也。'参曰:'藜烝,小物耳。吾欲使熟,而不用吾命,况大事乎?'遂出之,终身不取妻。"陈立《白虎通疏证》解释为"然则曾子以其妻本犯七出,虑彰其恶,故借小过出之,为之隐也"。黎,应做"藜(lí)",草名,又名"莱",俗名"红心灰菜"。初生可食,古烝以为茹,茎老可作杖,亦用于燃烧照明。

②七出:古代丈夫休弃妻子的七种理由。《仪礼·丧服》有"出妻之子为母"。贾公彦疏:"七出者:无子,一也;淫佚,二也;不事舅姑,三也;口舌,四也;盗窃,五也;妒忌,六也;恶疾,七也。"《大戴礼记·本命》有"妇有七去:不顺父母去,无子去,淫去,妒去,有恶疾去,多言去,窃盗去。不顺父母去,为其逆德也;无子,为其绝世也;淫,为其乱族也;妒,为其乱家也;有恶疾,为其不可与共粢盛也;口多言,为其离亲也;盗窃,为其反义也"。

【译文】

　　夫妻要相互隐瞒过恶吗?《传》里面讲:"曾子休掉了妻子,是因为她没有把藜蒸熟。"有人问道:有七种可以休掉妻子的情况,饭没有蒸熟也在里面吗? 曾子的回答是:我听说,与朋友绝交的人不会妨碍被绝交的人去结交新朋友,休掉妻子也不应该妨碍她改嫁。我之所以休掉妻子就是因为她没有把藜蒸熟而已,为什么还要继续追问其他原因呢? 这就是丈夫为妻子隐瞒过恶的典型例子。

　　以上论述人们是否要互相隐恶的问题。

乡射

【题解】

　　“乡射”共五条。“六艺”之学是传统贵族的必备素养,分别为礼、乐、射、御、书、数,这章主要讲的就是其中之一——射箭。首先讲了天子亲自参加射箭,表示助阳气达于万物的意思,再讨论了不同等级射箭所对应的不同象征。还讨论了“射侯”所蕴含的政治意义、射礼丰富的义理。后面两条讨论的是乡饮酒礼、王者养三老五更,这都是上古传统中表示敬老之义的方式。

　　5.28　天子所以亲射何? 助阳气达万物也。春,阳气微弱,恐物有窒塞不能自达者。夫射自内发外[①],贯坚入刚[②],象物之生,故以射达之也。

　　右论天子亲射。

【注释】

①自内发外:陈立在《白虎通疏证》中引《说文解字》“射,弓弩发于身,而中于远”,《礼记·内则》“射人以桑弧、蓬矢六,射天地四方”,用这两种情形来说明射箭是从内向外发出的,一种是从自身发出至远处,一种是从中心发出射向天地四方,认为射箭的含义与上古所推崇的男性应有四方之志的观念相符合。

②贯：贯穿。

【译文】

天子为什么要亲自参加射礼呢？这是为助长阳气，让万物都能够顺利生长。春天阳气还比较微弱，怕有些东西的阳气被窒塞不能通达，所以通过射箭来帮助万物通达阳气。射箭时，箭是从内向外发出，能够贯穿坚硬的靶子，就像万物的根芽破土而出顽强生长一样，所以用射礼来助长万物的生长。

以上论述天子亲自参加射礼。

5.29　《含文嘉》曰[①]："天子射熊，诸侯射麋，大夫射虎豹，士射鹿豕。"天子所以射熊何？示服猛，远巧佞也[②]。熊为兽猛巧者，非但当服猛也，示当服天下巧佞之臣也。诸侯射麋何？示远迷惑人也。麋之言迷也。大夫射虎豹何？示服猛也。士射鹿豕何？示除害也。各取德所能服也。大夫、士射两物何？大夫、士俱人臣，示为君亲视事，身劳苦也。或曰：臣阴，故数偶也。

【注释】

①《含文嘉》：《礼》纬书名。

②巧佞（nìng）：机巧诈伪、善于阿谀奉承的人。

【译文】

《含文嘉》里面讲："天子射熊，诸侯射麋鹿，大夫射虎豹，士射鹿和野猪。"为什么天子射熊呢？这表示天子能够征服猛兽，远离机巧诈伪、善于阿谀奉承的小人。熊是勇猛机智的兽类，天子不仅应该征服猛兽，而且应该让机巧诈伪、善于阿谀奉承的小人归服。为什么诸侯射麋鹿呢？这表示诸侯要远离那些善于乱人心智、让人疑惑的小人。"麋"可解释为"迷"。大夫为什么射虎豹呢？这表示大夫能够征服猛兽。士为什么射鹿和野猪呢？这表示士能够为民除害。这些都是根据各自德行大小确定自己所要征服的猎物。大夫和士为什么可以射两类动物呢？大夫和士都是做臣子的人，表示他们为君主服务的时候，事必躬亲，身体要经受得住各种劳苦。也有人认为：臣子属于阴性，所以搭配偶数。

侯者以布为之①。布者，用人事之始也②。本正则末正矣。名之为侯者何？明诸侯有不朝者，则当射之。故《礼》射祝曰："嗟尔不宁侯，尔不朝于王所，故亢而射尔③。"所以不射正身何④？君子重同类，不忍射之，故画兽而射之。

右论射侯。

【注释】

①侯：箭靶。

②布者，用人事之始也：织布用布是人类各种生产活动的开始。陈立《白虎通疏证》引用《礼记·郊特牲》"太古冠布"来说明织布用布象征人类所有活动的开始。

③嗟尔不宁侯，尔不朝于王所，故亢而射尔：语见《周礼·冬官考工记·梓人》。嗟，语气助词。尔，你们。亢，举。

④正身：指诸侯本人。

【译文】

箭靶是用布做的。织布用布是人类各种生产活动的开始。根本确立了那些细枝末节的事物才能自得其正。为什么把箭靶称为"侯"呢？这表明如果诸侯不来朝觐，就可以被张设起来作为箭靶射击。所以《礼》里面记载的射箭祝词有："你们这些不安分顺从的诸侯，不来天子这里进行朝聘，所以被张设起来作为箭靶子射击。"为什么不直接向诸侯本人射箭呢？君子爱护同类，不忍心直接射杀他们，所以在箭靶上面画上猛兽来代替进行射击。

以上论述各类射箭的目标。

5.30　射正何为乎①？曰：射义非一也。夫射者，执弓坚固，心平体正，然后中也。二人争胜，乐以德养也②。胜负俱降，以宗礼让，故可以选士。夫射者，发近而制远也。其兵短而害长也，故可以戒难也。所以必因射助阳选士者，所以扶助微阳而抑其强，和调阴阳，戒不虞也。何以知为戒难也？《诗》曰："四矢反兮，以御乱兮③。"因射习礼乐，射于堂上何？示从上制下也。《礼》曰："宾主执弓请升，射于两楹之间④。"天子射百二十步，诸侯九十步，大夫七十步，士五十步。明尊者所服远，卑者所服近也。

右总论射义。

【注释】

①射正何为乎：《礼记·射义》有"故射者，进退周旋必中礼。内志正，外体直，然后持弓矢审固。持弓矢审固，然后可以言中。此可以观德行矣"。

②乐以德养：陈立根据《太平御览》认为此处应该为"乐以养德"。

③四矢反兮，以御乱兮：语见《诗经·齐风·猗嗟》。反，复，每次射出去的箭都能够在同一个地方。

④宾主执弓请升，射于两楹之间：不见于今本《三礼》，可能为逸《礼》章句。两楹之间是房屋正中所在，为举行重大仪式和重要活动的地方。

【译文】

射箭为什么一定要身心端正呢？有人讲：射箭所蕴含的道义不止一种。首先，射箭要牢牢握住弓，心境平和，身体端正，然后才能有射中的可能。尽管比赛中二人相争都希望获胜，但整个过程仍以培养德行为乐。所以不管比赛输赢都要降阶而立，整个过程以礼让谦卑为宗旨，因此天子可以通过在射礼中的表现来选拔士人。射箭是从近处发出箭矢来克制远方的事物。尽管属于短的兵器但可以制约远敌，所以可用来戒备不虞之患。之所以一定要通过射箭可以来助兴阳气、帮助选拔士人，是为了扶助微弱的阳气，抑制势力过于旺盛的一方，调和阴阳之气，戒备不虞之患。怎么知道射箭可以戒备祸难呢？《诗经》里面讲："四箭能够中一点，这样才能够抵御敌人。"通过射箭学习礼乐，为什么射箭要在堂上呢？这表示要从上面制约处于下面的人。《礼》里面讲："宾客和主人都拿着弓箭互相行礼后，升到堂上，向房屋正厅中设立的箭靶射击。"天子射箭的距离可以远达一百二十步，诸侯可以达到九十步，大夫可以达到七十步，士可以达到五十步。这表明地位尊贵的人势力能够威服的范围远，地位卑贱的人所能慑服的范围近。

以上总体论述射箭所蕴含的道义。

5.31　所以十月行乡饮酒之礼何①？所以复尊卑长幼之义。春夏事急，浚井次墙②，至有子使父，弟使兄，故以事闲暇，复长幼之序也。

右论乡饮酒。

【注释】

①所以十月行乡饮酒之礼何：《仪礼》中有专门的《乡饮酒》篇，乡饮酒约分四类：第一，古代乡学，三年业成，考其德行和艺能，以贤

能者荐升于君。时由乡大夫作主人，为之设宴送行，待以宾礼，饮酒酬酢，皆有仪式，称为乡饮酒礼。第二，乡大夫以宾礼宴饮国中贤者。第三，州长于春、秋会民习射，射前饮酒。第四，党正于季冬蜡祭饮酒。《礼记·射义》说："乡饮酒之礼者，所以明长幼之序也。"这里是第四种。

②浚：挖深，疏通。次：用同"茨"，用茅草、芦苇等盖屋。

【译文】

为什么十月要行乡饮酒礼呢？这是为了恢复尊卑长幼的秩序。春夏两季，各类事务繁忙，大家忙着疏通井水、修筑墙垣等事情，以至于有儿子使唤父亲、弟弟使唤兄长的情况。所以等到事情忙完，大家闲下来后，通过行乡饮酒礼来恢复长幼秩序。

以上论述乡饮酒礼。

5.32　王者父事三老、兄事五更者何[①]？欲陈孝弟之德以示天下也。故虽天子必有尊也，言有父也。必有先也，言有兄也。天子临辟雍[②]，亲袒割牲[③]，尊三老，父象也。谒者奉几杖[④]，授安车软轮[⑤]，供绥执授[⑥]，兄事五更，宠接礼交加，客谦敬顺貌也[⑦]。《礼记·祭义》云："祀于明堂[⑧]，所以教诸侯之孝也。享三老、五更于太学，所以教诸侯之弟也。"不正言父兄，言老、更者，老者，寿考也。欲言所令者多也。更者，更也，所更历者众也[⑨]。即如是，不但言老言三何？欲其明于天地人之道而老也。五更者，欲其明于五行之道而更事也。三老、五更几人乎？曰：各一人。曰：何以知之？既以父事，父一而已，不宜有三。

右论养老之义。

【注释】

①三老、五更：古代天子以父兄之礼所供养的德高望重的老人，皆年老更事致仕者。

②辟雍：周朝为贵族子弟所设的大学。取四周有水，形如璧环为名。大学有五，南为成均，北为上庠，东为东序，西为瞽宗，中曰辟雍。

③袒（tǎn）：解上衣露左臂，或去外衣露短襦。

④谒者：通接宾客的近侍。几杖：几案与手杖，供老年人平时靠身和走路时扶持之用。古代以赐几杖为敬老之礼。

⑤安车：用一马拉之可以坐乘的小车。古车立乘，此为坐乘，故称安车。软轮：蒲裹车轮。古时征聘长者，用软轮车，表示优礼。

⑥绥：上车时挽手所用的绳索。

⑦客：以宾客之礼相待。

⑧明堂：古代帝王宣明政教的地方。

⑨更：经历。

【译文】

为什么王者要像侍奉父亲一样侍奉三老、像对待兄长一样侍奉五更呢？这是为了将孝悌之德公开地展示于天下。所以即使贵为天子也有必须尊重的人，这就是他的父亲。天子也有需要礼让的人，这就是他的兄长。天子在辟雍袒开衣襟，亲自割牲，尊敬侍奉三老，这是象征孝顺父亲的样子。谒者捧着几杖，安排了专门用于坐乘的小车，车轮已经用蒲苇裹好，由天子亲自把挽手的绳索递给他，像侍奉兄长一样侍奉五更。天子为了表达对五更的宠信，在接待中要严格遵循各种礼仪，始终以宾客之礼相待，以谦虚恭敬顺从的态度来对待五更。《礼记·祭义》讲："在明堂举行大祭，用以教导诸侯实行孝道。在太学宴请三老、五更，用以教导诸侯悌道。"不直接讲父兄，而用"老""更"来指代，"老"是为了说明他们的寿命长，想要让这样德高望重的老者数量越来越多。"更"是经历的意思，表示他们经历的事情多。即便如此，为什么不只是说"老"或

"三"呢？这是为了说明"三老"要洞悉天、地、人三才之道。"五更"更
要明达五行之道并全部实践过。三老、五更总共有几个人呢？有人认
为：各一个人。问：这是如何得知的？回答：因为如果像侍奉父亲一样来
侍奉三老、五更，父亲只能有一个，不可能有三个。

　　以上论述要供养德高望重的老人。

卷六

致仕

【题解】

"致仕"共一条，主要讨论臣子七十岁后退休养老的具体内容，全章贯穿了尊贤敬老的价值观念。

6.1　臣年七十，悬车致仕者①，臣以执事趋走为职，七十阳道极，耳目不聪明，跛踦之属②，是以退老去，避贤者路，所以长廉远耻也③。悬车，示不用也。致事者，致其事于君，君不使退而自去者，尊贤者也。故《曲礼》曰："大夫七十而致仕。"《王制》曰："七十致政。"

【注释】

①悬车：指古人年七十辞官归居，废车不用。致仕：辞官归居，归还禄位于君。

②跛踦（qí yǐ）：跛行，行走不便。

③长：助长。

【译文】

　　臣子年满七十,可以辞官归家,废车不用。臣子本以承担具体职事到处奔走为职责,七十岁已经到了阳道的极限,耳聋眼花,行走不便,因此会请求退休养老,为贤者让出位置,这也可以助长廉洁的风气,让自己远离耻辱。将车悬起来,表示不堪任用的意思。"致事"是归还职事与禄位给君主。即便君主没有让他退休,自己也要请求离开,这是为了表示对贤者的尊重。所以《曲礼》里面讲:"大夫到了七十岁就会告老退休。"《王制》里面讲:"七十岁后辞官告老。"

　　卿大夫老,有盛德者留,赐之几杖,不备之以筋力之礼。在家者三分其禄,以一与之,所以厚贤也。人生七十,卧非人不温,适四方,乘安车,与妇人俱,自称曰老夫。《曲礼》曰:"大夫致仕,若不得谢,则必赐之几杖[1]。"《王度记》曰[2]:"臣致仕于君者,养之以其禄之半。"几杖所以扶助衰也。故《王制》曰:"五十杖于家,六十杖于乡,七十杖于国,八十杖于朝。"

【注释】

　　①大夫致仕,若不得谢,则必赐之几杖:语见《礼记·曲礼上》。谢,辞职。

　　②《王度记》:逸《礼》篇章。

【译文】

　　卿大夫年纪大了之后,君主还想要留用其中非常有德行的人,就会赐给他几杖,但不会让他再拘于礼节,避免劳筋动骨。如果臣子已退休在家,会将他本来俸禄的三分之一给他养老,这是为了表示对贤者的厚待。人年纪到了七十岁,睡觉没有人在旁边会难以觉得温暖,到各地出行必须乘坐安稳舒适的车子，需要有妇人照料生活起居，自称为"老夫"。《曲礼》里面讲："大夫告老退休，如果国君不批准他的辞职请求，就赐几杖给他。"《王度记》里面讲："臣子向国君告老退休之后，要将他本来俸禄的一半给他养老。"几杖是用来辅助因衰老而行动不便的臣子的。所以《王制》里面讲："臣子五十岁之后可以在家中挂着手杖走路，六十岁以后可以在乡里挂着手杖走路，七十岁之后可以在国中挂着手杖走路，八十岁以后可以挂着手杖上朝。"

臣老归，年九十，君欲有问，则就其室，以珍从，明尊贤也。故《礼·祭义》云："八十不俟朝，君问则就之①。"大夫老归，死以大夫礼葬，车马衣服如之何？曰：尽如故也。

右总论致仕义。

【注释】

①八十不俟朝，君问则就之：语见《礼记·祭义》。

【译文】

臣子告老还乡后，如果到了九十岁的年龄，君主还想请教问题，那么就要带着珍宝礼物到他家里去求教，表明对贤者的尊重。所以《礼记·祭义》里面讲："八十岁的人即便是上朝，行了朝见礼后不必等朝事结束就可以先回去，君主如果有问题就亲自到他府上去请教。"大夫告老还乡，去世后按照大夫的礼仪进行安葬，他的葬礼中使用的车马衣服遵循什么样的形制呢？有人认为：和他活着的时候相同。

以上总体论述告老退休的问题。

辟雍

【题解】

《辟雍》共六条,讨论了辟雍、泮宫、庠序等各级学校的设置及作用和意义。主旨在于提倡尊师重学,说明了师道所蕴含的三种大义,还特别指出父亲不亲自教育儿子的原因。另外讨论了灵台和明堂的设置,这些当时也属于进行德育教化的场所。这都体现了儒家对于教育的重视,对于师道尊严的推崇。

6.2　古者所以年十五入大学何? 以为八岁毁齿①,始有识知,入学学书计②。七八十五,阴阳备③,故十五成童志明,入大学,学经籍。学之为言觉也。以觉悟所不知也。故学以治性④,虑以变情⑤。故玉不琢不成器,人不学不知义。子夏曰:"百工居肆以成其事,君子学以致其道⑥。"故《曲礼》曰:"十年曰幼,学。"《论语》曰:"吾十有五而志于学,三十而立⑦。"又曰:"生而知之者,上也。学而知之者,次也⑧。"是以虽有自然之性⑨,必立师傅焉。

【注释】

①毁齿:儿童乳齿脱落更生新齿。

②书:写字。计:计算。

③七八十五,阴阳备:按照《周易》的说法,"七"为"少阳之数","八"为"少阴之数",七八合为十五,代表阴阳之气齐备。

④治:管理,梳理。

⑤虑:心思,意念。情:情绪,感情。

⑥百工居肆以成其事,君子学以致其道:语见《论语·子张》。

⑦吾十有五而志于学，三十而立：语见《论语·为政》。有，通
　"又"。立，建树，成就。

⑧生而知之者，上也。学而知之者，次也：语见《论语·季氏》。

⑨自然之性：人生来具有的食色之类的自然本性，相对于仁、义、礼、
　智、道、信、德之性而言。

【译文】

　　古代为什么规定十五岁才进大学学习呢？大家认为儿童八岁开始
更换乳牙，这时开始有基本的知识和见解，要进学校学习写字和计算了。
七八合为十五，代表阴阳之气齐备，所以到了十五岁已可称为"成童"，
才能进大学学习经典文献。"学"的意思是"觉"，让人们能觉悟认识自
己所不知道的事。所以学习可以陶冶人的性格，思想可以影响人的情
绪。因此玉石不经过雕琢不可能称为精美的玉器，人不学习就不可能通
晓道义。子夏说过："工人居住在制造场所完成他们的工作，君子通过学
习能够获得对道的领悟。"所以《曲礼》里面讲："男子到十岁称为'幼'，
开始就学。"《论语》里面讲："我十五岁有志于学问，三十岁能够有所成
就。"又讲："生来就知道的人是上等人，学习后才知道的人则次一等。"
因此即使每个人都有天生的自然本性，也一定要请师傅进行指导。

　　《论语谶》曰①："五帝立师，三王制之。"帝颛顼师绿图，
帝喾师赤松子，帝尧师务成子，帝舜师尹寿，禹师国先生，汤
师伊尹，文王师吕望，武王师尚父，周公师虢叔，孔子师老
聃②。天子之大子，诸侯之世子，皆就师于外者，尊师重先王
之道也。故《曲礼》曰："闻有来学，无往教也。"《易》曰：
"匪我求童蒙，童蒙求我③。"《王制》曰："小学在公宫南之
左，大学在郊。"又曰："王太子，王子④，群后之太子⑤，公卿
大夫元士之嫡子，皆造焉。"小学，经艺之宫⑥。大学者，辟

雍乡射之宫。

右总论入学、尊师之义。

【注释】

① 《论语谶》：《论语》无纬书，唯谶八卷，今此条载于辑佚的《论语·比考谶》当中。

② "帝颛顼师绿图"数句：都在讲五帝三王圣贤都是有老师的，突出了在学习过程中老师的重要作用。《韩诗外传》有"子夏曰：'臣闻黄帝学乎大坟，颛顼学乎禄图，帝喾学乎赤松子，尧学乎务成子附，舜学乎尹寿，禹学乎西王国，汤学乎贷子相，文王学乎锡畴子斯，武王学乎太公，周公学乎虢叔，仲尼学乎老聃。此十一圣人，未遭此师，则功业不能著乎天下，名号不能传乎后世者也。'"绿图，事迹不详。赤松子，记载其事的典籍以《淮南子·齐俗训》最早，许慎注有："赤诵子，上谷人也。病厉入山，寻引轻举。"务成子，《荀子·大略》记载"姚舜拜师务成子""舜学于务成昭"，《汉书·艺文志》中记载有"小说家《务成子》十一篇"。尹寿，在《太极隐注》中尊称为"尹先生"，传说曾担任帝尧之师。国先生，即西王国，也有作"西王悝"，具体事迹不详。伊尹，商汤臣，名挚，汤妻陪嫁的奴隶。后辅佐商汤伐夏桀，被尊为阿衡（宰相）。汤死后，其孙太甲破坏商汤法制，伊尹把他放逐到桐宫，三年后迎之复位。一说伊尹放逐太甲，自立七年。太甲还，杀伊尹。文王，周文王。吕望，姜子牙，商末周初人，姜姓，吕氏，名望。相传垂钓于渭水之滨，遇见西伯侯姬昌，拜为太师，尊称"太公望"，辅佐姬昌建立霸业。周武王即位后，尊为"师尚父"，辅佐武王消灭商纣，建立周朝。武王，周武王。虢叔，姬姓，名不详，周文王的弟弟，季历的第三子，和哥哥虢仲开始都是周文王的卿士。老聃，老子，春秋时期楚国苦县人，曾为周藏书室史官，相传著《老子》五

千余言。

③匪我求童蒙，童蒙求我：语见《周易·蒙卦》的卦辞。

④王子：天子除太子以外的儿子。

⑤群后：天子的三公及诸侯。

⑥小学，经艺之宫：陈立《白虎通疏证》有"习书于虞氏之学，习礼乐于殷之学，习舞于夏后氏之学，是小学为经艺之宫也"。

【译文】

《论语谶》里面讲："五帝都有师傅，三王也专门设立制度来确定师傅的地位。"帝颛顼以绿图为师，帝喾以赤松子为师，帝尧以务成子为师，帝舜以尹寿为师，禹以国先生为师，汤以伊尹为师，文王以吕望为师，武王以尚父为师，周公以虢叔为师，孔子以老聃为师。天子的太子和诸侯的世子，都要到外面去向师傅学习，这也是尊重师长、尊重先王之道。所以《曲礼》里面讲："只听说别人主动来跟随学习的，没听说主动去教人的。"《周易》里面讲："并非我求有于幼童来启发蒙稚，而是幼童需要启发蒙稚有求于我。"《王制》里面讲："小学设在王宫的东南，大学设在郊外。"又讲："天子的太子和其他儿子，三公诸侯的嫡长子，公卿、大夫、士的嫡长子，都要到国家学校里去接受教育。"小学是学习六经六艺的场所。大学又叫做"辟雍"，在里面学习乡射等礼仪。

以上总体论述进学校学习及尊师重道的问题。

6.3　父所以不自教子何？为渫渎也^①。又授之道当极说阴阳夫妇变化之事，不可父子相教也。

右论父不教子。

【注释】

①渫（xiè）渎：轻慢不严肃。

【译文】

父亲为什么不能亲自教自己儿子呢？这是怕在教学过程中儿子会产生轻慢的态度。又因为如果要传授天地之间的大道,就需要讲清楚阴阳之气升降变化、夫妇和合等各种事情,这些都是父子之间不适合传授的内容。

以上论述父亲不亲自教自己儿子的问题。

6.4　师弟子之道有三。《论语》"朋友自远方来"①,朋友之道也。又曰"回也视予犹父也"②,父子之道也。以君臣之义教之,君臣之道也。

右论师道有三。

【注释】

①朋友自远方来:语见《论语·学而》。

②回也视予犹父也:语见《论语·先进》。颜回,字子渊,鲁国人。是孔子最得意的门生。

【译文】

老师和学生之间存在的道义有三种。《论语》里面讲"远方来了朋友",这是讲师生之间存在着朋友之道。又讲"颜回是把我看做父亲的",这是讲师生之间存在着父子之道。教授内容中,主要以君臣之大义相传授,这里面又蕴含了师生之间存在的君臣之道。

以上论述老师和学生之间存在三种道义。

6.5　天子立辟雍何?辟雍所以行礼乐,宣德化也。辟者,璧也。象璧圆,以法天也。雍者,壅之以水①,象教化流行也。辟之言积也②。积天下之道德。雍之为言壅也。天下之仪则，故谓之辟雍也。《王制》曰："天子曰辟雍，诸侯曰泮宫③。"外圆者，欲使观者均平也④。又欲言外圆内方，明德当圆，行当方也。不言圆辟何？又圆于辟，何以知其圆也？以其言辟也⑤。何以知有水也？《诗》曰："思乐泮水，薄采其茆⑥。"《诗训》曰⑦："水圆如璧。"诸侯曰泮宫者，半于天子宫也。明尊卑有差，所化少也。半者，象璜也⑧。独南面礼仪之方有水耳。其余壅之言垣，宫名之别尊卑也。明不得化四方也。不言泮雍何？嫌但半天子制度也。《诗》云："穆穆鲁侯，克明其德。既作泮宫，淮夷攸服⑨。"

　　右论辟雍、泮宫。

【注释】

①壅：填充。

②辟之言积也："辟"也可以做"积"讲。"辟"和"积"属于叠韵为训。

③天子曰辟雍，诸侯曰泮宫：不见于今本《礼记·王制》。

④均平：平衡，均匀。

⑤不言圆辟何？又圆于辟，何以知其圆也？以其言辟也：据卢文弨考证，此处有误。根据《续汉志》注引《韩诗》说应该改为"不言圆，言辟何？取辟有德"。辟，通"璧"，象征外圆内方之德。

⑥思乐泮（pàn）水，薄采其茆（xìng）：语见《诗经·鲁颂·泮水》。思，发语词。泮水，泮宫之水。

⑦《诗训》：陈立在《白虎通疏证》中认为这里应为鲁诗说，该书已不可见。

⑧璜（huáng）：半璧为璜。古代贵族朝聘、祭祀、丧葬、征召的礼器，也作佩饰。

⑨穆穆鲁侯，克明其德。既作泮宫，淮夷攸服：语见《诗经·鲁

颂·泮水》。穆穆,恭敬端庄的样子。

【译文】

天子为什么要设立辟雍呢?辟雍是用来演习礼乐、宣扬道德教化的场所。"辟"是"璧"的意思。像玉璧一样的圆形,这是效法天的。"雍"是四周用水围绕,象征天子的教化流行于天下。"辟"也可以作"积"讲,象征累积天下的道德。"雍"可以作"壅"讲,说明此处是天下学习效法的榜样,所以叫做"辟雍"。《王制》里面讲:"天子设立的学校叫做'辟雍',诸侯设立的学校叫做'泮宫'。"外面作圆形是为了能让四面八方围观的人看到的情景都一样。又讲要外圆内方,表明德行应该是圆润的,但行为必须是方正的。不称为"圆"称为"辟",又是为什么呢?这是因为"璧"是象征德行的。又怎么知道四周有水呢?《诗》里面讲:"泮水那边喜气盈盈,人在水边采水芹。"《诗训》里面讲:"水就像玉璧一样是圆形。"诸侯设立的学校叫做"泮宫",其规模是天子辟雍的一半。表明天子诸侯的地位是有尊卑差异的,诸侯能够教化的人与天子相比要少许多。泮宫像玉璜的形状,只有南面行礼的这边有水,其余的方向都用土填塞起来了。通过"辟雍"和"泮宫"这两个名字就可区分尊卑等级,名字的差异也说明了诸侯不能教化四方。不称"泮雍"又是为什么呢?这是怕"泮宫"只按照天子辟雍的形制缩小一半,没有实质的差异。《诗》里面讲:"鲁侯威严又端庄,能修品德使醇厚。既然已经建筑好泮宫,淮夷等都来归顺。"

以上论述辟雍和泮宫。

6.6　乡曰庠[①],里曰序。庠者庠礼义,序者序长幼也。《礼·五帝记》曰[②]:"帝庠序之学,则父子有亲,长幼有序,善如尔舍[③],明令必次外[④],然后前民者也。未见于仁,故立庠序以导之也。"古者教民者,里皆有师,里中之老有道德者为里右师，其次为左师，教里中之子弟以道艺、孝悌、仁义。立春而就事，朝则坐于里之门，余子皆出就农而后罢。夕亦如之，皆入而后罢。其有出入不时，早晏不节⑤，有过，故使语之，言心无由生也。若既收藏，皆入教学，其有贤才美质，知学者足以开其心，顽钝之民，亦足以别于禽兽而知人伦。故无不教之民。孔子曰"以不教民战，谓弃之⑥"，明无不教民也。

右论庠序之学。

【注释】

①乡：行政区域单位，周代万二千五百家为乡。春秋齐制，郊内以五家为轨，十轨为里，四里为连，十连为乡。郊外以五家为轨，六轨为邑，十邑为率，十率为乡。秦汉以十里为亭，十亭为乡。庠（xiáng）：古代乡学名。

②《礼五帝记》：逸《礼》篇章。

③如：入。尔：你。舍：主人家，这里指每个人的心。

④明令：美好的教令。次：停留。

⑤晏：晚。

⑥以不教民战，谓弃之：语见《论语·子路》。

【译文】

乡的学校叫做"庠"，里的学校叫做"序"。"庠"是弘扬礼义的意思，"序"是区分长幼顺序的意思。《礼·五帝记》里面讲："五帝设立庠序之学，通过教育能让父子之间相亲爱，长幼分别有序。每个人心里都有确定的善，在外在行为方面一定能够遵行美好的教令。这样受过教育的人就可以在前面引导普通民众。因为担心百姓没看到仁义的作用，所以要设立庠、序这类学校来引导他们。"古来负责教育人民的有专门的人，每个里都有自己的老师，里中年纪较大又有道德的为"里右师"，其次为"左师"，由这些人专门负责教育里中的子弟道义、技能、孝悌、仁义等。立春后里师就会开始行使他们的职责。早上他们会坐在里的门口，监督里中子弟到田野去从事农作。晚上也是一样，所有人回来后他们才离开。如果有人不按时间规定出入里中，对于时间没有合理安排犯了错误，因此里师就会和他们谈话，让被教育的人心服口服。等到秋天农作物收获储藏之后，所有人都要到里师这里学习。里中子弟如果才能美好又善于学习的，通过教育可以启发他们的心智。即便是顽劣愚钝的里中子弟，通过教育也可以粗略懂得人伦大道，让自己的行为区别于禽兽。所以没有不能接受教育的百姓。孔子就讲："不训练就让百姓去打仗，这是让他们白白去送命。"这就表明孔子也认为没有不能接受教育的百姓。

以上论述庠、序这类学校。

6.7　天子所以有灵台者何①？所以考天人之心，察阴阳之会，揆星辰之证验，为万物获福无方之元。《诗》云："经始灵台②。"天子立明堂者，所以通神灵，感天地，正四时，出教化，宗有德，重有道，显有能，褒有行者也。明堂上圆下方，八窗四闼③，布政之宫，在国之阳。上圆法天，下方法地，八窗象八风，四闼法四时，九宫法九州，十二坐法十二月，三十六户法三十六雨④，七十二牖法七十二风⑤。

右论灵台、明堂。

【注释】

①灵台：古代观测天象之所。郑玄笺注《诗经·大雅·灵台》有"观台而曰灵者，文王化行似神之精明，故以名焉"。

②经始灵台：语见《诗经·大雅·灵台》。经，量度，筹划。灵，善。

台，高而上平的方形建筑物。

③闼（tà）：小门。

④户：门。三十六雨：谓每十日一雨，一年下雨三十六次。形容风
　　调雨顺。《京房易候》有："十日一雨，岁凡三十六雨，以为时若之
　　应。"纬书《春秋说题辞》："一岁三十六雨，天地之气宣，十日小雨
　　应天文，十五日大雨以斗运也。"

⑤牖（yǒu）：窗户。七十二风：一年分二十四节气，每气分三候，可以
　　见到天文、地理、人事和自然界景物的各种变化，故为七十二风。

【译文】

　　天子为什么要设立灵台呢？这是为了考察天心和人心如何相感应，
明察阴阳之气如何交会，揆度星辰运行如何与人事相证验，为万物都能
获得上天福佑的根本。《诗》里面讲："开始动工修建灵台。"天子设立明
堂是为了与神灵沟通，感应天地之气，与四时变化相应，广泛教化民众，
以德为宗旨，以道为重点，表彰贤能的人，褒奖有善行的人。明堂上面是
圆形，下面是方形，有八扇窗户，开四个小门。明堂是天子宣布政令的宫
殿，是一国阳气汇聚之地。上面的圆形效法天，下面的方形效法地，八窗
象征八风，四个小门效法四时，九个宫室效法九州，十二个座位效法十二
个月，三十六个门效法三十六次雨，七十二个窗户效法七十二种风。

　　以上论述设立灵台和明堂的问题。

灾变

【题解】

　　"灾变"共计四条，都是在讨论灾害变异的问题。汉代灾异祸福之
说盛行，谶纬大为兴盛和阴阳灾异学说也有很大关系。这里讨论指出了
灾异是上天对人发出的警告，灾异妖孽等各种反常现象都各有含义，日
月食、水旱灾祸、霜雹等都是阴阳之气不平衡的表现。面对灾异，人类尤

其是君主要反省自己的德行,谨慎戒惧行事才能有效对上天发出的警告进行回应。

6.8　天所以有灾变何? 所以谴告人君,觉悟其行,欲令悔过修德,深思虑也。《援神契》曰[1]:"行有点缺[2],气逆干天,情感变出[3],以戒人也。"

右论灾变谴告之义。

【注释】

①《援神契》:指纬书《孝经援神契》。

②点缺:指人的品德有缺点,就像玉有斑点。

③情:卢文弨疑为"精"。

【译文】

天为什么会降种种灾异呢? 这都是为了谴责警告人间的君主,让他们能够反省自己的言行,让他们自己忏悔过错,修养德行,对自己言行能够深思熟虑。《孝经援神契》里面讲:"人的品行有缺失,所散发的逆气会直达上天,因此会感生种种精怪,这都是上天向人们发出警戒。"

以上论述天降灾异来谴责警告。

6.9　灾异者,何谓也?《春秋潜潭巴》曰:"灾之为言伤也,随事而诛。异之为言怪也,先发感动之也。"何以言灾有哭也?《春秋》曰:"新宫火,三日哭[1]。"《传》曰:"必三日哭何? 礼也[2]。"灾三日哭,所以然者,宗庙先祖所处,鬼神无形体,曰今忽得天火,得无为灾所中乎? 故哭也。变者,何谓也? 变者,非常也。《乐稽耀嘉》曰[3]:"禹将受位,天意大变,迅风靡木[4],雷雨昼冥。"妖者,何谓也? 衣服乍大乍小，言语非常。故《尚书大传》曰"时则有服妖"也。孽者⑤，何谓也？曰：介虫生为非常⑥。《尚书大传》云："时则有介虫之孽，时则有龟孽。"尧遭洪水，汤遭大旱，亦有谴告乎？尧遭洪水，汤遭大旱，命运时然⑦。所以或灾变或异何？各随其行，因其事也。

右论灾异、妖、孽异名。

【注释】

①新宫火，三日哭：语见《春秋·成公三年》。新宫，新设立的宗庙，即宣公的庙。《春秋穀梁传》有"迫近不敢称谥，恭也"。

②必三日哭何？礼也：语见《春秋公羊传·成公三年》。《春秋穀梁传》有"三日哭，哀也；其哀，礼也"。《礼记·檀弓下》有"有焚其先人之室，则三日哭。故曰：'新宫火，亦三日哭。'"焚其先人之室，郑玄注："谓火烧其宗庙。哭者，哀精神之有亏伤。"

③《乐稽耀嘉》：纬书篇名。

④靡：倒下。

⑤孽：灾害，妖祸。

⑥介虫：有硬壳的虫类。

⑦时：时气变化。

【译文】

灾异是指什么呢？《春秋潜潭巴》里面讲："'灾'是伤害的意思，因其所行的错事进行诛杀。'异'是怪异的意思，先于事情的发生而出现某种状况，让人能够有所触动而觉悟。"为什么讲遇到灾祸要哭泣呢？《春秋》里面讲："新宫发生火灾，哭了三天。"《传》里面解释道："一定要哭三天是为什么呢？这是遵循礼制。"遇到火灾哭三天的原因在于宗庙乃是祖先神灵所安放的地方，鬼神没有形体，现在突然天降火灾，先祖神灵能够不被灾害所伤害吗？所以君主要为此哭泣。"变"是什么意思呢？
"变"是不同寻常的意思。《乐稽耀嘉》里面讲："大禹马上要接受舜所禅
让的天子之位，忽然天色大变，狂风刮到了树木，打雷下雨，白天突然黑
得同晚上一样。""妖"是什么意思呢？这是说衣服的形制一会儿大一会
儿小，人们所讲的话也都反常。所以《尚书大传》讲："有时会出现服装
上的妖异之象。""孽"是什么意思？有人讲：出现了长得反常的硬壳虫。
《尚书大传》讲："有时会有带壳的虫类妖孽出现，有时会有龟类妖孽出
现。"尧遭遇洪水，汤遭遇大旱灾，这也是上天发出的谴告吗？尧遭遇洪
水，汤遭遇大旱灾，也都是因为当时天运行而来的时运所致。为什么有
时候称为"灾变"，有时候称为"灾异"呢？这都是随人们的行为而产生
的，所对应的事也不同。

　　以上论述"灾异"和"妖""孽"等名称的不同。

　　6.10　霜之为言亡也。阳以散亡。雹之为言合也。阴
气专精①，积合为雹。露者霜之始，寒即变为霜。

　　右论霜、雹。

【注释】

①专精：专一精并。

【译文】

　　"霜"是消亡的意思。结霜意味着阳气消散灭亡。"雹"是聚合的意
思。阴气专一凝结，累积聚合在一起就是"雹"。露水是结霜的开始，天
气再变冷一些就会结为霜。

　　以上论述"霜"和"雹"的含义。

　　6.11　日食必救之何？阴侵阳也。鼓用牲于社①。社

者,众阴之主,以朱丝萦之②,鸣鼓攻之,以阳责阴也。故《春秋传》曰:"日有食之,鼓用牲于社③。"所以必用牲者,社,地别神也。尊之,故不敢虚责也。日食,大水则鼓用牲于社,大旱则雩祭求雨④,非苟虚也。助阳责下求阴之道也。月食救之者,阴失明也。故角尾交⑤。日月食救之者,谓夫人击镜,孺人击杖,庶人之妻樱搔⑥。太平之时,时雨时旸,不以恒旸而以时旸⑦,天地之气宣也。

右论日月食水旱。

【注释】

①鼓用牲于社:当时民俗,遇到日食则鸣鼓而用牲来祭社。古人认为社神是土地之主,月是土地之精,两者都属阴,日食为阴犯阳,所以祭祀社神。

②萦:回旋缠绕。

③日有食之,鼓用牲于社:语见《春秋公羊传·庄公二十五年》。

④雩(yú)祭:古代祈雨的祭祀。三代之前不见经传,自《周礼·地官》有舞师舞旱暵,稻人供雩敛之事,雩祭之名始见。其后春秋时期多有非时而举行的,秦汉以来遇见旱灾就会举行。

⑤角尾交:地面上麒麟争斗。陈立《白虎通疏证》考证为"独角交",《春秋演孔图》有"麟,木精也。麒麟斗,日无光"。《太平御览》注中有"麒麟,独角之兽。故与日月相符"。

⑥樱(xiē):门两旁的木柱。搔(sāo):用指甲轻刮。

⑦旸(yáng):晴天。

【译文】

出现日食为什么要设法进行挽救呢?这是因为阴侵犯了阳,要到社庙里去击鼓,用牲畜进行祭祀。社神是众阴之主,用大红丝绳萦绕社神,击鼓祭祀,对社神进行责难,这是助阳责阴。所以《春秋传》里面讲:"发生了日食,到社庙去击鼓,用牲畜进行祭祀。"之所以一定要牲畜来祭祀,是因为社是另一种土地神,也要对他表示尊敬,所以不敢只是责怪,还需要祭祀。发生日食或大水,就要到社庙去击鼓,用牲畜进行祭祀。发生大旱就要用雩祭来求雨,不是草率随意决定的。这是真正助阳责阴的方法。月食之所以也要救,这是因为象征阴的月亮失去了光明。所以地面上麒麟争斗。日月食都要相救,有人讲:如果出现这些情况,夫人要敲打自己的镜子,卿大夫等人的妻子要敲击木棍,平民百姓的妻子要用指甲轻刮门两旁的木柱。真正太平的时期,该下雨时就会下雨,该天晴时就会天晴,不会长期一直出太阳或长期一直下雨,这是天地之气宣畅祥和的表现。

以上论述日食、月食、大水和大旱的问题。

耕桑

【题解】

"耕桑"共一条,主要说明帝王要亲自耕田,王后要亲自种桑养蚕,这是为率领天下百姓致力于农耕,与传统社会提倡的"男耕女织"的基本生活模式是一致的。

6.12　王者所以亲耕,后亲桑何? 以率天下农蚕也。天子亲耕以供郊庙之祭,后亲桑以供祭服。《祭义》曰:"天子三推,三公五推,卿大夫七推[①]。"耕于东郊何? 东方少阳,农事始起。桑于西郊何? 西方少阴,女功所成。故《曾子问》曰:"天子耕东田而三反之[②]。"《周官》曰:"后亲桑,率外内命妇蚕于北郊[③]。"《礼·祭义》曰"古者天子诸侯必有公桑蚕室，近外水为之筑宫，棘墙而外闭之"者也④。

右论王与后亲耕亲桑之礼。

【注释】

①天子三推，三公五推，卿大夫七推：不见于今本《礼记·祭义》。
《礼记·月令》有"天子三推，三公五推，卿、诸侯九推"。推，指
推耜入土。

②天子耕东田而三反之：此句不见于《礼记》《大戴礼记》，疑为逸
《礼》章句。

③后亲桑，率外内命妇蚕于北郊：《周礼·天官·内宰》有"中春，诏
后帅外内命妇始蚕于北郊"。

④棘墙：布满荆棘的围墙。

【译文】

为什么王者要亲自进行耕种，王后要亲自养桑呢？这是为了率领天
下人都勤于从事农耕和种桑饲蚕。天子亲自耕种来供奉郊庙的祭祀，王
后亲自种桑养蚕来制作祭服。《祭义》讲："天子起土三次，三公起土五
次，卿大夫起土七次。"为什么王者要在东郊进行耕种呢？因为东方属
于少阳，这是农事开始的地方。为什么王后要在西郊种桑？因为西方属
于少阴，这是女功能够成就的地方。所以《曾子问》里面讲："天子在东
郊耕田，起土三次。"《周官》里面讲："王后亲自种桑，率领内外命妇到北
郊养蚕。"《礼记·祭义》里面讲："古代天子诸侯都有公家的桑园和养蚕
的宫室。这些宫室临近河边进行建造，围墙布满荆棘，用来与外界进行
隔绝。"

以上论述王者亲自耕种、王后亲自种桑的礼仪。

封禅

【题解】

"封禅"共计两条。第一条讲封禅的含义和作用,第二条讲王者德
化天下,上天就会降下各种符瑞。这是阴阳灾异说的另外一面,在前面
《灾变》已经讲过灾异是上天在惩罚王者德行的缺失,那么封禅符瑞则
是上天对于王者德政的奖赏。这里包含着"王权天授"的思想。

6.13　王者易姓而起,必升封泰山何①? 报告之义也。
始受命之日,改制应天,天下太平功成,封禅以告太平也。
所以必于泰山何? 万物之始,交代之处也②。必于其上何?
因高告高,顺其类也。故升封者,增高也。下禅梁甫之基③,
广厚也。皆刻石纪号者,著己之功迹以自效也。天以高为
尊,地以厚为德。故增泰山之高以报天,附梁甫之基以报
地。明天之命,功成事就,有益于天地,若高者加高,厚者加
厚矣。

【注释】

①升:登上。封:帝王筑坛祭天。

②交代:阴阳交替。

③禅(shàn):封土为坛,扫地而祭。梁甫:又作"梁父",泰山下的一
　座小山,在今山东新泰西。

【译文】

王者改换国号而兴起,为什么一定要登上泰山筑坛祭天呢? 这是向
上天进行报告的意思。帝王一旦受命就会改变礼仪制度来顺应天命,等
到天下太平大功告成,就要通过封禅向上天报告天下已太平。为什么一

定要到泰山封禅呢？这里是万物开始阴阳交替的地方。为什么一定要
到山上去呢？因为在高处便于向高高的上天汇报，这是依据事物的类别
属性而行事。之所以登上泰山筑坛祭天，这是将高处再增高。下来在梁
甫这个地方封土为坛，这是将厚重的土地再增厚。封禅过程中帝王会在
石上刻字记录自己的号，记录下自己所取得的功绩用以自我勉励。天因
为高高在上而尊贵，地因为厚重而有德。所以增加泰山的高度用来与天
相应，增厚梁甫的地基用来与大地相应。明确地召谕天命，新的王者已
经功成事就，他的功德有益于天地，所以高高的泰山让其再增高，厚重的
大地让其更厚重。

　　或曰：封者金泥银绳^①。或曰：石泥金绳^②，封之以印
玺。故孔子曰："升泰山，观易姓之王，可得而数者七十余
君^③。"封者，广也。言禅者，明以成功相传也。梁甫者，泰
山旁山名。正于梁甫何？以三皇禅于绎绎之山，明己成功
而去，有德者居之。绎绎者，无穷之义也。五帝禅于亭亭之
山。亭亭者，制度审諟^④，道德著明也。三王禅于梁甫之山。
梁者，信也。甫者，辅也。信辅天地之道而行之也。

【注释】
①金泥：以水银和金粉为泥，用以封印玉牒、诏书等，多于封禅时用。
②石泥：石粉末与泥土混合之物，古代封禅时用。
③升泰山，观易姓之王，可得而数者七十余君：出处不详。
④审諟（dì）：据陈立考证，这里"諟"应该为"谛"字。详备，周备。
【译文】
　　有人认为要将封禅所用的文书以金泥银绳封之埋于地下。也有人
认为要用石泥金绳封之，加盖印玺埋于地下。所以孔子讲："登上泰山，

我看到了改朝换代的王的号，其中可以数清楚的有七十多个。""封"是
功德广大的意思。"禅"象征历代圣王所成就的功绩代代相传。"梁甫"
是泰山旁小山的名字。为什么刚好在梁甫呢？这是因为三皇在绎绎之
山封禅，彰显自己获得的成功后离开，有德的人才能在此封禅。"绎绎"
是德化无穷的意思。五帝在亭亭之山封禅，"亭亭"是各种礼法制度详
备、道义与德行都非常显著的意思。三王在梁甫封禅，"梁"是信的意思，
"甫"是辅佐的意思，说明要忠实地辅助天地大道来运行。

太平乃封，知告于天，必也于岱宗何？明知易姓也。刻
石纪号，知自纪于百王也。燎祭天①，报之义也。望祭山
川②，祀群神也。《诗》云："於皇明周，陟其高山③。"言周太
平封泰山也。又曰："堕山乔岳，允犹翕河④。"言望祭山川，
百神来归也。

右论封禅之义。

【注释】

①燎（liào）：焚柴祭天。

②望：古代祭祀山川的专称，遥望而祭。

③於皇明周，陟其高山：语见《诗经·周颂·般》。

④堕山乔岳，允犹翕河：语见《诗经·周颂·般》。堕，狭而长。乔，
　　高。允，信，实。犹，又。翕，和合，聚合。

【译文】

太平时期才能封禅，人间的消息向上天汇报，为什么一定要到泰山
呢？这是便于让上天知道已经改朝换代了。要在石碑上刻上自己的号，
让自己列于历代圣王的序列。焚柴祭天就是向上天汇报的意思。遥望
而祭祀山川，这是祭祀群神的意思。《诗》里面讲："伟大的周王，登上高

山。"这是讲周朝太平之后,周天子封于泰山。又讲:"山呀狭而长,岳呀高又大,河水和合流淌。"这是在讲通过望祭山川河流,天下众神都来归附。

以上论述王者封禅的问题。

6.14　天下太平,符瑞所以来至者①,以为王者承天统理,调和阴阳,阴阳和,万物序,休气充塞,故符瑞并臻,皆应德而至。德至天,则斗极明,日月光,甘露降。德至地,则嘉禾生,蓂荚起②,秬鬯出③,太平感。德至文表④,则景星见⑤,五纬顺轨⑥。德至草木,则朱草生,木连理。德至鸟兽,则凤皇翔,鸾鸟舞,麒麟臻,白虎到,狐九尾,白雉降,白鹿见,白乌下。德至山陵,则景云出,芝实茂,陵出黑丹,阜出蓲莆⑦,山出器车,泽出神鼎。德至渊泉,则黄龙见,醴泉涌,河出龙图,洛出龟书,江出大贝,海出明珠。德至八方,则祥风至,佳气时喜,钟律调,音度施,四夷化,越裳贡⑧。

【注释】

①符瑞:祥瑞的征兆。

②蓂荚(míng jiá):古代传说中的一种瑞草,亦称"历荚"。据说唐尧的时候,阶下生了一株草,每月一日开始长出一片荚来,到月半共长了十五荚。以后每日落去一荚,月大则荚都落尽,月小则留一荚,焦而不落。所以从荚数多少,可以知道是何日。

③秬鬯(jù chàng):祭祀时灌地所用的以郁金草合黍酿造的酒,色黄而芳香。

④文表:陈立《白虎通疏证》考证疑为"八表"。八方之外,又称八荒,指极远的地方。

⑤景星:德星、瑞星。

⑥五纬：金、木、水、火、土五大行星。

⑦阜（fù）：土山。蓂莆（shà fǔ）：传说一种代表吉祥的神异之草。

⑧越裳：亦作"越常"，古南海国名。《后汉书·南蛮传》："交趾之南有越裳国。周公居摄六年，制礼作乐，天下和平，越裳以三象重译而献白雉。"

【译文】

　　天下太平之后，祥瑞的征兆就会不断出现。这是因为王者顺承天道统理万物，调和阴阳之气。阴阳调和，万物得其序，美好的气象充塞寰宇，所以祥瑞的征兆就会不断出现，都是相应于人的德行而来。王者德化及于天，那么天上的北斗、南极等星就会非常明亮，日月能够光明普照，上天也会降下甜美的甘露。王者德化及于大地，地上就会生出好的禾苗，蓂荚草也会长出来，秬鬯也能顺利酿成，感得天下太平。王者德化及于八荒，景星就会出现，金、木、水、火、土五星都会按照轨道运行。王者德化及于草木，就会生出朱草，树木也会长出连理枝。王者德化及于鸟兽，凤凰就会来翔翔，鸾鸟就会来跳舞，麒麟就会来会聚，白虎会出现，狐狸会有九尾，会降生白雉，会出现白鹿，会降下白鸟。王者德化及于山陵，天上就会出现祥云，芝草的果实会很茂盛，山陵会出产黑色的丹药，山丘会长出蓂莆，山里面会出产良木，这些木材可以用来制造精美的器具和车子，山泽里会出现神鼎。王者德化及于渊泉，水里会有黄龙出现，甘甜的泉水会不断涌出，黄河会展现龙图，洛水会贡献洛书，江里面会出产大贝壳，海里面会出产夜明珠。王者德化及于八方，就会出现祥风，美好的氛围会带来不断的喜庆，律吕会调和，声音的度数会符合节律，四夷会主动归化，连最远的越裳国都会来进贡称臣。

　　孝道至，则蓂莆生庖厨。蓂莆者，树名也。其叶大于门扇，不摇自扇，于饮食清凉，助供养也。继嗣平，则宾连生于房户。宾连者，木名也。其状连累相承，故生于房户，象继嗣也。日历得其分度，则蓂荚生于阶间。蓂荚者，树名也。月一日一荚生，十五日毕。至十六日一荚去，故夹阶而生，以明日月也。王者使贤不肖位不相逾，则平路生于庭。平路者，树名也。官位得其人则生，失其人则死。

【译文】

王者的孝道达到极点，厨房里面会长出萐莆。萐莆是一种树名。它的叶子比一扇门还要大，不用摇动就可以自己扇风，为人们冷藏饮食，这是为了帮助供养父母。后妃能够广延后嗣，就会在房门那里长出宾连。宾连是一种树木的名字。它的枝叶繁茂延续不断，因此生在房门那里，象征后嗣繁茂。能够准确区分日月历数，那么蓂荚就会生于台阶间。蓂荚是一种树名。每月一日开始长出一片荚来，到月半共长十五荚。以后每日落去一荚，一般会在两阶之间生出。这种树是专门用来标明日月运行之数的。王者能让贤者不肖者各得其所，在庭中就会生出平路。平路是一种树名。所任用的官员人选合适，这种树就会生长繁盛；所任用的官员不得当，这种树就会枯萎。

　狐九尾何？狐死首丘，不忘本也。明安不忘危也。必九尾者何？九妃得其所，子孙繁息也。于尾者何？明后当盛也。

【译文】

狐狸为什么会有九条尾巴呢？这是因为狐狸死的时候，头一定会朝向出生的山丘，表示不忘本。这说明安逸之中不忘有危亡之祸。为什么一定是九条尾巴呢？这象征每位后妃都能各得其所，子孙能够繁衍不断。看重尾巴是为什么呢？表明后代会很兴盛。

景星者，大星也。月或不见，景星常见，可以夜作，有益于人民也。甘露者，美露也。降则物无不盛者也。朱草者，赤草也。可以染绛，别尊卑也。醴泉者，美泉也。状若醴酒，可以养老也。嘉禾者，大禾也。成王之时，有三苗异亩而生，同为一穟，大几盈车，长几充箱，民有得而上之者，成王召周公而问之。公曰："三苗为一穗，天下当和为一乎。"后果有越裳氏重九译而来矣。

【译文】

景星是大星。月亮可能有时候会看不见，但是景星一直可以看到。利用景星的照明人们可以在夜间进行劳作，对人民生活非常有益。甘露是甜美的露水，只要甘露降下，万物就会生长旺盛。朱草是一种红色的草，可以用来作为染料进行染色，所染出来的绛色可以用来区分尊卑。醴泉是甘泉，味同甘美的醴酒，可以用来养老。嘉禾是大禾苗。周成王的时候，有三株苗在不同的田里长出来，最后结成一颗谷穗，大得几乎可以装满车，长得几乎可以装满箱子。百姓收获了这种嘉禾并奉献给天子，周成王专门召见周公问他原因。周公讲："三株苗能够长成一颗谷穗，这象征着天下会统一。"后来果然有越裳氏通过多重翻译来进贡称臣。

凤凰者，禽之长也。上有明王，太平乃来，居广都之野。雄鸣曰节，雌鸣足足，小音中钟，大音鼓，游必择地，饥不妄食。黄帝之时，凤凰蔽日而至东方，止于东园，食常竹实，栖常梧桐，终身不去。

右论符瑞之应。

【译文】

凤凰是百禽之首，只有明圣之君在上，天下太平的时期才会出现，一般居于广都之野。雄凤凰的鸣声为"节"，雌凤凰的鸣声为"足足"，小的声音像钟声，大的声音像鼓声。它们游玩一定会选择地方，饥饿了也不会随便吃东西。黄帝当政的时候，大量的凤凰遮天蔽日来到东方，停歇在东方的园子里，以竹子的果实为主要食物，常在梧桐树上栖息，黄帝当政时期凤凰一直都没有离开。

以上论述祥瑞的征兆。

巡狩

【题解】

"巡狩"共计十条。主要介绍了巡狩之礼，包括巡狩的意义、内容、时间、具体方式、三公在天子巡狩中的分工，还讨论了天子巡狩中出现意外去世等情况应该如何处理，展现了天子是如何具体履行代天牧民职责的。

6.15　王者所以巡狩者何？巡者，循也。狩者，牧也。为天下巡行守牧民也。道德太平，恐远近不同化，幽隐不得所者，故必亲自行之，谨敬重民之至也。考礼义，正法度，同律历，叶时月①，皆为民也。《尚书》曰："遂觐东后，叶时月正日，同律度量衡，修五礼②。"《尚书大传》曰："见诸侯，问百年，太师陈诗，以观民风俗。命市纳贾，以观民好恶。山川神祇有不举者为不敬，不敬者削以地。宗庙有不顺者为不孝，不孝者黜以爵。变礼易乐者为不从，不从者君流。改衣服制度为畔，畔者君讨。有功者赏之。③"《尚书》曰："明试以功，车服以庸④。"

右总论训狩之礼。

【注释】

①叶（xié）：同"协"。和洽。

②"遂觐东后"四句：语见《尚书·虞书·舜典》。东后，东方诸侯
　的君长。时，春、夏、秋、冬四时。正，定。同，统一。律，十二律。
　五礼，公、侯、伯、子、男五等朝聘之礼。

③"见诸侯"数句：都在讲天子巡狩所查看的内容。语见《礼
　记·王制》。问百年，拜访年近百岁的老人。太师，诸侯国掌管
　音乐的官。诗，民歌民谣。贾，同"价"，物价。宗庙有不顺者，指
　宗庙左昭右穆排列不当，祭祀不依照顺序或时节。

④明试以功，车服以庸：语见《尚书·虞书·舜典》。庸，功劳。

【译文】

　　天子为什么要巡狩呢？"巡"是循行的意思，"狩"是牧守的意思。
天子要在天下巡行，替天牧守百姓。道义德行本来是极为平均中正的，
天子唯恐远近接受教化的程度不同，幽微隐蔽的地方还有人不能得其
所，所以必须亲自巡行。这都说明天子要小心敬慎地对待百姓，对他们
极为看重。天子考定礼义，修正法度，统一律历，协调时月都是为了百姓
的利益。《尚书》里面讲："然后接受东方诸侯君长的朝见，协调春、夏、
秋、冬四时的月份，确定天数，统一音律、度、量、衡。制定了公、侯、伯、
子、男朝聘的礼节。"《尚书大传》里面讲："接受诸侯的朝见，登门拜访
当地年近百岁的老人，太师进呈当地的民歌民谣，从而考察人民的风俗。
命令管理市场的官员进呈当地的物价，了解人民喜爱和嫌弃的物品。山
川及种种神灵有缺漏祭祀的犯了不敬的罪，犯了不敬罪的诸侯封地就会
被削减。宗庙左昭右穆排列不当，祭祀不依照顺序或时节，犯了不孝的
罪。犯了不孝罪的诸侯爵位就会被降低。随便改换礼乐制度的诸侯是
不服从天子的，不服从天子的诸侯就要被流放。擅自变革服饰和度量形

制的诸侯就是要造反,想要造反的诸侯就要被讨伐。对人民有功劳的诸侯,要进行奖赏。"《尚书》还讲:"明确考察他们的政绩,赏赐车马衣物作为对功劳的酬答。"

以上总体论述巡狩之礼。

6.16　巡狩所以四时出何? 当承宗庙,故不逾时也①。以夏之仲月者,同律度当得其中也②。二月八月昼夜分,五月十一月阴阳终③。《尚书》曰"二月东巡守,至于岱宗","五月南巡守,至于南岳","八月西巡守,至于西岳","十有一月朔巡守,至于北岳"④。

右论巡守以四仲义。

【注释】

①当承宗庙,故不逾时也:这里指四季都要祭祀宗庙,所以巡狩一段时间就要回国都举行祭祀等其他活动。《礼记·王制》里面有"天子诸侯宗庙之祭,春曰礿,夏曰禘,秋曰尝,冬曰烝"。

②律度:度指长短,即分、寸、尺、丈、引。古代计度,皆出于黄钟之律,故称"律度"。广言之,也包括计算容积、重量。

③二月八月昼夜分,五月十一月阴阳终:这里指春分秋分,太阳在赤道,所以昼夜等长。夏至,太阳到达北回归线,所以北半球昼最长夜最短;冬至,太阳到达南回归线,所以北半球昼最短夜最长。

④"二月东巡守"数句:都在讲四季巡守的情况。语见《尚书·虞书·舜典》。岱宗,东岳泰山。南岳,衡山。西岳,华山。朔,北方。北岳,嵩山。

【译文】

为什么四季都可以安排巡狩? 这是因为君主要祭祀宗庙,所以出门时间不能太长。在夏季的第二个月，各种计度合于律吕而得以定正标准。阴历二月、八月昼夜等长，五月、十一月阴阳之气的运行都达到了极点。《尚书》里面讲："二月到东方巡狩，到达泰山"，"五月到南方巡狩，到达南岳衡山"，"八月到西方巡狩，达到西岳华山"，"十一月到北方巡狩，到达北岳嵩山"。

　　以上论述在每一季第二个月巡狩。

　　6.17　所以不岁巡守何？为大烦也。过五年，为大疏也。因天道时有所生，岁有所成。三岁一闰，天道小备，五岁再闰，天道大备。故五年一巡守，三年二伯出述职黜陟①。一年物有终始，岁有所成，方伯行国，时有所生，诸侯行邑。《传》曰②："周公入为三公，出作二伯，中分天下，出黜陟。"《诗》曰："周公东征，四国是皇③。"言东征述职，周公黜陟而天下皆正也。又曰："蔽芾甘棠，勿翦勿伐，召伯所茇④。"言召公述职，亲说舍于野树之下也。《春秋穀梁传》曰："古之君人者，必时视民之所勤⑤。"

　　右论巡守述职行国行邑义。

【注释】

　　①二伯：管理四州的行政长官，位在方伯之上。述职：诸侯向天子陈述职守。黜陟：降官曰黜，升官曰陟。

　　②《传》：陈立考证推测应该为《鲁诗》传，今已亡逸。

　　③周公东征，四国是皇：语见《诗经·豳风·破斧》。四国，指管、蔡、商、奄。皇，同"匡"。匡正。

　　④蔽芾（fèi）甘棠，勿翦勿伐，召伯所茇（bá）：语见《诗经·召南·甘棠》。蔽，可蔽风日。芾，枝叶茂盛的样子。甘棠，即棠梨，亦称

杜梨。芨,原意为草舍,此指露宿。

⑤古之君人者,必时视民之所勤:语见《春秋穀梁传·庄公二十九

年》。勤,忧虑,愁苦。

【译文】

天子为什么没有每年都安排巡狩呢?因为这样安排会太烦琐。如果五年巡狩一次,时间又间隔太远。按照天道运行的规律,四季都出产不同的物品,每年都有每年的收获。三年置一闰月,天道小有所成;五年置两个闰月,天道大有所成。所以天子五年巡狩一次,二伯三年巡守一次,检查诸侯履行职事的情况,对他们进行黜陟赏罚。一年中万物都经历了春生、夏长、秋收、冬藏的整个过程,每年万物都有其成就,所以方伯一年中要巡行自己的国家。每一季土地都有自己的出产,所以诸侯每一季要巡行自己管理的乡邑。《传》里面讲:"周公在天子朝廷贵为三公,出行四方任二伯,管理着天下的一半,黜陟命令都由他发出。"《诗》里面讲:"周公向东讨伐,匡救四个国家。"这是讲周公到东方巡狩,进行相应的黜陟,使得天下事物都各得其正。又讲:"甘棠树,高又大,莫剪它也莫砍它,召伯曾宿在那树下。"这是讲召公巡狩的时候,露宿在乡野的甘棠树下。《春秋穀梁传》里面讲:"古代管理百姓的君主,一定会按时查看老百姓的愁苦。"

以上论述天子巡狩,诸侯陈述职守以及巡行国家和乡邑。

6.18　巡狩必祭天何?本巡狩为天,祭天所以告至也。《尚书》曰"东巡狩至于岱宗柴"也①。王者出,必告庙何?孝子出辞反面,事死如事生。《尚书》曰:"归格于祖祢②。"《曾子问》曰:"王者诸侯出,亲告祖祢,使祝遍告五庙,尊亲也③。"王者将出告天者,示不专也。故《王制》曰:"类于上帝,宜乎社,造于祢④。"类祭以祖配不?曰:接者尊,无二

礼,尊尊之义⑤。造于祢,独见祢何? 辞从卑,不敢留尊者之命,至祢不嫌不至祖也。即祭告天,为告事也。祖为出辞也。义异。告于尊者,然后乃辞出。王者诸侯出,必将主何⑥? 示有所尊。故《曾子问》曰:"王者将出,必以迁庙主行,载于齐车,示有尊也⑦。""无迁主,以币帛皮圭告于祖祢庙,遂奉以出,每舍奠焉⑧。""盖贵命也。"必以迁主者,明庙不可空也。

　　右论祭天告祖祢载迁主义。

【注释】

①东巡狩至于岱宗柴:语见《尚书·虞书·舜典》。

②归格于祖祢(nǐ):语不见于今本《尚书》,可能为逸文。格,感通,感动。祢,父死在宗庙中立主曰"祢"。

③"王者诸侯出"四句:不见于《礼记·曾子问》。五庙,诸侯五庙,天子七庙。天子诸侯庙数有规定,只有高祖以下有庙。高祖以上的祖先原本有庙,但是因世代繁衍而逐渐被迁入太祖庙中,不再专门设庙。

④类于上帝,宜乎社,造于祢:类、宜、造,均为祭名,其礼无考。

⑤接者尊,无二礼,尊尊之义:陈立《白虎通疏证》考证"类祭本为告天,天尊于祖,故不及祖也"。

⑥将:携带,带上。主:神主、祖先牌位。

⑦王者将出,必以迁庙主行,载于齐车,示有尊也:语见《礼记·曾子问》。迁庙主,太祖庙中辈分最高的神祖。迁庙就是无庙,无庙的神主都在太祖庙。这里指带上刚迁庙的神主。齐车,斋车。

⑧无迁主:没有迁庙之主。这里指建国不到五世的诸侯,每个祖先都有庙。

【译文】

　　巡狩为什么一定要祭天呢？这是因为巡狩本来就是替天行使职责，祭天就是告诉上天自己要去履行职责了。《尚书》里面讲："到东方巡视，到达泰山燔柴祭天。"王者出行为什么一定要到宗庙进行祭祀报告呢？作为孝子出门要面辞，回家了要当面报告，侍奉死去的祖先要像侍奉活着的祖先一样。《尚书》里面讲："作为孝子，回家了要到宗庙进行祭祀。"《曾子问》里面讲："王者诸侯出行，亲自告诉祖庙和祢庙中的神主，派祝告诉其他祖宗的神庙，这是尊重先祖的意思。"王者出门前一定要向上天禀告，是为了表示自己不是擅自决定行动的。所以《王制》里面讲："帝王将要出行，要祭祀上帝、社稷和宗庙。"类祭要配以祖先的神主吗？有人讲：类祭本来就是祭祀最尊贵的上天，不需要向其他神主行礼，这是为了突出上天至高无上的地位。到祢庙祭祀进行告辞，为什么单独把告辞祢庙提出来呢？这为了表示告辞祖先，先从宗庙里位次最低的亡父开始，依次到最尊贵的先祖。告别了先祖就会立刻启程，表示不敢延缓执行祖宗的命令。所以讲到"告辞祢庙"里面已经蕴含了要到祖庙那里告辞的意思。在祭祀中禀告上天，这是为了禀告相关事务。祭祀祖先，是为了履行孝子出辞反面的礼仪。这两种祭祀分别有不同含义。禀告尊者后才能告辞出门。王者诸侯出门，一定会带上祖先牌位是为什么呢？表示要有所尊崇。所以《曾子问》里面讲："天子出外巡守，把迁庙主装在斋车上带着同行，是为了表示有所尊崇。""没有迁庙主，就用币帛皮主等礼物祭告祖庙父庙，祭告完毕，捧着这些币帛皮主等礼物出来。每到一个休息的地方，祭奠这些礼物后才休息。""这大概就是尊重祖先的命令吧。"一定是带上刚迁庙的神主同行，这是因为宗庙里其他各庙神主的位置不能空着。

　　以上论述王者祭告上天、告知祖先、带上祖先牌位出行的问题。

6.19　王者巡守，诸侯待于竟者何？诸侯以守蕃为职

也。《礼·祭义》曰"天子巡守，诸侯待于境"也。

　　右论诸侯待于竟。

【译文】

　　王者出行巡狩，诸侯为什么都只能在本国边境等候迎接呢？这是因为诸侯以蕃屏守卫自己的领土为职责。《礼记·祭义》也讲："王者出行巡狩，诸侯都只能在本国边境等候迎接。"

　　以上论述诸侯在本国边境等待迎接王者。

　　6.20　王者巡守，必舍诸侯祖庙何？明尊无二上也，故《礼·坊记》曰："君适其臣，升自阼阶[1]，示民不敢有其室也。"《礼运》曰："天子适诸侯，必舍其祖庙。"

　　右论巡守舍诸侯祖庙。

【注释】

　　①阼阶：东阶，这是主人站的位置。

【译文】

　　王者巡狩，一定会住宿在诸侯的祖庙里，这是为什么呢？这表明天子地位至高无上。《礼记·坊记》里面讲："君主到臣子家里，要从主人的台阶登堂。这是表示作为臣子不能专有自己的宫室。"《礼运》里面讲："天子到诸侯国去，一定住在诸侯的祖庙里。"

　　以上论述王者巡狩住在诸侯祖庙。

　　6.21　王者出，一公以其属守，二公以其属从也。

　　右论三公从守。

【译文】

　　天子出行巡狩，三公之中，一公会带着自己的僚属留守在京师处理日常事务，其余两公会带着自己的僚属与天子同行。

　　以上论述三公分别跟从天子同行和留守的问题。

　　6.23　王者巡守崩于道，归葬何？夫太子当为丧主，天下皆来奔丧，京师四方之中也。即如是，舜葬苍梧①，禹葬会稽何②？于时尚质，故死则止葬，不重烦扰也。

　　右论道崩，归葬。

【注释】

　　①苍梧：山名，又名"九嶷山"，在今湖南宁远。

　　②会稽：山名，在今浙江绍兴东南。

【译文】

　　王者出行巡狩，如果在路上去世，为什么要返回京城后再进行安葬呢？因为要让太子作丧主，通知天下诸侯都来奔丧。京师处在四方之中心，便于诸侯会葬。假使如此，舜安葬在苍梧，禹安葬在会稽，又是为什么呢？上古时期崇尚质朴，所以上古帝王死了会就地安葬，不再烦扰诸侯等人。

　　以上论述王者在巡狩道路上去世，要返回京城后安葬。

　　6.24　王者所以太平乃巡守何？王者始起，日月尚促，德化未宣，狱讼未息，近不治，远不安，故太平乃巡守也。何以知太平乃巡守？以武王不巡守，至成王乃巡守也。

　　右论太平乃巡守义。

【译文】

为什么天下太平之后王者才能开始巡狩呢？这是因为王者刚兴起，时间还很短暂，道德教化没有能够被广泛地宣扬，各种狱讼纷争也还未能平息，远近都还没能获得良好的治理，人们生活也还没有安宁，所以要等到天下太平之后再巡狩。怎么知道要等到天下太平之后再巡狩呢？因为周武王都没有来得及进行巡狩，等到周成王的时候才进行了巡狩。

以上论述天下太平之后王者才开始巡狩的含义。

6.25　岳者，何谓也？岳之为言捔也①，捔功德也。东方为岱宗者何？言万物更相代于东方也。南方为霍山者何②？霍之为言护也。言太阳用事，护养万物也。小山绕大山为霍。南方衡山者，上承景宿③，铨德均物④，故曰衡山。西方为华山者何？华之为言获也。言万物成熟，可得获也。北方为恒山者何？恒者，常也，万物伏藏于北方有常也。中央为嵩高者何？嵩言其高大也。中央之岳独加高字者何？中央居四方之中而高，故曰嵩高山。故《尚书大传》曰："五岳，谓岱山、霍山、华山、恒山、嵩也。"谓之渎何？渎者，浊也。中国垢浊⑤，发源东注海，其功著大，故称渎也。《尔雅》曰"江、河、淮、济为四渎"也⑥。

右论五岳四渎。

【注释】

①捔（jué）：角逐。

②南方为霍山者何：陈立《白虎通疏证》中认为"以霍山为南岳，今文家说也"。霍山，一说为《尚书·禹贡》之太岳山，也称"霍太

山"，在今山西霍州东南。另一说为天柱山，在今安徽霍山西南。
此处当为天柱山。

③景宿：景星，杂星名。也称瑞星、德星。

④铨：衡量。

⑤中国：中原地区。

⑥《尔雅》曰"江、河、淮、济为四渎"也：语见《尔雅·释水》。江，
长江。河，黄河。淮，淮河。济，济水，古水名。发源于今河南，流
经山东入渤海。现在黄河下游的河道就是原来的济水河道。

【译文】

"岳"是什么意思呢？"岳"是"捔"的意思，代表角逐于功德。东岳
为什么称为"岱宗"呢？这是指万物都更生相代于东方。南岳为什么是
霍山呢？霍是"护"的意思。这是说太阳之气当令，能够保护长养万物。
小山围绕着大山也称为"霍"。也有人认为南岳为衡山，因为南岳上应
于景星，象征德行均平，普施万物，所以叫做"衡山"。西岳为什么是华
山呢？"华"是"获"的意思。这是说万物成熟后可以收获了。北岳为什
么是恒山呢？"恒"是"常"的意思，按照固定规律，万物都会在北方伏
藏。中岳为什么是嵩高呢？"嵩"本来就是说又高又大。中岳为什么单
独加个"高"字呢？这是指这个山处于四方的中心而且非常高，所以称
为"嵩高山"。所以《尚书大传》里面讲："'五岳'是指岱山、霍山、华山、
恒山、嵩山。"河流川泽为什么又称为"渎"呢？"渎"是"浑浊"的意思。
中原大地也会产生各类污垢秽浊，河流川泽发源于西方，向东注入大海，
这些河流川泽荡涤污垢功劳卓著，所以称为"渎"。《尔雅》里面讲："'四
渎'是指长江、黄河、淮水、济水。"

以上论述五岳、四渎的问题。

卷七

考黜

【题解】

"考黜"共四条,主要讨论如何考察诸侯政绩,如何决定诸侯的黜陟等,重点介绍了"九锡"礼。汉末汉献帝赐曹操"九锡",采用的是《礼纬含文嘉》中关于"九锡"的说法,之后被历代禅位之君相袭沿用。这篇突出了爵位封赏有德、土地封赏有功的原则,强调了道德优先的原则。

7.1　诸侯所以考黜何^①?王者所以勉贤抑恶,重民之至也。《尚书》曰:"三载考绩,三考黜陟^②。"

右总论黜陟。

【注释】

①考黜:考绩以定黜陟。降官曰黜,升官曰陟。

②三载考绩,三考黜陟:语见《尚书·虞书·舜典》。

【译文】

为什么要考核诸侯的政绩后才决定他们的黜陟呢?这是王者用来劝勉贤人、惩罚恶人的有效措施,表明了对百姓的极度重视。《尚书》里面讲:

"舜帝三年考察一次诸侯的政绩,考察三次后决定官员的升迁或降级。"

以上总体论述官员职位升降等问题。

7.2 礼说九锡^①,车马、衣服、乐则、朱户、纳陛、虎贲、铁钺、弓矢、秬鬯^②,皆随其德,可行而次^③。能安民者赐车马,能富民者赐衣服,能和民者赐乐则,民众多者赐朱户,能进善者赐纳陛,能退恶者赐虎贲,能诛有罪者赐铁钺,能征不义者赐弓矢,孝道备者赐秬鬯。以先后与施行之次自不相逾,相为本末然。安民然后富足,富足而后乐,乐而后众,乃多贤,多贤乃能进善,进善乃能退恶,退恶乃能断刑。内能正己,外能正人,内外行备,孝道乃生。

【注释】

① 九锡:传说古代帝王尊礼大臣所赐予的九种器物,名目大同小异,排列前后次序不一。《礼记·曲礼上》疏中引公羊家说依次为:加服、朱户、纳陛、舆马、乐则、虎贲、斧钺、弓矢、秬鬯。《春秋公羊传·庄公元年》何休根据《礼纬含文嘉》认为依次是车马、衣服、乐则、朱户、纳陛、虎贲、弓矢、斧钺、秬鬯。《韩诗外传》则认为是"一锡车马,再锡衣服,三锡虎贲,四锡乐器,五锡纳陛,六锡朱户,七锡弓矢,八锡铁钺,九锡秬鬯"。汉末汉献帝赐曹操九锡,采用《礼纬含文嘉》的说法,被历代相袭沿用。《白虎通》中的说法与纬书排序最为接近。锡,赐予。

② 乐则:乐器和乐方。朱户:红漆门。纳陛(bì):凿殿基为登升的陛级,纳之于檐下,不使尊者露而升,故名。虎贲:官名,《周礼·夏官·司马》有虎贲氏,掌王出入仪卫之事。言如猛虎之奔走,喻其勇猛。后来多为勇士的通称。铁钺:斧钺。秬鬯(jù chàng):

祭祀时灌地所用的以郁金草合黍酿造的酒,色黄而芳香。秬,
黑黍。

③次:排列次序。

【译文】

礼里面讲“九锡”,这是指九种赏赐的物品,其中包括车马、衣服、乐
则、朱户、纳陛、虎贲、鈇钺、弓矢、秬鬯,这都要根据诸侯的德行,按顺序
进行赏赐。诸侯能够让百姓安集,就赏赐车马。诸侯能够让百姓富足,
就赏赐衣服。诸侯能够让百姓和乐,就赏赐乐则。在诸侯治理下,百姓
子息繁衍,人口众多,就赏赐朱户。诸侯能推举引荐善人,就赏赐纳陛。
诸侯能够屏退恶人,就赏赐虎贲。诸侯能诛讨有罪的人,就赏赐鈇钺。
诸侯能够征讨不义的人,就赏赐弓矢。诸侯孝道齐备,就赏赐秬鬯。赏
赐的先后与诸侯德政的施行顺序是相符合的,自有其本末之分。先让百
姓安集,然后再让百姓富足,百姓富足而后才能快乐,快乐之后才会人口
繁衍增长,一定人口基础上才会有大量贤人涌现,贤人多了才能争先推
举引荐善人,大量任用善人恶人自然就被屏退了,恶人被屏退才能判刑。
诸侯如果向内反省端正己心,在外自然能为他人树立模范,内外德行兼
备,孝道就产生了。

能安民,故赐车马,以著其功德,安其身。能使人富足
衣食,仓廪实,故赐衣服,以彰其体。能使民和乐,故赐之
乐则,以事其先也。《礼》曰:“夫赐乐者,得以时王之乐事
其宗庙也①。”朱盛色,户所以纪民数也。故民众多赐朱户
也。古者人君下贤,降阶一等而礼之,故进贤赐之纳陛以优
之也。既能进善,当能戒恶,故赐虎贲。虎贲所以戒不虞而
距恶②。距恶当断刑,故赐之鈇钺,所以断大刑。刑罚既中,
则能征不义,故赐之弓矢,所以征不义,伐无道也。圭瓒秬

鬯^③,宗庙之盛礼。故孝道备而赐之秬鬯,所以极著孝道。

【注释】

①夫赐乐者,得以时王之乐事其宗庙也:不见于今本"三礼",可能

　为逸《礼》。

②不虞:指出乎意料的事。虞,猜度,料想。

③圭瓒(zàn):古代的玉制酒器,形状如勺,以圭为柄,用于祭祀。

【译文】

　　诸侯能够安集民众,所以赏赐车马,以表彰他的功德,让他的身体得
到安适。诸侯能使百姓衣食富足,仓库的储藏丰富,就赏赐衣服,让他的
身体得到装饰。诸侯能够使百姓和乐,所以赏赐乐则,让他能够用这些
音乐来侍奉其祖先。《礼》里面讲:"之所以赏赐诸侯音乐,这是为了让他
们能用当时天子的音乐来祭祀宗庙,侍奉祖先。"朱红色是饱满度很高
的红色,户籍是用来记录百姓人数的。人口繁衍众多,就赏赐朱户给诸
侯。古代君主都礼贤下士,与贤人交往时会降阶一等对他们以礼相待,
所以如果诸侯能够举荐贤人,就赏赐纳陛给诸侯表示对他的优待。既然
能够举荐善人,就应当能够惩戒恶人,所以要赏赐虎贲。虎贲用来戒备
意外和惩罚恶人。惩戒恶人还应断以刑罚,所以要赏赐斧钺,这样诸侯
可以对罪恶之徒进行有效的惩罚。刑罚如果能适当,就能够征讨不义之
人,所以赏赐弓矢,让诸侯能够征伐不义,讨伐无道。圭瓒秬鬯,这是宗
庙中举行盛大礼仪才需要用到的。所以诸侯孝道齐备才赐给他秬鬯,表
示他履行孝道达到了极致。

　　孝道纯备,故内和外荣,玉以象德,金以配情,芬香条
鬯^①,以通神灵。玉饰其本,君子之性,金饰其中,君子之道。
君子有黄中通理之道美素德^②。金者精和之至也^③,玉者德

美之至也，鬯者芬香之至也。君子有玉瓒秬鬯者，以配道德也。其至矣，合天下之极美以通其志也，其唯玉瓒秬鬯乎。

【注释】

①条鬯（chàng）：畅达。条，达。鬯，通畅。

②黄中通理：语见《周易·坤卦·文言》。由中发外，有文理可见。

③精：精粹，精纯。和：和谐，和睦。

【译文】

孝道完全具备后，他自身内在和谐，外表也容光焕发。玉是用来象征德行的，金是用来匹配情性的，德性芳香畅达，可以与神灵沟通。用玉装饰其根本，以此代表君子的品性；用黄金装饰在中间，以此象征君子的道。君子有美好的道和纯洁的德性，就像黄色这种中和之色蕴含在身必然发扬于外。黄金象征精粹和谐到极点，玉象征德行美好到极致，鬯则是香味芬芳到极点。君子有玉瓒秬鬯和道德相配。君子的修养道德如果能够到极点，那么就会感召天下最美好的东西聚集在一起。只有玉瓒秬鬯能够充分表达君子心中这种道德志向吧！

车者，谓有赤有青之盖，朱轮，特能居前，左右寝米也①。以其进止有节，德绥民，路车乘马以安其身②。言成章，行成规，衮龙之衣服表显其德。长于教诲，内怀至仁，则赐时王乐以化其民。尊贤达德，动作有礼，赐之纳陛以安其体。居处修治，房内节，男女时配，贵贱有别，则赐朱户以明其德。威武有矜，严仁坚强，赐以虎贲，以备非常。喜怒有节，诛伐刑刺，赐以鈇钺，使得专杀。好恶无私，执义不倾，赐以弓矢，使得专征。孝道之美，百行之本也，故赐之玉瓒，使得专为畅也。

【注释】

①特能居前，左右寝米也：前面单独画着熊，左右画着伏着的麋鹿。特，单独的。据陈立考证，这里"能"应该是"熊"，"米"应该是"麋"。寝，伏。

②路车：古代天子及诸侯贵族所乘的车，即辂（lù）车。

【译文】

这里的车是指车子有着红色或青色的车盖，朱红色的车轮，前面单独画着熊，左右画着伏着的麋鹿。因为诸侯进退有节度，道德能够安抚民众，所以用路车乘马让他身体得以安适。诸侯言语能自成文章，行为能符合规矩，就赏赐绣着衮龙的衣服来表彰其德行。诸侯擅长教诲百姓，内心怀至仁之情，那么就赏赐当时天子之乐让他用来感化民众。诸侯尊重贤人，通达道德，动作遵循礼仪，那么就赏赐纳陛来让他身体得以安适。诸侯平时起居生活德行修整，房内有节，男女婚姻能够按时相配，贵贱能有差别，就赏赐朱户来表明其德行。诸侯威武矜持，严毅仁厚又坚强，就赏赐虎贲用来戒备非常之事。诸侯喜怒等感情的表达能够有节制，能够按道进行诛杀讨伐，对罪恶之人施以刑戮，就赏赐斧钺让他能杀伐专断。诸侯没有私心，不以个人好恶来做事，能秉持正义，就赏赐弓矢，让他自己决定是否要出征讨伐。美好的孝道是所有善行的根本，所以赏赐玉瓒，使诸侯孝道能够畅达于天地。

故《王制》曰："赐之弓矢，然后专杀①。"又曰："赐圭瓒然后为畅。未赐者，资畅于天子②。"《王度记》曰③："天子鬯④，诸侯薰⑤，大夫苣兰⑥，士蒹⑦，庶人艾⑧。"车马、衣服、乐则三等者赐与其物。《礼》："天子赐侯氏车服，路先设，路下四亚之⑨。"又曰："诸侯奉箧服⑩。"《王制》曰："天子赐诸侯乐，则以柷将之⑪。"《诗》云："君子来朝，何锡与之？虽无与之，路车乘马。又何与之？玄衮及黼⑫。"《书》曰："明试以功，车服以庸⑬。"

【注释】

①专杀：指无须禀命而可诛戮。

②资：资助。畅：通"鬯"。

③《王度记》：逸《礼》篇名。

④鬯：郁金香草。古代酿造郁鬯酒的原料。

⑤薰：香草名，又名蕙草。

⑥芑（qǐ）：粟的一种。茎白色，又名白粱粟。兰：兰草。

⑦蒹：据陈立《白虎通疏证》考证这类应该是"萧"，蒿类，即艾蒿。

⑧艾：艾草。

⑨天子赐侯氏车服，路先设，路下四亚之：语见《仪礼·觐礼》。车服，车辆与礼服。赐给同姓诸侯的车叫"金路"，赐给异姓诸侯的车叫"象路"。路，车的通称。四，乘马四匹。亚之，次之，次于车向东陈设。

⑩诸侯奉箧（qiè）服：语见《仪礼·觐礼》。箧，小竹箱。

⑪柷（zhù）：古乐器，形如方斗。奏乐开始时击之。将：执物以致词。古代以多件物品送人，不一一授给，而以其中之一物作为代表物授予。

⑫"君子来朝"数句：语见《诗经·小雅·采菽》。玄衮：画着卷龙的黑色礼服。黼（fú）：画着青黑色花纹的礼服。

⑬明试以功，车服以庸：语见《尚书·虞书·舜典》。庸，酬其功劳。

【译文】

　　所以《王制》里面讲："诸侯被赏赐了弓箭之后，才有权力刑杀专断。"又讲："诸侯被赏赐了圭瓒，才能自己酿造鬯酒。如果没有被赏赐圭瓒，那要等待天子资助鬯酒。"《王度记》里面讲："天子用鬯酒，诸侯用薰草,大夫用芑兰,士用萧,庶人用艾草。"车马、衣服、乐则这三类赏赐是直接赏赐实物的。《礼》里面讲:"天子派使者赐给诸侯车和礼服。先陈设车辆,车下是四匹马,挨着车向东排列。"又讲:"诸公捧着小竹箱,里面放着礼服。"《王制》里面讲:"天子赏赐给诸侯成套的乐器,用枳作为代表物授予诸侯。"《诗》里面讲:"诸侯一起来朝见天子,天子赏赐给他们什么呢?即使没有厚赏,也要赏赐路车和乘马。此外还有什么赏赐呢?还有卷龙褂和绣黼裳。"《书》里面讲:"考察诸侯的政绩,赏赐车马衣物作为酬劳。"

朱户、纳陛、虎贲者,皆与之制度①,而鈇钺、弓矢、秬鬯,皆与之物,各因其宜也。秬者,黑黍,一稃二米②。鬯者,以百草之香郁金而合酿之,成为鬯。阳达于墙屋,阴入于渊泉,所以灌地降神也。玉瓒者,器名也,所以灌鬯之器也。以圭饰其柄,灌鬯贵玉气也。

右论九锡。

【注释】

①制度:制作方法。

②稃(fū):谷壳。

【译文】

朱户、纳陛、虎贲都是告诉诸侯相关的制作方法,而鈇钺、弓矢、秬鬯都是直接赏赐实物,根据不同的赏赐进行的不同安排。"秬"是黑黍,一壳里面有两粒米。"鬯"是用郁金草混合百草香味一起酿成的酒。鬯的香味,阳气可以穿透墙壁和房屋,阴气可以深入到渊泉里,所以用它来浇灌地面,引神下降。"玉瓒"是一种玉器的名称,是用来浇灌鬯酒的礼器。用玉圭装饰它的手柄,这是因为浇灌鬯酒时玉气很宝贵。

以上讨论"九锡"的问题。

7.3　所以三岁一考绩何？三年有成，故于是赏有功，黜不肖。《尚书》曰："三载考绩，三考黜陟。"何以知始考辄黜之？《尚书》曰："三年一考，少黜以地①。"《书》所以言"三考黜陟"者，谓爵土异也。小国考之有功，增土进爵，后考无功削黜，后考有功，上而赐之矣。五十里不过五赐而进爵土，七十里不过七赐而进爵土。能有小大，行有进退也。

【注释】

①三年一考，少黜以地：不见于今本《尚书》，据陈立《白虎通疏证》考证应该是《尚书》古文经生说。

【译文】

为什么每三年要对诸侯的治理成绩进行一次考察呢？这是因为事情都是三年有所成，所以每三年进行一次考绩，奖赏有功劳的诸侯，黜免无德的诸侯。《尚书》里面讲："舜帝每三年考察一次政绩，考察三次后决定官员的升迁或者降级。"又怎么知道第一次考绩后就可以进行黜免等惩罚呢？《尚书》里面也讲："三年进行一次考绩，如果不合格就稍微削去一些封地。"《尚书》之所以讲"考察三次后决定官员的升迁或者降级"，是因为诸侯按等级所拥有的爵土是有差异的。小国诸侯如果初次被考察有功劳，就增封土地，加升爵位。再次考察如果没有功劳，就会被削减土地，降低爵位。第三次进行考察，如果有功劳就重新进行赏赐。受封五十里的诸侯最多赏赐九锡中的五种，然后增封他的爵位和增加他的土地。受封七十里的诸侯最多赏赐九锡中的七种，然后增封他的爵位和增加他的土地。因为诸侯的能力有大小区别，表现也有好坏差异。

一说盛德始封百里者，赐三等①，得征伐、专杀、断狱。七十里伯始封，赐二等，至虎贲百人。后有功，赐弓矢。后有功，赐秬鬯，增爵为侯，益土百里。复有功，入为三公。五十里子男始封，赐一等，至乐则。复有功，稍赐至虎贲，增爵为伯。复有功，稍赐至秬鬯，增爵为侯。未赐鈇钺者，从大国连率方伯而断狱②。

【注释】

①赐三等：赏赐九锡中的第三等次（最高等次）。陈立在《白虎通疏证》中指出"此以九锡分为三等，分授百里、七十、五十里，盖今文说也"。

②连率：统帅，盟主。

【译文】

也有人认为如果诸侯有大德，最开始就封地百里，赏赐九锡中的三等，能够自己决定征伐、杀戮和判案。七十里是伯爵最初的封地面积，赏赐九锡中的二等，能够拥有虎贲百人。如果后面再立新的功劳就赏赐弓矢。之后还有其他功劳就赏赐秬鬯，将他的爵位增封为侯爵，将他的土地增益到百里。再立新功，就可以入朝任三公。五十里是子爵、男爵最初的封地，赏赐九锡中的一等，能够有成套乐器。如果再立功，就逐渐增加他的赏赐，赏九赐中的虎贲，增益他的爵位为伯爵。再立新功，就赏赐九赐中的秬鬯，增益他的爵位为侯爵。诸侯没有被赏赐鈇钺，那么国中的狱事要听从大国方伯的裁断。

受命之王，致太平之主，美群臣上下之功，故尽封之。及中兴征伐，大功皆封，所以褒大功也。盛德之士亦封之，所以尊有德也。以德封者，必试之为附庸三年①，有功，因而封之五十里。元士有功者,亦为附庸,世其位。大夫有功成封五十里,卿功成封七十里,公功成封百里。士有功德,迁为大夫。大夫有功德,迁为卿。卿有功德,迁为公。故爵主有德,封主有功也。

【注释】

①附庸:依附于大诸侯国的小国。

【译文】

　　禀受天命的圣王是能让天下太平的君主,他们都会称美臣子们立下的功劳,会封赏所有立功的人。如果是中兴之主,主要以征伐为事,那么会封赏所有立下大功的人,主要是为褒奖大功。有盛德的士也应该有分封,这是为了尊崇有德的人。如果是因有德而获得分封,一定要先进行试用。先作天子的附庸三年,如果能立功,再分封五十里土地给他。普通的士有功劳的话,也是先作天子的附庸,可以世代承袭这个附庸的位置。大夫建立了功劳就分封五十里土地给他,卿建立了功劳就分封七十里土地给他,公建立了功劳就分封百里土地给他。士如果有功德,就会升迁为大夫。大夫如果有功德,就会升迁为卿。卿如果有功德,就会升迁为公。爵位主要是赏赐给有德的人,土地主要是分封给立了功的人。

　　九赐习其赐者何①?子之能否未可知也。或曰得之,但未得行其习以专也。三年有功,则皆得用之矣。二考无功,则削其地,而赐自并之②,明本非其身所得也。身得之者得以赐,当稍黜之。爵所以封贤也。三公功成当封而死,得立其子为附庸。贤者之体,能有一矣,不二矣③。

【注释】

①九赐习其赐者何：卢文弨认为这里"习"与"袭"相同，上面应该
　　有"不"字。这里讲七十、五十里之国加赐九赐、六赐者，其子不
　　能承袭父亲所获的九锡。

②并：齐一。

③能：才能，贤能。一：同一，类似。二：不肖，不似。

【译文】

诸侯国君被赐予九赐里面的赏赐后，为什么他们的儿子不能承袭父亲所获的这些待遇呢？这是因为诸侯的儿子是否贤能还不能确定。也有人认为诸侯的儿子也可以继承九锡中那些赏赐，只是不能够随意运用这些赏赐所赋予的政治特权。如果经过三年考察他确实立了功，才能真正享有九锡所代表的政治特权。如果经过两次考察都没有功劳，就要削减他们的封地，同时九锡中的特殊政治待遇也会被削去，表明九锡本来就不是他们凭借自身能力所获得的。如果是靠自身德行获得九锡中赏赐的政治待遇可以保留，但应稍微削去封地和爵禄。爵位是用来分封贤人的。三公如果立了功，等到要分封的时候已去世了，可以把他的儿子立为附庸。三公之子继承父亲的遗志，贤能程度应类似父亲，不会有不同。

百里之侯，一削为七十里侯，再削为七十里伯，三削为寄公①。七十里伯，一削为五十里伯，二削为五十里子，三削地尽。五十里子，一削为三十里子，再削为三十里男，三削地尽。五十里男，一削为三十里男，再削为三十里附庸，三削地尽。所以至三削何？礼成于三，三而不改，虽反无益矣。《尚书》曰："三考黜陟。"

【注释】

①寄公:没有土地的公爵。

【译文】

封地百里的侯爵,第一次惩罚削为七十里封地的侯爵,再次惩罚削为封地七十里的伯爵,第三次则削为没有土地的公爵。七十里封地的伯爵,第一次惩罚削为五十里封地的伯爵,第二次惩罚削为五十里封地的子爵,第三次惩罚则削去所有封地。五十里封地的子爵,第一次惩罚削为三十里封地的子爵,第二次惩罚削为三十里封地的男爵,第三次惩罚则削去所有封地。五十里封地的男爵,第一次惩罚削为三十里封地的男爵,第二次惩罚削为三十里封地的附庸,第三次惩罚则削去所有封地。为什么要进行三次削减呢?任何礼都成于三次,如果三次还不能改悔,即使再给机会也没有益处了。所以《尚书》里面讲:"考察三次后,决定官员的升迁或者降级。"

　　先削地后绌爵者何? 爵者,尊号也。地者,人所任也。今不能治广土众民,故先削其土地也。故《王制》曰:"宗庙有不顺者①,君绌以爵","山川神祇有不举者,君削以地。"明爵土不相随也。或曰:恶人贪狠重土,故先削其所重者以惧之也。

【注释】

①宗庙有不顺者:指宗庙左昭右穆排列不当或者祭祀不依顺序或者时节。

【译文】

为什么先削减封地再削减爵位呢? 爵位代表诸侯的尊号,土地则是人们赖以生存的地方。如果诸侯不能够治理好封地、安抚百姓,那么就要先削减他的土地。所以《王制》里面讲："宗庙排列不当和祭祀不按顺序就是不孝,不孝国君就要被降低爵位。""山川及各种神灵没有全部祭祀就是不敬,不敬国君就要被削减封地。"这表示爵位和土地是分开的。也有人认为:恶人贪婪狠厉重视土地,所以先削去恶人最重视的土地,让他能够有所警惧。

诸侯始封,爵土相随者何? 君子重德薄刑,赏疑从重。《诗》云:"王曰叔父,建尔元子,俾侯于鲁①。"

右论三考黜陟义。

【注释】

①王曰叔父,建尔元子,俾(bǐ)侯于鲁:语见《诗经·鲁颂·閟宫》。俾,使。

【译文】

最开始分封诸侯的时候,为什么有爵位也有封地呢? 这是因为君子推重德行,不重刑罚。如果不能确定的情况下,一般会从重进行赏赐。《诗》里面讲:"周王说:叔父,立下您的长子,封他作为鲁侯。"

以上讨论考察三次后决定官员升迁或降级的大义。

7.4　君幼稚,唯考不黜者何? 君子不备责童子焉。礼八十九十曰耄①,七年曰悼。悼与耄,虽有罪不加刑焉。二王后不贬黜者何? 尊宾客,重先王也。以其尚公也,罪恶足以绝之即绝,更立其次。周公诛禄甫②,立微子③。妻父母不削,己昆弟削而不黜何? 非以贤能得之也。至于老小,但令得大夫受其罪而已。诸侯暗聋跛躄恶疾不免黜者何④? 尊人君也。《春秋》曰:"甲戌,己丑,陈侯鲍卒⑤。"《传》曰:"甲戌之日亡，己丑之日死而得⑥。"有狂易之病，蜚亡而死⑦，由不绝也。世子有恶疾废者何？以其不可承先祖也。故《春秋传》曰："兄何以不立？有疾也。何疾尔？恶疾也⑧。"

　　右论诸侯有不免黜义。

【注释】

①耄（mào）：老，高年。

②禄甫：子姓武氏，名庚，字禄父，商朝宗室大臣，商纣王帝辛之子。

③微子：子姓，宋氏，名启，后世称"微子""微子启""宋微子"。商王帝乙的长子、商纣王帝辛的庶兄。因数次劝谏纣王不听而去国，周灭商后称臣于周。周公旦杀武庚后，以微子统率殷民，封于宋，爵位公爵，特准其用天子礼乐奉商朝宗祀，成为周朝宋国的开国始祖。

④喑（yīn）：哑。躄（bì）：跛。

⑤甲戌己丑，陈侯鲍卒：语见《春秋·桓公五年》。陈侯，陈桓公，名鲍。

⑥甲戌之日亡，己丑之日死而得：语见《春秋公羊传·桓公五年》。陈桓公疯了，甲戌那一天走失，己丑那一天得到他的尸体。孔子对这件事存疑，所以用两个日子记录陈桓公的去世。

⑦蜚（fēi）：通"飞"。

⑧兄何以不立？有疾也。何疾尔？恶疾也：语见《春秋公羊传·昭公二十年》。恶疾，残疾，据《春秋穀梁传》记载是足有残疾。

【译文】

　　国君如果还是幼小的孩童，为什么只进行考核不进行惩罚？这是因为君子不忍心求备于孩童，所以不对他进行责罚。礼里面称八十、九十叫做"耄"，七岁叫做"悼"。这一类人就算犯了罪也是不会用刑罚处置的。诸侯国君如果是前面两朝的王族后裔，也不进行考核贬黜，这是为什么呢？这是因为这一类诸侯是当朝帝王的宾客，以此表示对前两朝帝王的尊重。当然天下为公，如果二王之后罪大恶极，需要进行严惩的时候也要进行严惩，再重新立前代帝王的其他后裔作为二王之后。周公就诛杀了武庚，立微子为宋国国君。不对帝王妻子的父母进行削减封地的惩罚，帝王自己的兄弟削减封地但不削减爵位，这又是为什么呢？因为这些人的封爵和封地都不是因为自身的贤能而获得。对于过于年迈或者年幼的诸侯，只是让他们的大夫来接受罪罚就行了。诸侯如果是聋哑或者跛腿的残疾人，也不对他们进行惩罚罢黜，这是为什么呢？这是为了表示对诸侯作为一国君主的尊重。《春秋》里面讲："甲戌日己丑日，陈桓公鲍去世。"《春秋公羊传》里面解释道："甲戌那一天走失，己丑那一天得到他的尸体。"陈桓公有疯病，自己跑失踪后不幸死亡，但是《春秋》并没有讥讽的文字，表示不绝陈桓公之世系。为什么世子有残疾要废除呢？因为他不能够继承国家的大统。所以《春秋公羊传》里面讲："兄长为什么不被立为国君？因为有毛病。什么毛病？是残疾。"

　　以上讨论诸侯有不被罢黜的原因。

王者不臣

【题解】

　　"王者不臣"共七条，主要讲了王者不能作为臣子对待的几类特殊人群，包括在某些场合不能作臣子对待的人、不能直呼其名的臣子，这都体现了对大臣的优待政策，说明王者需要遵循"亲亲""贤贤"的大义。

　　7.5　王者所不臣者三，何也？谓二王之后[1]，妻之父母，夷狄也。不臣二王之后者，尊先王，通天下之三统也[2]。《诗》云"有客有客，亦白其马"[3]，谓微子朝周也。《尚书》曰"虞宾在位[4]"，谓丹朱也[5]。不臣妻父母何？妻者与己一体，恭承宗庙,欲得其欢心,上承先祖,下继万世,传于无穷,故不臣也。《春秋》曰:"纪季姜归于京师⑥。"父母之于子,虽为王后,尊不加于父母。知王者不臣也。又讥宋三世内娶于国中,谓无臣也⑦。夷狄者,与中国绝域异俗⑧,非中和气所生,非礼义所能化,故不臣也。《春秋传》曰:"夷狄相诱,君子不疾⑨。"《尚书大传》曰:"正朔所不加,即君子所不臣也。"

　右论三不臣。

【注释】

①二王之后:古代帝王继位后分封的前面两朝的王族后裔。

②三统:西汉大儒董仲舒在《春秋繁露·三代改制质文》中将夏、商、周三代的正朔分为三统。认为夏以寅月(农历正月)为岁首,叫建寅,以黑色为上色,称"黑统"。商代以丑月(农历十二月)为岁首,叫建丑,以白色为上色,称"白统"。周以子月(农历十一月为岁首),叫建子,以赤色为上色,称"赤统"。《汉书·刘向传》有:"王者必通三统,明天命所授者博,非独一姓也。"颜师古注引张晏曰:"一曰天统,为周十一月建子为正,天始施之端也。二曰地统,谓殷以十二月建丑为正,地始化之端也。三曰人统,谓夏以十三月建寅为正,人始成之端也。"

③有客有客,亦(yī)白其马:语见《诗经·周颂·有客》。亦,为语气助词。

④虞宾在位:语见《尚书·虞书·益稷》。虞宾,虞舜的宾客。这里指前代帝王的后裔来作舜的宾客。

⑤丹朱:帝尧之子。相传因为丹朱不肖,尧把部落联盟首领之位禅让给了舜。司马迁在《史记·五帝本纪》记载:"尧辟位凡二十八年而崩。百姓悲哀,如丧父母。三年,四方莫举乐,以思尧。尧知

子丹朱之不肖,不足授天下,于是乃权授舜。授舜,则天下得其利而丹朱病;授丹朱,则天下病而丹朱得其利。尧曰:'终不以天下之病而利一人。'而卒授舜以天下。"

⑥纪季姜归于京师:语见《春秋公羊传·桓公九年》。这里指尽管纪季姜嫁给了周天子贵为王后,但是对于父母而言,仍然称为"我的季姜"。纪季姜,周桓王新迎娶的王后。"纪"为其母国之名,"季"谓排行,"姜"为其姓。

⑦又讥宋三世内娶于国中,谓无臣也:"三世内娶"见《春秋公羊传·僖公二十五年》。何休解诂:"三世,谓慈父(宋襄公)、王臣(宋成公)、处臼(宋昭公)也。"注云:"内娶,大夫女也。言无大夫者,礼,不臣妻之父母,国内皆臣,无娶道,故绝去大夫名,正其义也"。清代孔广森《春秋公羊通义》有"礼,诸侯不娶女于国者,杜渔色之渐也。下渔色则不君,妃族交政则不臣。三世失礼,君臣道丧,故夺其君臣之辞,示防乱于微,以为后世戒"。

⑧绝域:极远的地域。

⑨夷狄相诱,君子不疾:语见《春秋公羊传·昭公十六年》。疾,憎恨。

【译文】

有三类人,王者是不以臣子的身份来对待的,是哪三种呢?这就是二王之后、妻子的父母、夷狄之君。不将二王之后视为臣子,这是为了尊重前朝的帝王,象征王者贯通天下三统。《诗》里面讲"客人来了,客人来了,骑着一匹白色骏马",这是在讲宋微子入周朝觐。《尚书》里面讲"我们舜帝的宾客就位了",这里指的是丹朱。为什么妻子的父母也不能当做臣子对待呢?这是因为妻子与自己是一体的,王后的任务是帮助天子恭敬地承事祖先祭祀宗庙,想要获得祖宗们的欢心,对上要继承祖宗宗庙,对下要繁衍后代以继万世,让祖先之业永远流传下去,所以不能将妻子的父母作为臣子对待。《春秋》里面讲:"纪季姜嫁到京师。"父母对于自己的子女而言,即便女儿已经做了王后,但不在父母面前显示自己地位尊贵。所以知道天子不能将妻子的父母作为臣子对待。又讥讽宋国三代诸侯娶了国内大夫之女,导致国内没有能称为臣子的人。夷狄与中国相隔遥远,风俗迥异,其人民不是秉承天地中和之气而生,不是中原礼义所能教化的,所以不将他们作为臣子对待。《春秋公羊传》里面讲:"夷狄互相诱骗,君子也不憎恨。"《尚书大传》里面讲:"夷狄之人是中原文化所熏染不到的,所以君子不把他们作为自己的臣民。"

以上讨论三种王者不以臣子的身份来对待的人。

7.6　王者有暂不臣者五,谓祭尸[①],授受之师[②],将帅用兵,三老,五更。不臣祭尸者,方与尊者配也。不臣授受之师者,尊师重道,欲使极陈天人之意也。故《礼·学记》曰:"当其为师,则弗臣也。当其为尸,则不臣也。"不臣将帅用兵者,重士众为敌国[③],国不可从外治,兵不可从内御,欲成其威,一其令。《春秋》之义,兵不称使[④],明不可臣也。不臣三老五更者,欲率天下为人子弟。《礼》曰:"父事三老,兄事五更[⑤]。"

右论五暂不臣。

【注释】

①尸:古代祭祀时代死者受祭的人。一般以臣下或死者的晚辈充任。后世逐渐改为用神主、画像,尸的制度不复行。

②授受:给予和接受。

③重:增益,加重。敌国:将帅系天下安危,与国相匹敌。

④使:使臣。

⑤父事三老,兄事五更:不见于今本三《礼》,疑为逸《礼》章句。《白虎通·乡射》中有此语。

【译文】

短期内王者不作为臣子对待的人有五类，这就是祭祀时充当尸的臣子，亲自传授学问给自己的老师，带兵出征的将帅，三老、五更这五类人。之所以不把祭祀时充当尸的臣子当作臣子对待，是尊重尸所代表的祖先，让尸与祖先尊贵的地位相配。之所以不把亲自教授学问给自己的老师当做臣子对待，是为了尊师重道，让老师能够完完全全讲明白天人之际的各类奥妙。所以《礼记·学记》里面讲："国君不以对待臣子的态度来对待臣子的情形有两种：一是当臣子做自己老师的时候，一是臣子在祭祀中担任尸的时候。"之所以不把带兵出征的将帅作为臣子对待，这是为了凸显将帅在众多军士中的重要地位，因他身系天下安危，与国相匹敌。就像国家的内政不可能由外面来治理，出征在外的军队也不可能由天子在国内进行指挥，所以要成就将帅的威望，统一听从将帅的号令。按照《春秋》的大义，将军出兵在外，并不将其称为"使臣"，这就表明出征在外的将帅是不能作为臣子对待的。不将三老、五更作为臣子对待，这是为了在天下人面前树立为人子弟的表率。《礼》里面讲："王者要像侍奉父亲一样侍奉三老，像对待兄长一样侍奉五更。"

以上讨论五种王者短期内不作为臣子对待的人。

7.7　王者不纯臣诸侯何？尊重之，以其列土传子孙[1]，世世称君，南面而治。凡不臣者，异于众臣也。朝则迎之于著[2]，觐则待之于阼阶[3]，升阶自西阶，为庭燎[4]，设九宾[5]，享礼而后归。是异于众臣也。

右论诸侯不纯臣。

【注释】

①列：同"裂"。

②著：据陈立《白虎通疏证》考证这里当为"宁（zhù）"，古代宫室屏
　　门之间，为帝王视朝时站立的地方。《礼记·曲礼下》有"天子当
　　依而立，诸侯北面而见天子曰觐。天子当宁而立，诸公东面、诸侯
　　西面曰朝"。

③觐（jìn）：古代诸侯秋朝天子称为"觐"。阼阶：东阶。天子、诸
　　侯、大夫、士皆以阼为主人之位，临朝觐，揖宾客，承祭祀，升降皆
　　由此。

④庭燎：宫廷中照亮的火炬。《周礼·秋官司寇·司烜氏》："凡邦之
　　大事，共坟烛、庭燎。"郑玄注："坟，大也。树之门外曰大烛，于门
　　内曰庭燎，皆所以照众为明。"

⑤设九宾：据陈立《白虎通疏证》考证，这里应该是"设九食"，《周
　　礼·秋官·大行人》中讲"上公之礼"有"王礼，再祼而酢，飨礼
　　九献，食礼九举，出入五积，三问三劳"。

【译文】

　　王者为什么不把诸侯单纯作为臣子对待呢？这是为了表示对诸侯
的尊重。因为诸侯也会分封土地传给自己子孙，世世代代被称为国君，
在国中治理百姓。天子不将诸侯当做一般的臣子对待，是指给他们的待
遇与一般臣子不同。如果他们入朝，天子会在宫室屏门之间进行迎接；
如果他们觐见，天子会在东阶接待，诸侯从西面台阶上下。天子会专门
为他们点燃大火炬，设九食盛宴来款待，诸侯尽享各种招待后才会归国。
这是与一般大臣不同的地方。

　　以上讨论不把诸侯单纯作为臣子对待的情况。

　　7.8　始封之君，不臣诸父昆弟何？不忍以己一日之功
德加于诸父昆弟也。故《礼·服传》曰："封君之子不臣诸
父，封君之孙尽臣之①。"

右论不臣诸父兄弟。

【注释】

①封君之子不臣诸父,封君之孙尽臣之:语见《仪礼·丧服》传文。

【译文】

　　最开始获得分封的诸侯,不将自己的叔伯和兄弟等作为臣子对待,这是为什么呢? 这是因为他们不忍心自己因一时功德而获得了尊贵地位,就在叔伯和兄弟面前显得很高贵。所以《礼·服传》里面讲:"所分封诸侯的儿子不将自己叔伯等人作为臣子对待,所分封诸侯的孙子则可以将叔伯兄弟等都作为臣子对待了。"

　　以上讨论不将自己的叔伯和兄弟作为臣子对待的问题。

　　7.9 《礼·服传》曰:"子得为父臣者,不遗善之义也①。"《诗》云:"文武受命,召公维翰②。"召公,文王子也。《传》曰③:"子不得为父臣者,闺门当和,朝廷当敬。人不能无过失,为恩伤义也。"

　　右论子为父臣异说。

【注释】

①子得为父臣者,不遗善之义也:逸《礼》文献。

②文武受命,召公维翰:语见《诗经·大雅·江汉》。召公,召伯,名虎,谥召穆公。翰,桢干,辅佐。

③《传》:出处不详。

【译文】

　　《礼·服传》里面讲:"儿子可以作父亲臣子,这是不错失任何贤能之人的意思。"《诗》里面讲:"文王、武王禀受天命,召公作辅佐是支柱。"

召公是周文王的儿子。也有《传》里面讲："儿子不能够作父亲的臣子，因为家庭里面要以和睦作为处事标准，朝廷上要以恭敬作为处事标准。人不可能不犯过失，但如果儿子犯了错误不进行惩罚，就会因为维护父子恩情而伤害正义。"

以上是对儿子是否可以作父亲臣子这一问题的不同看法。

7.10　王者臣不得为诸侯臣，以其尊当与诸侯同。《春秋传》曰："寓公不世，待以初[1]。"或曰：王者臣得复为诸侯臣者，为衰世主上不明，贤者非其罪而去，道不施行，百姓不得其所，复令得为诸侯臣，施行其道。《易》曰："不事王侯[2]。"此据言王之致仕臣也。言不事王，可知复言侯者，明年少，复得仕于诸侯也。

右论王臣不仕诸侯异说。

【注释】

①寓公不世，待以初：不见于今本《春秋》三传。今本《礼记·郊特牲》有"诸侯不臣寓公，故古者寓公不继世"，大义与此句相同。寓公，因失地或者被逐而流亡寓居别国的诸侯。

②不事王侯：语见《周易·蛊卦》"上九"爻辞。事，承事，侍奉。

【译文】

王者的臣子不能再作诸侯的臣子，因为他们的地位和诸侯是一样尊贵的。《春秋传》里面讲："诸侯会给予流亡投靠的寓公优待，但是他们享受的优待不能传世。"有人认为：王者的臣子还能够担任诸侯的臣子。因为世道衰微，君主受到蒙蔽，贤能的人不是因为有罪而被弃置，大道无法行于天下，老百姓也会流离失所。所以这些贤人可以再作诸侯的臣子，这是为了让道行于天下。《易》里面讲："不承事王侯。"讲的是王者那里已经退休的臣子。这里讲了不侍奉天子，而又提到了诸侯，说明如果臣子还比较年轻的话，可以再到诸侯那里去做臣子。

以上讨论王者的臣子是否可以再作诸侯的臣子这一问题的不同看法。

7.11　王者臣有不名者五。先王老臣不名，亲与先王戮力共治国，同功于天下，故尊而不名。《尚书》曰："咨尔伯①"，不言名也。不名者，贵贤者而已。共成先祖功德，德加于百姓者也。《春秋》单伯不言名，《传》曰："吾大夫之命于天子者也②。"盛德之士不名，尊贤也。《春秋》曰："公弟叔肸③。"不名盛德之士者，不可屈以爵禄也。诸父诸兄不名。诸父诸兄者亲，与己父兄有敌体之义也④。《诗》云："王曰叔父⑤。"《春秋传》曰："王札子何？长庶之称也⑥。"故《韩诗内传》曰⑦："师臣者帝，友臣者王，臣臣者伯，鲁臣者亡⑧。"

右论五不名。

【注释】

①咨尔伯：语见《尚书·虞书·舜典》。咨，语气词。陈立《白虎通疏证》考证称"伯夷"是古文说，这里"咨尔伯"应该是今文说，何休注《春秋公羊传》里面有"老臣不名，宰渠伯纠是也"，"称伯者，上敬老也"。

②吾大夫之命于天子者也：语见《春秋公羊传·庄公元年》。何休《春秋公羊解诂》里面有"礼：诸侯三年一贡士于天子，天子命与诸侯辅助为政，所以通贤共治，示不独专，重民之至。"

③公弟叔肸（xī）：语见《春秋·宣公十七年》。《春秋穀梁传·宣公十七年》有"冬，十有一月，壬午，公弟叔肸卒。其曰公弟叔肸，贤之也。其贤之何也？宣弑而非之也。非之则胡为不去也？曰：兄

弟也,何去而之? 与之财,则曰:'我足矣。'织屦而食,终身不食
宣公之食。君子以是为通恩也,以取贵乎《春秋》"。叔肸,字通,
谥惠,又称"惠伯叔肸",宣公同母弟。

④敌:匹敌。

⑤王曰叔父:语见《诗经·鲁颂·闷宫》。王,周成王。叔父,指周公。

⑥王札子何? 长庶之称也:语见《春秋公羊传·宣公十五年》。王
札子,名捷,又称王子捷。何休注云"天子之庶兄。札者,冠且字
也。礼,天子庶兄冠而不名,所以尊之"。

⑦《韩诗内传》:西汉韩婴撰解释《诗经》的著作,已亡逸。

⑧鲁:据卢文弨考证同于"虏"。

【译文】

　　王者对五种臣子是不能直呼其名的。首先,对先王的老臣不直呼其
名,他们亲自与先王一起勠力同心治理国家,对天下百姓同样有功,所以
尊重而不直呼其名。《尚书》里面讲:"啊,伯夷。"这里就没有直呼其名。
不直呼其名是尊重贤者而已。他们能够帮助先祖创立功业,让德政广加
于百姓。《春秋》里面称"单伯"。不直呼其名,《传》里面解释:"单伯是
我鲁国禀受了天子之命的大夫。"非常有德行的士不能直呼其名,这也
是为了尊重贤者。《春秋》讲:"宣公同母弟叔肸。"非常有德行的士不能
直呼其名,因为他们不会因为天子赏赐的爵位俸禄而屈就。各位叔、伯、
兄、弟也不能直呼其名,因为他们同自己的父亲、兄弟一样尊贵。《诗经》
里面讲:"成王说,叔父您啊。"《春秋传》里面讲:"王札子是什么人? 是
长庶子的称号。"所以《韩诗内传》里面讲:"把臣子当做老师对待的可
以称帝,把臣子当作朋友对待的可以称王,把臣子只当做臣子对待的可
以作霸主,对待臣子像对待俘虏一样的那就要亡国了。"

　　以上讨论五种对大臣不直呼其名的情况。

蓍龟

【题解】

"蓍龟"共12条,主要讲了用蓍草和龟壳进行占卜的原因、具体方式等,体现了当时敬鬼神和重卜筮的社会风气。

7.12　天子下至士,皆有蓍龟者①,重事决疑,亦不自专。《尚书》曰:"汝则有大疑,谋及卿士,谋及庶人,谋及卜筮②。"定天下之吉凶,成天下之亹亹者,莫善乎蓍龟③。

右总论筮龟。

【注释】

①蓍(shī)龟:蓍草和龟壳,皆为古代卜筮用具。筮用蓍草,卜用龟壳。

②"汝则有大疑"数句:语见《尚书·周书·洪范》。则,假若。

③定天下之吉凶,成天下之亹亹(wěi)者,莫善乎蓍龟:语见《周易·系辞上》。亹亹,勤勉的样子。

【译文】

上至天子下至士,人们遇到重大事情需要决断疑难,都会使用蓍草者龟壳来进行占卜,也表示自己不敢随意独断专行。《尚书》里面讲:"你如果遇到重大的疑难,要与卿士商量,再与庶民商量,还要用卜筮来进行参考。"判定天下事情的吉凶,勤勉不懈地助成天下的功业,没有比蓍草和龟卜更好的。

以上总体讨论占卜用蓍草、龟壳等问题。

7.13　《礼·三正记》曰①:"天子龟长一尺二寸②,诸侯一尺,大夫八寸,士六寸。龟阴,故数偶也。天子蓍长九尺,诸侯七尺，大夫五尺，士三尺。蓍阳，故数奇也。"

　　右论蓍龟尺寸。

【注释】

①《礼·三正记》：逸《礼》文献。

②尺：10寸为1尺，10尺为1丈。1尺约合33.33厘米。寸：10分等
　于1寸，10寸等于1尺。1寸合3.33米。

【译文】

《礼·三正记》里面讲："天子用来占卜的龟壳有一尺二寸长，诸侯用的龟壳有一尺长，大夫用的龟壳长八寸，士用的龟壳长六寸。龟属于阴，所以用偶数的尺寸。天子占卜用的蓍草长九尺，诸侯用的蓍草长七尺，大夫用的蓍草长五尺，士用的蓍草长三尺。蓍草属于阳，所以用奇数的尺寸。"

以上讨论蓍草和龟壳的尺寸等问题。

　　7.14　所以先谋及卿士何？先尽人事，念而不能得，思而不能知，然后问于蓍龟。圣人独见先睹，必问蓍龟何？示不自专也。或曰：清微无端绪，非圣人所及，圣人亦疑之。《尚书》曰："女则有疑①。"谓武王也。

　　右论决疑之义。

【注释】

①女则有疑：语见《尚书·周书·洪范》。

【译文】

为什么遇见疑难先要与卿士商量呢？这说明要先尽人力来处理各类事情。但如果想也想不出来，思考也不能明白，那么就要用蓍龟进行

占卜。圣人有超出寻常的独特见识，能够未卜先知，但也一定要问蓍草和龟壳，这是为什么呢？表示圣人处理疑难问题也不敢擅自决断。也有人认为：如果事情非常微妙，没有任何头绪，这也不是圣人所能掌握的，他们也会有疑惑。《尚书》里面讲："你如果有疑惑。"这里是讲周武王也会有疑惑。

　　以上讨论处理疑难问题的要义。

　　7.15　干草枯骨，众多非一，独以蓍龟何？此天地之间寿考之物，故问之也。龟之为言久也。蓍之为言耆也。久长意也。龟曰卜，蓍曰筮何？卜，赴也。爆见兆也[1]。筮也者，信也。见其卦也。《尚书》曰："卜三龟[2]。"《礼·士冠经》曰[3]："筮于庙门外。"

　　右论龟、蓍、卜、筮含义。

【注释】

　　①爆：猛然炸裂。

　　②卜三龟：语见《尚书·周书·金縢》。

　　③《礼·士冠经》：指《仪礼·士冠礼》。

【译文】

　　干草和枯骨有许多种，并非只有一种，为什么占卜一定要用蓍草和龟壳呢？因为这两类东西是天地之间非常长寿的东西，所以用它们进行占问。"龟"是长久的意思。"蓍"是指"耆"，也是长久的意思。龟占称为"卜"，蓍草占卜称为"筮"，又是为什么呢？"卜"是"赴"的意思，龟壳爆裂开来，显示出占卜的预兆。"筮"是"信"的意思，展现出具体的卦象。《尚书》里面讲："三次用龟壳卜问。"《礼·士冠经》里面讲："卜筮的仪式在庙门外举行。"

以上讨论龟、蓍、卜、筮的含义。

7.16　筮画卦所以必于庙何？托义归智于先祖至尊，故因先祖而问之也。

右论筮必于庙。

【译文】

卜筮时候画出卦象，一定要在宗庙中进行，这是为什么呢？主要是为了将这种预知的智慧归功于先祖的庇佑，尊重先祖神灵的指引，所以到宗庙里对着祖宗的神主进行占问。

以上讨论卜筮一定要在宗庙中进行的原因。

7.17　卜，春秋何方？以为于西方东面，盖蓍之处也。卜时西向，已卜退东向，问蓍于东方西面，以少问老之义。

右论卜筮方向。

【译文】

如果在春秋季节进行占卜，应该在哪个方位？有人认为应该在西方面朝东，这大概是用蓍草占卜的地方。在占卜的时候，占卜者面朝西；占卜完毕后，占卜者退下来面朝东。用蓍草占问则在东方面朝西，这蕴含着年轻人向老年人进行请教询问的意思。

以上讨论卜筮的方向等问题。

7.18　皮弁素积^①，求之于质也。《礼》曰："皮弁素积，筮于庙门之外。"

右论卜筮之服。

【注释】

①皮弁：白鹿皮做的冠。素积：细褶白布衫。

【译文】

占卜时要穿着白鹿皮做的冠和细褶白布衫，这是因为占卜要按照质朴之道才能感通天地。《礼》里面讲："穿着白鹿皮做的冠和细褶白布衫，在庙门外举行卜筮的仪式。"

以上讨论卜筮时穿的衣服。

7.19　或曰：天子占卜九人，诸侯七人，大夫五人，士三人。又《尚书》曰："三人占，则从二人之言①。"

右论占卜人数。

【注释】

①三人占，则从二人之言：语见《尚书·周书·洪范》。

【译文】

有人认为：天子专门负责占卜的有九个人，诸侯专门负责占卜的有七个人，大夫专门负责占卜的有五个人，士专门负责占卜的有三个人。而且《尚书》里面讲："三个人占卜，要听从其中两个人的说法。"

以上讨论占卜人数的问题。

7.20　不见吉凶于蓍，复以卜何？蓍者，阳道多变，变乃成。

右论先筮后卜。

【译文】

如果用蓍草占卜无法探测吉凶，那么就用龟壳进行卜问，这是为什么？蓍草占卜属于阳，属于阳的物类是变化多端的；变化中往往蕴含着某种成就的征兆，这类就要用龟甲来卜问。

　　以上讨论先用蓍草占卜、再用龟壳卜问的问题。

　　7.21　龟以荆火灼之何？《礼·杂记》曰："龟，阴之老也。蓍，阳之老也。龙非水不处，龟非火不兆，以阳动阴也[1]。"必以荆者，取其究音也。《礼·三正记》曰："灼龟以荆。"以火动龟，不以水动蓍何？以为呕则是也[2]。

　　右论灼龟。

【注释】

　　[1]"龟"数句：不见于今本《礼记·杂记》，疑为逸《礼》文献。

　　[2]以为呕则是也：陈立《白虎通疏证》有"或古人用蓍，亦用口吹气其上也"。

【译文】

　　一定要用火燃烧荆条后再来灼烧龟壳，这是为什么呢？《礼记·杂记》里面讲："龟是阴中的老者。蓍草是阳中的老者。龙没有水是不会停留的，龟没有火也是不会显示征兆的，要用阳来引动阴。"一定要用荆条，这取"荆"有"究"的声音，蕴含着"探索究竟"的意义。《礼·三正记》里面讲："用荆条来灼烧龟壳。"既然用火来引动龟壳，为什么不用水来引动蓍草呢？有人认为：用蓍草的时候也会用口吹气到蓍草上面，这就是用水来引动蓍草。

　　以上讨论灼烧龟壳的问题。

　　7.22　蓍龟败则埋之何？重之，不欲人亵尊者也。

　　右论埋蓍龟。

【译文】

蓍龟如果用坏了要埋起来，这是为什么呢？这是为了表示对这两种灵物的尊重，不想让人随意地亵渎尊贵的灵物。

以上讨论埋葬蓍龟等问题。

7.23　《周官》曰："凡国之大事，先筮而后卜①。""凡卜筮，君视体，大夫视色，士视墨②。""凡卜事视高，扬火以作龟③。""凡取龟用秋时，攻龟用春时④。"

右论《周礼》卜筮及取龟义。

【注释】

①凡国之大事，先筮而后卜：语见《周礼·春官宗伯·筮人》。古代筮轻龟重，故国有大事，先用蓍草占筮，再用龟壳卜问。

②凡卜筮，君视体，大夫视色，士视墨：语见《周礼·春官宗伯·占人》。体，兆象。色，兆气。墨，指灼龟甲时所显示的大枝裂痕。

③凡卜事视高，扬火以作龟：语见《周礼·春官宗伯·卜师》。高，龟甲隆起处。

④凡取龟用秋时，攻龟用春时：语见《周礼·春官宗伯·龟人》。攻龟，剥取龟甲。

【译文】

《周官》里面讲："古代筮轻龟重，因此国家有大事，先用蓍草占筮再用龟壳卜问。""一般卜筮，君王占视兆象，大夫占视兆气，史官占视龟兆裂痕的大枝。""凡有占卜事宜，指定龟甲隆起可以灼火的地方，用炽热的火灼龟。""凡是取龟宰杀要在秋天，剥取龟甲要在春天。"

以上讨论《周礼》中卜筮和取龟宰杀等问题的大义。

圣人

【题解】

"圣人"共四条,解释了圣人的含义、圣人生而自知其圣、帝王中的圣人、圣人奇异的外貌等,其根本在于推尊圣贤。

7.24　圣人者何? 圣者,通也,道也,声也。道无所不通,明无所不照,闻声知情,与天地合德,日月合明,四时合序,鬼神合吉凶①。《礼·别名记》曰②:"五人曰茂,十人曰选,百人曰俊,千人曰英,倍英曰贤,万人曰杰,万杰曰圣。"

　　右总论圣人。

【注释】

①"与天地合德"四句:语见《周易·乾卦·文言》。

②《礼·别名记》:逸《礼》篇章。据陈立等考证应该作《辨名记》。

【译文】

"圣人"是指什么呢?"圣"本身有"通达""合于道""了知声音"等三种意思。这说明圣人于道无所不通,其光明无所不照,听到声音能够知道各种物类的情形。圣人的道德像天地一样覆载万物,他的圣明像日月一样普照大地,他的施政像四时一样井然有序,他示人吉凶像鬼神一样奥妙莫测。《礼·别名记》里面讲:"道德才能超过五人称为'茂',道德才能超过十人称为'选',道德才能超过百人称为'俊',道德才能超过千人称为'英',道德才能双倍于英称为'贤',道德才能超过万人称为'杰',道德才能就超过万杰称为'圣'。"

以上综合讨论圣人的问题。

7.25 圣人未殁时,宁知其圣乎? 曰:知之。《论语》曰:"太宰问子贡曰:'夫子圣者欤?'"孔子曰:"太宰知我乎!"①圣人亦自知圣乎? 曰:知之。孔子曰:"文王既殁,文不在兹乎②?"

右论知圣。

【注释】

①"《论语》曰"数句:均出于《论语·子罕》。太宰,官名,具体人名不详。子贡,端木赐(前520—?),复姓端木,字子贡(古同"子赣"),以字行。春秋末年卫国人。孔门十哲之一,以言语闻名。

②文王既殁,文不在兹乎:语见《论语·子罕》。

【译文】

圣人没有去世之前,大家知道他是圣人吗? 有人讲:是知道的。因为《论语》里面讲:"太宰问子贡:'孔老先生是圣人吗?'"孔子听说后说:"太宰知道我呀!"圣人也知道自己是圣人吗? 有人讲:是知道的。这是因为孔子说过:"周文王去世之后,礼乐制度不都在我这里吗?"

以上讨论人们是否知道圣人是圣人这一问题。

7.26 何以知帝王圣人也?《易》曰:"古者伏羲氏之王天下也","于是始作八卦"。又曰:"伏羲氏殁,神农氏作。""神农氏殁,黄帝尧舜氏作。"①文俱言"作",明皆圣人也。《论语》曰:"圣乎! 尧、舜其由病诸②。"何以言禹、汤圣人?《论语》曰:"巍巍乎! 舜、禹之有天下而不与焉③。"与舜比方巍巍,知禹、汤圣人。《春秋传》曰:"汤以盛德故放桀④。"何以言文、武、周公皆圣人也?《诗》曰:"文王受命⑤。"非圣不能受命。《易》曰:"汤武革命,顺乎天⑥。"汤武与文王比方。《孝经》曰:"则周公其人也。"下言"夫圣人之德,又何以加于孝乎"⑦。何以言皋陶圣人也?以目篇"曰若稽古皋陶"⑧。圣人而能为舜陈道。"朕言惠可底行"⑨,又"旁施象刑维明"⑩。

右论古圣人。

【注释】

①"《易》曰"数句:语见《周易·系辞下》。

②圣乎,尧舜其由病诸:语见《论语·雍也》。

③巍巍乎! 舜、禹之有天下而不与焉:语见《论语·泰伯》。与,参与,关连,这里含有"私有""享受"的意思。

④汤以盛德故放桀:语不见今本《春秋》三传。

⑤文王受命:语见《诗经·大雅·文王有声》。

⑥汤武革命,顺乎天:语见《周易·革卦·彖辞》。

⑦"《孝经》曰"数句:都出于《孝经·圣治章》。

⑧以目篇"曰若稽古皋陶":语见《尚书·虞书·皋陶谟》。目篇,开篇就讲。皋陶,传说是舜帝的臣子,掌管刑狱之事。偃姓。春秋英、六诸国,传皆称为其后人。

⑨朕言惠可底行:语见《尚书·虞书·皋陶谟》。惠,敬词。底,致,用。

⑩旁施象刑维明:语见《尚书·虞书·益稷》。象刑,相传上古无肉刑,仅用与众不同的服饰加之犯人以示辱,谓之象刑。

【译文】

怎么知道帝王是圣人呢?《易》里面讲:"古时候伏羲氏治理天下","于是创作了八卦"。又讲:"伏羲氏去世,神农氏兴起。""神农氏去世,黄帝、尧、舜相继兴起。"这些文献里面都是用"作"字,表明这些人都是圣人。《论语》里面讲："那一定是圣人了，尧、舜都很难做到。"怎么能讲禹、汤也是圣人呢？《论语》里面讲："舜和禹真是崇高呀！贵为天子富有四海，却整年为百姓勤劳，一点不为自己。"将舜用"巍巍"这种词来形容，可以知道禹和汤是圣人。《春秋传》里面讲："汤凭借自己的盛德所以能够将夏桀流放。"怎么可以讲周文王、周武王、周公都是圣人呢？《诗》里面讲："文王禀受天命。"不是圣人是不可能禀受天命的。《易》里面讲："商汤灭夏桀，周武王灭商纣王，都是顺应天意的。"商汤、周武王同文王是一样禀受天命。《孝经》里面讲："那么周公就是这样的人啦。"下面还讲"圣人的德行还有什么能够超过孝的呢？"怎么讲皋陶也是圣人呢？因为《尚书》开篇就讲"查考往事，皋陶说"，皋陶是圣人，所以能够向舜陈述大道如何施行。《尚书》里面还有"我的话可以实行"，还有"对于违抗命令的，用与众不同的服饰来警戒他们，事情应该可以成就"。

7.27　又圣人皆有异表。《传》曰①："伏羲日禄衡连珠②，大目山准③，龙状，作《易》八卦以应枢。"黄帝龙颜④，得天匡阳⑤，上法中宿⑥，取象文昌。颛顼戴干⑦，是谓清明，发节移度，盖象招摇⑧。帝喾骈齿⑨，上法月参⑩，康度成纪⑪，取理阴阳。尧眉八彩，是谓通明，历象日月，璇玑、玉衡⑫。舜重瞳子⑬，是谓滋凉⑭，上应摄提⑮，以象三光⑯。

【注释】

①《传》：据陈立《白虎通疏证》考证兼用纬书《春秋元命苞》《孝经援神契》等篇章内容。

②日禄：日角，额骨中央隆起，形状如日。衡连珠：珠衡，眉间有骨隆起如连珠，像玉衡星。

③山准：鼻子丰隆，像山一样。

④龙颜：眉骨圆起。

⑤匡阳：庭阳，太微庭，天帝南宫。

⑥中宿：古天文学将二十八宿分为四方，每方各七宿，其居中一宿称"中宿"。

⑦戴干：戴楯，宋衷注有"干，楯也。招摇为天戈，戈楯相副，戴之者像见天下以为表"。

⑧招摇：星名，在北斗杓端，北斗第七星。

⑨骈齿：牙齿重迭。宋衷注有"骈犹重也。水精主月，参伐主斩刈成功"。

⑩参：参星，属西方白虎七宿（奎、娄、胃、昴、毕、觜、参）。

⑪康度成纪：设置纲纪制度。

⑫璇玑：星名，北斗魁第四星。玉衡：星名，北斗七星中的第五星。

⑬重瞳：一个眼睛里有两个瞳孔。

⑭滋凉：卢文弨根据《初学记》宋衷注"有滋液之润，清凉光明而多见也"。

⑮摄提：寅年之别称，古代以太岁在天宫运转的方向纪年。太岁指向寅宫之年称为摄提格，省称"摄提"。

⑯三光：日、月、星。

【译文】

而且圣人在外表上和常人也不同。《传》里面讲："伏羲额骨中央隆起，形状如太阳，眉间有骨隆起如连珠，像玉衡星。眼睛大，鼻子丰隆，像山一样。制作《周易》八卦来比拟天的中枢。"黄帝眉骨圆起，得天上太微庭之气，向上取法于二十八宿的中宿，取象于文昌星。颛顼的额头像戴着盾牌一样，说明他的神智清明；他发号施令，一举一动，都象征着招摇星。帝喾牙齿重叠，效法月亮和参星，设置纲纪制度等来燮理阴阳。尧的眉毛有八种色彩，视通明达，他制定了太阳、月亮及北斗等星辰的运转律历。舜的眼睛有重瞳，清凉光明而多见，对应着太岁在寅的摄提格，取象日、月、星三光。

《礼说》曰[①]："禹耳三漏[②]，是谓大通，兴利除害，决河疏江。皋陶马喙，是谓至诚，决狱明白，察于人情。汤臂三肘，是谓柳、翼[③]，攘去不义，万民咸息。文王四乳，是谓至仁，天下所归，百姓所亲。武王望羊[④]，是谓摄扬[⑤]，盱目陈兵[⑥]，天下富昌。周公背偻[⑦]，是谓强俊[⑧]，成就周道，辅于幼主。孔子反宇[⑨]，是谓尼甫，德泽所兴，藏元通流。"圣人所以能独见前睹，与神通精者，盖皆天所生也。

右论异表。

【注释】

①《礼说》：据陈立《白虎通疏证》考证此指《礼纬含文嘉》。

②三漏：三个耳孔。

③柳、翼：星名，分别是二十八宿中南方朱雀七宿的第三星和第六星。

④望羊：远视。

⑤摄扬：远视貌。

⑥盱目：张目。

⑦偻：弯曲。

⑧强俊：据陈立考证应该为"强后"，后背强健，能够负重。

⑨反宇：头型四方高中间低。据陈立《白虎通疏证》为"孔子首形象丘，四方高，中下，故名丘焉"。

【译文】

《礼说》里面讲："禹的耳朵有三个耳孔，这被认为通于大道，能够兴利除害，疏通江河湖海的水道。皋陶的嘴像马嘴，这被认为极为真诚，判决狱事明明白白，明察人情。汤的手臂有三个肘弯，就像天上的柳星和翼星，所以能攘除不义，百姓都能得以安宁。文王有四乳，这被认为最为仁德，天下都归心于他，百姓乐于亲附他。周武王能够远视，这被认为视野广阔，他发怒用兵，天下因他的功业而富裕昌盛。周公后背弯曲，这被认为能够负重忍辱，能够成就周的道统，辅佐幼主成王。孔子的头型四方高中间低，所以被称为'尼甫'，他所带来的恩德福泽，根源深厚传布畅达。"圣人之所以有独特的智慧，对事情有预见性，精气能够达于神明，大概都是天生的吧。

　　以上讨论圣人在外表上和常人不同。

八风

【题解】

　　"八风"共一条。主要讲每四十五天，天地之间阴阳之气会发生变化，会形成八种不同的风，与之相对应的各种事物也会发生变化，人事也顺应天道发生一系列变化，体现了传统的"天人合一"的思想。

　　7.28　风者，何谓也？风之为言萌也。养物成功，所以象八卦。阳立于五，极于九。五九四十五，日变，变以为风，阴合阳以生风也。距冬至四十五日条风至。条者，生也。四十五日明庶风至。明庶者，迎众也[①]。四十五日清明风至。清明者，青芒也[②]。四十五日景风至。景者，大也。言阳气长养也。四十五日凉风至。凉，寒也。阴气行也。四十五日昌盍风至。昌盍者，戒收藏也。四十五日不周风至。不周者，不交也。言阴阳未合化也。四十五日广莫风至。广莫者，大莫也。开阳气也。

【注释】

①明庶者,迎众也:《春秋考异邮》注有"春分之后言庶众也。阳以施惠之恩德,迎众物而生之"。

②清明者,青芒也:《春秋考异邮》有"清明者,精芒挫收也"。其注云"挫犹止也。时荞麦之属秀出已备,故挫止其锋芒,收之使成实"。

【译文】

"风"是什么意思呢?"风"是萌动的意思。风能够养护万物,得以收获,可以用来象征八卦。阳数在五成立,在九达到极数。五乘以九等于四十五,日照程度会发生变化,风也会改变,阴气与阳气会合才能够产生风。冬至过了四十五日后,条风就到了。"条"是产生的意思。再过四十五日,明庶风就到了。"明庶"的意思是迎众物而生长。再过四十五日,清明风就到了。"清明"的意思是挫止其精芒。再过四十五日,景风就到了。"景"是大的意思。这是说阳气促成万物生长发育。再过四十五日,凉风就到了。"凉"是寒冷的意思,表明阴气开始运行了。再过四十五日,昌盍风就到了。"昌盍"的意思是要准备收藏了。再过四十五日,不周风就到了。"不周"的意思是不交汇,这里是讲阴、阳二气没有交融。再过四十五日,广莫风就到了。"广莫"是阳气没有阴气广大的意思。此时阳气刚刚开始生长,还比较微弱。

故曰:条风至地煖;明庶风至万物产;清明风至物形干;景风至棘造实①;凉风至黍禾干②;昌盍风至生荞麦;不周风至蛰虫匿;广莫风至则万物伏,是以王者承顺之;条风至则出轻刑,解稽留;明庶风至则修封疆,理田畴;清明风至出币帛,使诸侯;景风至则爵有德,封有功;凉风至则报土功,祀四乡;昌盍风至则申象刑,饰囷仓;不周风至则筑宫室,修城郭;广莫风至则断大辟,行刑狱。

右论八风节候及王者顺承之政。

【注释】

①棘:酸枣树。

②凉风至黍禾干:陈立《白虎通疏证》有"凡五谷熟则干"。黍禾,
黍和禾。泛指粮食作物。黍,谷物名,性黏,子粒供食用或酿酒。
去皮后北方称黄米。禾,粟,即今小米。

【译文】

所以讲:条风到了,地就会变暖和。明庶风到了,万物就会生长。清
明风到了,万物形状还比较干枯。景风到了,酸枣树就会结出果实。凉
风到了,黍、禾等农作物就丰收了。昌盍风到了,荞麦就成熟了。不周风
到了,蛰伏的虫类就会藏匿起来。广莫风到了,万物都会伏藏。因此,
王者要顺着风的变化安排自己的行为。条风到了,就要释放犯了轻刑的
人,解决所有稽留的事物。明庶风到了,就要修整所封的疆土,整理田
畴。清明风到了,要拿出币帛,出使诸侯。景风到了,就要给有德的人封
爵,给有功的人分封土地。凉风到了,就要向祖先神祇报告土地的丰收,
在各处进行应有的祭祀。昌盍风到了,就要申明各类刑法之图象,装饰
自己的仓库。不周风到了,就要修筑宫室,修建城郭。广莫风到了,要对
大案进行决断,执行应执行的刑罚。

以上讨论八风的节令、气候以及王者顺着风施行政令等问题。

商贾

【题解】

"商贾"共一条。东汉时期商业比较发达,行商坐贾通货四方,当时
经济非常繁荣。

7.29　商贾，何谓也？商之为言商也。商其远近^①，度其有亡，通四方之物，故谓之商也。贾之为言固也。固其有用之物，以待民来，以求其利者也。行曰商，止曰贾。《易》曰："先王以至日闭关，商旅不行，后不省方^②。"《论语》曰："沽之哉，沽之哉，我待价者也^③。"即如是，《尚书》曰"肇牵车牛，远服贾用"何^④？言远行可知也。方言"钦厥父母"^⑤，欲留供养之也。

【注释】

①商：商计，计算。

②先王以至日闭关，商旅不行，后不省方：语见《周易·复卦·象传》。至日，冬至。闭关，掩闭关阙。后，君主。

③沽之哉，沽之哉，我待价者也：语见《论语·子罕》。

④肇牵车牛，远服贾用：语见《尚书·周书·酒诰》。肇，发语词。服，从事。贾用，贸易。

⑤方言"钦厥父母"：据陈立《白虎通疏证》应该为"何言'孝养厥父母'"。

【译文】

"商贾"是什么意思呢？"商"是商计的意思。计算路程的远近，揣度当地物质的有无，让四方物质互相流通，所以叫做"商"。"贾"是固定的意思。固定出售某种货物，等待民众来买，以此求取利润。到处流动的叫做"商"，固定在某处的叫做"贾"。《易》里面讲："在微阳初动的冬至日，古代帝王闭关静养，商贾旅客不外出远行，君主也不巡行四方。"《论语》里面讲："卖掉吧，卖掉吧，我在等待好价钱。"假如商贾就是这个样子，《尚书》里面讲"牵牛赶车，到远方去从事贸易"，这是为什么呢？这是说出门远行，要让父母知道。为什么后面还要接着讲"孝顺赡养父母"，这是说孝子本来想留在家里孝顺供养父母。

卷八

瑞贽

【题解】

"瑞贽"共七条,第一条讲诸侯有朝觐天子的义务;第二条主要讲诸侯作为符信的玉有五种,分别有不同的含义和用途;第三条讲了朝觐时合符信、还圭等各项礼仪。后面四条主要讨论了不同身份的人群在相见时所用的不同见面礼,主要为了区分尊卑等级秩序,也彰显了对"五伦"等伦常关系的维护。

8.1　王者始立,诸侯皆见何?当受法禀正教也。《尚书》"揖五瑞","觐四岳"①,谓舜始即位,见四方诸侯,合符信。《诗》云:"玄王桓拨,受小国是达,受大国是达②。"言汤王天下,大小国皆来见,汤能通达以礼义也。《周颂》曰:"烈文辟公,锡兹祉福③。"言武王伐纣定天下,诸侯来会,聚于京师受法度也。远近莫不至,受命之君,天之所兴,四方莫敢违,夷狄咸率服故也。

右论诸侯朝会合符信。

【注释】

① "揖五瑞","觐(jìn)四岳":语见《尚书·虞书·舜典》。揖,同
　 "辑",收集。五瑞,诸侯作为符信的五种玉。觐,会见。

② 玄王桓拨,受小国是达,受大国是达:语见《诗经·商颂·长发》。
　 玄王,商族始祖契。其母简狄吞玄鸟卵而生契。舜时助禹治水有
　 功,任司徒。赐姓子氏,封于商。桓拨,谓大治。达,通。

③ 烈文辟公,锡兹祉福:语见《诗经·周颂·烈文》。烈文,光明文采。
　 辟公,诸侯。锡,赐给。祉,福。

【译文】

　　王者刚刚即位,诸侯都要来朝见他,这是为什么呢? 这说明诸侯都
要来领受新王的法令,禀受他的政教。《尚书》里面有"收集了诸侯的五
种瑞玉","接受四方诸侯朝觐",这是讲舜刚刚即位,接见了四方的诸侯,
与诸侯们核验了符节印章等信物。《诗经》里面讲:"玄王把天下治理得
井井有条,和小国进行了交往,和大国也进行了交往。"这是讲商汤称王
于天下,大小国诸侯都来朝见他,汤能够用该有的礼仪应对。《周颂》里
面讲:"功德双全的诸侯,赐给你们永远的福祉。"这是讲武王伐纣后,天
下安定,诸侯们都来朝会,聚集在京师接受各种法令制度。远近诸侯都
来参加,因为禀受天命的王者,是上天让他兴起的,四方诸侯都不能违背
他的命令,夷狄也都臣服于他。

　　以上讨论诸侯朝会验证符信的问题。

　　8.2　何谓五瑞? 谓珪、璧、琮、璜、璋也①。《礼》曰:
"天子珪尺有二寸。"又曰:"博三寸,剡上,左右各寸半,厚
半寸。半珪为璋。方中圆外曰璧。半璧曰璜。圆中牙外曰
琮②。"《礼·王度记》曰:"玉者,有象君子之德,燥不轻,湿
不重,薄不桡③,廉不伤④,疵不掩。是以人君宝之。"

【注释】

① 珪（guī）：古代"圭"字，为帝王诸侯所执的长形玉版，上面是圆形或尖尖的，下面是方形。璧：平圆形，中心有孔的玉器。琮（cóng）：古代玉器，内圆外方，《周礼·春官·大宗伯》"以苍璧礼天，以黄琮礼地"，亦作为发兵符信。璜（huáng）：半璧形的玉。古代贵族朝聘、祭祀、丧葬、征召的礼器，也可以作佩饰。璋（zhāng）：古代玉器，朝聘、祭祀、丧葬、发兵用以表示瑞信。其形犹如圭之上端斜削去一角，而形制大小厚薄长短，因所事不同而异。有大璋、中璋、边璋、牙璋等。

② "《礼》曰"数句：据陈立《白虎通疏证》考证这段文字概括了《周官·冬官考工记·玉人》《仪礼·聘礼》《礼记·杂记》等文献的说法。博，宽。刻（yǎn），锐利。牙，鉏牙，齿状。

③ 薄：压抑，压迫。桡（náo）：屈服。

④ 廉：棱角，锋利。

【译文】

"五瑞"是指什么呢？这是指珪、璧、琮、璜、璋这五种玉器。《礼》里面讲："天子所执的珪有一尺二寸。"又讲："宽为三寸，顶部左右各削去一寸半，使之呈锐角形，厚半寸。璋是珪的一半。璧的外面是圆形，里面是方形。璜是璧的一半。琮的里面是圆形，外面是方形，而且琢成牙齿状。"《礼·王度记》里面讲："玉里面蕴含着君子的德行，不会因干燥而变轻，不会因潮湿而变重，不会因压迫而弯曲，不会因有棱角而有割伤，不会掩盖自己的瑕疵。所以人君将玉当作宝贝。"

　　天子之纯玉，尺有二寸。公侯九寸，四玉一石也。伯、子、男俱三玉二石也。五玉者各何施？盖以为璜以征召，璧以聘问，璋以发兵，珪以质信①，琮以起土功之事也。

【注释】

①质：留作担保的人或物。

【译文】

天子用的玉器是纯玉，长一尺二寸。公侯的玉器长九寸，玉的纯度是四分玉杂一分石头。伯、子、男都是三分玉杂二分石头。五玉各有什么用呢？大概来讲，璜主要用来征召，璧主要用来聘问，璋主要用来发兵，珪主要用来作为诚信的凭证，琮主要用来发起土木工程等一类的事项。

珪以为信何？珪者，兑上，象物始生见于上也。信莫著于作见①，故以珪为信，而见万物之始莫不自洁。珪之为言圭也。上兑，阳也。下方，阴也。阳尊，故其理顺备也。位在东，阳见义于上也。

【注释】

①著：明显。作见：显现。

【译文】

为什么珪作为诚信的凭证呢？珪的上方是尖尖的，就像万物刚刚开始生长冒出地面一样。最大的诚信莫过于将诚意表达出来，所以珪被作为诚信的凭证，象征万物最开始本身都是很纯洁的。"珪"又可以称为"圭"，上面尖尖的，象征阳；下面是方形，象征阴。阳是尊贵的，其蕴含的道理也是顺畅完备的。方位象征东方，位于上方的阳能充分展现自己的义。

璧以聘问何？璧者，方中圆外，象地，地道安宁而出财物，故以璧聘问也。方中，阴德方也。圆外，阴系于阳也。阴德盛于内，故见象于内，位在中央。璧之为言积也，中央故有天地之象，所以据用也。内方象地，外圆象天也。

【译文】

璧为什么用来聘问呢？璧的里面是方形，外面是圆形，象征着地。地所蕴含的道是安定平静的，盛产各种财货物品，所以用璧来作聘问的符信。璧里面是方形，方形象征阴德。璧外面是圆形，象征阴本身要受阳的节制。里面的阴德非常强盛，就会表现呈方形，方位象征中央。“璧”也可以称为“积”，有位于中央而含藏天地之象，可根据这个特点发挥各种作用。里面方形象征地，外面圆形象征天。

璜所以征召何？璜者半璧，位在北方，北阴极而阳始起，故象半阴。阳气始施，征召万物，故以征召也。不象阳何？阳始物微，未可见也。璜者，横也，质尊之命也。阳气横于黄泉，故曰璜。璜之为言光也。阳光所及，莫不动也。象君之威命所加，莫敢不从，阳之所施，无不节也。

【译文】

为什么璜被用来征召呢？璜是璧的一半，方位象征北方。北方是阴气旺盛到极点、阳气刚刚开始升起的地方，代表半阴之象。阳气刚开始运行，可以催生万物，所以用璜来进行征召。为什么璜不是阳之象呢？阳气刚刚开始兴起，万物都还非常微弱，没有明显的阳的形象可以看到。“璜”也可以称为“横”，可以作为尊者命令的凭证。阳气横生于黄泉之上，所以称为“璜”。“璜”也可以称为“光”。阳光所照的地方，万事万物都会有所行动，就像君主庄严的命令加于万物，万物不敢不听从。阳气负责发号施令，万事万物都要受它的节制。

璋以发兵何？璋半珪，位在南方。南方阳极，而阴始起，兵亦阴也，故以发兵也。不象其阴何？阴始起，物尚凝^①,未可象也。璋之为言明也。赏罚之道,使臣之礼,当章明也。南方之时,万物莫不章,故谓之璋。

【注释】

①凝:形成。

【译文】

璋为什么用来发兵呢?璋是珪的一半,方位象征南方。南方是阳气最旺盛的地方,这里阴气刚刚开始升起,兵也是属于阴的,所以用它来发兵。璋为什么不是阴的象呢?这时阴气刚刚升起,万物都还在形成过程中,没有具体阴的形象可言。"璋"也可以称为"明"。赏罚的具体措施,任用臣子所应遵循的礼仪,都应该是清楚明白的。南方所代表的时节,万事万物都会充分展现自己的形象,所以称为"璋"。

琮以起土功发众何?琮之为言宗也^①。象万物之宗聚也。功之所成,故以起土功发众也。位在西方,西方阳,收功于内,阴出成于外,内圆象阳,外直为阴,外牙而内凑,象聚会也,故谓之琮。后夫人之财也。五玉所施非一,不可胜条,略举大者也。

右论五瑞制度。

【注释】

①宗:《广雅·释诂》:"宗,聚也","宗,众也"。

【译文】

琮为什么用来发起土木工程等一类的事项呢?"琮"可以称为"宗",就像万物聚集在一起。之所以能够成就某种事功,是因为能够发动民众一起来从事土木等工程。方位象征西方。西方属于阳,阳将功能收藏于内，阴发挥功能成就于外。里面圆形象征阳，外面是直的象征阴。外面呈牙齿状不平整，但里面结构却很紧凑，就像大众聚集会合的样子，所以称为"琮"。"琮"一般也作为后夫人专有的财物。这五种玉器发挥的功用当然不止有一种，可谓不胜枚举，这里只是略微列举了最常见的功用而已。

以上讨论"五瑞"的制度等问题。

8.3　合符信者①，谓天子执瑁以朝②，诸侯执圭以觐天子。瑁之为言冒也，上有所覆，下有所冒也。故《觐礼》曰："侯氏执圭升堂③。"《尚书大传》："天子执瑁以朝诸侯。"又曰："诸侯执所受珪与璧，朝于天子。无过者，复得其珪以归其邦。有过者，留其珪。能正行者，复还其珪。三年珪不复，少绌以爵。六年珪不复，少绌以地。九年珪不复，而地毕削。"

【注释】

①符信：符节印章等信物的统称。

②瑁（mào）：天子所执之玉，用以合诸侯之圭者。覆于圭上，故称为"瑁"。

③侯氏执圭升堂：不见于今本《仪礼·觐礼》，比较接近的乃是该篇中的"侯氏坐取圭，升致命"。

【译文】

验证符信的意思是指天子执瑁临朝，诸侯执圭朝觐天子。"瑁"是"冒"的意思，象征天子的德能覆盖天下，在下的诸侯都为天子所庇护。所以《觐礼》里面讲："诸侯手执着圭登上朝堂。"《尚书大传》里面讲："天子手执着瑁来接受诸侯的朝觐。"又讲："诸侯带着天子所赏赐的圭与璧来朝觐天子。如果没有过错，就可以得到他先前所赏赐的圭回到自己的封国。如果有过错，他被赏赐的圭就会被天子扣留。如果能纠正自己的行为，天子会把圭重新赏赐给他。如果三年后，诸侯不能重新从天子那里获得赏赐的圭，就会稍微降低他的爵位。如果六年后，诸侯还不能重新从天子那里获得赏赐的圭，就会稍微削减他的土地。如果九年后，诸侯仍然不能重新从天子那里获得赏赐的圭，就会把他的封地全部削去。"

圭所以还何？以为圭信瑞也。璧所以留者，以财币尽，辄更造。何以言之？《礼》曰："圭造尺八寸[1]。"有造圭，明得造璧也。公圭九寸，四玉一石。何以知不以玉为四器，石持为也[2]。以《尚书》合言"五玉"也[3]。

右论合符还圭之义。

【注释】

[1] 圭造尺八寸：据陈立《白虎通疏证》考证，此处与诸经不合。可能为逸《礼》文献。

[2] 石持为也：卢文弨考证这里"持"可能是"特"字。意即石是单独的一种器物。

[3] 以《尚书》合言"五玉"也：《尚书·虞书·舜典》有"修五礼、五玉、三帛、二生、一死贽"。

【译文】

圭为什么会还给诸侯呢？有人认为圭是代表符信的瑞玉。璧为什么会被留下来呢？璧就像币帛一样，可以作为财货流通，可能被损坏，所以要重新再制造。为什么这样讲呢？《礼》里面讲："制造的圭有一尺八寸。"能够制造圭，表明也能制造璧。公所用的圭九寸，四分玉杂一分石头。怎么知道这里不是指四种玉器、一种石器呢？因为《尚书》里面"五玉"并称。

以上讨论验证符信、重新赐主等问题。

8.4　臣见君有贽何？贽者，质也①。质己之诚，致己之悃愊也②。王者缘臣子心以为之制，差其尊卑以副其意也。公侯以玉为贽者，玉取其燥不轻，湿不重，明公侯之德全也。卿以羔为贽。羔者，取其群而不党。卿职在尽忠率下，不阿党也。大夫以雁为贽者，取其飞成行，止成列也。大夫职在奉命适四方，动作当能自正以事君也。士以雉为贽者，取其不可诱之以食，慑之以威，必死不可生畜。士行耿介③，守节死义，不当移转也。

【注释】

①质：用作保证的礼物，这里指见面礼。

②悃愊（kǔn bì）：至诚，诚实。

③耿介：正直，守志不趋时。

【译文】

臣子觐见君主时一般会带见面礼是为什么呢？"贽"是"质"的意思。用这些见面礼作为自己诚意的凭证，表达自己的至诚之心。王者根据臣子的这种心态制定了相应制度，让他们根据地位尊卑来进献礼物，来表达自己的诚意。公侯用玉作为见面礼，主要取玉遇燥不会变轻，遇潮湿不会变重的象征意义，表明公侯道德全备。卿用羔作为贽，主要取羔羊能够成群但不结党的象征意义。卿的职责就在竭尽忠诚领导下属，不结党营私。大夫用雁作为贽，主要取义于大雁飞行、停歇的时候都是按照顺序排成行列的。大夫的职责在于奉君主的命令出使四方，举动要能够自我约束，端正行为来侍奉君主。士用野鸡作为贽，主要取义于它们不会被食物所引诱，也不能够被威胁所震慑，宁愿死也不会被人豢养。士就应该行为正直，保持节操，为义而死，不会轻易改变操守。

《曲礼》曰："卿羔，大夫以雁，士以雉为贽，庶人之贽匹。童子委贽而退。野外军中无贽，以缨拾矢可也①。"言必有贽也。匹谓鹜也②。

【注释】

①"卿羔"数句：讲不同身份的人所用作贽的物品不同。匹，鸭子。缨，套在马颈上的革带，驾车时用。拾，射韝，古代射箭时用的皮制护袖。矢，箭。

②鹜（wù）：鸭子。

【译文】

《曲礼》里面讲："一般见面礼，卿用羔羊，大夫用雁，士用野鸡，老百姓用鸭。童子放下见面礼就离开。如果在野外军中见面没有其他礼物，就用驾马的皮带、射韝、箭等都可以。"这是讲见面一定要有见面礼。"匹"是指鸭子。

卿大夫贽，古以麛鹿①，今以羔雁何？以为古者质，取其内，谓得美草鸣相呼。今文取其外，谓羔跪乳，雁有行列也。《礼·士相见经》曰："上大夫相见以羔，左头如麛执之②。"明古以麛鹿，今以羔也。卿大夫贽变，君与士贽不变何？人君至尊，极美之物以为贽。士贱，伏节死义，一介之道也③。故不变。

右论见君之贽。

【注释】

①麑（ní）：幼鹿。

②上大夫相见以羔，左头如麛（mí）执之：语见《仪礼·士相见礼》。麛，幼鹿。

③介：个。

【译文】

　　卿大夫的见面礼，古代用麑鹿，现在改用羔雁，这是为什么呢？有人讲这是因为古代崇尚质朴，看重内在美德。鹿只要发现了丰美的草都会大声鸣叫，招呼同伴一起来享用。现在推崇礼仪节文，看重外在行为，说羊羔吃母乳的时候是跪着的，雁飞行是成行列的。《仪礼·士相见经》里面讲：“上大夫之间初次相见，用羔羊作为礼物。捧羊时，羊头朝向左方，执持方式与秋天奉献小鹿之礼的执鹿方式相同。”这就表明古代用麑鹿，现在用羔羊了。卿大夫用的见面礼古今有变化，为什么君主与士用的见面礼没有变化呢？人君地位至尊，所以要用最美好的东西作为见面礼。士的地位卑贱，只奉行一种道，那就是为了保持节操宁愿放弃生命。所以他们用的见面礼也没有变化。

　　以上讨论觐见君主的见面礼。

　　8.5　私相见亦有贽何？所以相尊敬，长和睦也。朋友之际，五常之道，有通财之义，振穷救急之意，中心好之，欲饮食之，故财币者，所以副至意焉。《礼·士相见经》曰：“上大夫相见以雁。士冬以雉，夏以脯”也①。

　　右论私相见贽。

【注释】

①上大夫相见以雁。士冬以雉，夏以脯（jū）：语见《仪礼·士相见

礼》。雉，野鸡。腒，风干了的肉，这里指风干了的野鸡。

【译文】

一般人私底下相见也会有见面礼，这是为什么呢？这是为了互相表示尊敬，用来增长和睦的气氛。朋友之间也属于人伦的五常之一，遵循财物互通的道义，有互相赈济穷困、解救危难的义务。朋友之间心里互相喜欢，想给对方安排好饮食，所以用钱财货物这类物品表达自己心里的这番美意。《仪礼·士相见经》里面讲："上大夫相见用雁作为见面礼。士相见，冬天用死去的野鸡作为见面礼，夏天用风干了的野鸡。"

以上讨论私下相见的见面礼。

8.6　妇人之贽以枣栗腶脩者①，妇人无专制之义，御众之任，交接辞让之礼，职在供养馈食之间。其义一也。故后夫人以枣栗腶脩者，凡内修阴也。又取其朝早起，栗战自正也。腶脩者，脯也。故《春秋传》曰："宗妇觌用币，非礼也。然则曷用？枣栗云乎，腶脩云乎？②"

右论妇人之贽。

【注释】

①腶脩：捣碎加了姜桂的干肉。

②"宗妇觌（dí）用币"数句：语见《春秋公羊传·庄公二十四年》。宗妇，同姓大夫之妇。与夫人既有君臣之义，又有亲戚之情。觌，相见。币，玉帛。《春秋公羊解诂》有"礼，妇人见舅姑以枣栗为贽，见女姑以腶脩为贽。见夫人至尊，兼而用之"。

【译文】

妇人见面应该用枣栗、加了姜桂的干肉这类物品作为见面礼。妇人没有独断专行的道理，也没有领导众人的职责，不需要在外面交接应酬。

她们主要的职责在于供养中馈，负责家庭的饮食。她们只需要遵循这一个道即可。所以后夫人应该用枣栗、加了姜桂的干肉这类作为见面礼，这都是要修养内在阴德的意思。又取义于她们平日要早起，每日都要战战兢兢、行为必须守正的意思。腶脩是干肉。所以《春秋传》讲："宗妇相见的见面礼用了玉帛，这不符合礼仪。那么应该用什么呢？应该用枣栗、加了姜桂的干肉这类作为见面礼。"

以上讨论妇人见面的见面礼。

8.7　子见父无贽何？至亲也，见无时，故无贽。臣之事君，以义合也。得亲供养，故质己之诚，副己之意，故有贽也。

右论子无贽、臣有贽。

【译文】

儿子见父亲是不需要见面礼的，这是为什么呢？父子是骨肉至亲，时刻都能见到，所以不需要用见面礼。臣子侍奉君主，是为了道义而在一起。臣子能够亲自侍奉君主，为表达自己的诚敬之心，充分体现自己的心意，所以需要用见面礼。

以上讨论儿子见父亲不需要见面礼、臣子见君主需要见面礼等问题。

三正

【题解】

"三正"共九条，主要讲了王者受命改正朔的深刻含义。"三正"代表的三统，文质交替而行，体现了王者奉天受命、助天地化成万物的重大职责。说明了天道崇尚质朴，历史变化发展也遵循"先质后文"的规律。

8.8　王者受命必改朔何^①? 明易姓,示不相袭也。明受之于天,不受之于人,所以变易民心,革其耳目,以助化也。故《大传》曰"王者始起,改正朔,易服色,殊徽号,异器械,别衣服"也^②。是以禹舜虽继太平,犹宜改以应天。王者改作,乐必得天应而后作何? 重改制也。《春秋瑞应传》曰^③:"敬受瑞应,而王改正朔,易服色。"《易》曰:"汤武革命,顺乎天而应乎民也^④。"

右论改朔之义。

【注释】

①改朔:改正朔,重新颁布历法。古时候改朝换代,新王朝表示"应天承运"需要重定正朔。

②"王者始起"六句:语见《礼记·大传》。易服色,上古各个朝代所崇尚的颜色不同,夏尚青,殷尚白,周尚赤。徽号,徽章,旗号。

③《春秋瑞应传》:《春秋》纬书篇名。

④汤武革命,顺乎天而应乎民也:语见《周易·革卦·彖辞》。

【译文】

王者禀受天命后一定要改正朔,这是为什么呢? 表明自己是易姓而王,并不承袭前一个朝代的天命。表明自己王位的获得来源于天命,并非来源于他人。这样可以改变民众心理,让他们耳目见闻都为之一新,有助于教化。所以《大传》里面讲"王者刚兴起时,会改变历法,变易所崇尚的颜色,区别旌旗上的各种徽号,区别各种礼器和军械等器物的用途,区分吉凶服制"。即便像禹和舜那样用和平的方式继承了王位,也应改变这些制度来顺应天命。王者改制一定要得到上天的瑞应才能开始,这是为什么呢? 这是为了表示对改制的慎重。《春秋瑞应传》里面讲:"恭敬地禀受天之祥瑞,从而改变历法,变易所崇尚的颜色。"《易》里面讲:"商汤灭夏桀,周武王灭商纣王,都是顺应天心民意的。"

以上讨论改正朔的大义。

8.9　文家先改正^①,质家先伐何^②? 改正者文,伐者质。文家先其文,质者先其质。《论语》曰:"予小子履敢用玄牡,敢昭告于皇王后帝^③。"此汤伐桀告天以夏之牲也。《诗》曰:"命此文王,于周于京^④。"此言文王改号为周,易邑为京也。又曰:"清酒既载,骍牡既备^⑤。"言文王之牲用骍,周尚赤也。

右论改朔、征伐先后。

【注释】

①文家:崇尚礼仪节文的人士、学派或者时代。

②质家:崇尚平实质朴风气的人士、学派或者时代。

③予小子履敢用玄牡,敢昭告于皇王后帝:语见《论语·尧曰》。予小子,上古帝王自称之词,相传汤又名"履"。

④命此文王,于周于京:语见《诗经·大雅·大明》。

⑤清酒既载,骍牡既备:语见《诗经·大雅·旱麓》。载,陈设。骍牡,赤色的公牛。

【译文】

王者禀受天命后,如果是文家就会先重新颁布历法,如果是质家就会先出征讨伐,这是为什么呢? 先重新颁布历法的是崇尚形式的朝代,先出征讨伐的是崇尚实质的朝代。崇尚形式的朝代就会将改变礼仪形制作为首要任务,崇尚实质的朝代就会将实质内容放在首位。所以《论语》里面讲:"我履谨用黑色牡牛作牺牲,明明白白地告诉光明而伟大的天帝。"这是商汤将要讨伐夏桀之前向天禀告,用的是夏朝祭天的牺牲黑色牡牛。《诗》里面讲："命令周文王，将周国都城设为京师。"这是说文王先改国号为周，将周的都城称为"京师"。又讲："摆好清醇美味的酒，准备好红色的公牛用来祭祀。"这是讲文王祭祀用的是红色公牛，因为周代崇尚的颜色是红色。

以上讨论颁布历法、出征讨伐的先后等问题。

8.10　正朔有三何本？天有三统，谓三微之月也^①。明王者当奉顺而成之^②，故受命各统一正也。敬始重本也。朔者，苏也，革也，言万物革更于是，故统焉。《礼·三正记》曰："正朔三而改，文质再而复也。"

【注释】

①三统：董仲舒在《春秋繁露·三代改制质文》中将夏、商、周三代的正朔分为"三统"：夏以寅月即农历正月为岁首，叫"建寅"，以黑色为上色，称"黑统"。商代以丑月即农历十二月为岁首，叫"建丑"，以白色为上色，称"白统"。周以子月即农历十一月为岁首，叫"建子"，以赤色为上色，称"赤统"。

②奉顺：奉承顺应。

【译文】

正朔有三种，这有什么根据呢？天的正朔有三统，也叫做三个隐微的月份。说明王者应遵循三统的运行规律依次而行，所以王者禀受天命后就会按照三统的秩序各自以某一统为正。这代表着敬畏事物的开端，重视事情的根本。"朔"是复苏、革新的意思，是说万物从此全部革新，以某一统为正。《礼·三正记》里面讲："正朔经历三次变化而为一轮循环，文质交替运行。"

三微者,何谓也? 阳气始施黄泉^①,动微而未著也。十一月之时,阳气始养根株黄泉之下,万物皆赤,赤者,盛阳之气也。故周为天正,色尚赤也。十二月之时,万物始牙而白^②,白者,阴气,故殷为地正,色尚白也。十三月之时,万物始达,孚甲而出^③,皆黑,人得加功,故夏为人正,色尚黑。《尚书大传》曰:"夏以孟春月为正^④,殷以季冬月为正^⑤,周以仲冬月为正^⑥。夏以十三月为正,色尚黑,以平旦为朔^⑦。殷以十二月为正,色尚白,以鸡鸣为朔^⑧。周以十一月为正,色尚赤,以夜半为朔^⑨。"

【注释】

①施:散布。

②牙:通"芽"。萌芽,萌生。

③孚甲:植物种子的外壳。孚,通"莩",叶里白皮。甲,草木初生时所带种子的皮壳。

④孟春:春季的首月,农历正月。

⑤季冬:冬季的最后一个月,即农历十二月。

⑥仲冬:冬季的第二个月,即农历十一月。

⑦平旦:十二时辰中的第三个时辰,即每天清晨的3—5时,以地支来命名称为"寅时"。

⑧鸡鸣:十二时辰的第二个时辰,以地支来称其名则为"丑时",相当于凌晨1—3时。

⑨夜半:所指的时间是指前夜23时—本日凌晨1时,这个时段用地支命名称作"子时"。

【译文】

三个隐微的月份是什么意思呢? 这是讲阳气刚刚开始散布于地下,

动静还很微弱不显著。十一月的时候，阳气开始在地底下滋养万物的根株，这时万物都是红色，红色是代表盛阳之气。所以周朝代表天正，颜色崇尚红色。十二月的时候，万物刚发芽还是白色，白色代表阴气，所以商朝代表地正，颜色崇尚白色。十三月的时候，万物生机条畅，种子破壳而出，颜色都是黑色。人们可以用人力助养万事万物而有所成，所以夏朝代表人正，颜色崇尚黑色。《尚书大传》里面讲："夏朝以春季农历第一个月为正月，殷以农历十二月为正月，周以农历十一月为正月。夏以十三月为正月，颜色崇尚黑色，以寅时作为一个月的开始。殷以十二月为正，颜色崇尚白色，以丑时作为一个月的开始。周以十一月为正，颜色崇尚红色，以子时作为一个月的开始。"

不以二月后为正者，万物不齐，莫适所统，故必以三微之月也。三正之相承，若顺连环也。孔子承周之弊，行夏之时，知继十一月正者，当用十三月也。

右论三正之义。

【译文】

不用二月或后面其他月份作为一年的开始，这是因为后面其他月份，万物生长不能整齐划一，不知道适应于哪一统，所以只能用这三个隐微的月份。三统互相承接连续，就像连环互相顺承一样。当年孔子看到了周朝尚文的弊端，所以提倡要用夏代的历法。他明白如果要继承以十一月为正月的新朝代，那么就应以十三月为正月了。

以上讨论三种历法中以不同月份为正月的问题。

8.11　天道左旋，改正者右行，何也？改正者，非改天道也，但改日月耳。日月右行，故改正亦右行也。

右论改正右行。

【译文】

天运行是向左旋转，改变正朔是从十一月到十三月，依次向右推行，这是为什么呢？改正朔并不是要改变天道，只是改变日月计时的历法。因为太阳月亮都是向右旋转的，所以改正朔也是向右依次推行。

以上讨论改正朔向右推行等问题。

8.12　日尊于月，不言正日，言正月，何也？积日成月，物随月而变，故据物为正也。

右论正言月不言日。

【译文】

太阳比月亮尊贵，为什么讲"正月"却不讲"正日"呢？一个月是由一日一日积累而成，万物都随着月亮的变化而变化。所以根据万物的变化而讲"正月"。

以上讨论讲"正月"、不讲"正日"的原因。

8.13　天质地文。质者据质，文者据文。周反统天正何也？质文再而复，正朔三而改。三微质文，数不相配，故正不随质文也。

右论改正不随文质。

【译文】

天是简单质朴的，大地负载万物是文采斑斓的。崇尚质朴的就应该是质家，崇尚文采就应该属于文家。周代属于文家，为什么反而在三统中用天正呢？质家和文家是互相更替，正朔也是三正轮流替换的。所以三微月的质和文并非一一对应，三正的分类不与文质的互相更换相对应。

以上讨论改正朔不与文质互相对应的问题。

8.14　王者受命而起，或有所不改者，何也？王者有改道之文，无改道之实。如君南面，臣北面，皮弁素积，声味不可变，哀戚不可改，百王不易之道也。

右论百王不易之道。

【译文】

王者禀受天命而兴起，为什么有些东西不会改变呢？这是因为王者会改变实现道的形式，但并不改变道的本质。比如朝廷中君主面朝南方，臣子面朝北方，祭祀中要带白鹿皮做的帽子和穿细褶的白布衫，事物的声音气味、人的悲哀忧戚等情感，这些都是不会改变的。即便是经过历朝历代的漫长演变，这些也都不会变更。

以上讨论历朝历代都不会变更的东西。

8.15　王者所以存二王之后何也①？所以尊先王，通天下之三统也。明天下非一家之有，谨敬谦让之至也。故封之百里，使得服其正色，行其礼乐，永事先祖。《论语》曰："夏礼，吾能言之，杞不足征也；殷礼，吾能言之，宋不足征也②。"《春秋传》曰："王者存二王之后，使服其正色，行其礼乐③。"《诗》曰："厥作祼将，常服黼冔④。"言微子服殷之冠，助祭于周也。《周颂》曰："有客有客，亦白其马⑤。"此微子朝周也。二王之后，若有圣德受命而王，当因其改之耶，天下之所安得受命也，非其运次者。

　　右论存二王之后。

【注释】

①存二王之后：指新王朝建立后，封前面两朝的王族后裔为诸侯国君。

②夏礼，吾能言之，杞不足征也；殷礼，吾能言之，宋不足征也：语见《论语·八佾》。杞，国名。周武王的时候封夏禹后代，在今河南杞县。其后因国家弱小，依赖别国力量延长国命，屡次迁移。宋，国名，周武王所封商汤后代，在今河南商丘南。战国时为齐所灭。

③王者存二王之后，使服其正色，行其礼乐：不见于今本《春秋》三传。陈立《白虎通疏证》考证这里《春秋传》应该为"春秋说"。

④厥作裸（guàn）将（jiāng），常服黼冔（fǔ xǔ）：语见《诗经·大雅·文王》。裸将，助王举行裸祭之礼。裸，灌祭，以鬯酒献尸，尸受酒而灌于地以降神。将，举行。黼冔：殷代的帽子，绘有黑白斧形花纹。黼，古代礼服上白黑相间的花纹，取斧形，象临事决断。冔，殷代的帽子。

⑤有客有客，亦白其马：语见《诗经·周颂·有客》。亦，助词。

【译文】

王者为什么在新王朝建立后，会封前面两朝的王族后裔为诸侯国君呢？这是为了尊重前面朝代的王者，贯通天下三统。这也表明天下不是一家私有的，这是谨慎、恭敬、谦让到了极点。所以王者会分封二王之后大概百里的土地，让他们继续保持先朝的服色，采用先朝的礼乐，能够世代祭祀自己的祖先。《论语》里面讲："夏朝的礼我能说清楚，它的后代杞国不足以证明。商朝的礼我能说清楚，他的后代宋国不足以证明。"《春秋传》里面讲："王者会分封二王之后百里的地，让他们继续保持先朝的服色，采用先朝的礼乐。"《诗》里面讲："他们献酒的时候，带着商代的帽子，穿着黼裳。"这是说微子带着商代的帽子来作周天子的助祭。《周颂》

讲："客人来了,客人来了,骑着一匹白色骏马。"这也是微子骑着白马到周天子这里朝觐。二王之后,如果能够有圣德,是可以受命称王的。二王之后如果能够改过,天下人能安于他们的统治,就能再次禀受天命,当然这并不完全遵循"三统"循环的规律。

以上讨论封前面两朝的王族后裔为诸侯国君的问题。

8.16　王者必一质一文者何?所以承天地,顺阴阳。阳之道极,则阴道受。阴之道极,则阳道受。明二阴二阳不能相继也。质法天,文法地而已。故天为质,地受而化之,养而成之,故为文。《尚书大传》曰:"王者一质一文,据天地之道。"《礼·三正记》曰"质法天,文法地"也。帝王始起,先质后文者,顺天地之道,本末之义,先后之序也。事莫不先有质性,后乃有文章也。

右论文质。

【译文】

王者为什么会文质之道交替采用呢?这是为遵循天地之道,顺承阴阳变化的规律。阳道运行到极点,阴道就会接着开始运行;阴道运行到了极点,阳道也会接着运行。非常明显,不可能两个阳道或阴道接续着运行。质朴是效法天道的,文采是效法地道的。所以天赋予万事万物质朴的本质,大地承受天道运行,让万事万物发生变化,长养成就它们,其间会生发出来各种文采。《尚书大传》里面讲:"王者文质之道交替使用,这是由天地之道决定的。"《礼·三正记》里面讲:"质朴效法天道,文采效法地道。"帝王刚刚创业垂统,会先崇尚质朴再崇尚文采,这是顺应天地之道的,符合万事万物都有根本和末端的差异、有先后次序的区别。事物都是先有其本质特性,然后再慢慢产生文采等形式。

以上讨论文质等问题。

三教

【题解】

"三教"共六条,说明了三代设立的政教有忠、敬、文三种。这三种政教各有所长,各有所缺,可以互救缺失,化民成俗,所以王者并用,只因时代不同而侧重点不同。另外,还讨论了明器和祭器的使用问题。整体而言对于周代文明评价很高,这与以孔子为代表的儒家推崇看重周公制礼作乐的传统是一致的。

8.17　王者设三教者何? 承衰救弊,欲民反正道也。三正之有失,故立三教,以相指受。夏人之王教以忠,其失野,救野之失莫如敬。殷人之王教以敬,其失鬼,救鬼之失莫如文。周人之王教以文,其失薄,救薄之失莫如忠。继周尚黑,制与夏同。三者如顺连环,周而复始,穷则反本。

右论圣王设三教之义。

【译文】

王者为什么要设置三种政教方式呢? 这是为了补救"三正"带来的各种弊端,让百姓能够返归于正道。"三正"各有所失,所以设立三种政教方式来对人民进行教导。夏代的政教以忠厚朴实引导人民,其弊病在于过于忠厚朴实就会显得粗鄙。为了补救粗鄙的弊病,莫过于引导人民以恭敬。殷代的政教引导人民以恭敬,其弊病在于过于信奉鬼神。为了补救过于迷信鬼神的弊病,莫过于引导人民以人文礼仪。周代的政教引导人民以人文礼仪,其弊病在于会使风俗流于轻薄。补救风俗流于轻薄的弊病莫过于引导人民以忠厚朴实。所以继周的朝代应该崇尚黑色，各项制度与夏代相同。这三种政教就像连环一样顺次而行，周而复始，到了尽头就要回归本源之处。

以上讨论圣王设置三种政教方式的大义。

8.18　《乐稽耀嘉》曰①："颜回尚三教变②，虞夏何如？"曰："教者，所以追补败政，靡弊溷浊③，谓之治也。舜之承尧无为易也。"或曰："三教改易，夏后氏始。高宗亦承弊④，所以不改教何？明子无改父之道也。何以知高宗不改之？以周之教承以文也。三教所以先忠何？行之本也。三教一体而分，不可单行，故王者行之有先后。何以言三教并施，不可单行也？以忠、敬、文无可去者也。

右论三教。

【注释】

①《乐稽耀嘉》：《乐》纬篇名。

②尚：据卢文弨考证当为"问"。

③靡弊：耗费，浪费。溷（hùn）浊：混乱污浊。

④高宗：名武丁，商代贤君。

【译文】

《乐稽耀嘉》里面讲："颜回向孔子请教三代政教变化的问题，问道：'虞夏禅让也会有政教相应的改变吗'？"孔子回答道："政教是为了追补前代政治有过失的地方，针对浪费、混乱污浊等现象而进行改正，这才能叫做'治'。舜继承尧而兴起，两朝都是圣王之治，所以没有需要改变的地方。"也有人认为："三代的政教进行过改易，这是从夏后氏开始的。殷高宗承前几代帝王治理的弊端，为什么没有改变政教呢？这说明儿子不能改变父亲所遵行的道。怎么知道殷高宗没有改变政教呢？因为周代承商代之后，政教以礼仪文明为主。三种政教都以引导人民归于忠厚朴实作为首位，这是为什么呢？忠厚朴实是行为的根本。三种政教是一个整体的不同方面，不能只单独推行某种，所以王者对三种政教推行是有先后次序的。为什么讲三种政教要一起施行，不能单独推行某种呢？这是因为任何政教都会以忠、敬、文为主要内容，没有一项是可以缺失的。

以上讨论三种政教。

8.19　教所以三何？法天地人。内忠，外敬，文饰之，故三而备也。即法天地人各何施？忠法人，敬法地，文法天。人道主忠，人以至道教人，忠之至也，人以忠教，故忠为人教也。地道谦卑，天之所生，地敬养之，以敬为地教也。

右论三教所法。

【译文】
政教为什么是三种呢？这是效法天、地、人三才并立的大道。内心忠厚，外表恭敬，还要用文采礼仪等进行修饰，所以三种政教都要具备。效法天、地、人各有什么作用呢？忠厚是效法人，恭敬是效法地，礼仪文采是效法天。人道以忠厚为主。人们在教育活动中一定要将最高的道传授给他人，这是忠厚到极点的表现。人们用忠厚之道教人，所以忠厚也是人之教的根本。地道以谦卑为主，天生万物，地恭敬地进行长养，所以恭敬是地之教的根本。

以上讨论三种政教所效法的对象。

8.20　教者，何谓也？教者，效也。上为之，下效之。

民有质朴，不教而成。故《孝经》曰："先王见教之可以化民①。"《论语》曰："不教民战，是谓弃之②。"《尚书》曰："以教祗德③。"《诗》云："尔之教矣，欲民斯效④。"

右总论教。

【注释】

①先王见教之可以化民：语见《孝经·三才章》。

②不教民战，是谓弃之：语见《论语·子路》。

③以教祗（zhī）德：语见《尚书·周书·吕刑》。

④尔之教矣，欲民斯效：语见《诗经·小雅·角弓》。

【译文】

"教"是什么意思呢？"教"有效法的意思。在上位的人做了什么，在下位的人也会进行仿效。百姓本身有质朴的本性，这是不用教育本来就具备的。所以《孝经》里面讲："前代的圣王看到政教是可以化民成俗的。"《论语》里面讲："不训练就让百姓去打仗，就是让他们白白去送命。"《尚书》里面讲："教导臣民敬重德性。"《诗》里面讲："你言传身教，百姓都会来模仿你。"

以上综合讨论"教"的问题。

8.21　忠形于悃忱故失野，敬形于祭祀故失鬼，文形于饰貌故失薄①。

右论三教之失。

【注释】

①忠形于悃（kǔn）忱故失野，敬形于祭祀故失鬼，文形于饰貌故失薄：《礼记·表记》有"夏道尊命，事鬼敬神而远之，近人而忠焉。

先禄而后威,先赏而后罚,亲而不尊。其民之敝,蠢而愚,乔而野,
朴而不文。殷人尊神,率民以事神,先鬼而后礼,先罚而后赏,尊
而不亲。其民之敝,荡而不静,胜而无耻。周人尊礼尚施,事鬼敬
神而远之,近人而忠焉。其赏罚用爵列,亲而不尊。其民之敝,利
而巧,文而不惭,贼而蔽",对此条是更为详细的说明。悃忱,诚
恳,忠诚。

【译文】

　　"忠"表现为很忠诚,因此容易流于粗鄙;"敬"表现为祭祀谨慎,因
此容易流于迷信鬼神;"文"表现为修饰仪容,因此容易流于轻薄。

　　以上讨论三种政教的不足之处。

　　8.22　夏后氏用明器,殷人用祭器,周人兼用之何
谓①?曰:夏后氏教以忠,故先明器,以夺孝子之心也。殷
教以敬,故先祭器,敬之至也。周人教以文,故兼用之,周人
意至文也。孔子曰:"之死而致死之,不仁而不可为也。之
死而致生之,不知而不可为也②。"故有死道焉,以夺孝子之
心焉。有生道焉,使人勿倍焉③。"故竹器不成用,木器不成
斫,瓦器不成沫,琴瑟张而不平,竽笙备而不和,有钟磬而无
簨虡④",悬示备物而不可用也。孔子曰"为明器者善,为俑
者不仁"⑤,"涂车刍灵,自古有之"⑥,言今古皆然也。

　　右论三代祭器明器之义。

【注释】

　　①夏后氏用明器,殷人用祭器,周人兼用之何谓:《礼记·檀弓上》
　　有"仲宪言于曾子曰:'夏后氏用明器,示民无知也;殷人用祭器,
　　示民有知也;周人兼用之,示民疑也。'曾子曰:'其不然乎! 其不

然乎！夫明器，鬼器也；祭器，人器也；夫古之人，胡为而死其亲乎？'"明器，古代用竹、木或陶土专为随葬而制作的器物。祭器，祭祀用的器物。

②"之死而致死之"四句：语见《礼记·檀弓上》。之死，送死者。致死之，将死者看作无知。致生之，把死者看作活人。知，同"智"。

③倍：通"背"，背弃。

④"故竹器不成用"数句：语见《礼记·檀弓上》。磬，敲击乐器，用玉、石等为材料。簨虡（sǔn jù），悬挂钟磬的木架。横木称为"簨"，直柱称为"虡"。

⑤为明器者善，为俑者不仁：语见《礼记·檀弓下》。俑，古代用于殉葬的人偶，一般用木或者泥为之。

⑥涂车刍（chú）灵，自古有之：语见《礼记·檀弓下》。涂车，泥车。刍灵，用茅草扎成的人马。均为古人送葬之物。

【译文】

　　夏后氏送葬用明器，殷人送葬用祭器，周人两种器物都用，这是为什么呢？有人讲：夏后氏教民以忠厚，所以看重明器，这是表明孝子的心已经完全被丧亲之痛占据。殷人教民以恭敬，所以看重祭器，用祭器表示对死者恭敬到了极点。周人教民以人文礼仪，所以两种器物都用，周礼里面蕴含的深意可以说是人文化成到了极致。孔子讲："如果送葬时把死者看作全无知觉，这就太缺乏仁爱之心了，不能这样做。如果送葬时把死者看作还活着一样，这又太缺乏智慧了，也不能这样做。"因此有将死者仅作为死人对待的方式，这样让孝子的哀痛之情会有所节制。有将死者作为活人对待的方式，这样让一般人也不敢轻慢背弃他。"所以作为陪葬的明器应该是：竹器没有边框，不好使用；木器没有加工，不好使用；瓦器没有烧过，不能盛水；琴瑟张了弦，但没有调正；竽笙齐备了，但是音调却不调和；有钟磬却没有木架悬挂，因此无法敲击。"这都表示明器里面尽管器物件件具备，但不能使用。孔子讲"做明器的人心存良善,做殉葬人偶的人缺乏仁爱","泥巴做的车子,草扎的人马等,自古以来就有",这是讲从古至今都是这样子的。

以上讨论三代祭器、明器的要义。

三纲六纪

【题解】

"三纲六纪"共计五条。以君臣、父子、夫妇为三纲,诸父、兄弟、族人、诸舅、师长、朋友为六纪,这九种人伦关系为当时主要的社会关系。其中蕴含了儒家对于人伦秩序的重视。儒家将这些作为社会安定、国家治理的保证。其中"三纲"本非压制意义,有树立模范指导的意义,这与后世所认为的一方压制另外一方的伦理关系有很大区别。

8.23　三纲者,何谓也?谓君臣、父子、夫妇也。六纪者,谓诸父、兄弟、族人、诸舅、师长、朋友也。故《含文嘉》曰①:"君为臣纲,父为子纲,夫为妻纲②。"又曰:"敬诸父兄,六纪道行③,诸舅有义,族人有序,昆弟有亲,师长有尊,朋友有旧。"何谓纲纪?纲者,张也④。纪者,理也。大者为纲,小者为纪。所以张理上下,整齐人道也。人皆怀五常之性,有亲爱之心,是以纲纪为化,若罗纲之有纪纲而万目张也。《诗》云:"亹亹文王,纲纪四方⑤。"

右总论纲纪。

【注释】

①《含文嘉》:《礼》纬篇名。

②纲:原义为"提网的总绳",故《说文解字》解释为"纲,维纮绳

也"。《尚书·盘庚》云"若网在纲，有条而不紊"，《韩非子·外储说右下》云"善张网者引其纲，不一一摄万目而后得；一一摄万目而后得，则是劳而难。引其纲而鱼已囊矣"。处理万事万物，只要抓住了"纲"即最重要的方面则事物自然会井井有条。

③纪：原义为"散丝的头绪"。《说文解字》解释为"纪，别丝也"，《淮南子·泰族训》云"茧之性为丝，然非得工女煮以热汤而抽其统纪，则不能成丝"，《墨子·尚同上》云"譬若丝缕之有纪，罔罟之有纲"。相对"纲"而言，"纪"着眼于细微处。

④张：陈设，张设。

⑤亹亹（wěi）文王，纲纪四方：语见《诗经·大雅·棫朴》。亹亹，勤勉不倦的样子。

【译文】

"三纲"是指什么呢？"三纲"是指君臣、父子、夫妇三种最重要的人伦关系。"六纪"是指各位叔伯、兄弟、族人、各位舅父、师长、朋友这六种人伦关系。所以《含文嘉》里面讲："君臣关系中，君主占主导地位；父子关系中，父亲占主导地位；夫妻关系中，丈夫占主导地位。"又讲："充分尊敬诸位叔伯兄弟等人，六种人伦关系就会顺道而行。对待诸位舅父能遵循道义，按照亲疏远近的秩序和族人进行交往，兄弟之间要亲爱和睦，对师长要尊敬，对朋友之间的友情要珍惜。"什么叫做"纲纪"？"纲"是张设的意思。"纪"是有条理的意思。重要的人伦关系为"纲"，次要的人伦关系为"纪"。抓住纲纪，各种人伦关系就会井井有条，人间秩序因此而得以规范。人都有仁、义、礼、智、信的五常之性，都有亲亲仁爱之心，所以要用三纲六纪来进行教化。这就像如果抓住了罗网的纲自然就可做到纲举目张。《诗经》里面讲："周文王勤勉不懈，设立纲纪来教化四方。"

以上总体论述纲纪。

8.24　君臣，父子，夫妇，六人也。所以称三纲何？一阴一阳谓之道，阳得阴而成，阴得阳而序，刚柔相配，故六人为三纲。

右论三纲之义。

【译文】

君臣、父子、夫妇，总共是六类人群。为什么称为"三纲"呢？一阴一阳相匹配才能称为"道"，阳因得到阴的辅佐而有所成就，阴因阳的规范而有秩序，刚柔互相匹配，所以这六类人群两两相配，组成"三纲"。

以上讨论"三纲"的要义。

8.25　三纲法天地人，六纪法六合。君臣法天，取象日月屈信①，归功天也。父子法地，取象五行转相生也。夫妇法人，取象人合阴阳，有施化端也。六纪者，为三纲之纪者也。师长，君臣之纪也，以其皆成己也。诸父、兄弟，父子之纪也，以其有亲恩连也；诸舅、朋友，夫妇之纪也，以其皆有同志为己助也。

右论纲纪所法。

【注释】

①信：通"伸"。

【译文】

三纲效法了天、地、人三才之道，六纪象征上、下、四方的六合之道。君臣关系效法天道，就像日月运行一样，都是天的功劳。父子关系效法地道，就像五行相生的道理一样。夫妇关系效法人道，就像人乃阴阳二气和合而生，是各种施受变化的开端。六纪是三纲主导下的六纪。与师长之间的关系，效法君臣这一纲，因为师长同君主一样都是帮助自己能有所成就的人。与叔伯、兄弟之间的关系，效法父子这一纲，是因为同这些人因有血缘关系和恩爱之情互相联系在一起。与舅父、朋友之间的关系，效法夫妇这一纲，因为这些人都是因为志趣相投而对自己有所帮助的人。

以上讨论纲纪所效法的对象。

8.26　君臣者，何谓也？君，群也，群下之所归心也。臣者，繵坚也①，厉志自坚固也。《春秋传》曰"君处此，臣请归"也②。父子者，何谓也？父者，矩也，以法度教子也。子者，孳也，孳孳无已也。故《孝经》曰："父有争子，则身不陷于不义③。"夫妇者，何谓也？夫者，扶也，以道扶接也。妇者，服也，以礼屈服也。《昏礼》曰："夫亲脱妇之缨④。"《传》曰："夫妇判合也⑤。"

【注释】

①繵（dàn）：原义为束腰大带，这里引申为坚固的意思。

②君处此，臣请归：语见《春秋公羊传·宣公十五年》。

③父有争子，则身不陷于不义：语见《孝经·谏诤篇》。

④夫亲脱妇之缨：语见《仪礼·士昏礼》。

⑤夫妇判合也：出处不详。判，审定是非。

【译文】

君臣是什么样的一种关系呢？"君"是"群"的意思，这说明君主是群下所归心的人。"臣"是志向坚定的意思，说明臣子自己要励志坚固。《春秋公羊传》里面讲"君主请留在这里，臣子请求回去了"。父子之间怎么样来相处呢？"父"是规矩的意思，说明父亲要按照法度教导子女。

"子"是孜孜不倦的意思,作为子女要好学不倦。所以《孝经》讲:"父亲有善于谏诤的儿子,那么父亲自身不会陷于不义。"夫妇是一种什么样的关系呢?"夫"是帮扶的意思,这是讲丈夫要用道来帮扶接引妻子。"妇"是服从的意思,妻子要按照礼仪服从丈夫。《昏礼》里面讲:"新郎亲手解下新娘许嫁时系的缨带。"《传》里面讲:"夫妇之间以和睦为主旨来审定是非。"

朋友者,何谓也?朋者,党也。友者,有也。《礼记》曰:"同门曰朋,同志曰友。"朋友之交,近则谤其言①,远则不相讪②。一人有善,其心好之;一人有恶,其心痛之。货则通而不计,共忧患而相救。生不属,死不托。故《论语》曰:"子路云:'愿车马衣轻裘与朋友共,敝之。'③"又曰:"朋友无所归,生于我乎馆,死于我乎殡④。"朋友之道,亲存不得行者二。不得许友以其身,不得专通财之恩。友饥,则白之于父兄,父兄许之,乃称父兄与之,不听则止。故曰:友饥为之减餐,友寒为之不重裘。故《论语》曰"有父兄在,如之何其闻斯行之"也⑤。

右论六纪之义。

【注释】

①谤:互相责备,以善相责。

②讪:讥讽嘲笑。

③子路云'愿车马衣轻裘与朋友共,敝之':语见《论语·公冶长》。子路,即仲由,又字季路,春秋时鲁国卞人。孔子弟子,"孔门十哲"之一。性情刚直,好勇力,以政事见称。

④朋友无所归,生于我乎馆,死于我乎殡:语见《礼记·檀弓上》。

⑤有父兄在,如之何其闻斯行之:语见《论语·先进》。

【译文】

　　朋友是怎样相处呢?"朋"是朋党的意思。"友"是拥有的意思。《礼记》讲:"同门学习称为'朋',志同道合称为'友'。"朋友之间交往,在一起的时候互相责善,如果分开后也不会互相讥讽。朋友有善言善行,心里为他高兴;朋友有过恶,心里为他感到惋惜心痛。朋友之间的财物可以通用而不计较,可以共同经历患难,互相帮助。不过朋友之间在生时没有特别嘱咐,死后也不会托付后事。所以《论语》里面讲:"子路讲:'我愿将车马裘衣和朋友共同享用,用坏了也不可惜。'"又讲:"朋友没有归宿的话,活着可以住在我家,死了不妨在我这里殡葬。"朋友之间相处,父母还健在的话,不能做的有两件事:不能不顾自己的生命擅自答应朋友的要求,不能自己擅自决定将财物给朋友使用。朋友如果有饥寒之苦,可以告诉父亲兄长,他们答应后才能够给朋友财物,如果不答应就不能给予财物。所以讲:朋友饥饿,自己就为他自己减损餐食,让他能有东西吃;朋友受寒冻,自己就为了他少穿一件裘袄,让他能有衣服穿。所以《论语》里面讲:"有父亲兄长在家,怎么能听到什么就直接去做呢?"

　　以上讨论"六纪"的含义。

　　8.27　男称兄弟,女称姊妹何? 男女异姓,故别其称也。何以言之?《礼·亲属记》曰①:"男子先生称兄,后生称弟。女子先生为姊,后生为妹。"父之昆弟,不俱谓世父,父之女昆弟,俱谓之姑,何也? 以为诸父曰内,亲也,故别称之也。姑当外适人,疏,故总言之也。至姊妹亦当外适人,所以别诸姊妹何? 以为事诸姑礼等,可以外出又同,故称略也。至姊妹虽欲有略之,姊尊妹卑,其礼异也。《诗》云:"问我诸姑,遂及伯姊②。"谓之舅姑者何? 舅者,旧也。姑者,故

也。旧故，老人称也。谓之姊妹何？姊者，咨也③。妹者，末
也④。谓之兄弟何？兄者，况也，况父法也⑤。弟者，悌也，心
顺行笃也。称夫之父母谓之舅姑何？尊如父而非父者，舅
也。亲如母而非母者，姑也。故称夫之父母为舅姑也。

　　右详论纲纪别名之义。

【注释】

①《礼·亲属记》：逸《礼》篇名。

②问我诸姑，遂及伯姊：语见《诗经·邶风·泉水》。

③咨：征询，商议。

④末：指末位，后列。

⑤况：比方。

【译文】

　　男的称为"兄弟"，女的称为"姊妹"，这是为什么呢？男女各自的姓不同，所以要分别称呼。为什么这样讲呢？《礼·亲属记》讲："先于自己出生的男子称为'兄'，后于自己出生的称为'弟'。先于自己出生的女子称为'姊'，后于自己出生的女子称为'妹'。"为什么父亲的兄弟不能都称做"世父"，而父亲的姊妹却可以都叫做"姑姑"呢？有人认为叔伯是家内至亲，所以要分别称呼。姑姑都会嫁出去，关系疏远一些，所以总称就可以了。那自己同辈的姊妹也会嫁出去，为什么却要分别称呼呢？有人认为自己姊妹出嫁后侍奉公婆的礼仪是一样的，又一样会外嫁，所以称呼可以简略一些。但是尽管想要称呼简略，姐姐地位稍微高一些，妹妹稍低一些，所以与她们相处时遵循的礼仪不同。《诗经》里面讲："问候我那些姑姑们，还有那些大姐姐们。"为什么称为"舅姑"？"舅"是"旧"的意思。"姑"是"故"的意思。"旧""故"都是对老人的称呼。为什么叫"姊妹"呢？"姊"是可以咨询的意思。"妹"是年龄在后的意思。

为什么称"兄弟"呢?"兄"是比况的意思,通过他来模仿学习父亲的样子。"弟"是悌的意思,做弟弟的要心里和顺,行为笃实。为什么把丈夫的父母称为"舅姑"呢?像父亲一样尊贵但又不是父亲的人是舅舅,像母亲一样亲密但又不是母亲的是姑姑。所以称丈夫的父母为"舅姑"。

以上详细讨论纲纪中称呼有分别的问题。

性情

【题解】

"性情"共六条,分别讨论了人的五性六情、五脏六腑、精神魂魄等。其中融合了阴阳、五行、六律等内容,许多与当时的中医典籍《黄帝内经》等书中的说法相近,代表了秦汉时期人们对人的身体和精神等各方面的普遍认识,具有一定的典型性。

8.28 性情者,何谓也? 性者,阳之施;情者,阴之化也。人禀阴阳气而生,故内怀五性六情。情者,静也。性者,生也。此人所禀六气以生者也①。故《钩命决》曰②:"情生于阴,欲以时念也。性生于阳,以就理也。阳气者仁,阴气者贪,故情有利欲,性有仁也。"

右总论性情。

【注释】

①六气:风、热、暑、湿、燥、寒。

②《钩命决》:《孝经》纬书篇名。

【译文】

"性情"是指什么意思呢?"性"是阳气产生了作用,"情"是阴气产生了变化。人生来禀受阴阳二气,所以内在有仁、义、礼、智、信五性和喜、怒、哀、乐、爱、恶六情。情有"静"的意思,性有"生"的意思,这是讲人都是禀受天的风、热、暑、湿、燥、寒六气而生。所以《钩命决》里面讲:"情生于阴气,所以时刻会产生各种欲望。性生于阳气,因此是倾向于理智的。阳气主仁爱,阴气主贪念,所以情是倾向对私利的欲望的,性是倾向仁爱的。"

以上综合讨论"性""情"等问题。

8.29　五性者何谓? 仁、义、礼、智、信也。仁者,不忍也,施生爱人也。义者,宜也,断决得中也。礼者,履也,履道成文也。智者,知也。独见前闻,不惑于事,见微知著也。信者,诚也,专一不移也。故人生而应八卦之体^①,得五气以为常^②,仁义礼智信也。六情者,何谓也? 喜怒哀乐爱恶谓六情,所以扶成五性。

右总论性情。

【注释】

①故人生而应八卦之体:《国语·郑语》"平八索以成人",韦昭注有"平,正也。八索谓八体,以应八卦也。谓《乾》为首,《坤》为腹,《震》为足,《巽》为股,《离》为目,《兑》为口,《坎》为耳,《艮》为手。"

②得五气以为常:晋代干宝《搜神记》有"天有五气,万物化成。木清则仁,火清则礼,金清则义,水清则智,土清则思。五气尽纯,圣德备也。"

【译文】

"五性"是指什么? 指仁、义、礼、智、信。"仁"是不忍心的意思,指爱护生命、关爱他人。"义"是合宜的意思,表示裁断公正。"礼"是履行的意思,能够践行大道,成就礼仪。"智"是智慧的意思,有独特见解,见闻广博,遇事不疑惑,见到事情端倪可以预知事态的发展。"信"是精诚的意思,表示心念专一而不改变。因此人生来和八卦之体相应,得五行之气以为五常,这就是仁、义、礼、智、信。"六情"是什么意思呢? 喜、怒、哀、乐、爱、恶称为"六情",这是用来帮助养成五性的。

以上综合讨论性情等问题。

8.30　性所以五,情所以六何? 人本含六律五行之气而生①,故内有五藏六府②,此情性之所由出入也。《乐动声仪》曰③:"官有六府④,人有五藏。"

右论五性六情。

【注释】

①六律:乐律共有十二个,各有固定的音高和名称。区分开来,奇数(阳)称"六律",偶数(阴)称"六吕",合称"律吕"。

②五藏六府:五脏六腑。五脏指肝、心、脾、肺、肾。六腑指胃、大肠、小肠、三焦、膀胱、胆。

③《乐动声仪》:《乐经》纬书篇名。

④六府:古以水、火、金、木、土、谷为"六府"。府,藏财之处。《尚书·大禹谟》有"地平天成,六府三事允治,万世永赖,时乃功。"

【译文】

为什么性是五,情是六呢? 人本来禀受六律五行之气而诞生,所以体内有五脏六腑,这些地方是性情出入的地方。《乐动声仪》讲:"行使职能的有六府,人体内还有五脏。"

以上讨论"五性""六情"等问题。

8.31　五藏者,何也? 谓肝、心、肺、肾、脾也。肝之为言干也①。肺之为言费也②,情动得序。心之为言任也③,任于恩也。肾之为言写也,以窍写也④。脾之为言辨也,所以积精禀气也⑤。五藏,肝仁,肺义,心礼,肾智,脾信也。

【注释】

①干:主干。

②费:耗费。

③任:承担。《白虎通义·爵》有"士者,事也,任事之称也",《白虎通义·封公侯》有"股肱之臣,任事者也",其中"任"均为承担的意思。此意乃从"怀妊、妊娠"原意中引申而来,如《白虎通义·礼乐》有"《南》之为言任也,任养万物"。

④写:同"泻",运化水气。《释名·释形体》有"肾,引也。肾属水,主引水气灌注诸脉也。"

⑤脾之为言辨也,所以积精禀气也:《释名·释形体》有"脾,裨也,在胃下,裨助胃气,主化谷也。"据陈立考证,"脾""裨"叠韵为训,"脾"训为"辨"为一音之转。

【译文】

"五藏"是指什么呢? 五脏是指肝、心、肺、肾、脾。"肝"可以称为"干",有主干之义。"肺"也可以称为"费",有耗费的意思,指感情表达出来应该是有节制的。"心"可以称为"任",有负责的意思,这是指心能够怀藏恩情。"肾"可以称为"泻",主人体孔窍的水气运化。"脾"可以称为"裨",可以用来帮助积累精气。五藏里面,肝主仁,肺主义,心主礼,肾主智,脾主信。

肝所以仁者何? 肝,木之精也。仁者好生,东方者,阳也,万物始生,故肝象木色青而有枝叶。目为之候何①? 目能出泪,而不能内物,木亦能出枝叶,不能有所内也。

【注释】

①候:症候,反映其发展变化的情况。

【译文】

肝为什么主仁呢? 肝是木精所聚。仁者爱护生命,代表东方,象征阳气,这是万物初生的样子,所以肝脏的藏象像树木一样颜色是青色且有枝叶。肝为什么开窍于目呢? 眼睛能够流眼泪,但不能容纳异物;树木也能够生长枝叶,不能容纳其他物质。

肺所以义者何? 肺者,金之精。义者断决,西方亦金,杀成万物也,故肺象金色白也。鼻为之候何? 鼻出入气,高而有窍。山亦有金石累积,亦有孔穴,出云布雨,以润天下,雨则云消。鼻能出纳气也。

【译文】

肺为什么主义呢? 肺是金精所聚。义主判断决定,金也属于西方,主杀伐决断而成就万物,所以肺的颜色和金的颜色一样是白的。肺为什么开窍于鼻呢? 鼻子专门管气息出入,高耸又有孔窍,这就像山里面蕴含金石,也有山洞孔穴一样。山里行云布雨,滋润天下万物,下了雨云自然就消散了,这就像鼻子能呼吸空气一样。

心所以为礼何? 心,火之精也。南方尊阳在上,卑阴在下,礼有尊卑,故心象火,色赤而锐也。人有道尊,天本在上,故心下锐也。耳为之候何? 耳能遍内外,别音语,火照有似于礼,上下分明。

【译文】

心为什么主礼呢?心是火精所聚。南方代表阳,地位尊贵,位置在上。阴的地位卑贱,处于下方。礼也有尊卑上下之分,所以心的藏象像火,颜色是红色且尖尖的。人因为有道而尊贵,就像天作为根本处于上方,所以心的下方是尖的。为什么开窍于耳呢?耳朵能够听到四面八方的声音,分别各类声音语言,就像火能照耀四方使万物分明,礼仪也能够让上下秩序分明。

肾所以智何?肾者,水之精。智者进止无所疑惑,水亦进而不惑。北方水,故肾色黑。水阴,故肾双。窍为之候何?窍能泻水,亦能流濡。

【译文】

肾为什么主智呢?肾是水精所聚,智者的动静都是没有疑惑的,水也是自然流动而没有疑惑。北方象征水,所以肾的颜色是黑色。水属于阴,所以肾是两个。肾为什么开窍于下阴的大小便处呢?因为下阴两窍能分泌排泄体内各种水液。

脾所以信何?脾者,土之精也。土尚任养,万物为之象,生物无所私,信之至也。故脾象土,色黄也。口为之候何?口能啖尝,舌能知味,亦能出音声,吐滋液。

【译文】

脾为什么主信呢?脾是土精所聚。土主怀妊长养万物,没有任何偏私，这是信的极致。所以脾的藏象像土，颜色是黄色。脾为什么开窍于口呢？口能够遍尝食物，舌能分别各种滋味，也能够发出声音，吐出津液。

故《元命苞》曰①："目者肝之使，肝者木之精，苍龙之位也。鼻者肺之使，肺者金之精，制割立断②。耳者心之候，心者火之精，上为张星。阴者肾之写，肾者水之精，上为虚危。口者脾之门户，脾者土之精，上为北斗。主变化者也。"或曰：舌者心之候，耳者肾之候。或曰：肝系于目，肺系于鼻，心系于口，脾系于舌，肾系于耳。

【注释】

①《元命苞》：《春秋》纬书篇名。

②制割：主宰，操纵。立断：果断，决断。

【译文】

所以《元命苞》里面讲："眼睛是肝的使者，肝是木精，对应天上的青龙。鼻是肺的使者，肺是金精，主宰决断。耳朵是心的征象，心是火精，对应天上的张星。下阴是肾主泻的地方，肾是水精，对应天上的虚星和危星。口是脾的门户，脾是土精，对应天上的北斗星，专门负责运化。"也有人认为：舌头是心的征象，耳朵是肾的征象。还有人讲：肝开窍于眼睛，肺开窍于鼻子，心开窍于口，脾开窍于舌头，肾开窍于耳朵。

六府者，何谓也？谓大肠、小肠、胃、膀胱、三焦、胆也。府者，谓五藏宫府也。故《礼运》记曰："六情者，所以扶成五性也①。"胃者，脾之府也。脾主禀气。胃者，谷之委也②，故脾禀气也。膀胱者，肾之府也。肾者主泻，膀胱常能有热，故先决难也。三焦者，包络府也③。水谷之道路，气之所终始也。故上焦若窍,中焦若编,下焦若渎④。胆者,肝之府也。肝者,木之精也。主仁,仁者不忍,故以胆断焉。是以仁者必有勇也。肝胆异趣,何以知相为府也? 肝者,木之精也,木之为言牧也,人怒无不色青目眎张者⑤,是其效也。小肠大肠,心肺之府也。主礼义,礼义者,有分理,肠亦大小相承受也。肠为心肺主,心为支体主,故为两府也。目为心视,口为心谭⑥,耳为心听,鼻为心嗅,是其支体主也。

　　右论五藏六府主性情。

【注释】

①六情者,所以扶成五性也:今本《礼运》无此语,大概为逸《礼》篇章。

②委(wèi):储积,聚积。

③包络:周身脉络。

④故上焦若窍,中焦若编,下焦若渎:据陈立考证,此处有误,应该同今本《黄帝内经》作"余闻上焦如雾,中焦如沤,下焦如渎,此之谓也"。上焦如雾,上焦散布水谷精微之气,其生化蒸腾,像雾一样弥漫。中焦如沤,"沤"为"枢"的误字,中焦消化谷物,升清降浊,其开合之机,像枢轴一样。下焦如渎,下焦泌别清浊,排泄糟粕,像沟道排水一样。

⑤眎(chēn):同"瞋",睁大眼睛。

⑥谭:同"谈"。

【译文】

　　"六府"又是指什么呢? 是指大肠、小肠、胃、膀胱、三焦、胆。"府"是说它们是五脏的宫府。所以《礼运》讲:"六情是用来扶成五性的。"胃是脾的宫府,脾主禀受精气,胃是食物聚积的地方,所以脾用来禀受食物的精气。膀胱是肾的宫府。肾主排泄,膀胱常常产生热能,所以排泄物先由膀胱泌取清浊。三焦是周身脉络的宫府，是饮食所运行的道路，是气运行的终点和起点。所以三焦的功能，上焦像雾一样，中焦像枢轴一样，下焦像水沟一样。胆是肝的宫府。肝是木精，主仁爱。仁者一般都有不忍之心，所以由胆负责决断。因此仁者一定也要充满勇气。肝和胆处于不同的地方，怎么知道胆是肝的宫府呢？肝是木精，"木"也可以称为"牧"。人一旦发怒就会脸色发青，瞪大眼睛，就是肝的功效。小肠和大肠是心肺的宫府。心肺主礼义，礼义是讲究分别有条理的，所以大肠、小肠分别承受不同东西。小肠、大肠主管心肺，心又主管身体，所以心肺有两个宫府。眼睛为心而看，口为心而说，耳朵为心而听，鼻子为心而嗅，这都证明了心主管整个身体。

以上讨论"五藏""六府"主管性情等问题。

8.32　喜在西方，怒在东方，好在北方，恶在南方，哀在下，乐在上何？以西方万物之成，故喜。东方万物之生，故怒。北方阳气始施，故好。南方阴气始起，故恶。上多乐，下多哀也。

右论六情所配之方。

【译文】

西方主喜悦之情，东方主愤怒之情，北方主喜好之情，南方主厌恶之情，下方主哀痛之情，上方主快乐之情，这是为什么呢？这是因为西方是万物成熟的地方，所以主喜悦之情。东方是万物开始生长的地方，所以主奋发之情。北方是阳气开始产生的地方，所以主喜好之情。南方是阴气开始产生的地方，所以主厌恶之情。在上一般多快乐之事，在下一般多悲哀之事。

以上讨论六种情绪匹配的方位。

8.33　魂魄者,何谓也?魂犹伝伝也^①,行不休也。少阳之气,故动不息,于人为外,主于情也。魄者,犹迫然著人也。此少阴之气,象金石著人不移,主于性也。魂者,芸也^②。情以除秽。魄者,白也^③。性以治内。

右论魂魄。

【注释】

①伝伝(yún):形容不停地运行。

②芸:通“耘”,除草。

③白:明白。

【译文】

“魂魄”是指什么呢?“魂”像飘移不停的样子,代表运动不止。魂属于少阳之气,所以运动不停,对人而言处于外,主管人的情。“魄”是压迫性地在人身上,属于少阴之气,就像金石一样压在人身上不动,主管人的性。“魂”有“耕耘”的意思,所主的情可以用来涤荡心中的污秽。“魄”有“明白”的意思,所主的理性可以用来规制人的内心。

以上讨论“魂”“魄”的问题。

8.34　精神者,何谓也?精者静也,太阴施化之气也。象水之化,须待任生也。神者恍惚,太阳之气也,出入无间。总云支体万化之本也。

右论精神。

【译文】

“精神”是什么意思呢?“精”是安静的意思,就像太阴之气的布施运化一样。像水滋润万物,静待万物妊娠化生。“神”是恍惚的意思,就像太阳之气一样出入不止。精神总体而言是身体发生各类变化的根本。

以上讨论"精""神"的问题。

寿命

【题解】

"寿命"共两条,讲了人命有三种情况:正命、随命、遭命,同时还用孔子等著名人物作为例证证明"三命"的存在。这表达了当时人对于福德是否能够一致这个问题的思考。行善不一定能有善报,行恶不一定有恶报,这种矛盾的背后原因被"三命"理论进行了阐释,具有汉代思想的鲜明特色。在魏晋南北朝佛教逐步传入中国之后,因果通于三世逐渐成为解释福德不能一致的主要理论。

8.35　命者,何谓也? 人之寿也。天命已使生者也。命有三科,以记验。有寿命以保度,有遭命以遇暴,有随命以应行①。寿命者,上命也,若言文王受命唯中身②,享国五十年。随命者,随行为命,若言怠弃三正,天用剿绝其命矣③。又欲使民务仁立义,无滔天④。滔天则司命举过言,则用以弊之。遭命者,逢世残贼,若上逢乱君,下必灾变,暴至,夭绝人命,沙鹿崩于受邑是也⑤。冉伯牛危行正言⑥,而遭恶疾,孔子曰:"命矣夫! 斯人也而有斯疾也,斯人也而有斯疾也! ⑦"

右论三命之义。

【注释】

①有寿命以保度,有遭命以遇暴,有随命以应行:《论衡•命义篇》

有"《传》曰:'说命有三:一曰正命,二曰随命,三曰遭命。'正命,谓本禀之自得吉也。性然骨善,故不假操行以求福而吉自至,故曰正命。随命者,勠力操行而吉福至,纵情施欲而凶祸到,故曰随命。遭命者,行善得恶,非所冀望,逢遭于外而得凶祸,故曰遭命。"

②中身:中年。

③若言怠弃三正,天用剿绝其命矣:语见《尚书·夏书·甘誓》。怠,懈怠。三正,这里指正德、利用、厚生三大正事。正,通"政",政事。用,因此。剿,灭绝。

④滔:慢。

⑤沙鹿崩于受邑是也:据陈立考证这里当作"沙鹿崩,水袭邑"。《春秋公羊传·僖公十四年》有"沙鹿者何? 河上之邑也。此邑也,其言崩何? 袭邑也。沙鹿崩何以书? 记异也"。沙鹿,亦作"沙麓",古地名,故址在今河北大名东。

⑥冉伯牛:冉耕。春秋末鲁国人。孔子弟子,为孔门四科"德行"代表人物之一。危:端正,正直。

⑦命矣夫! 斯人也而有斯疾也! 斯人也而有斯疾也:语见《论语·雍也》。

【译文】

"命"是什么意思呢? 这是指人的阳寿。这是上天所赋予的,人与生俱来的。命有三种,分别显示其效验。一种是"寿命",刚好保全上天所赋予的命。一种是"遭命",尽管保持善言善行但却遭遇灾祸。一种是"随命",人自己为善为恶而获得相应好或坏的报应。"寿命"属于上等的命。比如讲周文王中年受命,享国总共五十年。"随命"是根据行为善恶有相应的报应。比如讲有扈氏怠慢正德、利用、厚生三大正事,上天要断绝他的国运。如果想让百姓尽力履行仁义,不要怠慢天命。如果怠慢天命,司命神就会向上天报告其过错,上天会让他遭遇灾难。"遭命"是指遇到世道很糟糕,各类残忍贼害的行为盛行,如果在上位的是昏君,下面就一定会发生各种灾害祸乱，种种灾祸导致人命早夭。比如当时沙鹿被洪水淹没，百姓伤亡众多。再比如冉伯牛言语行为正直，但却得了不治之症，孔子讲："命该如此吗？这样的人竟然会得这样的病！这样的人竟然会得这样的病！"

以上讨论三种"命"的问题。

8.36　夫子过郑，与弟子相失，独立郭门外。或谓子贡曰："东门有一人，其头似尧，其颈似皋陶，其肩似子产①，然自腰以下，不及禹三寸，儡儡然如丧家之狗②。"子贡以告孔子，孔子喟然而笑曰③："形状末也。如丧家之狗，然乎哉！然乎哉！"

【注释】

①子产（？—前522）：春秋时郑国政治家。姬姓，名侨，字子产，又字子美，谥成子。因居东里，又称"东里子产"。自郑简公时执国政，当时晋楚争霸，郑国弱小，处于两强之间。子产周旋其中，卑亢适宜，使郑国无事。孔子称其为"古之遗爱"。

②儡儡（léi）：颓丧失意、衰竭疲惫的样子。

③喟（kuì）然：叹气的样子。

【译文】

孔夫子经过郑国，和弟子走散了，独自站在城门外。有人跟子贡讲："东门外有一个人，头长得像尧，脖子长得像皋陶，肩膀长得像子产。但是从腰以下，达不到禹的三寸，颓然失意的样子像没有了主人的狗一样。"子贡把这些话告诉了孔子，孔子叹了口气笑着说："人的状貌是处于次要地位的。说我像丧家之犬，确实是这样啊！确实是这样啊！"

宗族

【题解】

　　"宗族"共两条，主要讲了中国传统社会的基本组织方式——宗族制度。第一条主要区分了大宗小宗，还提到了夺宗的问题。第二条主要讲了"九族"的具体含义。东汉时期世家大族发展迅速，宗族观念比较浓厚，强宗大族的势力对当时政治和文化产生了深刻的影响。

　　8.37　宗者，何谓也？宗者，尊也，为先祖主者，宗人之所尊也。《礼》曰："宗人将有事，族人皆侍①。"古者所以必有宗，何也？所以长和睦也。大宗能率小宗②，小宗能率群弟，通其有无，所以纪理族人者也。

【注释】

　　①宗人将有事，族人皆侍：郑玄注《仪礼·特牲馈食礼》云："《尚书传》曰：'宗室有事，族人皆侍终日。'"

　　②大宗：按照周代的宗法制度，宗族中分为大宗和小宗。周王自称"天子"，为天下的大宗。天子的儿子，除嫡长子以外的其他人被封为诸侯。诸侯对天子而言是小宗，但在他的封国内却是大宗。诸侯的儿子，除了嫡长子之外的其他人被分封为卿大夫。卿大夫对诸侯而言是小宗，但在他的采邑内却是大宗。从卿大夫到士也是如此。依照宗法的规定"有百世不迁之宗，有五世则迁之宗"。

【译文】

　　"宗"是什么意思呢？"宗"是尊贵的意思，作为主人负责祭祀先祖，族人都应该尊敬他。《礼》里面讲："大宗的宗子如果举办各种事务，族人都要来参与帮忙。"古代为什么一定要有宗呢？这是为了通过宗族长养和睦之气。大宗如果能够统领小宗，小宗如果能够统领其他族内的人，互相通其有无，这就能够有序管理好族人。

宗其为始祖后者为大宗，此百世之所宗也①。宗其为高祖后者，五世而迁者也②。故曰：祖迁于上，宗易于下。宗其为曾祖后者为曾祖宗，宗其为祖后者为祖宗，宗其为父后者为父宗。父宗以上至高祖，皆为小宗，以其转迁，别于大宗也。别子者，自为其子孙祖，继别者各自为宗。所谓小宗有四，大宗有一，凡有五宗，人之亲所以备矣。

【注释】

①宗其为始祖后者为大宗，此百世之所宗也：继承始祖为其后代的宗称为"大宗"，世世代代不会改变。诸侯庶子不继承君位，为卿大夫，有封邑。庶子别于正妻嫡子，故称"别子"。其后代以庶子为始祖。别子之世世长子，继承别子，百世不迁。

②宗其为高祖后者，五世而迁者也：这是讲小宗。别子庶子，子孙相继，为小宗。小宗有四种，有同高祖者、同曾祖者、同祖父者、同父者。小宗只能传五代，第六代就不与同高祖的族人为一宗，故谓五世则迁。其他小宗传到五代后，也分出另一宗。

【译文】

继承始祖为其后代的宗称为"大宗"，世世代代不会改变。继承高祖为其后代的宗为"小宗"，小宗只能传五代，到第六代就不与同高祖的族人为一宗了。所以讲：上面的祖庙有变迁，后代的小宗就会有分化。继承曾祖为其后的宗叫做"曾祖宗"，继承其祖为其后的宗称为"祖宗"，继承其父为其后的宗称为"父宗"。从父宗到高祖宗，都叫做"小宗"。因为他们只能传五代，与大宗不同。"别子"的意思就是在他自己的子孙那里是祖,继承他的子孙各自为宗。所以小宗有四种,有同高祖者、同曾祖者、同祖父者、同父者,大宗只有一种。合起来总共是"五宗",人的亲属关系基本就完备了。

诸侯夺宗[1],明尊者宜之。大夫不得夺宗何? 曰:诸侯世世传子孙,故夺宗。大夫不传子孙,故不夺宗也。《丧服经》曰"大夫为宗子"[2],不言诸侯为宗子也。

右论五宗。

【注释】

①诸侯夺宗:古代宗法规定宗子为诸侯,失去宗子权利,称为"夺宗"。这里指非大宗的宗子因各种原因变为大宗。

②《丧服经》:指《仪礼·丧服》。

【译文】

诸侯可以夺宗,也只有尊者才能如此。大夫不能夺宗,这是为什么呢? 有人讲:诸侯的爵禄世代相承,可以传给子孙,所以有夺宗之事。大夫这个官职不能传给子孙,所以不用夺宗。《丧服经》有"大夫作为宗子",没有讲诸侯作为宗子的。

以上讨论"五宗"的问题。

8.38　族者,何也? 族者,凑也,聚也。谓恩爱相流凑也。上凑高祖,下至玄孙,一家有吉,百家聚之,合而为亲,生相亲爱,死相哀痛,有会聚之道,故谓之族。《尚书》曰:"以亲九族[1]。"

【注释】

①以亲九族：语见《尚书·虞书·尧典》。

【译文】

"族"是什么意思呢？"族"是会合、聚集的意思。这是讲族人之间因恩爱之情聚集在一起。上至高祖，下至玄孙，一家有了吉庆之事，族内百家都会聚在一起庆贺。活着的时候大家相亲相爱，如果不幸去世大家也会非常哀痛，彼此之间经常因各种事情聚会在一起，所以称为"族"。《尚书》里面讲："他能够使九族亲密和睦。"

　　族所以有九何？九之为言究也。亲疏恩爱究竟，谓之九族也。父族四，母族三，妻族二。四者，谓父之姓为一族也，父女昆弟适人有子为二族也，身女昆弟适人有子为三族也，身女子适人有子为四族也。母族三者，母之父母为一族也，母之昆弟为二族也，母之女昆弟为三族也。母昆弟者男女皆在外亲，故合言之也。妻族二者，妻之父为一族，妻之母为二族。妻之亲略，故父母各一族。《礼》曰："唯氏三族之不虞①。"《尚书》曰："以亲九族。"

【注释】

①唯氏三族之不虞：语见《仪礼·士昏礼》。三族，父、己、子的兄弟。不虞，无忧，没有死丧之忧。

【译文】

族为什么有九种呢？"九"可以讲成"究"。族人包括了所有有远近亲疏的血缘关系、有恩爱之情的各类人，所以称为"九族"。父族有四类，母族有三类，妻族有两类。父族有四类，继承父亲姓氏的为一族，父亲姊妹嫁人有子女的为一族，自己姊妹嫁人有子女的为一族，自己女儿嫁人有孩子的为一族。母族有三类，母亲的父母为一族，母亲的兄弟为一族，母亲的姊妹为一族。母亲的兄弟姊妹不论男女都属于外亲，所以可以放在一起讲。妻族有两类。妻子的父亲为一族，妻子的母亲为一族。妻子那边的亲属比较简略一些，所以只有父、母各一族。《礼》里面讲："三族没有死丧之事，所以请定婚期。"《尚书》里面讲："他能够使九族亲密和睦。"

一说合言九族者，欲明尧时俱三也。《礼》所以独父族四何？欲言周承二弊之后，民人皆厚于末，故与礼母族妻之党，废礼母族父之族，是以贬妻族以附父族也[1]。或言九者，据有交接之恩也。若邢侯之姨，谭公惟私也[2]。言四者，据有服耳，不相害所异也。

右论九族。

【注释】

[1] "欲言周承二弊之后"数句：卢文弨考证认为"语不甚了，大约谓二代之季，民有厚母族、薄父族，厚妻族、薄母族者，故矫其弊，损妻族三为二，增父族三为四也"。

[2] 若邢侯之姨，谭公惟私也：语见《诗经·卫风·硕人》。邢，古诸侯国名，在今河北邢台。姨，妻子的姐妹称为姨。谭，古国名，在今山东济南东。私，古时称姊妹之夫。

【译文】

也有一种说法认为：一起称为"九族"是为了表明在尧帝时期父族、母族、妻族都是三类。《礼》里面单独将父族列为四类，是为什么呢？这是想说周朝继承前两代政治的衰弊，百姓都弃本厚末，所以厚待妻族而薄母族，厚待母族而薄父族。所以周朝将妻族从三类减为二类以贬低妻族的地位,将父族的三类增为四类以抬高父族的地位。也有人讲九族是将所有互有交往接洽等各类恩义的人都归在里面。比如有"邢侯的小姨子,谭公是她姐姐的丈夫"。父族有四类,这是根据服丧制度而言的,与其他不同的说法没有太大的乖违之处。

以上讨论"九族"的问题。

卷九

姓名

【题解】

"姓名"共计四条，区分了人的姓、氏、名、字，分别说明了其含义及背后经历的历史文化演变过程。这里体现了儒家尽管非常重视宗族伦理的秩序，但也强调人都是天所生之子，禀天之气而生，在终极意义上体现了人人平等的观念。

9.1　人所以有姓者何？所以崇恩爱①，厚亲亲，远禽兽，别婚姻也。故纪世别类②，使生相爱，死相哀，同姓不得相娶者，皆为重人伦也。姓者，生也。人禀天气所以生者也。《诗》曰："天生蒸民③。"《尚书》曰："平章百姓④。"姓所以有百者何？以为古者圣人吹律定姓，以纪其族⑤。人含五常而生，正声有五，宫、商、角、徵、羽，转而相杂，五五二十五，转生四时异气，殊音悉备，故姓有百也。

右论姓。

【注释】

①崇：推崇。

②纪：记载。世：世系，家世。

③天生蒸民：语见《诗经·大雅·烝民》。蒸，众。

④平章百姓：语见《尚书·虞书·尧典》。平章，辨别彰明。百姓，百官族姓。

⑤以为古者圣人吹律定姓，以纪其族：陈立在《白虎通疏证》中讲"盖古有此法，今不可考矣"，又言"殷之德阳，以子为姓；周之德阴，以姬为姓。姓有阴阳，出于律吕，不鼓琴瑟，焉能定之"。

【译文】

　　人为什么有姓呢？这是为了推崇恩爱之情，厚美亲亲之义，让人的行为远离禽兽行径，做到婚姻有序。所以详细记载宗族世系，分别种类，让活着的人能相亲相爱，对死去的人能相哀悼，同姓不得婚嫁，都是因为看重人伦秩序。"姓"有"生"的意思。人都是禀受天的气而生。《诗》里面讲："上天生下众多百姓。"《尚书》里面讲："辨别彰明百官族姓。"姓为什么有百种之多呢？有人认为古代圣人都是以气吹音，根据其声音之律吕来定姓，以此区分自己的族类。人禀含五常之性而出生，正声有五类，即宫、商、角、徵、羽，五常与五音轮流相配，五五二十五种，再加上分别与四季之气相配，各种各样的声音也就都具备了，所以姓有百种。

　　以上讨论"姓"的问题。

　　9.2　所以有氏者何①？所以贵功德，贱伎力②。或氏其官，或氏其事，闻其氏即可知其德，所以勉人为善也。或氏王父字者何？所以别诸侯之后，为兴灭国，继绝世也。王者之子称王子，王者之孙称王孙，诸侯之子称公子，公子之子称公孙，公孙之子各以其王父字为氏。故《春秋》有王子瑕③,《论语》有王孙贾④,又有卫公子荆、公孙朝⑤,鲁有仲孙、叔孙、季孙,楚有昭、屈、景,齐有高、国、崔。以知其为子孙也。

【注释】

①氏:上古时代,氏是姓的分支,用以区别子孙之所自出。《春秋左传·隐公八年》有"天子建德,因生以赐姓,胙之土而命之氏"。有以邑、官、祖父的谥号和字为氏的。故唯贵族有氏,平民则无。远古传说中的人物、国名或国号,均系以氏。如伏羲氏、神农氏、夏后氏、涂山氏。也有因世世为某职官而为氏的,比如职方氏、太史氏。古代妇人一般称"氏"。汉魏之后,姓与氏合,故在后世姓也称氏。

②贱伎力:以技能与勇力为贱。

③王子瑕:周灵王之子,其余生平不详。《春秋·襄公三十年》有"王子瑕奔晋"。

④王孙贾:春秋时卫国大夫,卫灵公大臣。《论语·八佾》有"王孙贾问曰:'与其媚于奥,宁媚于灶,何谓也?'"

⑤卫公子荆:卫国公子,吴贤人季札曾把他列为卫国的君子。《论语·子路》有:子谓卫公子荆:"善居室。始有,曰:'苟合矣。'少有,曰:'苟完矣。'富有,曰:'苟美矣。'"因为当时卿大夫不但贪污,而且奢侈成风,所以孔子"以廉风贪,以俭风侈"。公孙朝:卫大夫。春秋时鲁、郑、楚三国皆有公孙朝,故加"卫"字以别之。《论语·子张》有:"卫公孙朝问于子贡曰:'仲尼焉学?'子贡曰:'文武之道,未坠于地,在人。贤者识其大者,不贤者识其小者。莫不有文武之道焉。夫子焉不学?而亦何常师之有?'"

【译文】

为什么要有氏呢?因为德行功业是值得珍贵的,技能和勇力这类不足为道。有的是以官为氏，有的是以职事为氏。听闻他的氏就可以知道他的德行，这可以鼓励人为善。为什么还有人以自己祖父的字作为氏呢？这是为了区别诸侯的子孙后代，同时这也是恢复被灭亡的国家、让诸侯已经断绝的世系得以延续的方式。王者儿子的氏可以称"王子"，王者孙子的氏可以称"王孙"，诸侯儿子的氏可以称"公子"，公子儿子的氏可以称"公孙"，公孙的儿子则各自以其祖父的字为氏。所以《春秋》里面有王子瑕，《论语》里面有王孙贾，又有卫公子荆、公孙朝，鲁国有以仲孙、叔孙、季孙为氏的，楚国有以昭、屈、景为氏的，齐国有以高、国、崔为氏的。可知这些氏都是古人的子孙。

　　王者之后，亦称王子，兄弟立而皆封也。或曰：王者之孙，亦称王孙也。《刑德放》曰："尧知命，表稷、契[1]，赐姓子、姬。皋陶典刑，不表姓，言天任德远刑。"禹姓姒氏，祖昌意以薏苡生[2]。殷姓子氏，祖以玄鸟子生也。周姓姬氏，祖以履大人迹生也[3]。

　　右论氏。

【注释】

[1]稷：后稷。古代主管农事之官。

[2]禹姓姒氏，祖昌意以薏苡（yì yǐ）生：《吴越春秋》记载："鲧娶于有莘氏之女，名曰女嬉。年壮未孳，嬉于砥山，得薏苡而吞之，意若为人所感，因而妊孕，剖胁而产高密。"薏苡，植物名，属禾本科，花生于叶腋，果实椭圆，果仁叫薏米。

[3]周姓姬氏，祖以履大人迹生：周代后稷母姜嫄，为有邰氏女，传说她于郊野践巨人足迹而怀孕生稷。

【译文】

也有人认为:只要是王者的后代,氏就可以称"王子",因为这些人的兄弟都有爵位和封地。有人认为:只要是王者的孙子,氏都可以称"王孙"。《刑德放》里面讲:"尧知道天命,特地表彰后稷、契,给他们赐姓'子''姬'。皋陶掌管刑狱,不对他赐姓,这说明天道推崇德行,不重刑罚。"禹的氏姓"姒",因为他的祖先昌意是母亲吞食薏苡而生。殷的氏姓"子",因为他的祖先是母亲吞玄鸟蛋而生。周的氏姓"姬",其先祖是因母亲踩巨人足迹怀孕而生。

以上讨论"氏"的问题。

9.3　人必有名何?所以吐情自纪,尊事人者也。《论语》曰:"名不正则言不顺①。"三月名之何?天道一时,物有其变,人生三月,目煦亦能咳笑②,与人相更答,故因其始有知而名之。故《礼·服传》曰:"子生三月,则父名之于祖庙③。"于祖庙者,谓子之亲庙也,明当为宗庙主也。一说名之于燕寝④。名者,幼小卑贱之称也。质略,故于燕寝。

【注释】

①名不正则言不顺:语见《论语·子路》。

②煦(xù):眼睛转动。

③子生三月,则父名之于祖庙:疑为逸《礼》章句。

④燕寝:周制王有六寝,一是正寝,其余五寝在后,通名"燕寝",主要为王者休息闲居之处。

【译文】

人为什么一定要有名字呢?名主要描绘自己的真实情况,用以自我约束,表达对别人的尊重。《论语》里面讲:"名分不正,说话就不顺畅。"

为什么人生下来三个月才给他命名呢？因为按照天道，三个月为一个季度，在此期间万物都会发生变化。人生下来三个月后，眼睛能看见也会笑了，还能和其他人应答互动。因为此时他才开始有知觉，所以给他命名。《礼·服传》讲："儿子出生三个月，父亲在祖庙给他命名。"之所以在祖庙，因为这里也是父亲的祖庙，表明儿子会继承父亲作宗庙的主人。另外也有说法认为是在燕寝命名。"名"是人年纪幼小、地位卑贱时的称呼，本来就应该很简略，所以在燕寝命名。

《礼·内则》曰："子生，君沐浴朝服，夫人亦如之，立于阼阶西南，世妇抱子升自西阶，君命之，嫡子执其右手，庶子抚其首。君曰'钦有帅'①，夫人曰'记有成'。告于四境。"四境者，所以遏绝萌芽，禁备未然。故《曾子问》曰："世子生三月，以名告于祖祢②。"《内则记》曰："以名告于山川社稷四境。天子太子，使士负子于南郊③。"

【注释】

①钦：恭敬。帅：遵循。

②世子生三月，以名告于祖祢：语见《礼记·曾子问》。祖祢（nǐ），祖庙与父庙。

③以名告于山川社稷四境。天子太子，使士负子于南郊：不见于今本《礼记·内则》。

【译文】

《礼记·内则》里面讲："儿子出世，在命名那一天，国君要洗头洗澡，穿上朝服，夫人也一样，都站在正寝东阶西南向。世妇抱着小孩从西阶上来，国君给他命名。如果是嫡子就拉着他的右手给他取名，如果是庶子就摸着他的头给他取名。国君说'你要教导他恭敬地遵循善道'，夫人回答道:'我会谨记您的话,教育他将来有所成就。'并派人将新生儿名告诉周边所有的地区。"之所以告诉周边所有的地区,是为了遏绝各种灾祸的萌芽,防御不测之祸。所以《曾子问》里面讲:"世子出生三月,他的名要禀告给祖庙和父庙的神主。"《内则记》里面讲:"要把新生儿名字禀告给山川社稷之神和周边所有的地区。天子的太子,还要让士抱着去南郊祭天。"

以桑弧蓬矢六射者[①],何也?此男子之事也。故先表其事,然后食其禄。必桑弧何?桑者,相逢接之道也。《保傅》曰:"太子生,举之以礼,使士负之有司齐肃端綏,之郊见于天[②]。"《韩诗内传》曰:"太子生,以桑弧蓬矢六,射上下四方。明当有事天地四方也。"

【注释】

①以桑弧蓬矢六射者:《礼记·内则》有"三日,卜士负之。吉者宿齐,朝服寝门外,诗负之。射人以桑弧、蓬矢六,射天地四方。"桑弧蓬矢,桑木弓和六枝蓬草做的箭,象征远古时期的武器和射猎工具。

②太子生,举之以礼,使士负之有司齐肃端綏(ruí),之郊见于天:语见《大戴礼记·保傅》。綏,古时帽带打结后下垂的部分。

【译文】

为什么要用桑木弓和六枝蓬草做的箭向天地四方射去呢?因为这象征了男子应当从事的事业。男子只有先建立功业,才能享用俸禄。为什么一定要用桑木弓呢?"桑"蕴含了互相交往、进行招待的道理。《保傅》里面讲:"天子太子出生后,一定会举行相应的仪式。士抱着太子,负责祭祀的官员会严格斋戒后穿好礼服,到南郊去祭天。"《韩诗内传》

里面讲："太子出生，用桑木弓和六枝蓬草做的箭向天地四方射去。表明男儿当有天地四方之志。"

　　殷以生日名子何？殷家质，故直以生日名子也。以《尚书》道殷家太甲、帝乙、武丁也[1]。于民臣亦得以甲乙生日名子何？不使亦不止也。以《尚书》道殷臣有巫咸[2]，有祖己也[3]。何以知诸侯不象王者以生日名子也？以太王名亶甫[4]，王季名历[5]，此殷之诸侯也。《易》曰"帝乙"，谓成汤。《书》曰"帝乙"，谓六代孙也[6]。

【注释】

①以《尚书》道殷家太甲、帝乙、武丁也：比如《尚书》讲殷的天子有太甲、帝乙、武丁，这都是直接用出生的日子命名。《尚书·周书·君奭》里面有"公曰：'君奭！我闻在昔成汤既受命，时则有若伊尹，格于皇天。在太甲，时则有若保衡。在太戊，时则有若伊陟、臣扈，格于上帝；巫咸乂王家。在祖乙，时则有若巫贤。在武丁，时则有若甘盘'。"太甲，商汤嫡长孙，太丁之子。即位后纵欲无度，伊尹放之于桐宫。三年后悔过自新，复位于亳。见《史记·殷本纪》。另一种说法，伊尹放太甲于桐而自立，七年后，太甲由桐潜回，杀伊尹而复位，见《竹书纪年》。帝乙，商王文丁（《史记》作太丁）之子。武丁，商王盘庚之侄，商王小乙之子。

②巫咸：商王戊辅臣，一作"巫戊"，卜辞称"咸戊"。《吕氏春秋·勿躬》："巫彭作医，巫咸作筮。"《楚辞》记有"巫咸将夕降兮"。王逸注"巫咸，古神巫也"。

③祖己：殷高宗武丁时贤臣，助武丁中兴。武丁卒，他作《高宗肜日》。《尚书·商书·高宗肜日》有"高宗肜日，越有雊雉。祖己

曰:'惟先格王,正厥事。'"

④亶甫:古公亶父,周文王祖父,周武王追尊为"太王"。

⑤王季:姬姓,一作"公季""王季",周太王之末子,周文王之父。

⑥《易》曰"帝乙",谓成汤。《书》曰"帝乙",谓六代孙也:《易》里面的"帝乙"是指成汤。《书》里面的"帝乙",是他的第六代孙子。《周易·归妹》有"六五,帝乙归妹,其君之袂,不如其娣之袂良。月几望,吉"。《尚书·周书·酒诰》有"自成汤咸至于帝乙"。陈立在《白虎通疏证》讲"诸儒但见纣父名帝乙,即以《易》《书》之帝乙当之,不知汤名天乙,六世孙名祖乙,纣父名武乙,同以乙日生,即以乙为名。又同为帝,故并称为帝乙也"。

【译文】

为什么殷商时期用出生的日子给儿子命名呢?因为殷家崇尚质朴,所以直接用出生日给儿子命名。比如《尚书》讲殷的天子有太甲、帝乙、武丁。百姓大臣也可以用甲、乙这类出生日子给儿子命名吗?没有相关规定明确一定要如此,也不禁止百姓大臣这样做。所以《尚书》里面讲殷商有大臣巫咸、祖己等。又怎么知道诸侯不像商王一样用生日给儿子命名呢?这是因为周太王名亶甫,周王季名历,他们是殷的诸侯,却并没有用生日命名。《易》里面的"帝乙",是指成汤。《书》里面的"帝乙",是他的第六代孙子。

汤生于夏时,何以用甲乙为名?曰:汤王后乃更变名,子孙法耳。本名履,故《论语》曰"予小子履"①。履,汤名也。不以子丑为名何?曰:甲乙者,干也。子丑者,枝也。干者本之质,故以甲乙为名也。

【注释】

①予小子履:语见《论语·尧曰》。

【译文】

　　汤出生在夏朝，为什么会用出生日甲、乙这类来命名呢？有人讲：汤称王后才将自己的名字改成用出生日命名，之后用出生日甲、乙这类来命名才成为子孙后代所遵循的规矩。商汤本来名为履，所以《论语》里面有"予小子履"。"履"就是汤的名。为什么不用生日的地支来取名呢？有人讲：甲、乙属于天干，子、丑属于地支，天干才是最重要的因素，所以用天干来命名。

　　名或兼或单何？示非一也。或听其声，以律定其名。或依其事，旁其形。故名或兼或单也。依其事者，若后稷是也。弃之，因名为弃也。旁其形者，孔子首类丘山，故名为丘。或旁其名为之字者，闻其名即知其字，闻字即知其名，若名赐字子贡，名鲤字伯鱼。《春秋》讥二名何？所以讥者，乃谓其无常者也。若乍为名，禄甫元言武庚[①]。

【注释】

　　①禄甫：即禄父。甫，通"父"。武庚：子姓，名武庚，字禄父，商纣王帝辛之子。元：本来。

【译文】

　　名为什么有的是两个字，有的是一个字呢？这说明名是没有规定字数的。有的是听到新生儿哭声后，根据哭声的音律确定他的名。有的是根据某件事，仿照某种情形命名。所以名的字数，有时是两个有时是一个。根据事件来命名的，比如后稷曾经被抛弃，所以名为"弃"。仿照某种情形命名的，比如孔子的头像山丘，所以名为"丘"。也有仿照名而取字的，所以听到名就可以知道他的字，听到字就可以知道他的名，比如孔子学生名赐，字子贡。孔子儿子名鲤，字伯鱼。为什么《春秋》讥讽有两个名的人呢？这是觉得有两个名的人没有定准。比如禄甫本来名叫做"武庚"，却又取了另外的名。

　　不以日月山川为名者，少贱卑己之称也。臣子当讳，为物示通，故避之也。《礼》曰："二名不偏讳，逮事父母则讳王父母，不逮事父母则不讳王父母也。君前不讳，《诗》《书》不讳，临文不讳，郊庙中不讳①。"又曰："君前臣名，父前子名。"谓大夫名卿，弟名兄也。明不讳于尊者之前也。太古之世所不讳者何？尚质也。故臣子不言其君父之名。故《礼记》曰："朝日上质不讳正天名也②。"

【注释】

①"二名不偏讳"数句：讲称名避讳的问题。语见《礼记·曲礼上》。

②朝日上质不讳正天名也：《大戴礼记·虞戴德》有"是故上古不讳，正天名也"。朝日，太阳初升。天名，《白虎通·四时》有"春曰苍天，夏曰昊天，秋曰旻天，冬曰上天"。

【译文】

　　不能够用日月山川命名，因为名本是用来显示自己年纪轻、地位卑贱的谦称。大臣儿子讲话时需要避讳君父的名，而日月山川也是大家常用字，所以取名要避开。《礼》里面讲："如果父母名字有两个字的，说到其中一个字可以不避讳。如果父母活着要避祖父母的讳。如果父母早亡就不必避祖父母的讳。在国君面前不避自己父母的讳，诵读《诗经》《尚书》时不避讳，写文告不避讳，在郊庙中祭祀祝祷时不避讳。"又讲："在国君面前，臣子自称用名。在父亲面前，子辈自称用名。"同样大夫在卿面前自称名，弟弟在兄长面前自称名。表明不敢在尊者面前避讳。太古时期为什么没有避讳呢？因为当时崇尚质朴。所以臣子也要避君父的名讳。所以《礼记》里面讲："刚刚开始的时候崇尚质朴，没有避讳，天道运行也符合规律。"

　　人所以十月而生者何？人，天子之也。任天地之数五，故十月而备，乃成人也。人生所以泣何？本一干而分，得气异息，故泣重离母之义。《尚书》曰"启呱呱而泣"也①。人拜所以自名何？所以立号自纪。礼，拜自后，不自名何？备阴阳也。人所以相拜者何？所以表情见意，屈节卑体，尊事人者也。拜之言服也。所以必再拜何？法阴阳也。《尚书》曰"再拜稽首"也②。必稽首何？敬之至也，头至地。何以言首？谓头也。《礼》曰："首有疡则沐③。"所以先拜手，后稽首何？名顺其文质也。《尚书》曰："周公拜手稽首④。"

　　右论名。

【注释】

①《尚书》曰"启呱呱而泣"也：语见《尚书·虞书·益稷》。

②《尚书》曰"再拜稽（qǐ）首"也：语见《尚书·周书·康王之诰》。稽首，指古代跪拜礼，为九拜中最隆重的一种，常为臣子拜见君主时所用。跪下并拱手至地，头也至地。

③首有疡（yáng）则沐：语见《礼记·杂记下》。疡，痈疮。

④周公拜手稽首：语见《尚书·周书·洛诰》。拜手，古代跪拜礼。下跪时，两手拱合，低头至手。

【译文】

　　人为什么怀胎十月后才被生下来呢？人是上天的子女，象征天地的数都是五，所以十个月天地之道全备，然后才人形完备。人生下来为什么会哭泣呢？人本来都从天这同一本源而来，后面才分开。每个人禀气不同,气息也不同,哭泣是代表不愿离开母体的意思。《尚书》里面讲"启生下来,呱呱哭泣"。人在拜礼的时候自称名是为什么呢?这是为了用名号来进行自我约束。按照礼仪,拜礼之后就不再自己称名了,为什么呢?这是为了全备阴阳之道。人为什么要互相答拜呢?这是为了互相表达情意。拜礼中要弯曲膝盖,放低身段,表达对别人的尊重承事。"拜"又可以称为"服"。为什么要拜了又拜呢?这是效法阴阳之道。所以《尚书》里面讲"再拜稽首"。一定要稽首,这是为什么呢?这是尊敬到了极点,所以头要碰到地。"首"是什么意思?这是"头"的意思。《礼》里面讲:"头上有疮则要洗头。"为什么先拜手后稽首呢?这是因为名称要根据其文质的先后。《尚书》里面就讲:"周公拜手稽首。"

以上讨论"名"的问题。

9.4　人所以有字何?所以冠德明功,敬成人也。故《礼·士冠经》曰:"宾北面,字之曰伯某甫①。"又曰:"冠而字之,敬其名也。"所以五十乃称伯仲者,五十知天命,思虑定也。能顺四时长幼之序,故以伯仲号之。《礼·檀弓》曰:"幼名冠字,五十乃称伯仲。"《论语》曰:"五十而知天命②。"称号所以有四何?法四时用事先后,长幼兄弟之象也。故以时长幼号曰伯仲叔季也。伯者,长也。伯者,子最长迫近父也。仲者,中也。叔者,少也。季者,幼也。适长称伯,伯禽是也③。庶长称孟,鲁大夫孟氏是也。

【注释】

①伯某甫:伯、仲、叔、季,是古人对长幼之序的区别字,伯最大。某,代替冠者的字。甫,又作"父",男子美称。

②五十而知天命:语见《论语·为政》。

③適长称伯，伯禽是也：伯禽是周公长子。

【译文】

人为什么会有字呢？这是为了表彰其德行和功劳，对成年的人表示尊重。所以《仪礼·士冠礼》里面讲："宾面向北，赐表字为伯某甫。"又讲："行冠礼然后赐字，表示对其名称的尊重。"男子到了五十就用"伯""仲"等来称呼，因为男子五十而知晓天命，思维谋虑都已稳定，能够顺应四时节气，遵循长幼秩序，所以用"伯""仲"等来称呼。《礼记·檀弓》里面讲："年幼时称呼名，二十岁行过冠礼之后就称呼字，五十岁之后就按照他的排行，称他为伯为仲。"《论语》里面讲："五十知晓天命。""伯""仲""叔""季"等称号为什么有四种呢？这是效法四季轮转用事，就像兄弟之间长幼有序的样子。所以按照年龄长幼，分别称为"伯""仲""叔""季"。"伯"是年纪最大的意思，表明这个儿子年纪最大，最接近父亲。"仲"是居于中间的意思。"叔"是比较小的意思。"季"是最幼的意思。年纪最长的称"伯"，比如伯禽。其次年长的称"孟"，比如鲁大夫孟氏。

男女异长，各自有伯仲，法阴阳各自有终始也。《春秋传》曰："伯姬者何？内女也①。"妇人十五称伯仲何？妇人质少变，阴道促畜成。十五通乎织纴纺绩之事，思虑定，故许嫁，笄而字。故《礼经》曰："女子十五许嫁，笄。礼之称字②。"妇人姓以配字何？明不娶同姓也。故《春秋》曰："伯姬归于宋③。"姬者，姓也。

【注释】

①伯姬者何？内女也：语见《春秋公羊传·隐公二年》。内女，古代称与王同姓的女子。

②女子十五许嫁,笄(jī)。礼之称字:《礼记·内则》有"十有五年
而笄",《礼记·曲礼上》有"女子许嫁,笄而字"。笄,古代女子
用以绾发的簪子。女子十五岁称为"及笄",也称"笄年"。

③伯姬归于宋:语见《春秋公羊传·成公九年》。归,古代谓女子
出嫁。

【译文】

　　男女分别按照年龄大小排序,各有伯仲之别,这是效法阴阳两气分
别有自己的轮回终始。《春秋传》里面讲:"伯姬是指什么?是鲁国公室
的女儿的称呼。"为什么女子十五岁就开始用"伯""仲"来称呼呢?女
子在这个年纪就已经从本质上与此前不同了。阴的道是非常短促的,成
年也早,十五岁已经掌握纺织烹饪等各项家务了,思维谋虑也发展成熟,
所以可以许配婚姻。要给女子盘起头发行笄礼,给她取字。所以《礼
经》里面讲:"女子十五岁可以婚配了,用簪子挽起头发行笄礼,给她取
字。"妇人的姓和字放在一起称呼是为什么呢?这是为了贯彻同姓不婚
的原则。所以《春秋》里面讲:"伯姬嫁到宋国。""姬"是这个女子的姓。

　　质家所以积于仲何?质者亲亲,故积于仲。文家尊尊,
故积于叔。即如是,《论语》曰:"周有八士,伯达、伯适、仲
突、仲忽、叔夜、叔夏、季随、季騧①。"不积于叔何?盖以两
两俱生故也。不积于伯、季,明其无二也。文王十子,《诗
传》曰:"伯邑考、武王发、周公旦、管叔鲜、蔡叔度、曹叔振
铎、成叔处、霍叔武、康叔封、南季载②。"所以或上其叔、季
何也?管、蔡、曹、霍、成、康、南皆采也,故置叔、季上。伯
邑考何以独无乎?盖以为大夫者不是采地也。

　　右论字。

【注释】

①周有八士，伯达、伯适、仲突、仲忽、叔夜、叔夏、季随、季騧（guā）：语见《论语·微子》。

②伯邑考、武王发、周公旦、管叔鲜、蔡叔度、曹叔振铎、成叔处、霍叔武、康叔封、南季载：据陈立考证可能为《诗经·大雅·思齐》"则百斯男"的鲁《诗》的传文。伯邑考，周文王姬昌嫡长子，周武王姬发同母兄长。武王发，周武王姬发。管叔鲜，姬鲜，周文王姬昌与太姒所生第三子，周初三监之一。因受封管国，故称。周武王灭商建周后，将管叔鲜封于管地，建立管国，与蔡叔度、霍叔武协助、监督商纣王之子武庚，一同治理商朝遗民，史称"三监"。周武王死后，其子周成王继位。周成王年幼，由管叔鲜四弟周公旦摄政。管叔鲜与蔡叔度、霍叔武不满周公旦摄政，于是挟持武庚发动叛乱，史称"三监之乱"。不久周公旦平定叛乱，诛杀管叔鲜，管国灭亡。蔡叔度，姬度，周初三监之一，蔡国始封君，蔡姓始祖。周武王灭商后，封于蔡。"三监之乱"平定后蔡叔度被流放，最终死在流放之地。曹叔振铎，姬振铎，周代诸侯国曹国始封之君，曹姓始祖。成叔处，周朝诸侯国郕国开国君主，事迹不详。霍叔武，周初三监之一，周朝诸侯国霍国始封君，霍姓始祖。"三监之乱"平定后霍叔处被废为庶民，三年不得录用。霍国灭亡后，霍叔处的后代子孙以国为姓，称"霍氏"。康叔封，又称卫康叔，因获封畿内之地康国，故称。参与平定"三监之乱"，因功改封于殷商故都朝歌，建立卫国，成为卫国第一任国君。南季载，又称冉季载。武王幼弟，因平"三监之乱"有功，被周公举荐为司空。后成王将他封于聃国，一作"冉国"。

【译文】

崇尚质朴的朝代，排行在伯之后的儿子多称"仲"，这是为什么呢？质者推重亲亲的原则，所以年纪小一点的儿子多称"仲"。文家推重尊尊的原则,所以年纪小一点的儿子多称"叔"。即便如此,《论语》里面讲:"周有八位贤士:伯达、伯适、仲突、仲忽、叔夜、叔夏、季随、季骗。"为什么不都称"叔"呢?大概因为是四对双生子吧。不会都称"伯"或"季",这说明年纪最大的或最小的只能是某个儿子。文王有十个儿子,《诗传》里面称为:"伯邑考、武王发、周公旦、管叔鲜、蔡叔度、曹叔振铎、成叔处、霍叔武、康叔封、南季载。"在"叔""季"等称呼的前面是什么呢?管、蔡、曹、霍、成、康、南等这一类都是他们的封地,所以放在"叔""季"的前面。伯邑考为什么没有封地在前面呢?大概因为伯邑考当时已做大夫,没有采地。

　　以上讨论"字"的问题。

天地

【题解】

　　"天地"共计五条,分别讲了天地名称的由来、天地最初的演变过程、运行规律、天地无总名和天健动不已的原因。这些基本都属于宇宙生成论,比较独特的地方在于将儒家心性论中"情性""汁中"等重要元素放在宇宙论中的主导地位,对原本道家色彩浓厚的"神明""道德"等元素进行了改造,将它们列入从属部分,这是汉代宇宙生成论的大幅度调整,这种儒学形上学的构造具有标志性的重要意义。

　　9.5　天者,何也?天之为言镇也①。居高理下,为人镇也。地者,元气之所生,万物之祖也。地者,易也。万物怀任,交易变化。

　　右释天地之名。

【注释】

①镇：原义为压，这里为主宰的意思。

【译文】

"天"是什么意思呢？"天"是主宰的意思。天高高在上，治理下界，主宰着人类的命运。地是元气氤氲而生的地方，是孕育万物的祖先。"地"也有变易的意思，这是指大地孕育万物，地上各类物象交替变化。

以上解释"天""地"名称的含义。

9.6　始起先有太初，然后有太始，形兆既成，名曰太素。混沌相连，视之不见，听之不闻，然后判清浊，既分，精曜出布，庶物施生，精者为三光，号者为五行。五行生情性，情性生汁中①，汁中生神明②，神明生道德③，道德生文章④。故《乾凿度》云⑤："太初者，气之始也。太始者，形之始也。太素者，质之始也。阳唱阴和，男行女随也。"

右论天地之始。

【注释】

①汁中：学界至今对其含义尚无定论。刘师培在《白虎通德论补释》中以《中庸》《春秋繁露·循天之道》为例，认为两者均以"中和"言"性情"，"汁中"与"中和"同。目前，这是最为合理的一种解释。《中庸》有"喜怒哀乐之未发，谓之中；发而皆中节，谓之和。中也者，天下之大本也；和也者，天下之达道也"，《春秋繁露·循天之道》中有"故君子怒则反中，而自说以和；喜则反中，而收之以正；忧则反中，而舒之以意；惧则反中，而实之以精。夫中和之不可不反如此"。两者都强调了"性情"之展开要以"中"为体，以"和"为用，"中和"是"性情"由体显用、即体即用的

最佳状态。这种理解与后文"汁中"生成"神明""道德""文章"是能够贯通的。

②神明:《白虎通》中明确规定了"神明"与人的精神生命即"情性""汁中"等元素是紧密相连的。由"汁中"所生的"神明"仍保持了内转之灵觉与外扩之境界这两层含义。但这种"内转"已涵摄儒家心性论中所强调的"五常"(仁、义、礼、智、信)、"中和"等元素,并与道家所追求的与天地自然同流之气象巧妙地融为一体。

③道德:"道德"在道家宇宙生成论中本处于极高的地位,如《老子》中言"道生之,德畜之,物形之,势成之,是以万物莫不尊道而贵德。道之尊,德之贵,夫莫之命而常自然"。但到汉代,原本属于道家自然哲学的"道德"逐渐开始从属于儒家哲学伦理的范畴,《白虎通》将"道德"排列在"情性、汁中、神明"之后,明显认同将"道德"从属于儒家伦理范畴的思想趋向,并进一步用宇宙生成论图式对这种从属关系进行了确认。

④文章:原指色彩、花纹,如《楚辞·九章·橘颂》中"青黄杂糅,文章烂兮",后来它被引申为"礼乐法度"等内容,如《诗经·大雅·荡序》有"厉王无道,天下荡荡然无纲纪文章"。在《白虎通》中"文章"紧承"道德"而言,因此这里"文章"作为"礼乐法度"等纲纪规范来理解更为合适。

⑤《乾凿度》:《易》纬书篇名。

【译文】

开始先有了"太初",然后有了"太始",各种形状兆象形成后称为"太素"。起初天地间混沌一片,看也看不见,听也听不到,之后才逐渐将清气浊气分别开来。清气和浊气分别开来之后,精气开始广为散布,万物就都慢慢衍生出来了。精气凝聚起来则为日、月、星三光,精气分散则为金、木、水、火、土五行。五行产生情性,情性产生汁中,汁中里产生神明,神明中产生道德,道德中产生文章。所以《乾凿度》讲:"太初是元气

的开端。太始是万物形态的开端。太素是万物本质的开端。此后，阳起
主导提倡的作用，阴起随从应和的作用。人群中则男性为主导，女性跟
随其后。"

以上讨论天、地的开端。

9.7　天道所以左旋，地道右周何？以为天地动而不别，
行而不离，所以左旋右周者，犹君臣阴阳，相对之义也。

右论左右旋之象。

【译文】

天是向左旋转，地是向右旋转的，这是为什么呢？有人认为天地都
在运转，但是不会截然分开。之所以天向左旋转，地向右自转，是因为天
地就像君臣、阴阳等两两相对，各有其运行规律。

以上讨论向左、向右旋转的现象。

9.8　男女总名为人，天地所以无总名何？曰：天圆地
方不相类，故无总名也。

右论天地无总名。

【译文】

男、女合在一起称为"人"，天、地为什么没有合称呢？有人讲：天是
圆形的，地是方形的，不相似，所以没有合称。

以上讨论天、地没有合称的问题。

9.9　君舒臣疾，卑者宜劳，天所以反常行何？以为阳
不动无以行其教，阴不静无以成其化。虽终日乾乾，亦不离

其处也。故《易》曰："终日乾乾,反覆道也。"①

右论天行反劳于地。

【注释】

①终日乾乾,反覆道也:语见《周易·乾卦》"九三"爻辞。乾乾,自
　强不息貌。

【译文】

君王行动舒缓,臣子行动迅疾,按道理地位卑贱的应该辛苦劳作,为
什么天反而健动不息呢? 有人认为:天属于阳,不健动的话不能够广行
教化;地属于阴,不安静的话不能够完成变化。所以天尽管整日自强振
作,但始终没有离开它应该处的位置。所以《易》里面讲:"君子整天自
强振作,也是通过循环往复的运动来坚守道。"

以上讨论天比地运行得更为频繁。

日月

【题解】

"日月"共计六条,主要讨论了日月运行方向、时间、昼夜长短和闰
月等问题,其中有大量的古代天文学知识,也夹杂了阴阳五行的思想。

9.10　天左旋,日月五星右行何? 日月五星,比天为
阴,故右行。右行者,犹臣对君也。《含文嘉》曰①:"计日月
右行也。"《刑德放》曰②:"日月东行。"

右论日月右行。

【注释】

①《含文嘉》:《礼》纬书篇名。

②《刑德放》:《尚书》纬书篇名。

【译文】

为什么天向左旋转,日、月和金、木、水、火、土五星向右运行呢？日、月、五星相对于天来讲为阴,所以向右运转。向右运转,就像臣子对着君主一样。《含文嘉》里面讲:"推测日、月是向右运转的。"《刑德放》里面讲:"日、月向东而行。"

以上讨论日、月向右运转的问题。

9.11　日行迟,月行疾何？君舒臣劳也。日日行一度,月日行十三度十九分度之七。《感精符》曰①:"三纲之义,日为君,月为臣也。"日月所以悬昼夜者何？助天行化,照明下地。故《易》曰:"悬象著明,莫大于日月②。"

右论日月行迟速分昼夜之象。

【注释】

①《感精符》:《春秋》纬书篇名。

②悬象著明,莫大于日月:语见《周易·系辞上》。悬象,天象。多指日月星辰。著明,显明。

【译文】

太阳运行得慢,月亮运行得快,这是为什么呢？这就像君主行为舒缓、臣子行动忙碌一样。太阳每天运行一度,月亮每天运行十三度十九分之七。《感精符》里面讲:"按照三纲的道理,太阳象征君王,月亮象征臣子。"为什么太阳在白天出来,月亮夜晚高悬在空中呢？日、月都是为了帮助上天进行教化,照耀地上的万物。所以《周易》里面讲:"最显明的天象就是太阳和月亮。"

以上讨论日、月运行缓急以及划分昼夜等现象。

9.12　日之为言实也,常满有节①。月之为言阙也,有满有阙也。所以有阙何?归功于日也。三日成魄②,八日成光,二八十六日转而归功晦,至朔旦受符复行。故《援神契》曰③:"月三日而成魄,三月而成时。"所以名之为星何?星者,精也。据日节言也。一日一夜,适行一度,一日夜为一日,剩复分天为三十六度,周天三百六十五度四分度之一,日月径皆千里也。

右释日、月、星之名。

【注释】

①节:节度,规律。

②魄:通"霸"。月初生或将没时的微光。

③《援神契》:《孝经》纬书篇名。

【译文】

"日"也可以称为"实",这是说太阳永远充实盈满,运行有节度。"月"也可以称为"阙",月亮有盈满的时候也有亏缺的时候。为什么月亮有亏缺的时候呢?这是月亮将功劳都归于了太阳。每个月,月亮在第三天形成微光,在第八天形成光明,到第十六日开始变缺,慢慢进入阴晦的阶段。到了初一的时候又禀受符令,开始新一轮的运行。所以《援神契》里面讲:"月亮三日形成微光,三个月形成一个季节。"为什么称"星"呢?"星"是精气所聚。这都是根据太阳运行的规律来讲的。一日一夜,太阳刚好运行一度,所以称一天一夜为"一日"。剩下来又将天分为三十六度,太阳绕天运行一圈是三百六十五度四分度之一,日月的直径都有千里。

以上讨论日、月、星的名称问题。

9.13　所以必有昼夜何？备阴阳也。日照昼，月照夜。日所以有长短何？阴阳更相用事也。故夏节昼长，冬节夜长。夏日宿在东井①，出寅入戌。冬日宿在牵牛②，出辰入申。

右论昼夜长短。

【注释】

①东井：即井宿，二十八宿之一，南方七宿之首。因在玉井之东，故称。

②牵牛：即牛宿。二十八宿之一，玄武七宿的第二宿。有星六颗。又称牵牛。

【译文】

为什么一定要有白天和黑夜之分呢？这是为了让阴阳完备。太阳负责白天的照明，月亮负责夜晚的照明。太阳照射时间长短不一，这是为什么呢？这是阴阳之气轮流运转的原因。所以夏天白天时间长，冬天夜晚时间长。夏天太阳宿在井宿，上午三点至五点的寅时升起，下午七点到九点的戌时落山。冬天太阳宿在牛宿，上午七点到九点的辰时升起，下午三点到五点的申时就已经落山了。

以上讨论昼夜的长短问题。

9.14　月有小大何？天左旋，日月右行。日日行一度，月日行十三度，月及日为一月。至二十九日，未及七度；即三十日者，过行七度。日不可分，故月乍大乍小，明有阴阳也。故《春秋》曰："九月庚戌朔，日有食之①"，"十月庚辰朔，日有食之②。"此三十日也。又曰："七月甲子朔，日有食之^③。"八月癸巳朔，日有食之^④。"此二十九日也。

　　右论月有大小。

【注释】

①九月庚戌朔，日有食之：语见《春秋·襄公二十一年》。

②十月庚辰朔，日有食之：语见《春秋·襄公二十一年》。

③七月甲子朔，日有食之：语见《春秋·襄公二十四年》。

④八月癸巳朔，日有食之：语见《春秋·襄公二十四年》。

【译文】

　　月为什么有大月和小月的分别呢？天向左旋转，日月向右运行。太阳每天运行一度，月亮每天运行十三度，等月亮和太阳再次遇见时应该为一个月。如果每个月按照二十九日算，月亮比太阳差七度。如果每个月按三十日算，月亮又比太阳多走了七度。日是不可分的，所以将月分为大小，表明阴阳有差别。所以《春秋》里面讲："九月庚戌日初一，有日食。""十月庚辰日初一，有日食。"这是一个月按照三十天算的。又讲："七月甲子日初一，有日食。""八月癸巳日初一，有日食。"这是一个月按照二十九天算的。

　　以上讨论月有大月、小月的分别。

　　9.15　月有闰余何^①？周天三百六十五度四分度之一，岁十二月，日过十二度，故三年一闰，五年再闰，明阴不足，阳有余也。故《谶》曰："闰者阳之余。"

　　右论闰月。

【注释】

①闰：历法术语。地球公转一周的时间为365天5时48分46秒。农

历一年比地球公转一周相差大约十日多一点，每数年累积所余之时日为"闰"。所余时间约每三年积累成一个月，加在一年里，在历法上叫做"三年一闰"。

【译文】

计算月份的时候为什么还有闰月呢？这是因为太阳绕天一圈共三百六十五度四分之一。一年十二个月，按月亮每天运行十二度来算，所以将三年里多余的度数设置一个闰月，五年设置两个闰月，表明阴气不足，阳气有余。所以《谶》里面讲："闰是阳气多余的部分。"

以上讨论闰月的问题。

四时

【题解】

"四时"共计四条，讨论了一年分为四季、四季中对"天"有不同称呼、上古对"年"有不同称呼及原因，还有朔、朝等的具体含义。

9.16　所以名为岁何？岁者，遂也①。三百六十六日一周天，万物毕成，故为一岁也。《尚书》曰："期三百有六旬有六日，以闰月定四时成岁。"

右论岁。

【注释】

①遂：完成，成功。

②期三百有六旬有六日，以闰月定四时成岁：语见《尚书·虞书·尧典》。

【译文】

为什么叫做"岁"呢?"岁"是遂、完成的意思。三百六十六日刚好一周天,万物都成熟了,所以称为"一岁"。《尚书》里面讲:"一年有三百六十六日,根据闰月来确定四季构成一岁。"

以上讨论"岁"的问题。

9.17 岁时何谓? 春夏秋冬也。时者,期也①,阴阳消息之期也。四时天异名何? 天尊,各据其盛者为名也。春秋物变盛,冬夏气变盛。春曰苍天,夏曰昊天,秋曰旻天,冬曰上天②。《尔雅》曰"一说春为苍天"等是也③。四时不随正朔变何? 以为四时据物为名,春当生,冬当终,皆以正为时也。

右论四时。

【注释】

①期:指一段时间。

②春曰苍天,夏曰昊天,秋曰旻天,冬曰上天:《毛诗正义》孔颖达疏中引郑玄有"春气博施,故以广大言之。夏气高明,故以远大言之。秋气或生或杀,故以闵下言之。冬气闭藏而清察,故以监下言之。"

③《尔雅》曰"一说春为苍天"等是也:陈立认为此处文有讹,卢文弨疑为《尔雅》曰'春曰苍天,夏曰昊天,秋曰旻天,冬曰上天'。一说春曰昊天,夏曰苍天"。

【译文】

"一岁四时"是指什么呢? 这是指春、夏、秋、冬四季。"时"是某个时期的意思,是指这段时间阴阳之气会有变化消长。天在一年四季的名字也不同,这是为什么呢? 天是最为尊贵的,四季根据每个时期最为旺盛的物象来命名。春秋万物变化最盛,冬夏气候变化最盛。春季的天叫做"苍天",夏季的天叫做"昊天",秋季的天叫做"旻天",冬季的天叫做"上天"。《尔雅》也说"一说春为苍天"。四季为什么没有随着不同朝代改变正朔而发生变化呢? 这是因为四季都是根据事物来命名的。春天万物生长,冬天万物停止生长,都是从正月开始计算四季的。

以上讨论四季的问题。

9.18　或言岁,或言载,或言年何? 言岁者以纪气物,帝王共之,据日为岁。年者,仍也①。年以纪事,据月言年。《春秋》曰"元年正月","十有二月朔"②。有朔有晦,故据月断为年。载之言成也。载成万物终始言之也。二帝言载,三王言年,皆谓窥揄③。故《尚书》曰"三载,四海遏密八音",谓二帝也④。又曰"谅闇三年",谓三王也⑤。《春秋传》曰"三年之丧,其实二十五月"⑥。知窥揄⑦。

右论三代岁异名。

【注释】

①年者,仍也:据陈立考证"仍"与"稔"通,谷一年一稔,故称"仍"。《说文解字·禾部》:"年,谷熟也。《春秋传》曰'大有年'。"

②《春秋》曰"元年正月","十有二月朔":此两处引文均不见于今本《春秋》,本来此十二字脱落,卢文弨根据《太平御览》补足。

③窥揄(kuī yú):据陈立《白虎通疏证》考证此处两字误,与上下文义不合,故按照衍文处理译文。

④三载,四海遏密八音:语见《尚书·虞书·尧典》。遏密,指帝王等死后停止举乐。遏,停止。密,静止。八音,金、石、丝、竹、匏、

土、革、木等八种乐器,泛指音乐。

⑤谅闇三年:语见《尚书·周书·无逸》。谅闇,天子、诸侯居丧时住的房子,又叫凶庐。

⑥三年之丧,其实二十五月:语见《春秋公羊传·闵公二年》。

⑦知闉闇:衍文。

【译文】

为什么有时称为"岁",有时称为"载",有时又称为"年"呢?"岁"是用来记载气候和物象,这种称呼为历代帝王所通用,根据时日的变化而成一岁。"年"有"稔"的意思,"年"一般用来记录事情,记载每个月事情变化来构成一年。《春秋》里面讲"元年正月","十有二月朔"。《春秋》里面有朔日有晦日,这都是根据每个月的事情变化来构成年。"载"是"成"的意思,是说负载成就万物的开始与终结。尧、舜二帝的时期称为"载",夏、商、周三王时期叫做"年",所以《尚书》里面讲"三载,全国上下停止了音乐",这是指尧、舜二帝。又讲"居丧三年",这是指夏、商、周三代的帝王。《春秋传》里面讲"服三年之丧,实际时间是二十五个月"。

以上讨论三代"岁"的不同名称。

9.19　日言夜,月言晦,月言朔,日言朝何?朔之言苏也。明消更生故曰朔。日昼见夜藏,有朝夕,故言朝也。

右论朝夕晦朔。

【译文】

每一日有夜晚,每一月有晦日,为什么还要把每月的第一日称"朔日",每天早上称为"朝"呢?"朔"是复苏的意思,表明阴阳之气消长变化,生生不息,所以称"朔"。太阳白天出现,晚上隐藏起来,有早晚的区分,因此称为"朝"。

以上讨论"朝""夕""晦""朔"等问题。

衣裳

"衣裳"共计四条,分别讲了衣和裳的含义及区别,还有各种衣饰如皮裘、绅带、佩饰等的具体内涵和形制。

9.20　圣人所以制衣服何? 以为绨绤蔽形①,表德劝善,别尊卑也。所以名为裳何②? 衣者,隐也。裳者,彰也。所以隐形自障闭也。《易》曰:"黄帝、尧、舜垂衣裳而天下治③。"何以知上为衣,下为裳? 以其先言衣也。《诗》曰"褰裳涉溱④",所以合为下也。《弟子职》言"抠衣而降"也⑤。名为衣何? 上兼下也。

右总论衣裳。

【注释】

①绨绤(chī xì):葛布的统称。细者曰"绨",粗者曰"绤"。

②裳(chéng):古指下身穿的衣裙,男女皆服。

③黄帝、尧、舜垂衣裳而天下治:语见《周易·系辞下》。

④褰(qiān)裳涉溱(zhēn):语见《诗经·郑风·褰裳》。褰,撩起,用手提起。溱,水名,源出今河南密县东北圣水峪,东南流与洧水会合。

⑤《弟子职》:这里指《管子·弟子职》。抠衣:提起衣服前襟。这是古人迎趋时的动作,表示恭敬。

【译文】

圣人为什么要制作衣服呢? 人们认为衣服是用布来遮蔽形体,同时也可表彰德行,劝人为善,体现尊卑之别。为什么称为"裳"呢?"衣"有隐蔽的意思。"裳"有障蔽的意思。衣裳是用来遮蔽形体,为自己形成保护的屏障。《易》里面讲:"黄帝、尧、舜制作衣裳服饰,天下得以大治。"又怎么知道穿在上面的是衣、穿在下面的是裳呢?因为先讲"衣",后讲"裳"。《诗》里面讲"提起裳裙,涉水渡过溱河",这里是将衣裳合称为"裳"。《弟子职》里面讲"提起衣服前襟走下来"。为什么这里叫做"衣"?这是用上衣包括了下裳。

以上总体讨论"衣""裳"问题。

9.21　裘,所以佐女功助温也[1]。古者缁衣羔裘[2],黄衣狐裘。禽兽众多,独以狐羔何?取其轻煖,因狐死首丘[3],明君子不忘本也。羔者,取其跪乳逊顺也。故天子狐白,诸侯狐黄,大夫狐苍,士羔裘,亦因别尊卑也。

右论裘。

【注释】

[1]裘:动物皮毛做的衣服。女功:同"女工",古代指女子从事的纺织、缝纫、刺绣等。

[2]缁衣:黑色的衣服。

[3]狐死首丘:传说狐狸如果死在外面,一定把头朝着它出生的洞穴。出于《礼记·檀弓上》:"大公封于营丘,比及五世,皆反葬于周。君子曰:'乐,乐其所自生;礼,不忘其本。'古之人有言曰:'狐死正丘首。'仁也。'"比喻不忘本或怀念故乡,也比喻对故国、故乡的思念。

【译文】

皮裘一般被用作女红的补充,是专门用来保暖的衣服。古代黑色的衣服配羔裘,黄色的衣服配狐裘。禽兽众多,为什么非要用狐裘和羔裘呢？这是因为狐裘和羔裘轻便暖和，还因为狐狸如果死在外面，一定把头朝着它出生的洞穴，表明君子不忘自己的根本。用羔裘，是因为羊羔有跪着吃乳的习惯，饱含谦恭顺从之德。所以天子穿的狐裘是白色，诸侯穿的狐裘是黄色，大夫穿的狐裘是青色，士只能穿羔裘。这些差别也被用来区分地位的尊卑。

以上讨论"裘"的问题。

9.22　所以必有绅带者[1]，示敬谨自约整也。缋绘为结于前[2]，下垂，三分身半，绅居二焉。男子所以必有鞶带者[3]，示有金革之事也。

右论带。

【注释】

①绅带：古时士大夫束在腰间、一头垂下的大带。

②缋（huì）：布帛的头尾。

③鞶（pán）带：男子用的皮制腰带。

【译文】

之所以要用大带束在腰间，这是表示恭敬谨慎、自我约束规整的意思。绅带头尾有文饰，在前面打结，向下垂着。绅带垂下部分占身高一半的三分之二。男子之所以一定要有皮带，表示男子应当承担起军事任务。

以上讨论"带"的问题。

9.23　所以必有佩者，表德见所能也。故循道无穷则佩环，能本道德则佩琨，能决嫌疑则佩玦。是以见其所佩即知其所能。《论语》曰："去丧无所不佩[1]。"天子佩白玉，诸侯佩玄玉，大夫佩水苍玉，士佩瓀文石[2]。佩即象其事。若农夫佩其耒耜，工匠佩其斧斤，妇人佩其针镂，亦佩玉也。何以知妇人亦佩玉？《诗》云："将翱将翔，佩玉将将。彼美孟姜，德音不忘③。"

　　右论佩。

【注释】

①去丧无所不佩：语见《论语·乡党》。

②天子佩白玉，诸侯佩玄玉，大夫佩水苍玉，士佩瓀（ruǎn）文石：《礼记·玉藻》有"天子佩白玉而玄组绶，公、侯佩山玄玉而朱组绶，大夫佩水苍玉而纯组绶，世子佩瑜玉而綦组绶，士佩瓀玟而缊组绶"。玄玉，黑色的玉。水苍玉，玉色深青而杂有纹理。瓀文石，像玉一样的石头。

③将翱将翔，佩玉将将（qiāng）。彼美孟姜，德音不忘：语见《诗经·郑风·有女同车》。

【译文】

　　衣服所以一定要有佩饰，这是为了表彰德行，显示其能力所在。如果能够遵循大道，永不止息，就可以佩戴玉环。如果言行能够以道德为本，就可以佩玉琨。如果能够断绝疑难，则可以佩玉玦。看见人所佩戴的饰物，就可以知道他德行和才能的优长之处。《论语》里面讲："丧服满了之后，什么东西都可以佩带。"天子佩带白玉，诸侯佩带玄玉，大夫佩带水苍玉，士佩带瓀文石。佩饰用来象征其所从事的事务。比如农夫就会随身带着耒耜，工匠就会随身携带斧斤，妇人就会随身带着针线，也会佩戴玉饰。怎么知道妇人也佩戴玉饰呢？《诗》里面讲："她走起路来像鸟儿在飞翔，身上佩戴的玉器发出声响。美好的姑娘孟姜，她的德行和音容笑貌不能忘记。"

　　以上讨论佩饰。

五刑

【题解】

"五刑"共计三条,介绍了墨、劓、腓、宫、大辟五种刑罚的含义及其具体内容,强调了"礼不下庶人,刑不上大夫"的原则,体现了传统社会中德刑并用的基本治理模式。

9.24 圣人治天下,必有刑罚何?所以佐德助治,顺天之度也。故悬爵赏者,示有所劝也。设刑罚者,明有所惧也。《传》曰:"三皇无文,五帝画象。三王明刑,应世以五①。"五刑者,五常之鞭策也。刑所以五何?法五行也。大辟,法水之灭火;宫者,法土之壅水;腓者,法金之刻木;劓者,法木之穿土;墨者,法火之胜金②。

【注释】

①三皇无文,五帝画象。三王明刑,应世以五:据陈立考证此为《周礼·保氏》疏中引《孝经钩命决》之文。

②"大辟,法水之灭火"五句:《五行大义·论刑》有"《周书》曰'因五行相克而作五刑,墨、劓、刖、宫、大辟是也。火能变金色,故墨以变其肉;金能克木,故刖以去其骨节;木能克土,故劓以去其鼻;土能塞水,故宫以断其淫泆;水能灭火,故大辟以绝其生命。'"大辟,死刑。宫,男子割势、妇人幽闭的刑罚。腓,断足或砍去犯人膝盖骨的刑罚。劓(yì),割掉鼻子的刑罚。墨,在罪犯面部、耳后、颈项、手臂上刺刻后涂以墨的刑罚。

【译文】

圣人治理天下,为什么一定要设置刑罚呢?这是为了用刑罚辅佐德治,顺应天地运行的规律。圣人会专门设置爵位和赏赐对善行进行鼓励支持,设置刑罚让做坏事的人有所畏惧。《传》里面讲:"三皇时期没有文字,也没有刑罚。五帝时期,画图象征刑罚。三王明确刑罚,根据世间各类情况分为五种。"五刑是为了鞭策大家遵守仁、义、礼、智、信的五常之道。刑罚为什么是五种呢? 这是效法五行。大辟效法水灭火,宫刑效法土能够堵住水,膑刑效法金能够在木上雕刻,劓刑效法木能够穿过土,墨刑效法火能够克金。

五帝画象者,其衣服象五刑也。犯墨者蒙巾,犯劓者以赭著其衣^①,犯膑者以墨蒙其膑处而画之,犯宫者履杂扉^②,犯大辟者布衣无领^③。

【注释】

①赭(zhě):红褐色。

②扉(fèi):古人用草、麻、皮做的粗鞋。

【译文】

五帝时期画图象刑是指用犯人服饰改变象征性地实行五刑。犯了罪应该在脸上刺墨字的人,用布蒙住他的脸以示刑罚。犯了罪应该割去鼻子的人,让他穿赭色的衣服。犯了罪应当挖去膝盖骨的人,将墨汁涂在他的膝盖骨上作为刑罚。犯了宫刑的人穿着杂草做的鞋子。犯了死罪的人,让他穿没有领子的布衣。

科条三千者,应天地人情也。五刑之属三千,大辟之属二百,宫辟之属三百,腓辟之属五百^①,劓、墨辟之属各千,张布罗众,非五刑不见。劓、墨何其下刑者也? 墨者,墨其额也。劓者,劓其鼻也。腓者,脱其膑也。宫者,女子淫,执置宫中,不得出也。丈夫淫,割去其势也。大辟者,谓死也。

右论刑法科条。

【注释】

①腓(féi):原义为小腿肚,后用指剔除膝盖骨或断足的酷刑。

【译文】

当然如果列举具体成文的细目科条大概有三千,这是应天地变化规律和人情而设置的。五刑总共是三千条,适用大辟之刑的有二百条,适用宫辟的有三百条,适用腓辟的有五百条,适用劓、墨等刑的各有千条,范围涉及广泛,这才能包括了所有适用五刑的情况。劓、墨为什么是比较轻的刑罚呢?"墨"是在额头上刺墨字,"劓"是割去鼻子。"腓"是挖掉膝盖骨。"宫"是女子淫邪,把她幽闭在房室中不让出门。男子淫邪,就割去他的生殖器官。"大辟"是指死刑。

以上讨论刑法法律条文。

9.25　刑不上大夫何?尊大夫。礼不下庶人,欲勉民使至于士。故礼为有知制,刑为无知设也。庶人虽有千金之币,不得服。刑不上大夫者,据礼无大夫刑。或曰:挞笞之刑也①。礼不下庶人者,谓酬酢之礼也②。

右论刑不上大夫。

【注释】

①挞笞(tà chī):用鞭子或竹板子打。

②酬酢(chóu zuò):主客相互敬酒,主敬客曰酬,客还敬曰酢。

【译文】

为什么对大夫及以上地位的人不用刑呢?这是为了表示对大夫及

以上地位人的尊重。对庶人不设置过多的礼仪规范，是鼓励庶民向士学习礼仪。所以礼本来是为了有智慧的人设置的，刑罚是为了无知的人设置的。庶人尽管非常富有，但不能僭越礼制。对大夫及地位比他高的人不用刑，是因为据礼而言没有适用于这些人的刑罚。也有人认为：这里不用刑罚，是指不用鞭挞这一类刑罚来惩罚大夫及比他地位高的人，对庶人不作礼仪要求的礼，是指朝聘应享等这类礼仪。

以上讨论对大夫及以上的人不用刑。

9.26　夏曰夏台，殷曰羑里，周曰囹圄。古者刑残之人，公家不出，大夫不养，士与遇路不与语，放诸境埆不毛之地①，与禽兽为伍。

【注释】

①境埆（qiāo què）：土地瘠薄。

【译文】

夏代的监狱叫做"夏台"，商代的监狱叫做"羑里"，周代的监狱叫做"囹圄"。古代因受刑而残疾了的人，诸侯大夫家里都不会蓄养他，士在路上遇见了不会与他交谈，将这些人要放逐到贫瘠荒凉的地方，让他们同禽兽待在一起。

五经

【题解】

"五经"共计七条，分别讨论了孔子删定五经的重要意义、五经代表仁、义、礼、智、信五常，《孝经》《论语》是五经的重要补充，文王演《易》、伏羲作八卦，《易》贯通阴阳变化，《春秋》提供了黄帝以来的法则等，反映了当时官方对五经的推崇。

9.27　孔子所以定五经者何？以为孔子居周之末世，王道陵迟[①]，礼乐废坏，强陵弱，众暴寡，天子不敢诛，方伯不敢伐，闵道德之不行，故周流应聘，冀行其道德。自卫反鲁，自知不用，故追定五经，以行其道。故孔子曰："《书》曰：'孝乎惟孝，友于兄弟，施于有政，是亦为政'"也[②]。孔子未定五经如何？周衰道失，纲散纪乱，五教废坏，故五常之经咸失其所，象《易》失理，则阴阳万物失其性而乖，设法谤之言[③]，并作《书》三千篇，作《诗》三百篇，而歌谣怨诽也。

　　右论孔子定五经。

【注释】

①陵迟：衰败。

②《书》曰："孝乎惟孝，友于兄弟，施于有政，是亦为政"：语见《论语·为政》。《书》，此为《尚书》逸文。

③设法谤之言：据卢文弨考证这里文有脱讹，应该为"设诽谤之言"。

【译文】

　　孔子为什么要删定五经呢？人们认为孔子处在周朝末年，王道纲纪已衰败，礼崩乐坏，势力强大的国家欺负势力弱小的国家，人多的国家欺负人少的国家。面对这种天下大乱的情况，天子不敢进行诛杀，方伯不敢进行讨伐。孔子哀悯道德不能行于天下，所以四处周流，应聘于各国诸侯，希望能够推行道德。但是从卫国返回鲁国之后，孔子自知他所追求的大道不被诸侯们所践行，所以追定五经，以此来弘扬他所追求的道。所以孔子讲："《尚书》里面说：'孝啊，就是孝顺父母、友爱兄弟，以这种风气影响到政治，这就是参与政治了'"。孔子没有删定五经时情况是怎么样的呢？周朝逐渐走向衰亡，人间道德沦丧，纲纪崩坏，五教也被废弃毁坏，五帝时流传下来的经籍都散乱无序。《易》的象数失去了条理，阴阳万物都会亡失本性而互相乖舛,哀怨诽谤之言纷纷而出。当时出现的《尚书》三千篇,《诗》三百篇,都是表达人们怨恨非议的歌谣。

以上讨论孔子删定五经的问题。

9.28　已作《春秋》,复作《孝经》何?欲专制正①。于《孝经》何?夫孝者,自天子下至庶人,上下通《孝经》者。夫制作礼乐,仁之本,圣人道德已备,弟子所以复记《论语》何?见夫子遭事异变,出之号令足法。

右论《孝经》《论语》。

【注释】

①欲专制正:卢文弨考证"正"下当有"法"字。

【译文】

孔子已经作了《春秋》,为什么后面还要作《孝经》呢?这是因为孔子想要专门制定正法。为什么是《孝经》呢?孝是上至天子下至庶人都要遵循的道,上下都要依照《孝经》而行。制作礼乐,这是仁道的根本。通过删定五经,圣人所要推行的道德已经完备,为什么他的弟子还要记载夫子应答门人的话语形成《论语》呢?这是因为从中可以看到夫子遇见各种事情的变化是如何具体应对,《论语》中所表达的各种应对措施号令也足以为后世效法。

以上讨论《孝经》《论语》等问题。

9.29　文王所以演《易》何?商王受不率仁义之道①,失为人法矣。已之调和阴阳尚微,故演《易》,使我得卒至于太平日月之光明,则如《易》矣。

右论文王演《易》。

【注释】

①商王受：即商王纣。

【译文】

周文王为什么要推演《易》呢？这是因为商纣王不能秉持仁义大道，失去了为人的根本。周文王自己调和阴阳的力量还很微弱，所以推演《易》。通过推演，最终让自己能够达到天下太平、日月光明的境界，这就同《易》象征日月光明一样。

以上讨论周文王推演《易》的问题。

9.30　伏羲作八卦何？伏羲始王天下，未有前圣法度，故仰则观象于天，俯则观法于地，观鸟兽之文，与地之宜。近取诸身，远取诸物，于是始作八卦，以通神明之德①，以象万物之情也②。

右论伏羲作八卦。

【注释】

①神明之德：阴阳变化的德性。

②万物之情：阴阳形体的情态。

【译文】

伏羲氏为什么要作八卦呢？伏羲氏最开始称王天下，没有前代圣人的法度可以效法。所以他抬头观察天象，俯身观察大地的形状，观察飞禽走兽身上的纹理，以及适宜存在于地上的种种事物。从近处援取人身作为模仿，从远处援取各类物形作为象征，于是开始创作八卦，用来贯通神明的德性，用来类归天下万物的情态。

以上讨论伏羲作八卦的问题。

9.31　经所以有五何？经，常也。有五常之道，故曰五经。《乐》仁，《书》义，《礼》礼，《易》智，《诗》信也。人情有五性，怀五常不能自成，是以圣人象天五常之道而明之，以教人成其德也。

右论五经象五常。

【译文】

经为什么是五种呢？"经"有恒长的意思，代表了五常之道，所以讲五经。《乐》经代表仁，《书》经代表义，《礼》经代表礼，《易》经代表智，《诗》经代表信。人情内含五性，怀有五常之道，但不能靠自己单独成就，所以圣人用五经来效法天的五常之道，让人们能够明白，教化人们来成就各自的德性。

以上讨论五经象征五常的问题。

9.32　五经何谓？《易》《尚书》《诗》《礼》《春秋》也。《礼经解》曰："温柔宽厚，《诗》教也。疏通知远，《书》教也。广博易良，《乐》教也。洁静精微，《易》教也。恭俭庄敬，《礼》教也。属词比事，《春秋》教也[1]。"

右论五经之教。

【注释】

①"温柔宽厚，《诗》教也"数句：都在讲五经的教化作用。语见《礼记·经解》。易良，和易善良。洁静，清净。精微，精深微妙。属词比事，连缀文辞，排比史事。后亦泛指撰文记事。

【译文】

五经是指哪些经典呢？指《易》《尚书》《诗》《礼》《春秋》。《礼经解》里面讲:"如果人们温柔宽厚,这是受了《诗》的教化。如果人们开明通达、博古通今,这是受了《书》的教化。如果人们心胸开阔、和易善良,这是受了《乐》的教化。如果人们清静精深,这是受了《易》的教化。如果人们恭谨谦逊、庄重严肃,这是受了《礼》的教化。如果人们善于撰文记事,那是受了《春秋》的教化。"

以上讨论五经的教化问题。

9.33　《春秋》何常也? 则黄帝以来①。何以言之?《易》曰:"上古结绳而治,后世圣人易之以书契,百官以理,万民以察②。"后世圣人,谓五帝也。《传》曰:"三皇百世计神玄书,五帝之世受录图,史记从政录帝魁已来,除礼乐之书三千二百四十篇也③。"

右论书契所始。

【注释】

①则:仿效,效法。

②"上古结绳而治"四句:语见《周易·系辞下》。书契,指文字。

③"三皇百世计神玄书"数句:语见《尚书》纬书《璇玑钤》。

【译文】

《春秋》为什么代表常道呢? 它提供了黄帝以来的法则。为什么这样讲呢?《易》里面讲:"远古的圣人系绳子做标记来处理事务,后代的圣人发明文字取代了以前结绳记事的方式,百官用文字来治理政务,百姓用文字来知晓事理。"后世的圣人,这是指五帝。《传》里面讲:"三皇经历百世都是用的神通玄妙之书,五帝之世禀受符箓图谶。历史记录了帝魁以来的事情,如果不包含礼乐之书的话,是三千二百四十篇。"

以上讨论文字的起源。

卷十

嫁娶

【题解】

"嫁娶"共计三十条。主要讲了男女婚姻嫁娶的意义、嫁娶的年龄、嫁娶的礼仪安排,妻妾制度、夫妇相处之道及离异等各种情况,反映了对于婚姻的极度重视。尤其强调了要按时婚娶、以礼为婚、防止淫逸,突出了人伦关系中夫妻作为各种人伦关系起点的重要意义。

10.1　人道所以有嫁娶何?以为情性之大,莫若男女,男女之交,人伦之始,莫若夫妇。《易》曰:"天地氤氲,万物化淳;男女构精,万物化生①。"人承天地施阴阳,故设嫁娶之礼者,重人伦,广继嗣也。《礼·保傅记》曰②:"谨为子嫁娶,必择世有仁义者。"礼男娶女嫁何?阴卑,不得自专,就阳而成之。故《传》曰:"阳倡阴和,男行女随③。"

右总论嫁娶。

【注释】

①天地氤氲（yīn yūn），万物化淳，男女构精，万物化生：语见《周易·系辞下》。氤氲，古代指阴阳二气交会和合之状。淳，厚而凝。构，交合。

②《礼·保傅记》：逸《礼》篇章。

③阳倡阴和，男行女随：语见《易纬乾凿度》。

【译文】

　　人道之中为什么会专门有嫁娶之事呢？人们认为情性之中最重要的不过于男女之情。男女之间的交往，人伦的起点，都是以夫妇之道为基点。《易》里面讲："天地两气交合，万物化育醇厚；男女两性交合，万物化育孕生。"人们按照天地阴阳的运转之道，所以专门设置了嫁娶的礼仪，表示要重视人伦规范，保证世代香火的延续。《礼·保傅记》讲："对待子女嫁娶的事情要慎重，一定要选择世世代代有仁义道德的家庭。"按照礼仪，男子娶妻、女子出嫁，这是为什么呢？女性属于阴，地位卑贱，不能够自己做主，所以要接近阳来成就自身。所以《传》里面讲："阳为倡导，阴作随和。男子有所行动，女子则跟随其后。"

　　以上综合讨论嫁娶的问题。

　　10.2　男不自专娶，女不自专嫁，必由父母，须媒妁何①？远耻防淫泆也②。《诗》云："娶妻如之何？必告父母。"又曰："娶妻如之何？匪媒不得③。"

　　右论嫁娶不自专。

【注释】

①媒妁（shuò）：婚姻介绍人。媒，谓谋合二姓。妁，谓斟酌二姓。一说男方曰媒，女方曰妁。

②泆（yì）：放荡，放纵。

③"娶妻如之何"数句：语见《诗经·齐风·南山》。

【译文】

男子不能自己决定娶妻的事情，女子不能自己决定嫁人的事情，一定要经由父母、通过媒人才能够婚娶，这是为什么呢？这是为了远离耻辱，防止男女行为淫乱放荡。《诗》里面讲："怎样娶妻呢？一定要告诉父母。"又讲："怎样娶妻呢？没有媒人就不行。"

以上讨论嫁娶不能自己决定的问题。

10.3　男三十而娶，女二十而嫁何？阳数奇，阴数偶也。男长女幼者何？阳道舒，阴道促。男三十筋骨坚强，任为人父，女二十肌肤充盈，任为人母，合为五十，应大衍之数①，生万物也。故《礼·内则》曰："男三十壮有室，女二十壮而嫁。"七，岁之阳也。八，岁之阴也。七八十五，阴阳之数备，有相偶之志。故《礼记》曰："女子十五许嫁，笄而字②。"《礼》之称字，阴系于阳，所以专一之节也。阳尊，无所系。阳舒而阴促，三十数三终奇，阳节也。二十再终偶，阴节也。阳小成于阴，大成于阳，故二十而冠，三十而娶。阴小成于阳，大成于阴，故十五而笄，二十而嫁也。

【注释】

①大衍之数：天地推衍之数。《周易·系辞上》有"大衍之数五十，其用四十有九。分而为二以象两，挂一以象三，揲之以四以象四时，归奇于扐以象闰；五岁再闰，故再扐而后挂。天数五，地数五。五位相得而各有合，天数二十有五，地数三十，凡天地之数五十有五，此所以成变化而行鬼神也"。

②女子十五许嫁,笄而字:《礼记·内则》有"十有五年而笄",《礼记·曲礼上》有"女子许嫁,笄而字"。

【译文】

为什么男子三十岁娶妻,女子二十岁出嫁呢?阳数是奇数,阴数是偶数。婚配中男子年纪大一些,女子年纪小一些,这是为什么呢?阳的道舒缓,阴的道短促。男子三十岁筋骨坚强,可以做父亲了;女子二十岁肌肤充盈,可以做母亲了。两个数合为五十,应合大衍之数,这是可以产生万物的。所以《礼记·内则》里面讲:"男子三十而壮可以有家室了,女子二十处于壮年就可以出嫁了。"七是年龄的阳数,八是年龄的阴数,七和八加起来十五,阴阳的数就都齐备了,此时适合互相匹配。所以《礼记》里面讲:"女子十五岁可以婚配了,用簪子挽起头发行笄礼,给她取字。"按照《礼》的规定,用字来称呼称女子是将阴系于阳,表示女子要有专一的操守。阳的地位尊贵,不用专门系于某处。阳的道舒缓,阴的道短促。三十三为一终结,这是奇数,是阳的节度。二十也为一终结,这是偶数,是阴的节度。阳小成于阴,大成于阳,所以男子二十岁行冠礼,三十岁可以娶妻。阴小成于阳,大成于阴,所以女子十五岁行笄礼,二十岁就可以出嫁。

一说二十五系者,就阴节也。《春秋穀梁传》曰:"男二十五系心,女十五许嫁,感阴阳也①。"阳数七,阴数八,男八岁毁齿,女七岁毁齿②。阳数奇,故三,三八二十四,加一为二十五,系心也。阴数偶,故再成十四,加一为十五,故十五许嫁也。各加一者,明其专一系心。所以系心者何?防其淫泆也。男子幼娶必冠,女子幼嫁必笄。《礼》曰:"女子许嫁,笄而字。"

右论嫁娶之期。

【注释】

①男二十五系心，女十五许嫁，感阴阳也：据陈立《白虎通疏证》考证，今本《春秋穀梁传》无其文，盖当时穀梁家的说法。

②阳数七，阴数八，男八岁毁齿，女七岁毁齿：《黄帝内经·素问·上古天真论》有"帝曰：人年老而无子者，材力尽邪？将天数然也？岐伯曰：女子七岁，肾气实，齿更发长。二七而天癸至，任脉通，太冲脉盛，月事以时下，故有子。三七，肾气平均，故真牙生而长极。四七，筋骨坚，发长极，身体盛壮。五七，阳明脉衰，面始焦，发始堕。六七，三阳脉衰于上，面皆焦，发始白。七七，任脉虚，太冲脉衰少，天癸竭，地道不通，故形坏而无子也。丈夫八岁，肾气实，发长齿更。二八，肾气盛，天癸至，精气溢，阴阳和，故能有子。三八，肾气平均，筋骨劲强，故真牙生而长极。四八，筋骨隆盛，肌肉满壮。五八，肾气衰，发堕齿槁。六八，阳气衰竭于上，面焦，发鬓斑白。七八，肝气衰，筋不能动。八八，天癸竭，精少，肾脏衰，则齿发去，形体皆极。肾主水，受五脏六腑之精而藏之，故脏腑盛，乃能泻。今五脏皆衰，筋骨解堕，天癸尽矣，故发鬓白，身体重，行步不正，而无子耳。"

【译文】

　　也有一种说法认为：男子二十五岁定亲，这是就阴的节度而言。《春秋穀梁传》就认为："男子二十五岁定亲，以此来安定心意。女子十五岁许配婚姻。这都是让阴阳之气交感。"阳数为七，阴数为八，男子八岁更换乳牙，女子七岁更换乳牙。阳数是奇数，用三乘以八为二十四岁，加一为二十五，表示男子二十五岁定亲来确定心意。阴数是偶数，用二乘以七为十四岁，加一为十五，所以女子十五岁许配婚姻。男女都要加一的原因，表明都要专一归心。为什么要专一归心呢？这是为了防止男女行为淫乱放荡。男子即便年幼娶亲也要先行冠礼，女子即便年幼许嫁也要先行笄礼。《礼》里面讲："女子许配婚姻，要用簪子挽起头发行笄礼并给她取字。"

以上讨论嫁娶的年龄。

10.4 《礼》曰:女子十五许嫁,纳采,问名,纳吉,请期,亲迎,以雁为贽①。纳征用玄纁,不用雁也②。贽用雁者,取其随时而南北,不失其节,明不夺女子之时也。又是随阳之鸟,妻从夫之义也。又取飞成行,止成列也。明嫁娶之礼,长幼有序,不相逾越也。又昏礼贽不用死雉,故用雁也。纳征,玄纁束帛③,离皮④。玄三法天,纁二法地也。阳奇阴偶,明阳道之大也。离皮者,两皮也。以为庭实⑤,庭实偶也。

【注释】

①纳采,问名,纳吉,请期,亲迎,以雁为贽:语见《礼记·昏义》。纳采,男家派人送礼品到女家求婚。问名,男家派人到女家问女子的姓氏,女家告知女子之姓氏。纳吉,男家问得女子姓氏后,归卜于庙,如果得吉兆,备好礼品通知女家。请期,男家卜得婚礼吉日,派使者告知女家,征得同意。含有尊重女家的意思。亲迎,男子亲自迎娶新妇。以雁为贽,用雁作为礼品。

②纳征曰玄纁,不用雁也:《仪礼·士昏礼》:"纳征,玄纁束帛,俪皮,如纳吉礼。"纳征,又称纳币,纳吉之后,男家派使者到女家致送聘礼,女家纳聘后,算答应了婚事。玄纁,黑色和浅红色的布帛。象征阴阳大备。天的正色苍而玄,地的正色黄而纁,婚姻有阴阳相合之义,服色也效法天地。

③束帛:捆为一束的五匹帛。

④离皮:成对的鹿皮。古代用为聘问、酬谢或订婚的礼物。

⑤庭实:陈列在中庭的礼物。

【译文】

《礼》里面认为:女子十五岁许配人家,纳采,问名,纳吉,请期,亲迎,都用雁作为礼品。纳征用黑色和浅红色的帛,不用雁。用雁作为礼品,是取大雁随时间变换而南北迁徙,不失节度,表明不让女子耽误应该出嫁的最好时节。大雁都是雌鸟跟随雄鸟,代表了妻子跟从丈夫的意思。而且大雁飞行排成行,停下来成列,表明嫁娶的礼仪是为了让长幼有序,身份年龄不相逾越。婚礼的礼品不能用死雉,所以用雁。纳征用黑色、浅红色的束帛和两张鹿皮。黑色的束帛,数量用三效法天;浅红色的束帛,数量用二效法地。阳数奇,阴数偶,表明阳道为大。"离皮"是两张鹿皮的意思。鹿皮会被作为礼物陈列在中庭,应该用双数。

《礼昏经》曰[①]:"纳采、问名、纳吉、请期、亲迎皆用雁。纳征用玄纁、束帛、离皮。"纳征词曰:"吾子有嘉命,贶室某也。某有先人之礼,离皮束帛,使某也请纳征[②]。"上某者,婿名也。下某者,婿父名也。下次某者,使人名也。女之父曰:"吾子顺先典,贶某重礼,某不敢辞,敢不承命[③]!"纳采词曰:"吾子有惠,贶室某也。某有先人之礼,使某也请纳采。"对曰:"某之子蠢愚,又不能教,吾子命之,某不敢辞[④]。"

　　右论贽币。

【注释】

①《礼昏经》:即《仪礼·士昏礼》。

②"吾子有嘉命"五句:语见《仪礼·士昏礼》。吾子,指女子的父亲。贶(kuàng),赐给。

③吾子顺先典,贶某重礼,某不敢辞,敢不承命:语见《仪礼·士昏礼》。吾子,指男方使者。典,常道,常法。某,指女子的父亲。

④"吾子有惠"数句：语见《仪礼·士昏礼》。吾子，指女方父亲。

先人之礼，指先人相传之礼，表示不敢擅自为礼。

【译文】

《礼昏经》里面讲："纳采、问名、纳吉、请期、亲迎的礼品都用雁。纳征用黑色、浅红色的束帛和两张鹿皮。"纳征词这样说："您有美好的命令，把妻室赐给某某。某某按照先辈传授的礼节，备下两张鹿皮和五匹锦派我前来，请求纳征。"第一个某某，是女婿的名字。第二个某某，是女婿父亲的名字。最后的某某，是男方使者的名字。女方的父亲回答："您遵循先辈的常法，赐我某某重礼，某某不敢推辞，岂能不听从您的命令！"纳采词是这样说的："尊敬的主人加以恩惠，把妻室赐给某某。某某按照先辈传授的礼节，派我来请求行纳彩礼。"女家接引宾客的人回答："我家主人某某的女儿天性愚钝，父母又不能教导她使她聪敏。但是您有命于此，某某岂敢推辞。"

以上讨论婚礼中用的赘和币的问题。

10.5　天子下至士，必亲迎授绥者何①？以阳下阴也。欲得其欢心，示亲之心也。必亲迎，御轮三周，下车曲顾者，防淫洗也。《诗》云："文定厥祥，亲迎于渭。造舟为梁，不显其光②。"《礼昏经》曰："宾升北面奠雁，再拜稽首降出，妇从房中降自西阶，婿御妇车，授绥。"

右论亲迎。

【注释】

①授绥（suí）：将车上挽手的绳子交给新妇。绥，古代指登车时手挽的索。

②文定厥祥，亲迎于渭，造舟为梁，不显其光：语见《诗经·大雅·大

明》。文,礼。厥,代词,其。祥,吉。不显,丕显。盛大貌。不,
通"丕"。

【译文】

从天子到士,娶妻一定要亲自迎娶,并将登车的引绳亲手交给新娘,
这是为什么呢? 此时是阳甘于俯就阴,表示想要得到新妇的欢心,向她
表示亲近。丈夫一定要亲自迎娶新妇,亲自驾着迎亲的车前行,车轮转
了三圈后,还要下车回头照看,象征要杜绝淫乱放逸的事情。《诗》里面
讲:"贤惠啊,得着这样的新妇真吉祥,亲自迎亲于渭水。为她用舟搭起
桥梁,显得多么荣光。"《礼昏经》里面讲:"宾登阶后,面朝北,将雁放在
地上,向岳父行再拜叩首之礼,然后走下西阶,出门。新妇从房中出来,
从西阶下来。新郎为新妇驾车,把登车的引绳交给新娘。"

以上讨论丈夫亲自迎娶新娘的问题。

　　10.6　遣女于祢庙者[1],重先人之遗体,不敢自专,故告
祢也。父母亲戒女何? 亲亲之至也。父曰:"诫之敬之,夙
夜无违命[2]。"母施衿结帨曰[3]:"勉之敬之,夙夜无违宫事。"
父诫于阼阶,母诫于西阶,庶母及门内施鞶[4],申之以父母之
命,命之曰:"敬恭听尔父母之言,夙夜无愆[5],视诸衿鞶。"
去不辞,诫不诺者,盖耻之重去也。

　　右论遣女戒女。

【注释】

①祢(nǐ)庙:父庙。父死在宗庙中立主曰"祢"。

②诫之敬之,夙夜无违命:语见《仪礼·士昏礼》。夙夜,早晚。

③衿(jīn):古代衣服的交领。帨(shuì):古时的佩巾。

④鞶(pán):盛佩巾的小囊。其质地男女不一,男用革,女用丝。

⑤愆:过错。

【译文】

　　女儿出嫁时一定在祢庙,这是表示看重子女的身体都是先人所遗,不敢自己决断,所以要告诉祢庙的神主。父母亲自告诫女儿,又是为什么呢? 这是将亲亲的原则推行到极致。父亲讲:"切记要恭敬从事,从早到晚不可违背你丈夫的命令。"母亲将佩巾系在女儿的衣服前襟,对她讲:"要努力,要谨慎,白天黑夜不可违反夫家宫室的规矩。"父亲在东阶进行告诫,母亲在西阶进行告诫,庶母送新妇到门内,给她配上盛佩巾的小囊,重申父母的命令,嘱咐她说:"恭恭敬敬地听着你父母的教诲,白天黑夜都不要有过错,经常看看这些小丝囊,你就不会忘记父母的告诫了。"新妇离开娘家没有告辞的语言,对父母等人的告诫也不答话,大概是因为这时会感觉羞耻窘迫,而且觉得离开父母之后的日子会很艰辛。

　　以上讨论送女儿出嫁、告诫女儿等问题。

　　10.7　《礼》曰:"嫁女之家,三日不绝火,思相离也。娶妇之家,三日不举乐,思嗣亲也①。"感亲年衰老代至也。《礼》曰:"昏礼不贺,人之序也②。"

　　右论昏礼不贺。

【注释】

①"嫁女之家"六句:语见《礼记·曾子问》。不绝火,指因思念不能成寐,所以通宵不灭灯火。嗣亲,延续后代。

②昏礼不贺,人之序也:出处不详。据陈立《白虎通疏证》考证,"昏礼不贺,魏晋犹行斯制"。

【译文】

　　《礼》里面讲:"嫁女儿的人家,一连三夜都不熄灯,这是因思念出嫁的女儿不能成寐。娶媳妇的人家，三天不击鼓奏乐，是为了接续后代才娶妻的。"因为双亲年纪逐渐衰老，自己要结婚而传宗接代，对此非常感伤。《礼》里面讲："婚礼不进行庆贺。婚嫁出于人伦的需要，是为了延续后代。"

　　以上讨论婚礼不进行庆贺的问题。

　　10.8　授绥，姆辞曰①："未教，不足与为礼也②。"始亲迎，摈者请词曰③："吾子命某以兹初昏，使某将请承命。"主人曰："某故敬具以须。"父醮子遣之迎④，命曰："往迎尔相，承我宗事，勖率以敬先妣之嗣⑤，若则有常。"子曰："诺，惟恐不堪，不敢忘命。"

　　右论授绥亲迎醮子词。

【注释】

　　①姆：古代以妇道教女子的女师。

　　②未教，不足与为礼也：语见《仪礼·士昏礼》。

　　③摈者：即傧者。摈，通"傧"。接待宾客。

　　④醮（jiào）：古代冠礼、婚礼中的一种简单仪节。谓尊者对卑者酌酒，卑者接受敬酒后饮尽，不需回敬。

　　⑤勖率：勉励遵循。

【译文】

　　新郎将登车拉手的引绳递给新娘，姆会辞谢道："新娘尚未得到尊府的教诲，还不足以接受您的这一礼节。"最开始迎亲时，女婿请求的话是："岳父大人叫我父亲某某，在此黄昏初临的时刻，安排我某人行婚礼前来迎娶。我已遵命恭敬等待至今，请允许我承接先前的诺言。"主人回答："我也一直恭敬地准备着，等待您的到来。"父亲酌酒让儿子饮用后，派儿子去迎亲,命令他道:"去迎接你的贤内助,以继承我家宗庙之事。勉励引导她恭敬从事,以继承发扬女性祖先的美德。你的言行都要有常法。"儿子回答:"是。只怕不能胜任,但绝对不敢忘记您的训诫。"

以上讨论授绥、亲迎、醮子词等。

10.9 娶妻不先告庙者,示不必安也。昏礼请期,不敢必也。妇入三月,然后祭行。舅姑既殁,亦妇入三月奠采于庙①。三月一时,物有成者,人之善恶可得知也。然后可得事宗庙之礼。曾子曰:"女未庙见而死,归葬于女氏之党,示未成妇也②。"

右论不先告庙。

【注释】

①奠采:根据《仪礼·士昏礼》这里应该为"奠菜"。设菜以祭祀。

②女未庙见而死,归葬于女氏之党,示未成妇也:语见《礼记·曾子问》。

【译文】

娶妻不用先告诉宗庙,表示整个过程不一定顺利。婚礼请期之事都没有一定的。新妇嫁过来三个月后,再去祭祀宗庙。公婆如果都去世了,新妇也是三个月之后在宗庙设菜进行祭祀。三个月为一个季节,万物都有小成,这段时间也可以知晓新妇品性的善恶。之后新妇才可以到宗庙举行祭祀礼。曾子讲:"新妇如果没有祭祀宗庙就去世了,回去葬在她娘家的墓地,表示她并没有成为男家的媳妇。"

以上讨论娶妻不用先告诉宗庙的问题。

10.10 嫁娶必以春何?春者,天地交通,万物始生,阴阳交接之时也。《诗》云："士如归妻,迨冰未泮①。"《周官》曰:"仲春之月,令会男女。令男三十娶,女二十嫁②。"《夏小正》曰"二月,冠子娶妇之时"也③。

　　右论嫁娶以春。

【注释】

①士如归妻,迨(dài)冰未泮(pàn):语见《诗经·邶风·匏有苦叶》。迨,趁着。泮,融化。

②仲春之月,令会男女。令男三十娶,女二十嫁:语见《周礼·地官司徒·媒氏》。

③二月,冠子娶妇之时:语见《大戴礼记·夏小正》。

【译文】

　　嫁娶一定要在春天,这是为什么呢? 春天是天地之气交感、万物开始生长的季节,也是阴阳交接的时节。《诗》里面讲:"士人如果有心娶妻,赶紧趁着早春时节河冰还没有融化。"《周官》里面讲:"每年仲春二月,让男女会合。让男子三十岁必须娶妻,女子二十岁必须嫁人。"《夏小正》里面讲"二月是给成年儿子行冠礼娶妻的时节"。

　　以上讨论嫁娶之事在春天进行。

　　10.11　夫有恶行,妻不得去者,地无去天之义也。夫虽有恶,不得去也。故《礼·郊特牲》曰:"一与之齐①,终身不改。"悖逆人伦,杀妻父母,废绝纲纪,乱之大者也。义绝,乃得去也。

　　右论妻不得去夫。

【注释】

①齐（jiǎn）：通"醮"。古代婚礼的一种仪式。

【译文】

　　丈夫有恶行，妻子也不能离开，这是因为地没有离开天的道理。丈夫尽管有恶行，妻子也不能离婚。所以《礼记·郊特牲》讲："夫妇一旦喝过了交杯酒，终生都不能改变。"不过如果丈夫完全违背人伦，杀害妻子的父母，废绝人伦纲纪，这都是极大的悖乱。如果这些情况出现，那就是夫妻间的大义已绝，妻子可以离开丈夫。

　　以上讨论妻子不能离开丈夫的问题。

　　10.12　　天子诸侯一娶九女者何？重国广继嗣也。适九者何？法地有九州，承天之施，无所不生也。一娶九女，亦足以承君之施也。九而无子，百亦无益也。《王度记》曰："天子诸侯一娶九女。"

【译文】

　　天子诸侯为什么一次娶九个女子？这是因为重视国家政权传承的大事，国家要有继承人，所以要广为繁衍后嗣。刚好九位，又是为什么呢？这是效法九州的地理划分，象征着大地承受上天的施予，万物由此而得以生长。一次娶九女，也足够承受君主的恩泽了。娶九个女子还不能生子，那么就算娶到百位女子也没有办法。《王度记》里面讲："天子诸侯一次娶九女。"

　　《春秋公羊传》曰："诸侯娶一国，则二国往媵之，以侄娣从。谓之侄者何？兄之子也。娣者何？女弟也①。"或曰：天子娶十二女，法天有十二月，万物必生也。必一娶

何？防淫泆也。为其弃德嗜色，故一娶而已。人君无再娶
之义也。备侄娣从者，为其必不相嫉妒也。一人有子，三人
共之，若己生之也。

【注释】

①"诸侯娶一国"数句：语见《春秋公羊传·庄公十九年》。

【译文】

《春秋公羊传》里面讲："诸侯从一国娶夫人，就有两国前去随嫁作
媵妾，使侄娣跟着。'侄'是什么？是兄长的女儿。'娣'是什么？是妹
妹。"有人讲：天子一次娶十二个女子，效法天有十二个月，万物一定能生
长。为什么一定是一次性娶亲呢？这是为了防止君主行为放荡淫逸，为
了追求美色而放弃德性，所以只娶一次而已。为人君主没有娶两次亲的
道理。之所以让侄娣跟着出嫁，这是因为她们之间不会互相嫉妒。若是
一个人有了孩子，三个人可以共同抚养，就像自己生的一样。

不娶两娣何？博异气也。娶三国女何？广异类也。恐
一国血脉相似，俱无子也。侄娣年虽少，犹从适人者，明人
君无再娶之义也。还待年于父母之国者，未任答君子也。
《诗》云："侄娣从之，祁祁如云，韩侯顾之，烂其盈门①。"
《公羊传》曰："叔姬归于纪"②，明待年也。

【注释】

①侄娣从之，祁祁如云，韩侯顾之，烂其盈门：语见《诗经·大雅·韩
奕》。祁祁，众多貌。顾，曲顾。古代迎亲礼仪之一。男子到女
家亲迎，有回头顾视的礼节。其，助词，相当于"然"。

②叔姬归于纪：语见《春秋公羊传·隐公七年》。何休《春秋公羊

传解诂》中有"叔姬者,伯姬之媵也。至是乃归者,待年父母国也。妇人八岁备数,十五从嫡,二十承事君子。媵贱书者,后为嫡,终有贤行"。

【译文】

媵妾不是娶嫡妻的两位妹妹,这是为什么呢?这是为博采不同的血气。为什么一次娶三个国家的女子呢?这是为了广泛接触不同族类,避免一国女子血脉相似,都不能生孩子。侄娣年龄即便很小也跟着许嫁,这是表明人君没有再次娶妻的道理。已经许嫁的媵妾如果年纪还小,可以在父母之国等待成年后再到夫家,因为她们尚且年幼还不能侍奉丈夫。《诗》里面讲:"陪嫁的媵妾跟随着她,如同天边众多的彩云。韩侯回头来看她,满门光明而又灿烂。"《公羊传》里面讲:"叔姬出嫁到纪国。"这表明要等到成年后再出嫁。

二国来媵,谁为尊者?大国为尊。国同以德,德同以色。质家为天尊左,文家法地尊右。所以不聘妾何?人有子孙,欲尊之,义不可求人为贱也。《春秋传》曰"二国来媵"①,可求人为士,不可求人为妾何?士即尊之渐,贤不止于士,妾虽贤,不得为嫡。

右论天子嫡媵。

【注释】

①《春秋传》曰"二国来媵":出处不详。

【译文】

两个国家嫁过来的媵妾,谁的地位更高一些呢?大国来的媵妾地位高。如果国家大小相同,就按照德行定尊卑。如果德行相同,就按照容貌来定尊卑。质家效法天,以左为尊;文家效法地,以右为尊。为什么娶媵妾不下聘礼呢？人人都有子孙，都想让自己子孙获得尊重，按道理不能请求别人让他的子孙来做地位卑贱的妾。所以《春秋传》里面讲"二国的媵妾嫁过来"。可以请求别人来做士，不可以请求别人来做妾，这是为什么呢？因为士如果贤能，可以随着功劳德行的增长，地位可以慢慢变尊贵。妾即使贤明，也不能成为嫡妻。

以上讨论天子的嫡妻、媵妾等问题。

10.13　娶妻卜之何？卜女之德，知相宜否。《昏礼经》曰"将加诸卜，敢问女为谁氏"也[①]。

右论卜娶妻。

【注释】

①将加诸卜，敢问女为谁氏：语出《仪礼·士昏礼》。

【译文】

娶妻为什么要占卜呢？是为了通过占卜知道女子的品德，了解她是否适宜缔结婚姻。《昏礼经》里面讲"将要占卜婚姻的吉利与否，请问女子的氏"。

以上讨论娶妻要占卜的问题。

10.14　人君及宗子无父母，自定娶者，卑不主尊，贱不主贵，故自定之也。《昏礼经》曰："亲皆殁，已躬命之。"《诗》云："文定厥祥，亲迎于渭[①]。"

右论人君宗子自娶。

【注释】

①文定厥祥，亲迎于渭：语见《诗经·大雅·大明》。

【译文】

君主的父母或大宗嫡子的父母都已去世，他们可以自己确定娶妻之事。因为地位卑贱的人不能为地位尊贵的人做主，所以由他们自己确定娶妻之事。《昏礼经》里面讲："如果双亲都去世了，嫡长子可以自己任命婚姻的使者。"《诗》里面讲："贤惠啊，得着这样的新妇真吉祥，亲自迎亲于渭水。"

以上讨论君主或大宗嫡子自己确定娶妻之事。

10.15　大夫功成受封，得备八妾者，重国广继嗣也。不更聘大国者，不忘本嫡也。故《礼》曰"纳女于大夫"，曰"备洒埽"①。天子之太子，诸侯之世子，皆以诸侯礼娶，与君同，示无再娶之义也。

右论大夫受封不更聘及世子与君同礼。

【注释】

①"纳女于大夫""备扫埽"：语见《礼记·曲礼下》。

【译文】

大夫如果立下功劳，接受封地和爵位后，可以有八个妾，也是因为重视国家要有继承人这件大事，为了广泛繁衍后嗣。不重新去大国下聘礼娶妻，这是因为不能忘掉根本而舍弃本来的嫡妻。所以《礼》里面讲"嫁女给大夫"，岳父说"用扫洒这类事情来侍奉君子"。天子的太子，诸侯的世子，都按照诸侯的礼仪规范娶妻，与君主相同，表示不会再娶的意思。

以上讨论大夫接受封地和爵位后不重新去下聘礼娶妻以及世子和国君按照相同的礼仪娶妻等问题。

10.16　王者之娶，必先选于大国之女，礼仪备，所见多。《诗》云:"大邦有子,伣天之妹。文定厥祥,亲迎于渭[1]。"明王者必娶大国也。《春秋传》曰:"纪侯来朝[2]。"纪子以嫁女于天子,故增爵称侯。至数十年之间,纪侯无他功,但以子为天王后,故爵称侯。知虽小国者,必封以大国,明其尊所不臣也。王者娶及庶邦何?开天下之贤士,不遗善也。故《春秋》曰:"纪侯来朝",文加为侯,明封之也。先封之,明不与庶邦交礼也。女行亏缺而去其国,如之何?以封为诸侯比例矣。

右论天子必娶大国。

【注释】

[1]大邦有子,伣(qiàn)天之妹。文定厥祥,亲迎于渭:语见《诗经·大雅·大明》。伣,好比,譬如。妹,少女,女子。

[2]纪侯来朝:语见《春秋公羊传·桓公二年》。纪,姜姓。西周初年周武王封炎帝的后代于纪。故地在今山东寿光。

【译文】

王者娶妻一定先在大国诸侯的女儿中选择,这是因为大国的各类礼仪制度完备,大国诸侯的女儿见多识广。《诗》里面讲:"大国有个好姑娘,就像天上的少女。贤惠啊,得着这样的新妇真吉祥,亲自迎亲于渭水。"这表明王者一定要娶大国诸侯的姑娘。《春秋传》里面讲:"纪侯来朝觐。"纪侯本来受封为子爵,因为嫁女儿给天子,所以增封爵位为侯爵。受封几十年,纪侯没有立下其他功劳,就是因为女儿嫁给周天子作王后,所以晋升爵位为"侯"。可知即便所娶诸侯国本来是小国,也要将其封为大国后再议亲,这是为了尊重妻子的父母,不能按照一般臣子对待他们。王者为什么也会娶小国的女子呢?这也象征要为天下贤士广开门路,不会遗忘任何善人。所以《春秋》里面讲:"纪侯来朝觐",文饰其爵位为侯，表明已经分封纪子为侯爵了。先分封纪子作侯爵，表明天子不能与小国严格地按照礼仪来往。如果嫁过来的女儿德行有亏被遣送回娘家，那怎么办呢？那就比照受封为诸侯却因德行亏缺而受贬黜的例子。

以上讨论天子一定要娶大国诸侯的女儿的问题。

10.17　诸侯所以不得自娶国中何？诸侯不得专封，义不可臣其父母。《春秋传》曰："宋三世无大夫，恶其内娶也①。"

右论诸侯不娶国中。

【注释】

①宋三世无大夫，恶其内娶也：语见《春秋公羊传·僖公二十五年》。何休《春秋公羊解诂》："三世，谓慈父（宋襄公）、王臣（宋成公）、处臼（宋昭公）也。"注云："内娶大夫女也。言无大夫者，礼，不臣妻之父母，国内皆臣，无娶道，故绝去其大夫名，正其义也。"清代孔广森《春秋公羊通义》有"礼，诸侯不娶女于其国者，杜渔色之渐也。下渔色则不君，妃族交政则不臣。三世失礼，君臣道丧，故夺其君臣之辞示防乱于微，以为后戒。"

【译文】

诸侯不能在本国娶妻，这是为什么呢？诸侯不能自己决定分封之事，按照道义又不能将妻子的父母当作臣子，所以不在本国娶妻。《春秋传》里面讲："宋国三代没有可以称大夫的人，这是憎恶宋国国君娶国中大夫之女。"

以上讨论诸侯不在本国娶妻的问题

10.18　不娶同姓者，重人伦，防淫泆，耻与禽兽同也。

《论语》曰："君娶于吴，为同姓，谓之吴孟子[①]。"《曲礼》曰：
"买妾不知其姓则卜之[②]。"外属小功已上[③]，亦不得娶也。
以《春秋传》曰"讥娶母党"也。

　　右论同姓外属不娶。

【注释】

　　①君娶于吴，为同姓，谓之吴孟子：语见《论语·述而》。昭公从吴
　　　国娶了一位夫人，吴和鲁是同姓国家，不便叫做"吴姬"，将她叫
　　　做"吴孟子"。吴国为太伯之后，也是姬姓。吴孟子，春秋时代国
　　　君夫人称号一般是所生长之国名加她的本姓。鲁娶于吴，这位夫
　　　人应该称为"吴姬"。"孟子"可能是夫人的字。

　　②买妾不知其姓则卜之：语见《礼记·曲礼上》。

　　③小功：古代丧服名，五服之第四等。其服以熟麻布制成，视大功为
　　　细，较缌麻为粗。服期五月。凡本宗为曾祖父母、伯叔祖父母、堂
　　　伯叔祖父母，未嫁祖姑、堂姑，已嫁堂姊妹，兄弟之妻，从堂兄弟及
　　　未嫁从堂姊妹；外亲为外祖父母、母舅、母姨等，均服之。

　　④讥娶母党：不见于今《春秋》三传，疑为《春秋》家的说法。

【译文】

　　娶妻不娶同姓的女子，是因为重视人伦秩序，防止淫乱放荡行为
的发生。同姓结婚就像禽兽行径一样，是让人羞耻的行为。《论语》里
面讲："昭公从吴国娶了一位夫人，吴和鲁是同姓国家，将她叫做'吴孟
子'。"《曲礼》里面讲："买妾不知道她的姓氏，就要通过占卜来决定。"
外亲中凡属于服丧在小功以上的亲戚，也不能作为娶妻的对象。所以
《春秋传》里面讲"娶母家亲戚是应该被讥讽的"。

　　以上讨论同姓和外亲不能娶的问题。

10.19　王者嫁女，必使同姓主之何？昏礼贵和，不可相答，为伤君臣之义，亦欲使女不以天子尊乘诸侯也。《春秋传》曰："天子嫁女于诸侯，必使诸侯同姓者主之。诸侯嫁女于大夫，使大夫同姓者主之①。"必使同姓者，以其同宗共祖，可以主亲也。故使摄父事。不使同姓卿主之何？尊加诸侯，为威厌不得舒也。

【注释】

①"天子嫁女于诸侯"四句：语见《春秋公羊传·庄公元年》。

【译文】

王者嫁女儿，一定会请同姓的诸侯主婚，这是为什么呢？婚礼以和睦为贵，君臣之间不便用婚姻礼仪中的话语相问答，这样会伤害君臣应有的尊卑上下区分的道义，天子也不想自己女儿因天子地位的尊贵凌驾于诸侯之上。《春秋公羊传》里面讲："天子嫁女儿给诸侯，一定要让同姓的诸侯为她主婚。诸侯嫁女儿给大夫，让同姓的大夫为她主婚。"一定要请同姓的诸侯，这是因为同姓诸侯与天子同宗共祖，可以让他主婚。所以让他代替天子来做婚礼中父亲应该做的事。为什么不请同姓的卿来主婚呢？同姓的卿一般在天子那里担任要职，如果他来主婚就太过于有威势，让来结亲的诸侯不能够从容行事。

不使同姓诸侯就京师主之何？诸侯亲迎入京师，当朝天子，为礼不兼。《春秋传》曰"筑王姬观于外"①，明不往京师也。所以必更筑观者何？尊之也。不于路寝②，路寝本所以行政处，非妇人之居也。小寝则嫌③，群公子之舍则已卑矣。故必改筑于城郭之内。《传》曰："筑之，礼也。于外，非礼也④。"

右论同姓诸侯主婚。

【注释】

①筑王姬观于外：语见《春秋公羊传·庄公元年》。观，供王姬临时居住的宾馆，齐侯至此馆亲迎。外，鲁国国都之外。

②路寝：天子诸侯正室，是处理政务的宫室。《礼记·玉藻》："君日出而视之，退适路寝听政。"

③小寝：古代天子诸侯休息安寝的宫室，也是后妃夫人居住的内室。《礼记·玉藻》有"大夫退，（君）然后适小寝，释服"。

④筑之，礼也。于外，非礼也：语见《春秋公羊传·庄公元年》。

【译文】

为什么不让同姓诸侯到京城来主婚呢？诸侯如果要到京城来迎亲，就先要朝觐天子行朝觐礼。如果同时还要行婚礼，这就违背了行礼只以单种礼仪为标准的原则。《春秋公羊传》里面讲"为王者的女儿在国都外专门修建了宾馆"，表明同姓诸侯不到京师去主婚。为什么一定要重新修建宾馆呢？是为了表达对王者之女的尊重。不把王者之女安置在路寝，因为路寝本来是诸侯行政的地方，不是妇人居住的地方。如果将她安置在小寝则要防嫌，安置在诸位公子的住所规格又太低了。所以一定要为她在城内另外修建宾馆。《春秋公羊传》里面讲："修筑宾馆，这是符合礼仪的。修筑在国都之外，这就不符合礼仪了。"

以上讨论同姓诸侯主婚的问题。

10.20　卿大夫一妻二妾者何？尊贤重继嗣也。不备侄娣何？北面之臣贱，势不足尽人骨肉之亲。《礼服经》曰"贵臣贵妾"①，明有卑贱妾也。士一妻一妾何？下卿大夫，礼也。《丧服小记》曰："士妾有子，则为之缌②。"

右论卿大夫士妻妾之制。

【注释】

①贵臣贵妾：语见《仪礼·丧服》。贵臣，公卿大夫位高的家臣。贵妾，媵妾中生子者。

②士妾有子，则为之缌：语见《礼记·丧服小记》。缌，古代丧服名，五种丧服之最轻者。以细麻布为孝服，服丧三个月。

【译文】

卿大夫为什么娶一妻二妾呢？这是为了尊重贤德，重视后嗣的繁衍。为什么他们不娶妻子的侄娣作为媵妾呢？卿大夫属于北面侍奉君主的臣子，地位卑贱，力量不足以娶尽别人家所有的女儿。《礼服经》讲"贵臣贵妾"，表明妾中应该还有地位卑贱的妾。为什么士娶一妻一妾呢？士地位比卿大夫要低，按礼仪也应该次于卿大夫。《丧服小记》讲："只有为士生过儿子的妾服缌麻丧服。"

以上讨论卿大夫和士的妻妾制度。

10.21　聘嫡未往而死，媵当往否乎？人君不再娶之义也。天命不可保，故一娶九女，以《春秋》伯姬卒，时娣季姬更嫁鄫①，《春秋》讥之。適夫人死，更立夫人者，不敢以卑贱承宗庙。自立其娣者，尊大国也。《春秋传》曰："叔姬归于纪②。"叔姬者，伯姬之娣也。伯姬卒，叔姬升于嫡，《经》不讥也。

【注释】

①以《春秋》伯姬卒，时娣季姬更嫁鄫：《春秋》里面伯姬去世，她的妹妹季姬改嫁鄫子，《春秋》认为不合礼而讥讽她。《春秋公羊

传·僖公九年》有"秋,七月,乙酉,伯姬卒。此未适人,何以卒?
许嫁矣。妇人许嫁,字而笄之,死则以成人之丧治之"。《春秋公
羊传·僖公十四年》有"夏,六月,季姬及鄫子遇于防,使鄫子来
朝。鄫子曷为使乎季姬来朝?内辞也。非使来朝,使来请己也"。
季姬,鲁僖公幼女。《春秋公羊通义》有"季姬者,伯姬之媵也。
伯姬许嫁邾娄,于上九年卒。礼,嫡未嫁而死,媵犹当往。"鄫子
和邾娄因此交恶,在《春秋公羊传·僖公十九年》有"己酉,邾娄
人执鄫子用之。恶乎用之?用之社也。其用之社奈何?盖叩其
鼻以血社也"。

②叔姬归于纪:语见《春秋公羊传·隐公七年》。

【译文】

　　下了聘的嫡妻没有嫁过去就死了,媵妾还应该嫁到夫家去吗?应该
去,因为为人君主不会娶两次妻。正是因为天命无常,所以一次娶九女。
所以《春秋》里面伯姬去世,她的妹妹季姬改嫁鄫子,《春秋》认为不合
礼而讥讽她。嫡夫人死了,要重新立夫人,作为媵妾地位卑贱不能承事
宗庙祭祀。按惯例,自然要将嫡妻的妹妹立为夫人,这是表示对大国的
尊重。《春秋公羊传》里面讲:"叔姬嫁到纪国。"叔姬是伯姬的妹妹。伯
姬去世,叔姬升为嫡妻,《经》里面是没有异议的。

　　或曰:嫡死不复更立,明嫡无二,防篡煞也。祭宗庙,摄
而已。以礼不聘为妾,明不升。

　　右论人君嫡死媵摄。

【译文】

　　也有人认为:嫡妻死了就不再立夫人了,这是为了明确嫡妻的位置
不能由他人取代,防止媵妾之间因争夺嫡妻的位置发生篡位谋害这类事

情。其他的媵妾代替夫人祭祀宗庙，只是暂时代替而已。按照礼仪规定，不下聘礼而娶的都是妾，这就说明不会将媵妾升为夫人。

以上讨论人君的嫡夫人死了由媵妾暂时代替其祭祀宗庙的问题。

10.22　《曾子问》曰："昏礼，既纳币，有吉日，女之父母死，何如？孔子曰：'婿使人吊之。如婿之父母死，女亦使人吊之。父丧称父，母丧称母。父母不在，则称伯父世母。婿已葬，婿之伯父叔父使人致命女氏曰：某子有父母之丧，不得嗣为兄弟①，使某致命。女氏许诺，不敢嫁，礼也。婿免丧，女父使人请，婿不娶而后嫁之，礼也。女之父母死，婿亦如之。'"

右论变礼。

【注释】

①嗣为兄弟：指两姓结成婚姻。

【译文】

《曾子问》里面讲："婚礼已经进行到送过聘礼，又确定了迎亲日期，女方的父亲或母亲去世了，那该怎么办呢？孔子告诉他：'男方要派人去吊丧。如果男方的父亲或母亲去世了，女方也要派人去吊丧。如果是父亲去世，女方就用女方父亲名义吊丧；如果是母亲去世，女方就用母亲名义吊丧。如果女方父母都去世了，就用伯父伯母的名义吊丧。男方在埋葬死者之后，由男方的伯父叔父出面派人向女氏致意：某人的儿子有父母之丧服在身，不能同府上结亲，特地派我来说明。女方同意，不敢将女儿另嫁他人，这是正礼。等到男方除丧之后，女方父亲请人重提婚事。如果男方不准备迎娶了，女方可以将女儿另外嫁人，这是符合礼仪的。如果女方父或母去世，男方也要这样。'"

以上讨论特殊情况下的仪礼。

10.23　妇人所以有师何？学事人之道也。《诗》云："言告师氏，言告言归^①。"《昏礼经》曰："教于公宫，三月。"妇人学一时，足以成矣。与君有缌麻之亲者^②，教于公宫，三月。与君无亲者，各教于宗庙宗妇之室。国君取大夫之妾、士之妻老无子而明于妇道者禄之，使教宗室五属之女。大夫士皆有宗族，自于宗子之室学事人也。女必有傅姆何？尊之也。《春秋传》曰："傅至矣，姆未至^③。"

右论妇人有师傅。

【注释】

①言告师氏，言告言归：语见《诗经·周南·葛覃》。师氏，女师。抚育古代贵族女子并教授其女德者。

②缌麻：五服中之最轻者，孝服用细麻布制成，服期三月。凡本宗为高祖父母、曾伯叔祖父母、族伯叔父母、族兄弟及未嫁族姊妹，外姓中为表兄弟、岳父母等均服之。

③傅至矣，姆未至：这是宋恭姬的话。语见《春秋公羊传·襄公三十年》："外夫人不书葬，此何以书？隐之也。何隐尔？宋灾，伯姬卒焉。其称谥何？贤也。何贤尔？宋灾，伯姬存焉。有司复曰：'火至矣，请出。'伯姬曰：'不可。吾闻之也，妇人夜出，不见傅、姆不下堂。傅至矣，姆未至也。'逮乎火而死。"

【译文】

妇人为什么也要有老师呢？这是为了学习侍奉人的方法。《诗》里面讲："告诉我的女师，告诉她我要回家。"《昏礼经》里面讲："在宗子的祠堂里面教给她妇德、妇言、妇容、妇工，时间是出嫁前三个月。"妇人系统学习三个月，就可以掌握需要学习的内容了。与国君有缌麻之亲及以上的女子，在诸侯的祠堂接受三个月教育。与国君没有缌麻及以上亲属关系的女子，就在各宗子的宗庙祠堂接受教育。国君会在大夫的妾或士人的妻子中，选择那些年纪大、没有子女但精通妇道的人来做女师，给她们俸禄，让她们负责教导宗室中有五服之亲的女子。大夫、士都有宗族，女儿自然在宗子之室学习侍奉人的方法。女子一定要有傅母和保姆，这是为什么呢？这是体现对她的尊重爱护。《春秋公羊传》里面讲："傅母到了，保姆没有来。"

　　以上讨论妇人有女师、傅母的问题。

　　10.24　妇人学事舅姑，不学事夫者，示妇与夫一体也。《礼·内则》曰："妾事夫人，如事舅姑，尊嫡绝妒嫉之原[①]。"《礼服传》曰"妾事女君与事舅姑同"也[②]。妇事夫，有四礼焉。鸡初鸣，咸盥漱[③]，栉縰笄总而朝[④]，君臣之道也。恻隐之恩，父子之道也。会计有无，兄弟之道焉。闺阃之内[⑤]，衽席之上，朋友之道焉。闻见异词，故设此焉。

　　右论事舅姑与夫之义。

【注释】

①妾事夫人，如事舅姑，尊嫡绝妒嫉之原：不见于《礼记·内则》，据陈立推测为逸《礼》章句。

②妾事女君与事舅姑同：语见《仪礼·丧服》。

③盥（guàn）漱：洗手和漱口。

④栉縰（zhì xǐ）：泛指事奉父母起居。栉，梳发。縰，用缯束发髻。笄总：谓插笄束发。笄，发簪。总，束发。

⑤闺阃（kǔn）：妇女居住的内室。

【译文】

妇人学习侍奉公婆的方法,不专门学习侍奉丈夫的方法,这说明妇人与丈夫是一体的。《礼记·内则》里面讲:"妾侍奉夫人就像侍奉公婆一样。这是尊重嫡妻、杜绝嫉妒的根本。"《礼服传》也讲"妾侍奉嫡妻与侍奉公婆一样"。妻子侍奉丈夫遵循四种礼节。鸡刚刚打鸣,妻子要起床洗脸漱口,梳好头发、戴好发簪来拜见丈夫,这是遵循君臣之道。妻子对丈夫要有恻隐同情之心,这是遵循父子之道。妻子要帮助丈夫计算开支,管理财务,这是遵循兄弟之道。闺房里面、床榻之间,夫妻相处要遵循朋友之道。对此大家听闻的内容都不大相同,所以稍微总结以上几条。

以上讨论侍奉公婆和丈夫的要义。

10.25　有五不娶:乱家之子不娶,逆家之子不娶,世有刑人、恶疾,丧妇长子,此不娶也。

右论不娶有五。

【译文】

有五种家庭的女儿是不能娶的:伦常败坏的家里的女儿不能娶,悖逆叛乱的家里的女儿不能娶,先人有受刑的家里的女儿不能娶,先人有严重疾病的家里的女儿不能娶,家里嫡妻去世的长女不能娶。

以上讨论不能娶五种家庭的女儿。

10.26　出妇之义必送之,接以宾客之礼,君子绝愈于小人之交。《诗》云:"薄送我畿①。"

右论出妇之礼。

【注释】

①薄送我畿：语见《诗经·邶风·谷风》。畿，门内。

【译文】

休掉了妻子，按道理要把她送出门去，用宾客之礼对待。君子即便与人断绝关系也遵循礼仪，远胜过小人与人的交往。《诗》里面讲："送我送到了门口。"

以上讨论休妻的礼仪。

10.27　天子之妃谓之"后"何？后者，君也。天子妃至尊，故谓"后"也。明配至尊，为海内小君，天下尊之，故系王言之，曰"王后"也。《春秋传》曰："迎王后于纪①。"国君之妻，称之曰"夫人"何？明当扶进八人，谓八妾也。国人尊之，故称"君夫人"也。自称"小童"者，谦也。言己智能寡少，如童蒙也。《论语》曰："国君之妻，君称之曰夫人，夫人自称曰小童，国人称之曰君夫人，称诸异邦曰寡小君。"②谓聘问于兄弟之国，及臣于他国称之。谦之词也。

右论王后、夫人。

【注释】

①迎王后于纪：出处不详，不见于今《春秋》三传。

②"国君之妻"数句：语见《论语·季氏》。

【译文】

天子的正妃称作"后"，这是为什么呢？"后"有君主的意思。天子的嫡妻处于最为尊贵的位置，所以称为"后"。她是天子至尊的配偶，是海内所有人的小君，天下都要尊敬她。依据天子称为"王"的规矩，天子的嫡妻叫做"王后"。《春秋传》里面讲："到纪国去迎接王后。"国君的嫡妻称为"夫人",这又是为什么呢? 这表示她要帮扶引进八人,也就是陪嫁的八位媵妾。国人为了表示对她的尊重,所以称为"君夫人"。夫人自己称呼自己为"小童",这是谦辞。说自己智慧能力缺少,就像无知的儿童一样。《论语》里面讲:"国君的妻子,国君称她为'夫人',夫人自称为'小童',国人称她为'君夫人',国人在外国的人面前称她为'寡小君'。"这里是说和兄弟国家进行聘问等礼仪,以及对所臣服的国家这样称呼国君的夫人。这也是谦辞。

　　以上讨论"王后""夫人"等问题。

　　10.28　妻妾者,何谓也? 妻者,齐也,与夫齐体。自天子下至庶人,其义一也。妾者,接也,以时接见也。

　　右论妻妾。

【译文】

　　"妻妾"是什么意思呢?"妻"是齐的意思,说明妻子与丈夫是同体的,地位相等。从天子到庶人,这个意思是一贯的。"妾"是承接的意思,表示要按照时间侍奉丈夫。

　　以上讨论"妻""妾"等问题。

　　10.29　嫁娶者,何谓也? 嫁者,家也。妇人外成,以出适人为家。娶者,取也。男女者,何谓也? 男者,任也,任功业也。女者,如也,从如人也。在家从父母,既嫁从夫,夫殁从子也。《传》曰"妇人有三从之义"焉①。夫妇者,何谓也? 夫者,扶也,扶以人道者也。妇者,服也,服于家事,事人者也。妃者,匹也。妃匹者何谓? 相与为偶也。婚姻者,何谓也? 婚者,昏时行礼,故曰婚。姻者,妇人因夫而成,故

曰姻。《诗》云"不惟旧因"②,谓夫也。又曰"燕尔新婚"③,
谓妇也。所以昏时行礼何? 示阳下阴也。昏亦阴阳交时也。

　　右论嫁娶诸名义。

【注释】

①妇人有三从之义:语见《仪礼·丧服》。

②不惟旧因:语见《诗经·小雅·我行其野》。

③燕尔新婚:语见《诗经·邶风·谷风》。

【译文】

　　"嫁娶"是什么意思呢?"嫁"有"家"的意思。妇人到别家去完成自己的使命,必须出嫁到婆家才能组成家庭。"娶"是"取"的意思。"男女"是什么意思?"男"有担任的意思,男子应该能够建功立业。"女"是随顺的意思,表示要随顺男子。女子在家听从父母的教导,出嫁后跟随自己丈夫,丈夫去世了服从自己儿子的安排。《传》里面讲"妇人有三从的道义"。"夫妇"是什么意思呢?"夫"是帮扶的意思,丈夫要帮助妻子成就人道。"妇"是服从的意思,妻子要忙碌于家事,专心侍奉家人。"妃"是匹配的意思。"妃匹"是指什么呢? 这是说同他相匹配来作配偶。"婚姻"是什么意思呢?"婚"是在黄昏时举行礼仪,所以叫做"婚"。"姻"是妇人必须依靠丈夫才能完成人道,所以叫做"姻"。《诗》里面讲"你不把旧人来怀想",这是说丈夫的。又讲"你多快乐的新婚啊",这是讲妻子的。为什么黄昏时举行婚礼呢? 这是象征阳俯就于阴。黄昏也是阴阳之气转换交替的时间。

　　以上讨论"嫁""娶"等名称的含义等问题。

　　10.30　男子六十闭房何? 所以辅衰也,故重性命也。又曰:父子不同椸①。为乱长幼之序也。《礼·内则》曰:"妾虽老,未满五十,必与五日之御^②",满五十不御,俱为助衰也。
至七十大衰,食非肉不饱,寝非人不暖,故七十复开房也。

　　右论闭房开房之义。

【注释】

①椸(yí):衣架。

②御:侍夜。

【译文】

　　男子到六十岁就停止房事,这是为什么呢? 这是为了保养衰老的气血,重视养生全性。又有人讲:父子不共用衣架。因为这样会扰乱长幼的秩序。《礼记·内则》里面讲:"妾即使年老,只要不到五十岁,每隔五天必要侍夜一次。"妾如果满五十就不侍夜了,都是为了保养衰老的气血。到了七十岁是气血极为衰微的年龄了,吃东西没有肉就不能饱,睡觉没人在身边就不能暖和,所以男子到七十岁又开始有人侍夜。

　　以上讨论男性闭房、开房的意义。

绋冕

【题解】

　　"绋冕"共计六条。首先讲了绋的意义、颜色、形制等,接着讲了冠的意义,涉及了皮弁、麻冕、爵弁等不同帽子的含义和用途,还讨论了上古三代帽子的不同名称及背后的含义。

　　10.31　绋者^①,何谓也? 绋者,蔽也,行以蔽前者尔。有事因以别尊卑,彰有德也。天子朱绋^②,诸侯赤绋。《诗》曰:"朱绋斯皇,室家君王^③。"又云:"赤绋金舄,会同有绎④。"又云："赤绋在股⑤。"皆谓诸侯也。《书》曰："黼黻衣黄朱绋⑤。"亦谓诸侯也。并见衣服之制，故远别之谓黄朱亦赤矣。大夫葱衡⑥，别于君矣。天子大夫赤绂葱衡⑦，士韎韐⑧。朱赤者，盛色也。是以圣人法之用为绋服，为百王不易也。绋以韦为之者，反古不忘本也。上广一尺，下广二尺，法天一地二也。长三尺，法天地人也。

右论绋。

【注释】

①绋（fú）：通"芾"。蔽膝。缝于长衣之前，为古代礼服的一种服饰。

②朱：大红色。比绛色浅，比赤色深。古代视为五色中红的正色。

③朱绋斯皇，室家君王：语见《诗经·小雅·斯干》。皇，同"煌"。辉煌。室家君王，谓婚姻皆王侯族。

④赤绋金舄（xì），会同有绎：语见《诗经·小雅·车攻》。舄，古代一种以木为复底的鞋。会同，交会，会合。绎，连续不断。

⑤赤绋在股：语见《诗经·小雅·采菽》。

⑥黼黻（fǔ fú）衣黄朱绋：出处不详，不见于今文《尚书》。黼黻，古代礼服上绘绣的华美花纹。黄朱，赤中带黄。

⑦葱衡：葱绿色的玉衡。衡，通"珩"（héng），佩上部的横玉。形似磬而小，或上有折角，用于璧环之上。

⑧韎韐（mèi gé）：赤色皮蔽膝。

【译文】

"绋"是什么意思呢？"绋"有遮蔽的意思，行动时用以遮蔽膝部。在祭祀等重大场合用来分别尊卑等级，彰显人的德行。天子用大红色的绋，诸侯用赤色的绋。《诗》里面讲："红蔽膝多么辉煌，婚姻也是配予王侯家的姑娘。"又讲："红色的蔽膝，金黄色的鞋子，朝会的诸侯排成行列。"还讲:"红蔽膝围在腿上。"这都是在讲诸侯。《书》里面讲:"穿着绣满黼黻的衣裳,配着黄朱色的蔽膝。"这也是讲诸侯。一起出现于衣服制度当中,所以要将朱色和赤色分开说明,黄朱色也是赤色。大夫佩戴葱绿色的玉衡,同君主佩戴的稍微有些区别。天子大夫穿赤色的绂,佩戴葱绿色的玉衡。士穿戴赤黄色的蔽膝。朱色和赤色都是鲜艳的颜色。所以圣人规定专门用来作为绋的颜色,历代帝王都不会改变这项制度。绋用熟牛皮来做,是为仿效远古时代,表示不忘根本。绋上面部分宽一尺,下面部分宽二尺,效法天数一,地数二。总共长三尺,效法天、地、人三才。

　　以上讨论"绋"。

　　10.32　所以有冠者何?冠者,棬也①,所以棬持其发者也。人怀五常,莫不贵德,示成礼有修饰文章,故制冠以饰首,别成人也。《士冠经》曰:"冠而字之,敬其名也②。"《论语》曰:"冠者五六人,童子六七人③。"礼所以十九见正而冠者何④?渐三十之人耳⑤。男子阳也,成于阴,故二十而冠。《曲礼》曰"二十弱冠⑥",言见正。何以知不谓正月也?以《礼·士冠经》曰夏葛屦⑦,冬皮屦,明非岁之正月也。

　　右总论冠礼。

【注释】

①棬（juǎn）:收束。

②冠而字之,敬其名也:语见《礼记·郊特牲》。

③冠者五六人,童子六七人:语见《论语·先进》。

④见正而冠:《说苑·建本》《说苑·冠礼》中均有此语,据向宗鲁先生考释,应该解释为"见其志趣已正,志正则可为成人,故可早冠

一年也"。《韩诗外传》有"十九见志，请宾冠之"。

⑤三十：据陈立考证当为"二十"。

⑥二十弱冠：语见《礼记·曲礼上》。弱，身体尚未强壮。

⑦屦（jù）：鞋子。

【译文】

为什么会有冠呢？"冠"有卷的意思，用来将头发卷上包起来。人具有仁、义、礼、智、信五常，没有不看重德的。冠是成年人的标志，这时候人就要修饰外表，讲究礼仪风度了。所以要专门制作冠来修饰头部，表明已经成人。《仪礼·士冠礼》里面讲："行冠礼时，宾客要给被加冠的人取个字，以后人们都称呼他的字。因为名是父母取的，应当受到尊重而不能随便用。"《论语》里面讲："成年人五六个，小孩六七个。"按照礼仪，为什么十九岁志趣已正，就可以举行冠礼呢？因为这时已经是接近二十岁的人了。男子属于阳，成就于阴，所以选择二十这个阴数来行冠礼。《礼记·曲礼》里面讲"二十岁身体尚未强壮，举行冠礼"，表示这时志趣已正。怎么知道"正"不是正月呢？因为以《仪礼·士冠礼》里面记载行冠礼的时候，如果在夏天就穿葛做的鞋子，如果在冬天就穿皮做的鞋子，就表明不是每年正月举行冠礼了。

以上综合讨论冠礼。

10.33　皮弁者，何谓也？所以法古至质，冠之名也。弁之为言攀也①，所以攀持其发也。上古之时质，先加服皮以鹿皮者，取其文章也。《礼》曰："三王共皮弁素积②。"素积者，积素以为裳也。言腰中辟积③，至质不易之服，反古不忘本也。战伐田猎，此皆服之。

右论皮弁。

【注释】

①攀:抓住头发向上拢起。

②三王共皮弁素积:语见《仪礼·士冠礼》。素积,腰间有褶裥的素裳。是古代的一种礼服。

③辟积:衣服上的褶裥,这里指在衣服上做褶裥。辟,通"襞"。

【译文】

"皮弁"是指什么呢?这是效法上古最为质朴时代的服制,是冠的名称。"弁"有"攀"的意思,用来抓住头发向上拢起。上古时服饰最为质朴,当时用鹿皮做衣服,因为鹿皮本来就有花纹,比较适合做衣服。《礼》里面讲:"夏、殷、周三代之王都戴白鹿皮做的冠,穿细褶白布衫。"素积是用白色布来做下裳且腰中做褶裥,这是最为质朴且不会改变的礼服。这都是效法古礼,表示不忘根本。打战征伐或打猎,都是用皮弁素积。

以上讨论"皮弁"。

10.34　麻冕者何①?周宗庙之冠也。《礼》曰:"周冕而祭②。"又曰:"殷冔、夏收而祭③。"此三代宗庙之冠也。十一月之时,阳气俯仰黄泉之下,万物被施如冕,前俯而后仰,故谓之冕也。谓之冔者,十二月之时,阳气受化诩张④,而后得牙,故谓之冔。谓之收者,十三月之时,阳气收本⑤,举生万物而达出之,故谓之收。俯仰不同,故前后乖也⑥。诩张故萌大,时物亦牙萌大也。收而达,故前葱,大者在后,时物亦前葱也。

【注释】

①麻冕:一种礼帽。有人认为是缁布冠,古人二十岁举行加冠礼,第一次加的便是缁布冠。

②周冕而祭：语见《礼记·王制》。

③殷冔（xǔ）、夏收而祭：语见《礼记·王制》。祭祀用的冠，殷人叫"冔"，夏人叫"收"。

④诩张：夸张。

⑤收：收集，聚集。

⑥乖：差异，不同。

【译文】

"麻冕"是什么呢？这是周代宗庙祭祀时所戴的帽子。《礼》里面讲："周人祭祀时戴冕。"又讲："殷人戴冔进行祭祀，夏人戴收进行祭祀。"这里讲了三代宗庙祭祀戴的帽子。十一月时，阳气在地下俯仰屈伸，万物都被阳气所施化，就像戴了帽子一样，前俯后仰，所以叫做"冕"。商代称为"冔"，是因为十二月时阳气变化扩张，万物才能够发芽长大，所以如此称呼。夏代称为"收"，是因为十三月时阳气聚集归本，万物全部生机旺盛，根芽破土而出，所以如此称呼。冕因为前俯后仰的需要，所以前后是不同的。冔要显得很大，此时万物的芽也会生长变大。收要显得收敛而又放达，所以前面较为紧密是绿色，后面比较疏散且形状大，此时万物也枝叶葱绿。

冕所以用麻为之者，女功之始，示不忘本也。即不忘本，不用皮何？皮乃太古未有礼文之服。故《论语》曰："麻冕，礼也①。"《尚书》曰："王麻冕②。"冕所以前后邃延者何③？示进贤退不能也。垂旒者④，示不视邪，纩塞耳⑤，示不听谗也。故水清无鱼，人察无徒，明不尚极知下。故《礼》云："天子玉藻，十有二旒，前后邃延⑥。"《礼器》云："天子麻冕朱绿藻，垂十有二旒者，法四时十二月也。诸侯九旒，大夫七旒，士爵弁无旒⑦。"

右论冕制。

【注释】

①麻冕，礼也：语见《论语·子罕》。麻冕，麻制的礼帽。

②王麻冕：语见《尚书·周书·顾命》。王，指周康王。

③冕所以前后邃延者：《礼记·玉藻》郑玄注："前后邃延者，言皆出冕前后而垂也。"邃，深，指延前后皆长于冕而深邃。延，通"綖"。覆在冕上的布。

④旒（liú）：冕冠前后悬垂的玉串，以五彩丝绳贯五彩玉片制成。

⑤纩（kuàng）：古时指新丝绵絮。

⑥天子玉藻，十有二旒，前后邃延：语见《礼记·玉藻》。

⑦"天子麻冕朱绿藻"数句：都是讲各等级的帽子形制。语见《礼记·礼器》。藻，古代帝王皇冠上系玉的五彩丝绳。爵弁，古代礼冠的一种，次冕一等。爵，通"雀"。

【译文】

冕之所以要用麻来做，是因为纺麻代表了女红的历史起源，表示要不忘本。既然不忘本，为什么不用皮呢？皮是远古时期没有礼仪文化时用来做衣服的。所以《论语》里面讲："礼帽用麻料来织，这是合于上古传统的礼仪的。"《尚书》里面讲："王戴着麻制的礼帽。"帽子面上的延为什么前后都长于冕呢？这象征要重用贤人，让无能之辈远离。帽子上面要有垂下的玉串，象征王者不愿意看邪恶的事物。冠冕两旁的绵制饰物用以塞耳，象征王者不愿意听到谗言。而且水太清就会没有鱼，人太苛察就会没有跟随的人，表明王者也不要太过于苛责臣下的所作所为。所以《礼记》里面讲："天子戴着有玉旒的冕，一共有十二旒，冕上的延前后都长于冕。"《礼记·礼器》里面讲："天子的麻冕有朱色绿色的丝绳，垂有十二旒，效法四季十二个月。诸侯帽子有九旒，大夫有七旒，士的帽子没有旒。"

以上讨论"冕"的形制。

10.35　委貌者①，何谓也？周朝廷理政事、行道德之冠名。《士冠经》曰："委貌周道，章甫殷道，毋追夏后氏之道②。"所以谓之委貌何？周统十一月为正，万物始萌小，故为冠饰最小，故曰委貌。委貌者，言委曲有貌也。殷统十二月为正，其饰微大，故曰章甫。章甫者，尚未与极其本相当也。夏统十三月为正，其饰最大，故曰毋追。毋追者，言其追大也。

右论委貌毋追章甫。

【注释】

①委貌：周代一种礼帽，以黑色的丝织物制成。《礼记·郊特牲》："委貌，周道也。"《后汉书·舆服志》："委貌冠、皮弁冠同制，长七寸，高四寸，制如覆杯，前高广，后卑锐……委貌以皂绢为之，皮弁以鹿皮为之。"

②委貌周道，章甫殷道，毋追夏后氏之道：语见《礼记·郊特牲》。章甫，殷代冠名，缁布冠。《释名·释首饰》："章甫，殷冠名也。甫，丈夫也，服之所以表章丈夫也。"毋追，夏代冠名。

【译文】

"委貌"是什么意思呢？这是周代在朝廷处理政事、广行道德所戴帽子的名称。《士冠经》里面讲："周代礼帽叫'委貌'，商代礼帽叫'章甫'，夏代礼帽叫'毋追'。"为什么叫做"委貌"呢？周代律历以十一月为正月，这时万物刚开始萌芽，很微小，所以这种帽子形制很小，因此称为委貌。"委貌"是形容弯曲的样子。殷代律历以十二月为正月，这种帽子形制稍大一点，所以称为"章甫"。"章甫"象征还没有达到所追求的最终目标。夏代律历以十三月为正月,这种帽子形制最大,所以叫做"毋追"。"毋追"象征追求最大最高的境界。

以上讨论"委貌""毋追""章甫"等。

10.36　爵弁者[①],何谓也?其色如爵头,周人宗庙士之冠也。《礼·郊特牲》曰"周弁"。《士冠经》曰"周弁,殷冔,夏收"。爵何以知指谓其色,又乍言爵弁,乍但言弁,周之冠色所以爵何?为周尚赤。所以不纯赤,但如爵头何?以本制冠者法天,天色玄者不失其质,故周加赤,殷加白,夏之冠色纯玄。何以知殷加白也?周加赤,知殷加白也。夏殷士冠不异何?古质也。以《士冠礼》知之。

右论爵弁。

【注释】

①爵弁:古代礼冠的一种,次冕一等。郑注《士冠礼》有"爵弁者,冕之次,其色赤而微黑,如爵头然。"爵,通"雀"。

【译文】

"爵弁"是什么意思?是说这种帽子颜色像雀头一样,这是周人宗庙祭祀时士所戴的冠。《礼记·郊特牲》讲"周人的帽子叫'弁'"。《士冠经》讲"祭祀用的冠,周人叫'弁',殷人叫'冔',夏人叫'收'"。爵怎么知道它可以代指颜色呢?又为什么有时叫"爵弁",有时又只说"弁"呢?周代帽子的颜色为什么是赤色微微带玄色呢?周代服色崇尚赤色。为什么不用纯赤色,只是像雀头一样赤色带玄色呢?因为本来制作帽子是效法天的,天的颜色是玄色,这种颜色是根本,所以周代的帽子是玄色加赤色,殷代的帽子是玄色加白色,夏代的帽子颜色是纯玄色。怎么知道殷代的帽子是玄色加白色呢?根据周代的帽子是玄色加赤色,可以推知。夏商时期,士戴的帽子为什么是一样的呢? 因为上古崇尚质朴。这点可以从《士冠礼》中得知。

以上讨论"爵弁"。

卷十一

丧服

"丧服"共计十六条。儒家伦理中尤为推崇孝道,所以非常重视丧葬礼仪。历来丧礼相关制度非常复杂,这篇主要讲了服丧、吊丧、哭丧、奔丧等一系列礼仪制度的含义及重要原则规定等,体现了对"亲亲""尊尊"等伦理原则的维护。

11.1　诸侯为天子斩衰三年何①?普天之下,莫非王土,率土之宾,莫非王臣②。臣之于君,犹子之于父,明至尊臣子之义也。《丧服经》曰:"诸侯为天子斩衰三年③。"天子为诸侯④。天子诸侯绝期者何?示同爱百姓,明不独亲其亲也。故《礼·中庸》曰:"期之丧达乎大夫,三年之丧达乎天子。⑤"卿大夫降缌⑥,重公正也。

右论诸侯为天子。

【注释】

①斩衰(cuī)：丧服名。"五服"中最重的丧服。用最粗的生麻布制作，断处外露不缉边，丧服上衣叫"衰"，因称"斩衰"，表示毫不修饰以尽哀痛。服期三年。古代诸侯为天子，臣为君，男子及未嫁女为父，承重孙（长房长孙）为祖父，妻妾为夫，均服斩衰。

②普天之下，莫非王土，率土之滨，莫非王臣：语见《诗经·小雅·北山》。普，普遍。率，沿着。滨，水边。

③诸侯为天子斩衰三年：语见《仪礼·丧服》。

④天子为诸侯：据陈立考证，这里应该为"天子于诸侯无服"，"故但服吊服，既葬除之而已"。

⑤期之丧达乎大夫，三年之丧达乎天子：语见《礼记·中庸》。期之丧，这里指旁系亲属服丧期为一年。大夫尚有一年之丧服，诸侯、天子已不服一年的丧服。三年之丧，服丧期为三年，此为父母丧服，天子也需要服三年之丧。

⑥降缌：降低服丧等级，服缌麻。

【译文】

诸侯为天子服丧，要服斩衰三年，这是为什么呢？普天之下的土地都是天子的领土，四海之内的民众都是天子的臣仆。臣子对待君主就像子女对待父母一样，臣子对君王要表达最为尊敬的感情。《仪礼·丧服》里面讲："诸侯为天子服斩衰三年。"天子为诸侯无服。天子不为诸侯服一年丧，这是为什么呢？是因为天子对百姓都一样爱护，不会只偏爱自己的亲人。所以《礼记·中庸》里面讲："一年的丧期，实行到大夫为止。三年的丧期，天子都要实行。"卿大夫降低服丧等级为某些亲属服缌麻丧，这是重视公正无私的原则。

以上讨论诸侯为天子服丧的问题。

11.2　礼，庶人为国君服齐衰三月①。王者崩，京师之

民丧三月何？民贱而王贵，故恩浅，故三月而已。天子七月而葬，诸侯五月而葬者，则民始哭素服，先葬三月成齐衰，期月以成礼葬君也。礼不下庶人何？以为民制服何？礼不下庶人者，尊卑制度也。服者，恩从内发，故为之制也。

右论庶人为君。

【注释】

①齐衰：丧服名，为五服之一，次于斩衰。以粗麻布做成，缘边部分缝缉整齐，故名。一般而言，为继母、慈母服齐衰三年，为祖父母、妻、庶母服齐衰一年，为曾祖父母服齐衰五月，为高祖父母服齐衰三月。

【译文】

按照礼制，平民百姓为国君服齐衰三个月。王者去世，京师的百姓为王者服丧三个月，这是为什么呢？平民地位卑贱，王者地位尊贵，平民直接受到王者的恩惠较浅，所以只服三个月丧就行了。天子去世后七个月下葬，诸侯去世后五个月下葬。从天子诸侯去世开始，百姓就要哭泣服丧。在葬礼前三个月已服完齐衰丧服，等一个月后就按照既定礼仪安葬国君。为什么不用礼制来要求庶人呢？为什么要为平民制定服丧的制度呢？不用礼制来要求庶人是指不在表现尊卑等级等礼仪制度上做过多要求。服丧是内心的感恩之情需要表达，所以也要用一定的礼仪制度来进行安排。

以上讨论平民百姓为国君服丧的问题。

11.3　王者崩，臣下服之有先后何？恩有浅深远近，故制有日月。《檀弓》记曰："天子崩，三日，祝先服；五日，官长服；七日，国中男女服；三月，天下服①。"

右论臣下服有先后。

【注释】

①"天子崩"数句：语见《礼记·檀弓下》。

【译文】

王者去世，为什么臣下服丧服的顺序有先后区别呢？王者施予的恩泽有浅深远近的区别，因此规定臣下服丧的日期也有区别。《檀弓》记里面讲："天子去世后，三天内襄助丧礼的祝先穿丧服，五天内百官穿上丧服，七天内王畿之内所有百姓都穿上丧服，三个月内天下所有人都要穿上丧服。"

以上讨论臣下服丧服的顺序有先后区别。

11.4　三年之丧何二十五月？以为古民质，痛于死者，不封不树，丧期无数，亡之则除。后代圣人，因天地万物有终始，而为之制，以期断之①。父至尊，母至亲，故为加隆，以尽孝子之恩。恩爱至深，加之则倍。故再期二十五月也。礼有取于三，故谓之三年。缘其渐三年之气也。故《春秋传》曰"三年之丧，其实二十五月"也②。三年之丧不以闰月数何？以言其期也。期者，复其时也。大功已下月数③，故以闰月除。《礼·士虞经》曰："期而小祥"，"又期而大祥"④。

右论三年丧义。

【注释】

①期：一年。

②三年之丧，其实二十五月：语见《春秋公羊传·闵公二年》。

③大功：丧服名。丧服用熟麻布做成，较齐衰稍细，较小功略粗，故

名。服丧期为九个月。

④"期而小祥","又期而大祥"：语见《仪礼·士虞礼》。小祥，古时
　父母丧后周年的祭名。祭后可稍改善生活及鲜除丧服的一部分。
　大祥，古时父母死去两周年的祭礼。

【译文】

　　三年之丧，为什么是服二十五个月的丧呢？人们认为古代百姓质
朴，为死者感到哀痛，不堆坟墓也不种树作为标记，没有规定的服丧时
间，等哀痛之情没有了才会除服。到了后世，圣人根据天地万物都有开
头和结尾的规律，为百姓制定了服丧制度，规定为一年。又因为父母亲
是最尊贵且亲爱的人，所以专门将服父母之丧的时间加长，用来充分表
达孝子思亲感恩之情。父母对孝子的恩爱至为深厚，所以孝子要用两倍
时间服丧，再期所以是二十五个月。又因为礼取数为三，二十五个月刚
好时间跨越三年，可以贯通三年阴阳之气的转变。所以《春秋公羊传》
里面讲"三年之丧，其实服丧时间是二十五个月"。三年之丧为什么不
将闰月计算在内呢？因为这是按年来计数的。一年加上一年，如此计算
即可。大功以下的服丧期都是按月计数的，所以闰月计算在里面。《仪
礼·士虞礼》里面讲："举行这如期的小祥之祭"，"又过一周年而有大祥
之祭"。

　　以上讨论三年之丧的大义。

　　11.5　丧礼必制衰麻何①？以副意也。服以饰情，情貌
相配，中外相应。故吉凶不同服，歌哭不同声，所以表中诚
也。布衰裳，麻绖，箭笄②，绳缨③，苴杖④，为略及本经者，亦
示也，故总而载之，示有丧也。腰绖者，以代绅带也。所以
结之何？思慕肠若结也。必再结云何？明思慕无已。

　　右论衰。

【注释】

①衰麻：丧服，衰衣麻绖（dié）。衰衣，丧服。有"斩衰""齐衰"之别。麻绖，用葛麻做的布带，系在腰或头上。在头上为首绖，在腰为腰绖。

②箭笄（jī）：古代女子服丧时所用的竹制簪子。

③绳缨：古代斩衰服的帽缨。《仪礼·丧服》："丧服，斩衰裳，苴绖、杖、绞带，冠绳缨，菅屦者。"贾公彦疏："云'冠绳缨'者，以六升布为冠，又屈一条绳为武，垂下为缨……则知此绳缨不用苴麻，用枲麻。"

④苴杖：古代居父丧时孝子所用的竹杖。

【译文】

丧礼为什么一定要穿丧服戴麻绳呢？这是为了充分表达内心的悲哀之情。服装是用来修饰人情的，人的真情实感要和他的穿着打扮相符，内心要与外在形貌相应。所以吉礼和凶礼要穿不同的衣服，唱歌和哭泣的声调也不同，这都是用来表达内心真诚的情意。布做的丧服，麻做的带子，竹制的簪子，枲麻做的帽缨，竹杖等等，这些都是丧礼要用的，为了简略只提到了戴麻绳。这些东西都是来表达内心哀痛之情的，所以总的来说，用这些服饰表明自己在服丧。腰绖用来代替平时系的绅带，为什么还要打结呢？这是象征人们对去世的亲人非常思慕而愁肠百结。一定要打了结还要再打结，又是为什么呢？这是象征对死者的思慕之情没有停止的时候。

以上讨论丧服。

11.6　所以必杖者，孝子失亲，悲哀哭泣，三日不食，身体羸病①，故杖以扶身，明不以死伤生也。礼，童子妇人不杖者，以其不能病也。《礼》曰："斩衰三日不食，齐衰二日不食，大功一日不食，小功缌麻，一日不再食可也②。"所以杖竹、桐何？取其名也。竹者，蹙也。桐者，痛也。父以竹，母以桐何？竹者，阳也。桐者，阴也。竹何以为阳？竹断而用之，质，故为阳。桐削而用之，加人功，文，故为阴也。故《礼》曰："苴杖，竹也；削杖，桐也[③]。"

　右论杖。

【注释】

①赢（léi）：瘦弱，疲困。

②"斩衰三日不食"五句：语出《礼记·间传》。

③苴（jū）杖，竹也；削杖，桐也：语出《礼记·丧服小记》。孔颖达疏："必用竹者，以其体圆性贞，履四时不改，明子为父礼中痛极，自然圆足，有终身之痛故也。故断而用之，无所厌杀也。削杖者，削，杀也，削夺其貌，不使苴也。必用桐者，明其外虽被削，而心本同也，且桐随时凋落。此谓母丧，示外被削杀，服从时除，而终身之心，当与父同也。"

【译文】

服丧一定会用到木杖，因为孝子失去了至亲，悲哀哭泣，长时间没有吃东西，身体疲困瘦弱，所以需要拄着木杖来支撑身体，表明不能为了死者伤害活着的人。按照礼仪，小孩和妇女服丧不用木杖，因为他们不需要哀伤到成病的地步。《礼记》里面讲："服斩衰丧，三天不吃东西；服齐衰丧，两天不吃东西；服大功丧，一天不吃东西；服小功缌麻丧，一天之内只吃一顿饭。"为什么木杖用竹或桐制成呢？因为要取它们名字的含义。"竹"有蹙眉的含义。"桐"有哀痛的含义。为父亲服丧的木杖用竹，为母亲服丧的木杖用桐，这是为什么呢？竹属于阳，桐属于阴。竹为什么属于阳呢？竹子直接截断就可以使用，非常质朴，所以为阳。桐木要裁削后才能使用，必须施以人功加以纹饰，所以为阴。所以《礼》里面讲：

"为父亲服丧用的竹杖叫做'苴杖',是竹子做的。为母亲服丧用的木杖叫做'削杖',是桐木做的。"

以上讨论服丧用木杖的问题。

11.7　孝子必居倚庐何①？孝子哀,不欲闻人之声,又不欲居故处,居中门之外②。倚木为庐,质反古也。不在门外何？戒不虞故也③。故《礼·间传》曰:"父母之丧,居倚庐④。"于中门外东墙下,户北向。练而居垩室⑤,无饰之室。又曰:"妇人不居倚庐⑥。"又曰:"天子七日,公诸侯五日,卿大夫三日而成服⑦。"

【注释】

①倚庐:居父母丧时所住的简陋房子。

②中门:谓寝门。陈立在《白虎通疏证》中讲"士止二门,大门在外,寝门在内,故为中门也"。

③不虞:出乎意料的事。

④父母之丧,居倚庐:语见《礼记·间传》。

⑤练:小祥之祭,士死一周年举行。孝子自此除首服,服练冠。垩(è)室:古时居丧者居住的屋子,四壁用白泥粉刷。一说垒坯为室,不涂顶壁。

⑥妇人不居倚庐:语见《礼记·丧大记》。

⑦天子七日,公诸侯五日,卿大夫三日而成服:逸《礼》章句。成服,旧时丧礼大殓之后,死者亲属按照与死者关系的亲疏,穿上应服的丧服。

【译文】

孝子居丧为什么一定要住在倚庐呢？孝子内心哀痛,不想听到其他人的声音，又不想住在原来的居所，所以将居住处设置在寝门外面。倚庐是用木头搭建的简陋房子，取其质朴，合于古礼。为什么不在大门外搭建倚庐呢？这是为了防止意外发生。所以《礼记·间传》里面讲："居父母丧，要住在倚庐。"倚庐在中门外面的东墙下，窗户朝北面开。小祥之祭后，改居垩室里面，这是一种没有装饰的屋子。又讲："妇人居丧不用住在倚庐。"还讲了："天子去世后七日，公诸侯去世后五日，卿大夫去世后三日，服丧者按照礼制穿上应服的丧服。"

　　居外门内东壁下为庐，寝苫枕块①，哭无时，不脱绖带。既虞②，寝有席，疏食水饮③，朝一哭，夕一哭而已。既练，舍外寝，居垩室，始食菜果，反素食，哭无时。二十五月而大祥，饮醴酒④，食干肉。二十七月而禫⑤，通祭宗庙，去丧之杀也⑥。

　　右论倚庐。

【注释】

①寝苫（shān）枕块：古人居父母之丧的礼节。以草垫为席，土块为枕。苫，用稻草编成的垫子。块，土块。

②既虞：过了虞祭之后。虞祭，既葬之后的祭祀。

③疏食：粗疏的饭食。

④醴（lǐ）：甜酒。

⑤禫（dàn）：古时丧家除服的祭祀。

⑥杀（shài）：削减。

【译文】

　　孝子居于外门内东墙下的倚庐，睡在稻草编的席条上，用土块作枕头，哭泣没有时间的限制，绖带也不脱下来。过了虞祭之后，睡觉可以睡寝席了，可以吃粗疏的饭食喝点水，早上哭一回，晚上哭一回就行了。小祥之祭结束后，住在外寝的垩室里面，可以开始吃蔬菜瓜果这一类的素食，哭泣没有时间规定。二十五月后举行大祥祭祀，可以喝甜酒，吃干肉了。二十七月后进行禫祭，都是在宗庙祭祀，这就是服丧的尾声了。

以上讨论"倚庐"。

11.8 丧礼不言者何？思慕尽情也。言不文者，指谓士民。不言而事成者，国君卿大夫，杖而谢宾。财少恃力，面垢作身，不言而事具者，故号哭尽情。

右论丧礼不言。

【译文】

丧礼为什么不讲话呢？这是为了让孝子能尽自己的思慕之情。不按照礼仪对孝子的语言有要求，这是指对士和普通百姓。不用说话而能事情做成的人是国君、卿、大夫这一类人。他们只用扶着木杖，拜谢宾客。普通士民财富少，靠自己力气吃饭，蓬头垢面地靠自己操持丧事。如果不用说话事事都能够完成，孝子也可以尽情号哭来表示自己的哀痛。

以上讨论丧礼不讲话的问题。

11.9 丧有病，得饮酒食肉何？所以辅人生己，重先祖遗支体也。故《曲礼》曰："居丧之礼，头有疮则沐，身有疡则浴，有疾则饮酒食肉①。"五十不致毁②，六十不毁，七十唯衰麻在身，饮酒食肉。又曰："父母有疾，食肉不至变味，饮酒不至变貌。笑不至矧，怒不至詈，琴瑟不御③。"《曾子问》曰："三年之丧，练不群立，不旅行。礼以饰情，三年之丧而吊哭，不亦虚乎④！"《礼·檀弓》曰：曾子有母之丧，吊子张。

子张者,朋友,有服,虽重服,吊之可也⑤。《曾子问》曰:"小功可以与祭乎?"孔子曰:"斩衰已下与祭⑥,礼也。"此谓君丧然也。子夏问:"三年之丧,既卒哭,金革之事无避者,礼与?"孔子曰:"吾闻诸老聃曰:'周公、伯禽则有为为之也'。今以三年之丧,从其利者,吾不知也。⑦"

　　右论变礼。

【注释】

①"居丧之礼"四句:语见《礼记·曲礼上》。

②毁:伤损,伤害。

③"父母有疾"六句:语见《礼记·曲礼上》。矧(shěn),齿龈。詈(lì),骂。

④"三年之丧"六句:语见《礼记·曾子问》。练,古祭名。古代父、母丧后周年之祭称小祥,此时孝子可以穿练过的布帛,故小祥之祭也称"练"。旅行,群行,结伴而行。

⑤"《礼·檀弓》曰"数句:都在讲服三年之丧的曾子,听闻子张去世而去吊丧。《礼记·檀弓下》有"子张死,曾子有母之丧,齐衰而往哭之。或曰:'齐衰不以吊。'曾子曰:'我吊也与哉?'"曾子不是一般吊丧,而是去哭子张。

⑥祭:这里指灵柩下葬之后的祭奠,即虞祭、卒哭之祭和小祥、大祥之祭。

⑦"子夏问"数句:在讲服三年之丧的人卒哭礼之后,能不能从事其他事情。语见《礼记·曾子问》。金革之事,征战之事。无避,谓有征召就应征,不推辞回避。有为为之,指在特定情况下做某事。淮、徐之戎屡服屡叛,周公曾经平叛。伯禽在位之时,徐戎作乱,伯禽卒哭后举兵讨伐,目的是为了救国。从其利,指为了个人私

利从事战争。

【译文】

服丧期间生了病，可以喝酒吃肉，为什么呢？喝酒吃肉是为了帮助自己维持体力，这是重视爱护先祖留给自己的身体。所以《曲礼》里面讲："服丧期间的礼仪：头上长了疮，可以洗头；身上长了疮，可以洗澡；有了病可以喝酒吃肉。"人的年龄到了五十岁，要节哀，不可以过分消瘦。六十岁的，不要让自己身体消瘦。七十岁的只穿丧服，可以喝酒吃肉。又讲："父母亲生了病，子女可以吃肉，但是不要过于追求滋味；可以喝酒，但是不要喝得变了脸色。可以笑，但不要大笑；可以生气，但是不要骂人。不弹奏琴瑟。"《曾子问》里面讲："有三年之丧的人，即使已经满一年举行了小祥祭祀，也不和众人站在一起，一起走路。礼仪是用来表达感情的，自己在服三年丧的丧期中，不在家守丧却赶着去别人家吊丧，这不是很虚伪吗？"《礼记·檀弓》里面却讲：曾子为母亲服丧，子张去世了还去吊丧。子张是曾子的朋友，有服丧的礼仪。即使是服三年丧，朋友去世穿着丧服去哭一下，好像也是可以的。《曾子问》里面讲："有小功丧服的人可以参加出殡之后的祭祀吗？"孔子回答说："从服斩衰及以下的都可以参加祭祀，这是正礼。"这里讲的是国君的丧礼是这样子。子夏问："服三年之丧的人，完成了卒哭礼之后，接到征战的征召不推辞，这符合礼仪吗？"孔子讲："我听老聃说过：'周公、伯禽曾在特定情况下，卒哭之后兴兵讨伐。'现在许多人尽管在服三年之丧，然而为了个人私利去从事战争，我就不知道这种行为合不合于礼了。"

以上讨论变礼的问题。

11.10　　妇人不出境吊者，妇人无外事，防淫泆也。《礼·杂记》曰："妇人越疆而吊，非礼也[①]。"而有三年丧，君与夫人俱往。礼，妻为父母服，夫亦当服。

　　右论妇人不出境吊。

【注释】

①妇人越疆而吊，非礼也：《礼记·檀弓下》有"妇人不越疆而吊人"，《礼记·杂记下》有"妇人非三年之丧，不逾封而吊"。

【译文】

　　妇女不能出国境去吊丧，妇女没有家门外的事情，这是为了防止出现邪淫放荡的行为。《礼记·杂记》里面讲："妇女越境去吊丧，不符合礼。"如果有妇女父母去世这类的三年之丧，国君应该和夫人一起去吊丧。按照礼仪，妻子要为父母服丧，丈夫也同样应该为妻子父母服丧。

　　以上讨论妇女不能出国境去吊丧的问题。

　　11.11　有不吊三何？为人臣子，常怀恐惧，深思远虑，志乃全身。今乃畏、厌、溺死①，用为不义，故不吊也。《檀弓》曰"不吊三，畏、厌、溺"也。畏者，兵死也。《礼·曾子记》曰"大辱加于身，支体毁伤，即君不臣，士不交，祭不得为昭穆之尸，食不得□昭穆之牲，死不得葬昭穆之域"也②。

　　右论三不吊。

【注释】

①畏：谓因畏惧而死于非命。厌：被压死。溺：沉于水，水淹。

②《礼·曾子记》：疑为逸《礼》篇章，今本《礼记》中无后面引文的文句。

【译文】

　　人死了有三种情况可以不去吊丧，为什么呢？因为作为臣子和儿子，应该心里常怀有恐惧戒慎，做事情要深思远虑，用心保护好自己的身体。现在因为畏惧而死于非命的,被压死的,被水淹死的,这都是不符合道义的死法,所以不用吊丧。《礼记·檀弓》里面讲"人死了可以不去吊丧的有三种情况:"因畏惧而死于非命的,被压死的,被水淹死的"。也有讲"畏"是死于兵革。《礼记·曾子记》里面讲:"身体如果遭受重大刑辱,肢体有所损伤,那么君主不再任命他为臣子,士不再与他做朋友,他在祭祀时不能够作为祖庙里的尸,分享祭品时也不能吃供奉过祖先的牺牲,死了也不能被葬在祖坟里面。"

以上讨论三种可以不去吊丧的情况。

11.12　弟子为师服者,弟子有君臣父子朋友之道也。故生则尊敬而亲之,死则哀痛之,恩深义重,故为之隆服,入则经,出则否也[1]。《檀弓》曰"昔夫子之丧颜回,若丧子而无服[2],丧子路亦然。请丧夫子若丧父而无服"也。

右论弟子为师。

【注释】

[1] 入则经,出则否也:此处有误,据陈立《白虎通疏证》考证"为师则虽出行犹经,所以尊师也"。

[2] 无服:不穿丧服,而是在头上和腰间系上麻带,悲痛之情如同亲人去世。

【译文】

弟子为老师服丧,这是因为弟子和老师之间存在君臣、父子、朋友这种种道义。在老师生前,弟子尊敬而亲近他;老师去世后,弟子也会甚为悲痛。师徒之间恩深义重,所以弟子为老师服丧也很隆重,即便出门经带也是不除掉的。《檀弓》里面讲"过去夫子处理颜回丧事的时候,就像死了儿子一样,但不穿丧服。处理子路的丧事也是这样。现在请大家对待老师的丧事就像对父亲的丧事一样，但是不必穿戴丧服，只要在头上和腰间系上麻带就行了"。

以上讨论弟子为老师服丧的问题。

11.13　《曾子问》曰："'君薨既殡①，而臣有父母之丧，则如之何？'孔子曰：'归居于家，有殷事则之君所②，朝夕否③。'曰：'君既启④，而臣有父母之丧，则如之何？'孔子曰：'归哭，而反送君。'曰：'君未殡，而臣有父母之丧，则如之何？'孔子曰：'归殡，反于君所，有殷事则归，朝夕否。大夫室老行事⑤，士则子孙行事。大夫内子⑥，有殷事亦之君所，朝夕否。'"

【注释】

①薨：死的别称。自周代始，人之死亡，有尊卑之分，"薨"以称诸侯之死。殡：死者入殡后停柩以待葬。

②殷事：丧期中每月初一、十五的盛大祭祀。殷，盛，大。

③朝夕：丧期中每天早晚的祭奠。

④启：启殡，准备入葬。

⑤室老：家臣之长。

⑥内子：古代称卿大夫的嫡妻。

【译文】

《曾子问》里面讲："'国君死了，停棺于殡宫待葬，臣子突然遇到父母也去世了，怎么办呢？'孔子讲：'臣子应该回家料理父母的丧事并守丧。每逢初一、十五就到国君殡宫参加祭奠，每天早晚的祭奠可以不去了。'曾子又问：'国君的灵柩已经启殡，准备入葬，这时臣子的父母死了，臣子应该怎么办呢？'孔子说：'应该先回家为父母哭泣致哀，然后赶回去为国君送葬。'曾子又问:'如果国君刚刚死尚未入殡,而臣子父母死了,臣子该怎么办呢?'孔子说:'应该回家料理丧事,父母入殡后再返回为国君守丧。每逢初一、十五要回家去祭奠父母,每天早晚不用回家祭奠了。早晚的祭奠,大夫家里由总管代祭,士的家里由子孙代祭。大夫的嫡妻每逢初一、十五也要到国君灵前进行祭奠,每天早晚就不用去了。'"

　　诸侯有亲丧,闻天子崩,奔丧者何? 屈己。亲亲犹尊尊之义也。《春秋传》曰:"天子记崩不记葬者,必其时葬也。诸侯记葬,不必有时①。"诸侯为有天子丧尚奔,不得必以其时葬也。大夫使受命而出,闻父母之丧,非君命不反者,盖重君也。故《春秋传》曰:"大夫以君命出,闻丧,徐行不反②。"

【注释】

①天子记崩不记葬者,必其时葬也。诸侯记葬,不必有时:语见《春秋公羊传·隐公三年》。必其时葬,《礼记·王制》有"天子七日而殡,七月而葬"。天子葬有定时,故不书葬。《春秋》对不按照礼、提前葬的周天子也书葬,如《宣公三年》"葬匡王"。不必有时,《礼记·王制》有"诸侯五日而殡,五月而葬",但是周代诸侯去世后要向天子请谥号,请得谥号才能安葬,所以不一定能够按照日期下葬。

②大夫以君命出,闻丧,徐行不反:语见《春秋公羊传·宣公八年》。徐行,缓慢前行。

【译文】

　　诸侯如果父母去世了,听到天子去世的消息,还是会到京城奔丧,这是为什么呢? 这是委屈自己,重视尊尊之义胜于亲亲之义。《春秋公羊传》里面讲:"只记录天子去世的日子,不记下葬的日子,因为下葬的时间是一定的。记录诸侯去世的日子,也要记录诸侯下葬的日子,因为下葬的时间不一定。"诸侯有为天子奔丧的礼仪规定,诸侯下葬的时间是不能确定的。大夫禀受君命出使,听到父母去世的消息,没有国君的命令不能自己返回,这是看重君命的意思。所以《春秋公羊传》里面讲:"大夫奉国君命令出使,即使听说父母亡故,也只是放慢速度前行,但不能返回。"

诸侯朝,而有私丧得还何?凶服不入公门。君不呼之义也。凶服不敢入公门者,明尊朝廷,吉凶不相干。故《周官》曰:"凶服不入公门[1]。"《曲礼》曰:"居丧不言乐,祭事不言凶,公庭不言妇女[2]。"《论语》曰:"子于是日哭,则不歌[3]。"臣下有大丧,不呼其门者,使得终其孝道,成其大礼。故《春秋传》曰:"古者臣有大丧,君三年不呼其门[4]。"有丧不朝,吉凶不相干,不夺孝子恩也。太庙火,日食后之丧,雨沾服失容,并废朝。

右论私丧公事重轻。

【注释】

①凶服不入公门:不见于今本《周礼》,可能为逸文。

②居丧不言乐,祭事不言凶,公庭不言妇女:语见《礼记·曲礼下》。

③子于是日哭,则不歌:语见《论语·述而》。

④古者臣有大丧,君三年不呼其门:语见《春秋公羊传·宣公元年》。大丧,父母之丧。

【译文】

诸侯朝觐天子,如果家里有丧事可以返回,这是为什么呢?因为穿着丧服是不能进朝廷的。天子不会在诸侯服丧期间命令他做事。丧服这类衣服不敢穿着进朝廷办公的地方,表明对朝廷的尊重。吉事和凶事应该分开处理，两者没有关系。所以《周官》里面讲："丧服这类衣服不能穿到办公地方去。"《曲礼》里面讲："办丧事期间，不谈论乐歌。祭祀中不谈论死丧等不吉利的事情。在办公的地方不谈论妇女之事。"《论语》里面讲："当天哭过了的话，孔子一天就不会再唱歌了。"臣子下属有父母之丧，君主不会到家里来呼召他，是为了让他们尽孝，完成为父母服丧的大礼。所以《春秋公羊传》里面讲："古代臣子如果遇到父母之丧，那么国君三年不会到家里来召唤他来做事。"有丧事不用朝觐天子。吉事和凶事应该分开处理，不剥夺孝子的亲情。太庙失火、日食、王后的丧事以及雨水沾湿衣服而失去庄敬的仪容的情况，都不朝觐天子。

　　以上讨论父母之丧和公事的轻重的问题。

　　11.14　闻丧，哭而后行何？尽哀舒愤然后行[1]。望国境则哭，过市朝则否。君子自抑，小人勉以及礼。见星则止，日行百里，恻怛之心，但欲见尸柩汲汲故[2]。《礼·奔丧》记曰："以哭答使者，尽哀。问故，遂行。"曾子曰："师行三十里，吉行五十里，奔丧百里[3]。"既除丧，乃归哭于墓何？明死复不可见，痛伤之至也。谓丧不得追服者也。哭于墓而已。故《礼·奔丧》记曰："之墓，西向哭止。"此谓远出归后葬，丧服以礼除。

　　右论奔丧。

【注释】

①舒愤：抒发愤懑。

②汲汲：心情急切的样子。

③师行三十里，吉行五十里，奔丧百里：出处不详。

【译文】

听到亲人去世,先哭泣一场后再奔丧,这是为什么呢? 这是为了表达哀痛之情,将胸中郁结哀伤抒发出来,然后奔丧。奔丧的人远远看到国境就开始哭,路过市场和诸侯的朝廷时暂时不哭。君子自己要节制自己的悲伤之情,小人则要努力让自己悲哀尽礼。奔丧的人每天看到星星出来才停止赶路,一天要赶上百里的路程。奔丧的人心里充满哀伤恻怛之情,一心只想早日见到死者的尸柩。《礼记·奔丧》里面讲:"用哭声来回答报丧的使者,尽情哀哭。然后再问亲人死亡原因,立马回家奔丧。"曾子讲:"出征行军一天走三十里,因吉事而赶路每天走五十里,奔丧则每天走百里。"如果赶到家里已经除掉丧服了,那么就要到墓地去哭丧,这是为什么呢? 这是因为再也不能看到死者了,心中哀痛悲伤到了极点。但丧礼过了之后,不能再重新补服丧服,所以只能在墓地哭丧。所以《礼记·奔丧》记载:"到墓地去,面向西,痛哭尽哀而止。"这是在出了远门的人赶回来已经错过了葬礼、按照礼制众人丧服已经除掉了的情况下。

以上讨论奔丧的问题。

11.15　曾子与客立于门,其徒趋而出。曾子曰:"尔将何之?"曰:"吾父死,将出哭于巷。"曾子曰:"反哭于尔次。"曾子北面而吊焉①。《檀弓》记曰:"孔子曰:'吾恶乎哭诸②。兄弟吾哭诸庙门之外,师吾哭诸寝,朋友吾哭诸寝门外,所知吾哭诸野③。'"

右论哭位。

【注释】

①"曾子与客立于门"数句:讲曾子为弟子哭丧的事。语见《礼记·檀

弓上》。哭于巷,指弟子在曾子这里学习,闻丧后不能立即奔丧,
又不敢在老师家里哭,所以跑到巷子里去哭。次,宿处。

②恶(wū):疑问代词,哪里。哭丧应该有位,由于和死者关系无法
确定,所以哭丧的地点难以选择。

③所知:相识的人,要好的人。

【译文】

曾子和客人站在大门口,有个弟子快步走出门去。曾子问他:"你要
去哪里?"弟子回答:"我的父亲去世了,我正要到巷子里面去哭。"曾子
说:"回到你自己房间去哭吧。"然后曾子就宾位向他致悼。《檀弓》里面
讲:"孔子说:'我到哪里去哭他呢? 如果是兄弟,我在祖庙门外面哭他;
如果是老师,我在自己住的正室里哭他;如果是朋友,我在正室门外哭
他;如果只是一般泛泛之交,我就在郊外哭他。'"

以上讨论哭丧的地点。

11.16　养从生,葬从死①,周公以王礼葬何? 以为周公
践祚理政,与天同志,展兴周道,显天度数,万物咸得,休气
充塞。原天之意,子爱周公,与文武无异,故以王礼葬,使得
郊祭。《尚书》曰"今天动威以彰周公之德",下言"礼亦宜
之"②。

右论周公以王礼葬。

【注释】

①养从生,葬从死:奉养父母的标准根据孝子的爵位确定,父母去世
则按照死者生前的爵位来举行葬礼。《礼记·中庸》有"父为大
夫,子为士,葬以大夫,祭以士。父为士,子为大夫,葬以士,祭以
大夫。"

②"今天动威以彰周公之德""礼亦宜之":语见《尚书·周书·金縢》。

【译文】

奉养父母的标准根据孝子的爵位确定,父母去世则按照死者生前的爵位来举行葬礼。为什么用天子礼仪来安葬周公呢?大家认为周公践祚理政,符合天意,能够发展振兴周的大道,彰显了天的规律,万物都能各得其所,天地间充满了祥和之气。根据天意,天像爱护儿子一样喜爱周公,和周文王、周武王一样,所以按照天子礼仪安葬周公,让他享受郊祭的祭祀。《尚书》里面讲"现在上天动怒来表彰周公的功德",后面接着讲"按礼制应该如此"。

以上讨论以天子礼仪来安葬周公。

崩薨

【题解】

"崩薨"共计二十三条。主要区分了天子、诸侯、大夫、士等各阶层死后的礼仪安排、从死者断气到报丧、奔丧、收敛、出殡、埋葬等一系列礼制及其所蕴含的意义,体现了儒家对于丧事的重视,表达了"慎终追远"的主旨,同时强调了尊卑有别的等级制度。

11.17 《书》曰:"成王崩①。"天子称崩何?别尊卑,异死生也。天子曰崩。大尊像。崩之为言崩然伏僵②,天下抚击失神明③,黎庶殒涕④,海内悲凉。诸侯曰薨。国失阳,薨之言奄也⑤,奄然亡也。大夫曰卒。精耀终也⑥,卒之为言终于国也。士曰不禄。不终君之禄,禄之言消也,身消名彰。庶人曰死。魂魄去亡,死之为言澌⑦,精气穷也。崩薨纪于国何?以为有尊卑之礼,谥号之制即有矣。礼始于皇帝^⑧，至舜尧而备。《易》言没者，据远也^⑨。《书》言殂落、死者^⑩，各自见义。尧见僭痛之，舜见终各一也^⑪。

右论崩薨异称。

【注释】

①成王崩：语见《尚书·周书·顾命》。

②崩然：山倒塌的样子。

③抚击：谓捶胸顿足。

④黎庶：黎民。

⑤奄（yǎn）：形容气息微弱。

⑥精耀：犹精气。

⑦澌（sī）：尽，消亡。

⑧皇帝：三皇五帝。

⑨《易》言没：《周易·系辞下》有"包牺氏没"。

⑩《书》言殂落、死者：《尚书·虞书·舜典》有"二十有八载，帝乃殂落。百姓如丧考妣，三载，四海遏密八音"。该篇也有"舜生三十征庸，三十在位，五十载，陟方乃死"。

⑪尧见僭痛之，舜见终各一也：此句承上句《尚书》中对尧、舜去世后的记载而来，其言"百姓如丧考妣"，故言"尧见僭痛之"；舜则为"陟方乃死"，故言"舜见终"。见，显示，显现为。

【译文】

《尚书》里面讲："成王崩。"天子去世为什么称为"崩"呢？这是根据地位尊卑不同，强调死者生前地位的与众不同。天子去世才能称为"崩"，这是最尊贵的象征。"崩"是形容天子去世就像天崩地裂一样。天下人莫不捶胸顿足，如同丧失了神明的庇佑。黎民百姓都会哭泣，海内之人都会觉得悲伤。诸侯死称为"薨"，形容国家失去了阳的指引。"薨"有阳气微弱的意思，是说气息微弱趋于消亡。大夫称为"卒"，这是形容他们精气消亡。"卒"也指他们为国事操劳而死。士去世称为"不禄"，他们不再享用君王给的俸禄。"禄"也有"消"的意思，尽管身体没有了，但是美名得到传扬。庶人称为"死"，是说魂魄离他身体而去。"死"也有尽的意思，表示他的精气已经穷尽。国家为什么记录天子诸侯去世的日子呢？人们认为尊卑上下应该进行礼仪区分，于是有了谥号制度。礼起源于三皇五帝的时期，到了尧、舜这里而逐渐完备。《周易》里称天子去世为"没"，这是根据远古时期的传统。《尚书》里面称天子去世有"殂落""死"等字眼，都各有其内涵。尧去世提到了百姓悲痛欲绝，舜去世只是讲了他生命终结，但两者的大意是一样的。

以上讨论"崩""薨"这些不同的称谓。

11.18　　丧者，何谓也？丧者，亡也。人死谓之丧何？言其丧亡，不可复得见也。不直言死，称丧者何？为孝子之心不忍言也。《尚书》曰："武王既丧①。"《丧礼经》曰："死于適室②。"知据死者称丧也。生者哀痛之，亦称丧。《礼》曰："丧服斩衰③。"《易》曰："不封不树，丧期无数④。"《孝经》曰："孝子之丧亲也"⑤，是施生者也。天子下至庶人，俱言丧何？欲言身体发肤俱受之父母，其痛一也。

右论天子至庶人皆言丧。

【注释】

①武王既丧：语见《尚书·周书·金滕》。

②死于適（dí）室：语见《仪礼·士丧礼》。適室，正寝之室。適，同"嫡"。

③丧服斩衰：语见《仪礼·丧服》。

④不封不树，丧期无数：语见《周易·系辞下》。封，堆土为坟。树，

种树为标记。丧期无数,居丧的日期没有限定的期数。

⑤孝子之丧亲也:语见《孝经·丧亲章》。

【译文】

"丧"是什么意思呢?"丧"有消亡的意思。为什么把人死称为"丧"呢?这是说人如果去世后,就再也见不到这个人了。不直接称为"死"而要称为"丧",是什么原因呢?因为孝子心里不忍心直接这样讲。《尚书》里面讲:"武王去世后。"《仪礼·士丧礼》里面讲:"士要在正寝之室命终。"这是站在死者立场称"丧"。活着的人为死者感到哀痛,从他们的角度也称为"丧"。《仪礼》里面讲:"丧服要服斩衰。"《易》里面讲:"不堆坟墓,也不种树作为标记,没有限定的居丧期数。"《孝经》里面讲:"孝子丧失了双亲",是指施予生命的人。上至天子,下至百姓,为什么都称"丧"呢?这是为了表达人的身体、头发、皮肤等都从父母而来,父母去世孝子的悲痛之情都是一样的。

以上讨论天子到百姓都称"丧"的问题。

11.19 天子崩,赴告诸侯者何①?缘臣子丧君,哀痛愤懑,无能不告语人者也。诸侯欲闻之,又当持土地所出以供丧事。故《礼》曰:"天子崩,遣使者赴告诸侯②。"

右论天子赴告诸侯。

【注释】

①赴告:报丧。

②天子崩,遣使者赴告诸侯:不见于三《礼》,疑为逸《礼》章句。

【译文】

天子去世,要派遣使者赴去报丧给诸侯,这是为什么呢?这是因为朝廷里臣子们失去了君主,内心充满哀痛愤懑之情,不能不告诉别人这个消息。诸侯需要听到天子去世的消息后，带着当地所出产的物品来资助丧礼。所以《礼》里面讲："天子去世，要派遣使者去报丧给诸侯。"

以上讨论天子去世要派使者去报丧给诸侯的问题。

11.20　王者崩，诸侯悉奔丧何？臣子悲哀恸怛，无不欲观君父之棺枢，尽悲哀者也。又为天子守蕃，不可顿空矣，故分为三部，有始死先奔者，有得中来尽其哀者[①]，有得会丧奉送君者。七月之间，诸侯有在京师亲供臣子之事者，有号泣悲哀奔走道路者，有居其国哭痛思慕，竭尽所供以助丧事者。是四海之内咸悲，臣下若丧考妣之义也[②]。葬有会者，亲疏远近尽至，亲亲之义也。童子诸侯不朝而来奔丧者何？明臣子于其君父非有老少也。亦因丧质，无般旋之礼[③]，但尽悲哀而已。

右论诸侯奔大丧。

【注释】

①得中：据陈立《白虎通疏证》考证疑为"殡中"。

②考妣（bǐ）：古代称已死的父母。父称"考"，母称"妣"。

③般（bān）旋：又作"般还"。回旋进退，古代行礼的一种姿势。《礼记·投壶》有"宾再拜受，主人般还"。

【译文】

天子去世，诸侯都要去奔丧，这是为什么呢？这是因为臣子内心悲伤哀痛，都想去亲自看到君父的棺枢，尽情表达自己内心的悲哀。又因为诸侯要为天子守好边境，不能一下子所有地方都无人看守，所以诸侯分为三拨。有知道天子去世立刻奔丧的，有即殡之后来悼念的，有参加安葬大礼的。七个月之内，诸侯们有的在京城按臣子身份亲自服丧举行供奉祭祀礼仪，有的尽管哭泣悲哀但仍会四方奔走忙于国事，还有的会留在自己国家痛哭思慕去世的天子，竭尽自己的能力来资助丧礼。天下人都会很悲痛，臣子们都像自己的父母去世了一样。葬礼要诸侯会同再举行，不论血缘关系亲疏、距离相隔远近，所有的诸侯都要到场，这是遵循"亲亲"之义。未成年的诸侯不用朝觐天子，但是天子去世要来奔丧，这是为什么呢？说明臣子对君父而言，没有老少的区别。也因为丧礼崇尚质朴，没有般旋等这类复杂的礼仪，只是充分表达自己的悲伤之情而已。

以上讨论天子去世诸侯奔丧的问题。

11.21　臣死，亦赴告于君何？此君哀痛于臣子也。欲闻之加赙赠之礼①。故《春秋》曰"蔡侯考父卒"，《传》曰："卒赴而葬，不告。"②

右论臣赴于君。

【注释】

①赙（fù）赠：赠送给丧家的财物。赙，送给丧家的布帛、钱财等。

②"蔡侯考父卒""卒赴而葬，不告"：语见《春秋公羊传·隐公八年》。蔡侯考父，蔡宣侯，在位三十五年（前749—前715）。不告，不发讣告。

【译文】

臣子去世，为什么也要给君主报丧呢？因为君主也会为臣子的去世感到哀痛，听到这个消息后一般都会送给死者的布帛车马等财物来帮助丧事。所以《春秋》里面讲："蔡侯考父去世。"《传》里面讲："去世报丧后举行葬礼，不发讣告。"

以上讨论臣子去世要给君主报丧的问题。

11.22　诸侯薨,赴告邻国何? 缘邻国欲有礼也。《春秋传》曰:"桓母丧,告于诸侯①。"桓母贱,尚告于诸侯,诸侯薨,告邻国明矣。

右论诸侯赴邻国。

【注释】

①桓母丧,告于诸侯:语见《春秋公羊传·隐公元年》。桓母,桓公母亲仲子。鲁惠公的妾,所以后文讲她地位低贱。

【译文】

为什么诸侯去世要去邻国报丧呢? 因为邻国也要按照礼仪来吊丧。《春秋公羊传》里面讲:"桓公母亲去世,给诸侯报丧。"桓公母亲地位低,尚且给诸侯报丧,如果诸侯本人去世了,那很明显要去给邻国报丧。

以上讨论诸侯去世要去邻国报丧的问题。

11.23　诸侯夫人薨,告天子者,不敢自废政事,天子亦欲知之,当有礼也。《春秋》曰"天王使宰咺来归惠公、仲子之赗",讥"不及事"①。仲子者,鲁君之贵妾也,何况于夫人乎?

右论诸侯夫人告天子。

【注释】

①"天王使宰咺(xuān)来归惠公、仲子之赗(fèng)""不及事":语见《春秋公羊传·隐公元年》。《春秋公羊通义》有"盖仲子之卒,经既不见,刺不及事之意未明",故"特为异辞以起之"。不及事,没有赶上丧事。

【译文】

　　诸侯夫人去世也要给天子报丧,这是因为诸侯本人不敢因为夫人去世而荒废政务,天子也想知道相关情况,所以要按礼仪来安排丧事。《春秋》里面讲"周天子派叫做咺的宰送来了给惠公、仲子送葬的礼品",用"没有赶上丧事"来讥讽这不合礼。仲子是鲁惠公地位比较高的妾,她去世都报丧给周天子,何况夫人呢?

　　以上讨论诸侯夫人去世要给天子报丧的问题。

　　11.24　诸侯薨,使臣归瑞珪于天子者何①? 诸侯以瑞珪为信,今死矣,嗣子谅闇②,三年之后,当乃更爵命,故归之,推让之义也。故《礼》曰:"诸侯薨,使臣归瑞珪于天子③。"

　　右论诸侯归瑞珪。

【注释】

　　①珪(guī):古代封爵授士时,赐珪以为信,后因以指官位。

　　②谅闇(ān):又作"谅阴"。天子、诸侯居丧时住的房子,又叫"凶庐"。这里指服丧三年。

　　③诸侯薨,使臣归瑞珪于天子:逸《礼》章句。

【译文】

　　诸侯去世后,会有使臣将天子赏赐给诸侯的瑞珪归还给天子,这是为什么呢? 诸侯以瑞珪作为信物,现在诸侯去世了,继承爵位的嗣子要服丧三年,三年之后除丧,天子会重新赐嗣爵位和王命。所以先将瑞珪归还给天子,这是表示推辞谦让之义。所以《礼》里面讲:"诸侯去世后,会有使臣将天子赏赐给诸侯的瑞珪归还给天子。"

　　以上讨论诸侯去世归还瑞珪的问题。

11.25　天子闻诸侯薨,哭之何? 惨怛发中,哀痛之至也。使大夫吊之,追远重终之义也。故《礼·檀弓》曰:"天子哭诸侯,爵弁纯衣①。"又曰:"遣大夫吊,词曰:'皇天降灾,子遭离之②。呜呼哀哉! 天王使臣某吊。'"

右论天子吊诸侯。

【注释】

①爵弁:像冕而没有旒,颜色像雀头赤而微黑。纯衣:古时士的祭服,以丝为之。《仪礼·士冠礼》有"纯衣、缁带",郑玄注:"纯衣,丝衣也。余衣皆用布,唯冕与爵弁服用丝耳。"王引之《经义述闻·纯衣》里认为"纯"当读为"黗(tūn)",黄黑色。

②离:同"罹",遭受。

【译文】

天子听闻诸侯去世,为什么要哭呢? 天子这种悲伤恻怛之情是从内心发出来的,是极度哀痛的。天子会派大夫去吊丧,这是为了追念共同的祖先,重视诸侯丧葬的大事。所以《礼记·檀弓》里面讲:"诸侯死了,天子哭他时,戴着爵弁,穿着黄黑色的衣服。"又讲:"天子派大夫去吊丧,会有专门辞令:'上天降下灾祸,您不幸遭逢此灾。呜呼哀哉! 天子让臣某某来吊丧。'"

以上讨论天子为诸侯吊丧的问题。

11.26　臣子死,君往吊之何? 亲与之共治民,恩深义重厚,欲躬见之。故《礼·杂记》曰:君吊臣,主人待于门外,见马首不哭。宾至,主人先入,君升自阼阶西向哭。主人居中庭,从哭①。或曰:大夫疾,君问之无数。士疾,一问之而已。大夫卒,比葬不食肉,比卒哭不举乐。士比殡不举乐^②。玄冠不以吊者，不以吉服临人凶，示助哀也。《论语》曰："羔裘玄冠不以吊^③。"

　　右论君吊臣。

【注释】

①"君吊臣"数句：都在讲君主去给臣子吊丧的礼仪。

②"或曰"数句：都在讲君主对大夫、士的去世按照不同的礼仪行事。卒哭，古代丧礼，百日祭后，止无时之苦，变为朝夕一哭，名为卒哭。

③羔裘玄冠不以吊：语见《论语·乡党》。羔裘，用紫羔制的皮衣。古时为诸侯、卿、大夫的朝服。玄冠，古代朝服冠名，黑色。

【译文】

　　臣子去世了，为什么君主要亲自上门去吊丧呢？因为这些臣子曾经和他一起治理百姓，恩义深厚，天子想要亲自送别他。所以《礼记·杂记》里面讲：君主去给臣子吊丧，主人在门外等待，看到车马到了暂时不哭。等君主到了，主人先进门，君主从东阶升堂面西而哭。主人站在中庭，跟着一起哭。也有人讲：大夫生病了，君主探望无数次。士有病，君主只探望一次。国君对于大夫的丧事，到入葬那天不吃肉，到卒哭那天不奏乐。对于士的丧事，国君到入殡那天不奏乐。黑色礼帽不能戴着去吊丧，因为不能穿着吉服去参加丧礼，来表示哀悼之情。所以《论语》讲："羔裘和黑色礼帽都不能穿戴着去吊丧。"

　　以上讨论君主为臣子吊丧的问题。

　　11.27　崩薨三日乃小敛何^①？夺孝子之恩以渐也。一日之时，属纩于口上^②，以俟绝气。二日之时，尚冀其生。三日之时，魂气不返，终不可奈何。故《礼·士丧经》曰："御者四人皆坐,持体属纩,以俟绝气③。"《礼》曰:"天子诸侯三日小敛,大夫士二日小敛④。"属纩于口者,孝子欲生其亲也。

【注释】

①小敛:旧时丧礼之一,给死者沐浴、穿衣、覆衾等。

②纩(kuàng):细棉絮。古人临死,置纩于其口鼻之上,以验气息之有无。

③御者四人皆坐,持体属纩,以俟绝气:语见《仪礼·既夕礼》。

④天子诸侯三日小敛,大夫士二日小敛:可能为逸《礼》章句。

【译文】

　　天子诸侯去世三日后小敛,这是为什么呢? 这是为了顺应人情,慢慢来减轻孝子丧亲的哀恸之情。人刚刚断气第一天,还放丝绵絮在他口上,看有没有完全断气。去世两日,还希望他能够复生。去世三日之后,死者的魂气不会再回来了,此时已经没有任何办法来挽回他的生命了。所以《礼·士丧经》里面讲:"四位侍从坐在床边,为病人翻身,病人垂危时要将细棉絮放在他的口鼻之上,观察他是否还有气息。"《礼》里面讲:"天子、诸侯去世三天后小敛,大夫、士去世两天后小敛。"放丝绵絮在死者口上,是孝子希望亲人能够复生。

　　人死必沐浴于中霤何①? 示洁净反本也。《礼·檀弓》曰:"死于牖下,沐浴于中霤,饭唅于牖下②,小敛于户内,大敛于阼阶③,殡于客位④,祖于庭⑤,葬于墓。所以即远也。"夺孝子之恩以渐也。所以有饭唅何? 缘生食,今死,不欲虚其口,故唅。用珠宝物何也? 有益死者形体。故天子饭以玉,诸侯以珠,大夫以璧,士以贝也。

　　右论含敛。

【注释】

①中霤（liù）：室的中央。

②唅（hán）：把珠宝、玉石、米、贝之类放在死者口中。亦作"含"。

③大殓：丧礼之一。将已装裹的尸体放入棺材。殡，死者入殓后停枢以待葬。

④客位：指西阶。

⑤祖：死者将葬时之祭。

【译文】

人去世后为什么要在室中给他沐浴呢？这是表示死者将整洁干净地返回本源之处。《礼记·檀弓》里面讲："人应该死在正寝的窗户下，在室中央给死者沐浴，在窗下给他饭含，在门内小敛，在堂上东阶大敛，停灵枢于堂上西阶，在厅堂进行祖祭，最后到墓地下葬。这是表示死者在慢慢远离活着的人。"这样慢慢来减轻孝子对去世亲人的思念。为什么死者嘴里要有饭含呢？因为活着时候要吃东西，现在死了，也不想让死者的口里空着，所以要有饭含。饭含为什么用珠宝这一类东西呢？这些东西有助于保持死者的形体不腐烂。所以天子饭含用玉，诸侯饭含用宝珠，大夫饭含用璧，士饭含用贝壳。

以上讨论"含敛"的问题。

11.28　赠襚者①，何谓也？赠之为言称也。玩好曰赠。襚之为言遗也。衣被曰襚。知死者则赠襚，所以助生送死，追恩重终，副至意也。赙赗者②，何谓也？赙者，助也。赗者，覆也。所以相佐给不足也。故吊词曰："知生则赙赗。"货财曰赙，车马曰赗。

右论赠襚、赙、赗。

【注释】

①襚（suì）：古吊丧之礼。向死者赠送衣衾等。停枢前吊丧者为死者穿衣；或停枢后将送死者之衣置于枢东，皆谓之"襚"。

②赙赗（fù fèng）：泛指送给死者的布帛、车马等财物。

【译文】

"赠襚"是什么意思呢？"赠"有称意的意思，赠送给死者的玩好叫做"赠"。"襚"有赠送的意思，送给死者的衣衾等叫做"襚"。和丧主有交情就会赠送襚，这是用来帮助孝子给死者送葬，追念死者生前的恩情，看重死者生命的最后阶段，也能充分表达送礼者对死者的深情厚谊。"赙赗"是什么意思呢？"赙"是帮助的意思，"赗"有覆盖的意思，都是用来帮助孝子补足葬礼的用度不足的。所以吊词里面讲："和丧主有交情就赠送赙赗。"珍货财物称为"赙"，车马一类称为"赗"。

以上讨论赠襚、赙、赗的问题。

11.29　天子七日而殡，诸侯五日而殡何？事有大小，所供者不等，故《王制》曰："天子七日而殡，诸侯五日而殡，卿大夫三日而殡。"

右论殡日。

【译文】

天子死后七天入殡，诸侯死后五天入殡，这是为什么呢？因为丧事规模不同，所需要的各类物品也不同，所以《王制》里面讲："天子死后七天入殡，诸侯死后五天入殡，卿大夫死后三天入殡。"

以上讨论入殡时间的问题。

11.30　夏后氏殡于阼阶①，殷人殡于两楹之间②，周人殡于西阶之上何③？夏后氏教以忠，忠者，厚也。曰生吾亲也，死亦吾亲也，主人宜在阼阶。殷人教以敬，曰死者将去，又不敢客也，故置之两楹之间，宾主共夹而敬之。周人教以文，曰死者将去，不可又得，故宾客之也。《檀弓》记曰："夏后氏殡于阼阶，殷人殡于两楹之间，周人殡于西阶。"

　　右论三代殡礼。

【注释】

①殡：死者入殓后停枢以待葬。阼阶：东阶。为主人的位置。

②两楹之间：处在宾主之位中间，这是堂上最尊贵的位置。楹，厅堂的前柱。

③西阶：为宾位。

【译文】

夏代停灵枢在东阶上，商代停灵枢在东西两楹之间，周代停灵枢在西阶上。为什么有这种区别呢？夏代政教引导民众以忠，"忠"是忠厚的意思。他们认为死者活着时是亲人，死了还是亲人，把死者当作主人对待，主人的位置本来就在东阶上。商代政教引导民众以敬，认为死者已经快要离开了，但又不敢完全当作客人对待，所以停灵枢在两楹之间，宾主一起将他夹在中间而表示敬意。周代政教引导民众以人文礼仪制度，认为死者已经离开了，不可能再复生，所以将死者当宾客对待，停灵枢在西阶上。《礼记·檀弓》记载有："夏代停灵枢在东阶上，商代停灵枢在东西两楹之间，周代停灵枢在西阶上。"

以上讨论三代停灵的问题。

11.31　《礼·稽命征》曰①："天子舟车殡何？为避水火灾也。故棺在车上，车在舟中。"臣子更执绋②，昼夜常千二百人。绋者，所以牵持棺者也。故《礼》曰："天子舟车殡，诸侯车殡，大夫攒涂，士瘗，尊卑之差也③。"

　　右论天子舟车殡。

【注释】

①《礼·稽命征》：《礼》纬书篇名。

②绋（fú）：古代出殡牵引灵柩用的大绳。

③天子舟车殡，诸侯车殡，大夫攒（cuán）涂，士瘗（yì），尊卑之差也：可能出于亡逸的《礼》纬书文献。《礼记·丧大记》有"君殡用辁，欑至于上，毕涂屋。大夫殡以帱，欑置于西序，涂不暨于棺。士殡见衽，涂上，帷之。"攒，聚集、丛积，将棺材周边用木料垒起来。涂，用泥涂抹。瘗，用土掩埋。

【译文】

　　《礼·稽命征》里面讲："天子出殡要使用船和车，这是为什么呢？这是为了躲避水灾和火灾。所以将棺材放在车上，又把车停在船上。"臣子轮流来牵引灵柩，不分白天黑夜，常常需要用到一千二百人来牵引。"绋"就是用来牵引棺材的绳子。所以《礼》里面讲："天子出殡用船和车，诸侯出殡用车，大夫棺材周边用木料垒起来再用泥涂抹，士用泥土掩埋即可。这都体现了尊卑等级的差别。"

　　以上讨论天子出殡用船和车的问题。

　　11.32　祖于庭何①？尽孝子之恩也。祖者，始也。始载于庭也。乘轴车辞祖祢②，故名为祖载也。《礼》曰："祖于庭，葬于墓③。"又曰："适祖升自西阶④。"

　　右论祖载。

【注释】

①祖：祖祭。死者将葬时之祭。

②轴车：车子。《仪礼·士丧礼》有"升棺用轴"。

③祖于庭，葬于墓：语见《礼记·檀弓上》。

④适祖升自西阶：逸《礼》章句。

【译文】

为什么要在厅堂进行祖祭呢？这是为了充分表达孝子的感恩之情。"祖"有"开始"的意思，这里指开始将死者的灵柩放置在厅堂，乘车告辞列祖列宗后就要到墓地下葬了，所以又叫做"祖载"。《礼》里面讲："在厅堂进行祖祭，到墓地下葬。"又讲："孝子来进行祖奠，从西面台阶升堂。"

以上讨论"祖载"的问题。

11.33　所以有棺椁何？所以掩藏形恶也。不欲令孝子见其毁坏也。棺之为言完，所以载尸令完全也。椁之为言廓①，所以开廓辟土，无令迫棺也。《礼·王制》曰："天子棺椁九重，衣衾百二十称。公侯五重，衣衾九十称。大夫有大棺三重，衣衾五十称。士再重，无大棺，衣衾三十称。单袷备为一称②。"《礼·檀弓》曰："天子棺四重，水兕革棺被之③，其厚三寸，杝棺一④，梓棺二⑤，柏椁以端长六尺⑥。"

【注释】

①廓（kuò）：清除。

②"天子棺椁九重"数句：都在讲不同等级棺椁及陪葬衣衾的形制差异。不见于今本《礼记·王制》，陈立怀疑为逸《礼》章句。大棺，数重棺椁中最外一重谓之大棺。称（chèn），指配合齐全的一套衣服。单袷（jiá），单衣和夹衣。

③水咒：一种形状像牛的水兽。革：加工去毛的兽皮。

④杝（yí）棺：椴木做的棺。

⑤梓棺：梓木做的棺。

⑥柏椁：柏木做的外棺。端：古代量词。帛类的长度单位。

【译文】

下葬为什么要有棺椁呢？这是用来隐藏死者逐渐腐坏的尸体的，不想让孝子看到死者形体逐渐毁坏的样子。"棺"也可以称为"完"，用来装殓尸体，让其保持完整。"椁"可以称为"廓"，用来开辟清除周边的泥土，不让这些泥土压坏了棺材。《礼记·王制》里面讲："天子的棺椁有九层，陪葬的衣衾有一百二十套。公侯的棺椁有五层，陪葬的衣衾有九十套。大夫外层的棺椁有三重，陪葬的衣衾有五十套。士只有两层棺椁，没有最外面的大棺，陪葬的衣衾有三十套。单衣和夹衣都备称为'一称'。"《礼记·檀弓》里面讲："天子的棺有四重：第一重用水咒革做的贴身的棺，有三寸厚。第二重是用椴木做的棺，外面还有两重梓木棺。用柏木做的外棺端长六尺。"

　　有虞氏瓦棺，今以木何？虞尚质，故用瓦。夏后氏益文，故易之以墼周①。谓墼木相周，无胶漆之用也。殷人棺椁，有胶漆之用。周人浸文，墙置翣②，加巧饰。

【注释】

①墼（jí）周：烧土为砖绕于棺材四周。

②墙置翣（shà）：在棺材外树立屏障，在屏障上还装饰羽翣。翣，古代出殡时的棺饰，形似掌扇。

【译文】

上古有虞氏用瓦作棺，现在为什么用木头做棺材呢？上古崇尚质朴，所以用泥瓦作棺材。夏后氏时开始讲究礼仪文饰，所以烧土为砖绕于棺材四周。当时棺材以木为里，没有用胶漆加固，所以烧土为砖绕于棺材四周。殷人的棺椁开始用胶漆加固。周人更加讲究文饰，在棺材外树立屏障，在屏障上还装饰羽翣，加上各种巧妙的装饰。

　　丧葬之礼，缘生以事死，生时无，死亦不敢造。太古之时，穴居野处，衣被带革，故死衣之以薪，内藏不饰。中古之时，有宫室衣服，故衣之币帛，藏以棺椁，封树识表，体以象生。夏殷弥文，齐之以器械，至周大文，缘夫妇生时同室，死同葬之。

　　右论棺椁厚薄之制。

【译文】

　　丧葬的礼仪，根据死者生前的情况来确定丧礼的形制规模。死者生前没有用过的东西，死了也不敢制成陪葬品给他用。太古时期，人们在巢穴野外居住，穿着动物的毛皮，所以人死了用薪柴把死者厚厚地盖住，内部也没有任何修饰。中古时期，人们开始有宫室衣服的制度，所以人死了会用财物衣帛等物品陪葬，用棺椁来装殓死者的遗体，专门栽树作为坟墓的标记，各种安排就像死者活着的时候一样。夏商时期则更加讲究仪文，陪葬品里面还有各种机巧器械等。到了周代，十分讲究礼仪，夫妇生时同居一室，所以死了还将夫妇合葬在一起。

　　以上讨论棺椁形制厚薄的问题。

　　11.34　尸柩者，何谓也？尸之为言陈也。失气亡神，形体独陈。柩之为言究也，久也，不复变也。《曲礼》曰："在床曰尸，在棺曰柩。"

　　右论尸柩。

【译文】

"尸柩"是什么意思呢?"尸"可以称为"陈列"。这是指死者没有气息也没有魂魄了,只剩下躯壳留在那里。"柩"可以称为"究",有长久的意思,不会再改变。《礼记·曲礼》里面讲:"尸体在床上叫做'尸',放入棺材就称为'柩'"。

以上讨论"尸柩"的问题。

11.35　崩薨别号,至墓同,何也?时臣子藏其君父,安厝之义①,贵贱同。葬之为言下藏之也。所以入地何?人生于阴,含阳光,死始入地,归所与也②。天子七月而葬,诸侯五月而葬何?尊卑有差也。天子七月而葬,同轨必至③。诸侯五月而葬,同会必至④。所以慎终重丧也。

右论葬。

【注释】

①安厝（cuò）:安葬。

②人生于阴,含阳光,死始入地,归所与也:根据陈立考证"光"应为"充","始"为衍字。生于阴,指生于母亲的胞胎之中。

③同轨:原指车辙宽度相同,这里引申为华夏同文之诸侯国。

④同会:指与会结盟之诸侯。

【译文】

"崩""薨"等讲论起来,各有不同含义,为什么灵柩埋葬的地方都称"墓"呢?这个时候,做大臣的和做儿子的已经装殓了君父遗体,停放灵柩待葬,贵贱是一样的。"葬"可以说"在地下埋藏"的意思。为什么人死了要埋在地下呢?人生于母亲胞胎之中属于阴,身体因阳气不断充实而形成人形,死后埋在地下,回到他所生的来处。天子死后七个月埋葬,诸侯死后五个月埋葬,这是为什么呢? 这是因为天子诸侯的地位尊卑有差别。天子死后七个月才埋葬,是因为要等到所有诸侯都赶来会葬。诸侯死后五个月才埋葬,这是要等所有同盟的诸侯都赶来会葬。这都是因为看重生命的终结,所以非常重视丧事。

以上讨论"葬"的问题。

11.36　《礼》曰:"冢人掌兆域之图,先王之葬居中,以昭穆为左右,群臣从葬,以贵贱序①。"

右论兆域。

【注释】

①"冢人掌兆域之图"数句:语见《周礼·春官宗伯·冢人》。兆域,墓地四周的疆界。亦以称墓地。

【译文】

《周礼》里面讲:"冢人掌管天子和同姓所葬的墓地,辨明墓地四周的疆界,将各种位置绘制成图。先王的墓地居于中央,按照昭穆秩序分为左右。臣子们墓地在先王墓地周围,按照贵贱排列秩序。"

以上讨论"兆域"的问题。

11.37　合葬者何? 所以同夫妇之道也。故《诗》曰:"谷则异室,死则同穴①。"又《礼·檀弓》曰:"合葬,非古也。自周公以来,未之有改也。"

右论合葬。

【注释】

①谷则异室,死则同穴:语见《诗经·王风·大车》。谷,生时。

【译文】

　　"合葬"是什么意思呢？这是为了合于夫妇之道。所以《诗》里面讲："活着不住在一个宫室，死了要埋在同一墓穴里面。"《礼记·檀弓》里面讲："合葬本来不是古代的礼俗。但从周公以来就有合葬，至今不曾改变这种做法。"

　　以上讨论夫妇合葬的问题。

　　11.38　葬于城郭外何①？死生别处，终始异居。《易》曰"葬之中野"②，所以绝孝子之思慕也。《传》曰："作乐于庙，不闻于墓。哭泣于墓，不闻于庙③。"所以于北方者何？就阴也。《檀弓》曰："葬于北方，北首，三代之达礼也。"孔子卒，以所受鲁君之璜玉葬鲁城北④。

　　右论葬北首。

【注释】

　　①城郭：城墙。城指内城的墙，郭指外城的墙。

　　②葬之中野：语见《周易·系辞下》。中野，原野之中。

　　③作乐于庙，不闻于墓。哭泣于墓，不闻于庙：出处不详。主要讨论上古不进行墓祭。

　　④璜：玉器名。状如半璧。古代朝聘、祭祀、丧葬时所用的礼器。也作佩饰。

【译文】

　　死者为什么要被安葬在城外呢？活人和死人应该待在不同的地方，生前和死后要住在不同的地点。《易》里面讲"埋葬在荒野中"，这是用来隔断孝子对死者的思慕之情。《传》里面讲："在宗庙奏乐祭祀，不在墓地祭祀。在墓地哭泣尽礼，不在宗庙号哭。"为什么墓地一般在北边呢？

这是为了靠近阴,便于死者归去。《礼记·檀弓》里面讲:"葬在北郊,头朝北方,这是三代以来通行的做法。"孔子去世后,就是佩戴着鲁国国君授予的璂,安葬在鲁城的北郊。

以上讨论埋葬死者头朝北方的问题。

11.39　封树者[①],可以为识。故《檀弓》曰:"古也墓而不坟[②],今丘也。东西南北之人也,不可以不识也[③]。于是封之,崇四尺。"《含文嘉》曰:"天子坟高三仞[④],树以松。诸侯半之,树以柏。大夫八尺,树以栾[⑤]。士四尺,树以槐。庶人无坟,树以杨柳。"

右论坟墓。

【注释】

①封:堆土为坟。树:种树为标记。

②墓:坟墓。古代埋葬死者,封土隆起的称为"坟",平的叫做"墓"。

③识(zhì):做标记。

④仞(rèn):古代长度单位。周制八尺、汉制七尺为一仞。

⑤栾(luán):树名。

【译文】

堆土为坟并种树作为标记,可以区分不同的坟墓。所以《礼记·檀弓》里面讲:"古代只有墓,不加土起坟。现在我孔丘是个四方奔走的人,不可以不加上标志。因此在墓上堆土为坟,高四尺。"《含文嘉》里面讲:"天子的坟有三仞高,周围种松树。诸侯的坟是天子坟一半高,周围种柏树。大夫的坟有八尺高,周围种栾树。士的坟四尺高,周围种槐树。平民不堆土为坟,只在周围种杨树和柳树。"

以上讨论"坟墓"的问题。

卷十二

郊祀 此下阙文并庄氏述祖补

【题解】

本卷题名为"阙文",均为清代庄述祖根据散佚文献所补充,所以放在最后。本篇名为"郊祀",共一条,主要讲了王者祭天的缘由、要用祖先配祀、根据夏正、在郊外祭天,祭祀的日期选择、祭祀的次数等等,反映了天子代天理政的思想。

12.1　王者所以祭天何?缘事父以事天也。祭天必以祖配何?自内出者,无匹不行。自外至者,无主不止[1]。故推其始祖,配以宾主,顺天意也。五帝三王祭天,一用夏正何?夏正得天之数也。天地交,万物通,始终之正。故《易·乾凿度》云"三王之郊,一用夏正"也。祭天必在郊何?天体至清,故祭必于郊,取其清洁也。祭日用丁与辛何?先甲三日,辛也,后甲三日,丁也[2],皆可以接事昊天之日。故《春秋传》郊以正月上辛日[3]。《尚书》曰:"丁巳,用牲于郊,牛二[4]。"祭天岁一何?言天至尊至质,事之不敢亵渎，故因岁之阳气始达而祭之也。祭天作乐者何？为降神也。《周官》，祭天，后夫人不与者，以其妇人无外事。

【注释】

① 自内出者，无匹不行。自外至者，无主不止：语出《春秋公羊传·宣公三年》。自内出者，指本族的先祖。匹，志同道合的人，伴侣，配偶。自外至者，指天帝。《春秋公羊解诂》云"必得主人乃止者，天道闇昧，故推人道以接之"。

② 先甲三日，辛也，后甲三日，丁也：天干顺序为甲、乙、丙、丁、午、己、庚、辛、壬、癸。所以先甲三日的天干为辛，后甲三日的天干为丁。

③ 故《春秋传》郊以正月上辛日：语见《春秋公羊传·成公十七年》。上辛日，农历每月上旬的辛日。

④ 丁巳，用牲于郊，牛二：语见《尚书·周书·召诰》。

【译文】

王者为什么要祭天呢？这说明王者要像敬事父亲一样来侍奉天。祭天为什么要用祖先的神主来配天呢？本族的先祖，没有志同道合的人则不能行远；从天而来的天帝，没有主人就不能停留。所以王者推尊始祖，将天帝和祖先各配以宾主之位，这是顺承天意的。五帝三王祭天全都在夏历的正月，这是为什么呢？这是因为夏历正月符合天数，此时正是天地交泰、万物通达、万象初始更新的时候。所以《易·乾凿度》里面讲"三王的郊祭，全部在夏历的正月"。祭天为什么一定要在郊外呢？这是因为天的本体至为清妙，所以一定要在南郊祭天，象征着清静洁净的意思。为什么祭祀的日期要选用丁日与辛日呢？先甲三日的天干为辛，后甲三日的天干为丁，都是可以承事上天的日子。所以《春秋传》里面讲要在正月上辛日进行郊祭。《尚书》里面讲："丁巳日在南郊用牲祭祀上帝，用了两头牛。"祭天为什么一年举行一次呢？这是因为天是最尊贵质朴的，侍奉上天不敢有丝毫亵渎之意，所以在每年阳气刚开始通达于上天的时候进行祭祀。祭天为什么要演奏音乐呢？这是为了请神降临。《周官》里面讲祭天礼仪中，后夫人是不能参与的，因为妇女不参与家门外的事情。

宗庙

【题解】

"宗庙"共一条。主要讲了王者设立宗庙的缘由、宗庙有室、禘祫祭的意义、祭祀宗庙四季名称不同及其缘由、诸侯每月初一要告朔、祭祀要设立神主、神主的形制、祭祀设立尸主及其缘由，反映了当时对祭祀的重视，体现了对于祖先神灵的崇拜。

12.2　王者所以立宗庙何？曰：生死殊路，故敬鬼神而远之。缘生以事死，敬亡若事存，故欲立宗庙而祭之。此孝子之心所以追养继孝也。宗者，尊也。庙者，貌也。象先祖之尊貌也。所以有室何？所以象生之居也。

【译文】

王者为什么要立宗庙呢？有人讲：这是因为生死是两条不同的路，活人应该尊敬鬼神，但也要保持适当距离。活人按照生前侍奉祖先的情形来侍奉死者，尊敬亡者就像他还活着一样，所以要设立宗庙对祖先进行祭祀。这是为了表达孝子想继续奉养亡者来尽孝的心意。"宗"是尊敬的意思。"庙"是容貌的意思。宗庙象征着先祖尊贵的容貌。为什么宗庙还要设立房室呢？这是模仿先祖生前的居所。

祭宗庙所以禘祫何？尊人君，贵功德，广孝道也。位尊德盛，所及弥远。谓之禘祫何①？禘之为言谛也。序昭穆，谛父子也。祫者，合也。毁庙之主②，皆合食于太祖也。三年一禘。周以后稷、文、武特七庙，后稷为始，与文王为太祖，武王为太宗。禘祫及迁庙何③？以其能世世继君之体，持其统而不绝，由亲及远，不忘先祖也。

【注释】

①禘祫（dì xiá）：古代帝王祭祀始祖的一种隆重礼仪。或禘祫分称而别义，或禘祫合称而义同，历代经传，说解不一。

②毁庙：古代宗庙制度之一。撤除不再奉祀的前代宗庙。

③迁庙：谓迁移新死天子的神主入祀太庙，迁移其高祖之祖的神主入祀太庙，并依次迁移原昭穆神主位置的仪式。

【译文】

祭祀宗庙为什么有禘祭祫祭呢？这是为了尊崇人君，表彰功德，推广孝道。君主地位尊贵，道德高尚，能够广施恩泽。为什么称为"禘祭""祫祭"呢？"禘"是审谛的意思，将昭穆列序，分别父子的位次。"祫"有合并的意思，没有专门之庙祭祀的神主都会与太祖合祭。三年举行一次禘祭。周代将后稷、文王、武王等列为七庙，后稷为周的始祖，以文王为太祖，以武王为太宗。禘祭、祫祭以及迁庙的理由是什么呢？理由在于君位由子孙世代进行承袭，道统得以保持而不断绝，所以从血缘关系近的排到血缘关系远的依次进行祭祀，表示不忘先祖。

宗庙所以岁四祭何？春曰祠者，物微，故祠名之。夏曰礿者①，麦熟进之。秋曰尝者，新谷熟尝之。冬曰烝者，烝之为言众也，冬之物成者众。《礼·王制》曰："春荐韭，夏荐麦，秋荐黍，冬荐稻。韭以卵，麦以鱼，黍以豚，稻以雁②。"

诸侯以月旦告朔于庙何③？缘生以事死，故国君月朔朝宗庙，存神受政也。

【注释】

①禴（yuè）：古代祭名，指夏祭或春祭。

②"春荐韭"数句：都在讲四季祭祀不同物品。荐，进献，送上。

③告朔：指诸侯于每月朔日（阴历初一）行告庙听政之礼。

【译文】

宗庙为什么一年要进行四次祭祀？春天祭祀称"祠"，此时万物还很微小，所以称为"祠"。夏天祭祀称为"禴"，此时麦子熟了进献给宗庙祖先。秋天祭祀称为"尝"，新谷熟了给祖先品尝。冬天祭祀称为"烝"，"烝"有"众多"的意思，冬天各种成熟的物类非常多，都可用来祭祀。《礼记·王制》里面讲："春天荐祭韭菜，夏天荐祭麦，秋天荐祭黍，冬天荐祭稻。韭菜配以鸡蛋，麦配以鱼，黍配以小猪，稻配以鹅。"诸侯为什么每个月初一要到宗庙举行告朔礼呢？这是按照侍奉活人的方式来侍奉死者，所以国君每月初一祭庙，告祭祖先的神灵以禀受政令。

祭所以有主者何？言神无所依据，孝子以主系心焉。《论语》云①："哀公问主于宰我，宰我对曰：'夏后氏以松。松者，所以自竦动。殷人以柏。柏者，所以自迫促。周人以栗。栗者，所以自战栗。'"亦不相袭。所以用木为之者何？本有终始，又与人相似也。盖题之以为记，欲令后可知也。方尺，或曰长尺二寸。孝子入宗庙之中，虽见木主，亦当尽敬也。所以虞而立主何②？孝子既葬，日中反虞，念亲已没，棺柩已去，怅然失望，彷徨哀痛，故设桑主以虞，所以慰孝子之心。虞，安其神也，所以用桑。练主用栗③。主祧纳之西壁④。

【注释】

①《论语》：据陈立《白虎通疏证》考证这里应该为《鲁论语》，已亡逸。

②虞：虞祭。既葬而祭叫虞，有安神之意。

③练主：古代练祭时所立的神主，奉祀于祖庙。用栗木作成。

④祏（shí）：古代宗庙中藏神主的石匣。

【译文】

祭祀为什么一定要有神主呢？这是因为祖先神灵没有依附的地方，孝子设立神主以便有所依凭。《论语》里面讲："鲁哀公向宰我询问神主的事情，宰我回答道：'夏代神主用松木，"松"表示自己要竦动。殷代神主用柏木，"柏"表示自己要有迫促感。周代神主用栗木，"栗"表示自己要战战兢兢。'"三代神主是不同的。为什么要用木头来做神主呢？这是因为木头生长周期有始有终，这同人一生的过程很相似。在木头上题字作为标记，是为了让后世知道神主代表的是谁。神主应该是方形，长一尺，也有人说长一尺二寸。孝子进入宗庙后，即使只见到木头神主也应该非常恭敬。为什么虞祭的时候就要设立神主？这是因为孝子完成葬礼后，中午回来进行虞祭，想起去世的父母，他们的棺柩已经下葬而怅然若失，内心非常彷徨哀痛。所以要设立桑木神主进行虞祭，让孝子之心得到宽慰。虞祭是为了让死者的魂神得以安宁，所以用桑木制作。练祭时用的练主就用栗木做了。神主要用石匣子藏好收藏在宗庙西壁下。

祭所以有尸者何？鬼神听之无声，视之无形，升自阼阶，仰视榱桷①，俯视几筵，其器存，其人亡，虚无寂寞，思慕哀伤，无可写泄，故座尸而食之，毁损其馔，欣然若亲之饱，尸醉若神之醉矣。《诗》云："神具醉止。皇尸载起②。"曾子曰："王者祭宗庙，以卿为尸，射以公为耦③，不以公为尸何？避嫌也。三公尊近，天子亲稽首拜尸，故不以公为尸。"

周公祭太山,周召公为尸。

【注释】

①榱桷（cuī jué）：屋椽。

②神具醉止,皇尸载起：语见《诗经·小雅·楚茨》。皇,表示赞美的
　形容词。载,则。

③耦：指二人一组。

【译文】

祭祀时为什么一定要用尸呢？因为鬼神的声音大家听不到,鬼神的
形状大家看不到。祭祀时人们从东阶升入殿堂,仰视屋椽,俯视几筵,这
些东西都还在,但是死者人却已经不在了,会感到非常虚无寂寞,不由思
慕死者备感哀伤,又没有地方可以宣泄这种感情。所以设立尸主进行祭
祀,就像款待鬼神一样,这样可以让祭祀用的美馔佳肴被品尝。尸主表
现出高兴的样子就像去世的亲人吃饱了一样,尸主喝醉了就像神灵喝醉
了一样。《诗》里面讲："神灵们都喝醉了,尸神离开了神位。"曾子讲："王
者祭祀宗庙时,让卿担任尸主,行射礼时则和公一起。为什么不让公担
任尸主呢？这是为了避嫌。三公地位尊贵且与王者地位接近,天子要亲
自叩头参拜尸主,所以不能用三公为尸主。"但是周公祭祀泰山时,是召
公担任尸主。

朝聘

【题解】

"朝聘"共一条。主要讲了制定朝聘礼仪的缘由、朝聘的时间、朝聘
的礼仪细节,还有朝礼的时间和举行方式,体现了对于君臣之道的维护,
强调了尊卑等级的区分。

12.3　所以制朝聘之礼何？以尊君父，重孝道也。夫臣之事君，犹子之事父，欲全臣子之恩，一统尊君，故必朝聘也。聘者，问也。缘臣子欲知其君父无恙，又当奉土地所生珍物以助祭，是以皆得行聘问之礼也。谓之朝何？朝者，见也。五年一朝，备文德而明礼义也。因用朝时见，故谓之朝。言诸侯当时朝于天子。朝用何月？皆以夏之孟四月，因留助祭。

【译文】

为什么要专门制定朝聘的礼仪呢？这是为了表示对君父的尊重，对孝道的推重。臣子侍奉君主，就像儿子侍奉父母一样，要充分表达对君主的感恩之情，一起表示对君主的尊重，所以一定要进行朝聘。"聘"是问候的意思。因为臣子想要知道君主身体是否无恙，而且想将当地所产的珍宝美物奉献给君主进行助祭，所以诸侯都要举行聘问之礼。为什么称为"朝"呢？"朝"是见的意思。诸侯五年一朝，表示国家文德已备，礼义已明。因为诸侯朝觐都是有具体时间规定的，所以称为"朝"。是说诸侯要按时朝觐天子。朝觐在哪个月呢？一般都是在夏季第一个月，也就是每年四月，诸侯会留下来做天子的助祭。

朝礼奈何？诸侯将至京师，使人通命于天子，天子遣大夫迎之百里之郊，遣世子迎之五十里之郊矣。《觐礼经》曰："至于郊，王使人皮弁用璧劳①。"《尚书大传》曰："天子太子年十八曰孟侯，于四方诸侯来朝，迎于郊。"诸侯来朝，天子亲与之合瑞信者何？正君臣，重法度也。《觐礼经》曰："侯氏坐取圭，升致命，王受之玉。"《尚书》曰："辑五瑞②。"

【注释】

①至于郊,王使人皮弁用璧劳:语见《仪礼·觐礼》。

②辑五瑞:语见《尚书·虞书·舜典》。辑,聚合,集聚。五瑞,诸侯
　作为符信的五种玉。

【译文】

朝礼是怎么样的呢? 诸侯快要到京师时,会先派人禀告天子。天子
先派遣大夫到百里远的郊外进行迎接,然后派遣世子到五十里远的郊外
进行迎接。《觐礼经》里面讲:“当诸侯抵达王城近郊时,天子派使者穿上
皮弁之服拿着玉璧去慰劳诸侯。”《尚书大传》里面讲:“天子的太子年
满十八岁称为‘孟侯’。当四方诸侯来朝觐时,他要到郊外去迎接。”诸
侯来朝觐,为什么天子要亲自同他们合符瑞呢? 这是为了端正君臣的名
分,表示对法度的尊重。《觐礼经》里面讲:“于是诸侯坐着拿起圭,上堂
向天子致奉命而来之意,天子亲自接受诸侯呈上的圭。”《尚书》里面讲:
“集聚了诸侯的五种瑞玉。”

　　诸侯相朝聘何? 为相尊敬也。故诸侯朝聘,天子无恙,
法度得无变更,所以考礼、正刑、壹德以尊天子也[①]。公执
玉,取其畅达也。卿执羔,取其跪乳有礼也。《书》曰:“五玉
三帛,二生一死贽[②]。”

【注释】

①所以考礼、正刑、壹德以尊天子也:语见《礼记·王制》。

②五玉三帛,二生一死贽:据陈立考证,此处为古文尚书《尧典》中
　的语句。五玉,指珪、璧、琮、璜、璋。三帛,指黑、白、赤三色帛。
　二生,二牲。指小羊和雁。一死,指雉。

【译文】

诸侯互相朝聘是为什么呢？这是诸侯们互相表示尊敬。所以诸侯行朝聘礼时，如果天子无恙，那么法度就不用变更，可以考校礼仪、订正刑法、统一道德规范来表达对天子的尊崇。公朝觐拿着玉，取玉有畅达之意。卿朝觐拿着羔，取羔羊有跪乳之礼。《书》里面讲："五种瑞玉，三色的帛，两种生贽，一种死贽。"

至正月朔日，乃执而朝贺其君，朝贺以正月何？岁首意气改新，欲长相保，重本正始也。故群臣执贽而朝贺其君。朝礼奈何？君出居内门之外，天子揖，诸侯持揖①，卿大夫膝下至地。天子特揖三公，面揖卿，略揖大夫士②。所以不拜何？为其屈尊也。

【注释】

①持揖：据陈立考证此处"持"应该为"特"字之误。特揖，一一揖拜。《周礼·夏官司马·司士》："孤、卿特揖，大夫以其等旅揖，士旁三揖。"郑玄注："特揖，一一揖之。"孙诒让正义："谓每人一揖之。凡揖者推手。"

②天子特揖三公，面揖卿，略揖大夫士：据陈立考证，此处"面揖"相当于《周礼·夏官司马·司士》的"旅揖"，对众人一起作揖。《周礼·夏官司马·司士》："大夫以其等旅揖。"郑玄注："旅，众也。大夫爵同者众揖之。"

【译文】

到了正月初一，臣子们拿着礼物来朝贺君主。朝贺为什么在正月呢？正月是一年的开头，代表万象更新，想要长久保持这种祥瑞之气，表明对事物的根本和开端的重视。所以群臣拿着贽礼来朝贺君主。朝礼是怎么样的呢？君主到内门的外面站着，天子作一下揖，诸侯要对其他人一一作揖，卿大夫要跪下。天子对三公会一一作揖，对卿一起作揖，对大夫、士微微作揖。为什么不拜呢？这是避免让尊者屈尊降贵。

贡士

【题解】

"贡士"共一条。主要讲了诸侯向天子贡士的原因和时间，天子聘求贤人的方法，体现了儒家"任贤使能"的政治理想。

12.4　诸侯三年一贡士者，治道三年有成也。诸侯所以贡士于天子者，进贤劝善者也。天子聘求之者，贵义也。治国之道，本在得贤。得贤则治，失贤则乱。故《月令》季春之月："开府库，出币帛，周天下，勉诸侯，聘名士，礼贤者①。"有贡者复有聘者何？以为诸侯贡士，庸才者贡其身，盛德者贡其名。及其幽隐，诸侯所遗失，天子之所昭，故聘之也。

【注释】

①"开府库"六句：语见《礼记·月令》。周，救济。聘，以币帛表示慰问。名士，才德优异不出仕的人。

【译文】

诸侯之所以每三年向天子推荐士人，是因为按照治理规律，政事三年才能看出成效。诸侯之所要荐举士人给天子，这是为了引荐贤人，劝人为善。天子用币帛等礼物聘求贤才，是因天子以道义为贵。治国的根本在于选用贤才。国家能够得到贤才，就可以得到好的治理；如果不能任用贤才，国家就会混乱。所以《月令》的季春之月有："打开府库，拿出布帛等财物周济天下有困难的人。勉励诸侯，聘问名士，礼待贤人。"为什么在诸侯贡士之外，天子还要另外聘求贤能呢？有人认为：诸侯荐举士人，具有一般才能的人荐举其人，品德高尚的人荐举其名。至于那些隐居未仕的人，诸侯荐举时会遗漏他们，却是天子想要显扬的，所以会聘请他们。

车旂

【题解】

"车旂"共一条，主要讲了从天子到诸侯所乘坐的车及装饰，乘车时的礼仪，重点介绍了车上和鸾设置的原因及象征意义、车上其他图画的含义，体现了上下等级尊卑秩序。

12.5　路者，何谓也？路，大也，道也，正也。君至尊，制度大①，所以行道德之正也。路者，君车也。天子大路②，诸侯路车③，大夫轩车④，士饰车⑤。玉路，大路也。名车为辂者，言所以步之于路也。车所以立乘者何？制车以步，故立乘。车中不内顾何？仰即观天，俯即察地，前闻和鸾之声⑥，旁见四方之运，此车教之道。《论语》曰："升车，必正立，执绥。车中不内顾⑦。"

【注释】

①制度：规格，规模。

②大路：亦作"大辂"。玉辂。古时天子所乘之车。

③路车：辂车。古代天子或诸侯贵族所乘的车。

④轩车：有屏障的车。古代大夫以上所乘。

⑤饰车：古代大夫乘的鞔（mán）革为饰的车子。

⑥和鸾（luán）：古代车上的铃铛。挂在车前横木上称"和"，挂在轭
　　首或车架上称"鸾"。

⑦升车，必正立，执绥。车中不内顾：语见《论语·乡党》。

【译文】

"路"是什么意思呢？"路"有大、道、正等含义。君主地位至尊，所
以用的器物规模都是最大的，象征君主遵循中正的道德。路是君主的
车。天子乘大路，诸侯乘路车，大夫乘有屏障的车，士乘坐鞔革为饰的
车子。玉路也是大路的一种。称车为"辂"是形容车子在路上行驶的样
子。为什么要站着乘车呢？车是用来代步的，所以要站着乘车。在车中
不能够向内回顾是为什么呢？乘车的人抬头可以观察天象，低头可以观
察地理，前面可以听到车上铃铛合鸣的声音，旁边可以看到四方气象的
流转，这是乘车礼教中所蕴含的道。《论语》里面讲："孔子上车，一定先
端正地站好，拉着绳索登车。在车中不回头看。"

　　所以有和鸾者何？以正威仪，节行舒疾也。鸾者在衡，
和者在轼，马动则鸾鸣，鸾鸣则和应。其声鸣曰和敬，舒则
不鸣，疾则失音，明得其和也。故《诗》云："和鸾雍雍，万福
攸同①。"《鲁训》曰②："和，设轼者也。鸾，设衡者也。"《礼
记》曰："天子乘龙，载大旂，象日月升龙③。"《传》曰："天子
升龙，诸侯降龙。"

【注释】

①和鸾雍雍，万福攸同：语见《诗经·小雅·蓼萧》。攸，所。同，聚。

②《鲁训》：指鲁诗说。

③天子乘龙，载大旂，象日月升龙：语见《仪礼·觐礼》。旂，古代画有两龙并在竿头悬铃的旗。

【译文】

为什么车上有和鸾呢？这是为了端正乘车人的威仪，控制行车的速度。鸾挂在车辕端，和挂在车前横木上。如果马动起来，鸾就会鸣响；如果鸾响起来，和就会应和。这种鸣响的声音称为"和敬"。如果车行太慢，和鸾就不会鸣响；如果车行太快，和鸾的声音就会失去节奏，所以驾车时一定要让和鸾有节奏地响动。所以《诗》里面讲："和车上的铃铛叮叮当当响，万般福禄汇聚一堂。"《鲁训》里面也讲："和挂在车前横木上，鸾挂在车辕端。"《礼记》里面讲："天子乘的路车用龙的图案进行装饰，车上有大旗，旗上有日月和飞升的龙的图案。"《传》里面讲："天子可以用飞升的龙的图案，诸侯只能用下降的龙的图案。"

田猎

【题解】

"田猎"共一条。主要讲了从天子到诸侯进行田猎的缘由、田猎四季名称不同及其含义、王者要亲自打猎、用猎物祭祀宗庙，苑囿的规模、方位等。这都说明秦汉时期对于武力的崇拜和重视，体现了"有文治必有武备"的治国方针。

12.6　王者诸侯所以田猎者何？为田除害①，上以共宗庙②，下以简集士众也③。春谓之田何？春，岁之本，举本名而言之也。夏谓之苗何？择去其怀任者也。秋谓之蒐何④？蒐索肥者也。冬谓之狩何？守地而取之也⑤。四时之田，总名为田何？为田除害也。《春秋穀梁传》曰："春曰田，夏曰苗,秋曰蒐,冬曰狩。"

【注释】

①为田除害:《春秋公羊传·桓公四年》何休注:"必田狩者,孝子之意,以为己之所养,不如天地自然之牲逸豫肥美。禽兽多则伤五谷,因习兵事,又不空设,故因以捕禽兽,所以共承宗庙,示不忘武备。又因以为田除害。"

②共:通"供"。供给,供奉。

③简集:检阅集合。

④蒐(sōu):打猎。大蒐礼是春秋时期诸侯国借用田猎活动来组织军队、任命将帅、训练士卒的重要军事活动,又是当时推行政策、加强统治、准备战争的重要手段。

⑤守:围守。

【译文】

王者诸侯为什么要进行田猎呢?这是因为田猎可以消灭田野中祸害庄稼的禽兽,获得的猎物可以供奉宗庙,同时可以集合士民进行武装检阅。春天田猎称为"田"是为什么呢?春天是一年的根本,因此用最基本的名字来称呼。为什么夏天田猎称为"苗"呢?夏天田猎是选择性猎取那些不能怀妊的猎物。为什么秋天田猎称为"蒐"呢?这是在禽兽中选择那些肥壮的猎物。为什么冬天田猎称为"狩"呢?因为冬天是在固定地点围守猎取禽兽。为什么四季的田猎总称为"田"呢?因为田猎主要是为了消灭田野中祸害庄稼的禽兽。《春秋穀梁传》里面讲:"春天田猎称'田',夏天田猎称'苗',秋天田猎称'蒐',冬天田猎称'狩'。"

王者祭宗庙,亲自取禽者何?尊重先祖,必欲自射,加功力也。禽者何?鸟兽之总名,明为人所禽制也。王者不亲取鱼。囿，天子百里，大国四十里，次国三十里，小国二十里。苑囿所以在东方何？苑囿，养万物者也。东方，物所以生也。《诗》云："东有圃草[①]。"鸟所以飞何？鸟者，阳也。飘轻，故飞也。

【注释】

①东有圃草：语见《诗经·小雅·车攻》。

【译文】

　　王者祭祀宗庙，为什么要亲自猎取禽兽呢？这是为了表示对先祖的尊重，想要用自己亲手捕获的猎物来祭祀，表达自己愿意亲力亲为侍奉祖宗。"禽"是什么意思呢？这是鸟兽的总称，表明它们都被人所擒制。王者不亲自钓鱼。打猎的园囿，天子可以有方圆百里的规模，大国园囿的规模有方圆四十里，次一等国园囿的规模是方圆三十里，小国园囿的规模是方圆二十里。苑囿为什么要设置在东边呢？苑囿是长养万物的地方，东方是万物开始生长的地方。《诗》里面讲："东方的圃园里面有一片草。"鸟为什么可以高飞呢？鸟属于阳，形态飘逸轻盈，所以可以飞翔。

杂录

【题解】

"杂录"共一条，内容比较杂，涉及宫室、门、阙、尺寸等各项内容。

　　12.7　黄帝作宫室以避寒温。宫之为言中也。天子之堂高九尺，天子尊，故极阳之数九尺也。堂之为言明也，所以明礼义也。《礼记》曰："天子之堂九尺，诸侯七尺，大夫五尺，士三尺[①]。"门四出何？所以通方。故《礼·三朝记》

曰："天子之官四通②。"所以必有塾何③？欲以饰门，因取其名也。明臣下当见于君，必先孰思其事也。天子曰崇城，言崇高也。诸侯曰干城，言不敢自专，御于天子也。门必有阙者④，阙者所以饰门，别尊卑也。阙者何？阙疑也。所以设屏何？屏所以自障也。示不极臣下之敬也。天子德大，故外屏。诸侯德小，所照见近，故内屏。

【注释】

①"天子之堂九尺"四句：语见《礼记·礼器》。堂，建于高台基之上的厅房。古时，整幢房子建筑在一个高出地面的台基上。前面是堂，通常是行吉凶大礼的地方，不住人；堂后面是室，住人。

②天子之官四通：逸《礼》篇章。官，为"宫"字之误。

③塾：宫门外两侧房屋，为臣僚等候朝见皇帝之处。

④阙（què）：宫门、城门两侧的高台，中间有道路，台上起楼观。

【译文】

黄帝制作宫室是为了帮助人们躲避寒冷和炎热的天气。"宫"也可以称为"中"。天子的堂高九尺，天子地位最尊贵，所以用最大的阳数九。"堂"可以称为"明"，这是用来彰明礼义的。《礼记》里面讲："天子的堂高九尺，诸侯的堂高七尺，大夫的堂高五尺，士的堂高三尺。"明堂为什么四面都有门呢？这是为了通达四方之气。所以《礼·三朝记》里面讲："天子的宫殿四面有门。"为什么一定要有塾呢？这是为了装饰大门的，因此得名。表明臣下将要觐见君主前，一定会对自己所禀告的事情深思熟虑。天子的宫城称为"崇城"，是为了显示其崇高。诸侯的宫城称为"干城"，表示诸侯不敢擅自专断，需要受到天子制约。门前为什么一定有阙呢？阙也是用来装饰门的，是为了区分地位尊卑。"阙"是什么意思？是阙疑的意思。为什么还要设立屏障呢？屏是用来障蔽自身的，君主为了避免臣下太过尊敬而设立。天子的道德最为广大，所以在宫门外设置屏障。诸侯的道德小一些，观照到的事物近一些，所以在门内设置屏障。

齐者，言己之意念专一精明也。冬至前后，君子安身静体，百官绝事不听政，择吉辰而后省事。共工之子曰修，好远游，舟车所至，足迹所达，靡不穷览，故祀以为祖神①。天子疾，称不豫。诸侯称负子。大夫称负薪。士称犬马。不豫者，不复豫政也。负子者，诸侯子民，今不复子之也。负薪，犬马，皆谦也。

【注释】

①祖神：道路之神。

【译文】

"齐"是指将自己的意念修习到专一精明的极点。冬至前后，君子要让身体安静下来，百官都不处理政事。等冬至过后，再择吉日开始处理各种事情。共工有儿子叫做修，他喜欢远游，舟车所到的去处，人的足迹所能抵达的地方，他都游历过，所以将他作为道路之神祭祀。天子生病称为"不豫"。诸侯生病称为"负子"。大夫生病称为"负薪"。士生病称为"犬马"。"不豫"是讲不再参与政事。"负子"是讲诸侯以子爱百姓为职责，现在不能再子爱百姓了。"负薪""犬马"都是谦辞。

夏称后者，以揖让受于君，故称后。殷称人者，以行仁义，人所归往。夏法日，日数十也。日无不照，尺所度无所不极，故以十寸为尺。殷法十二月，言一岁之中无所不成，故以十二寸为尺。周据地而生，地者，阴也。以妇人为法，妇人大率奄八寸^①，故以八寸为尺。人践三尺^②，法天地人。

【注释】

①奄：手所覆盖。

②践：举步。

【译文】

夏之所以称"后"是因为这个朝代是通过禅让而得君位，人们褒奖他们的这种做法，所以称为"后"。殷称"人"，是因为他们行仁义，是人心所归。夏效法太阳，日以十为数。太阳无所不照，尺所度量的事物也是无所不及，所以以十寸为一尺。殷效法十二个月，这是指一年十二个月万物都会有成就，所以殷商以十二寸为一尺。周效法地，地属于阴，根据妇人的尺度作为标准。妇人大概一手所掩范围为八寸，所以以八寸为一尺。人一举步为三尺，这是效法天、地、人三才。

中华经典名著
全本全注全译丛书
（已出书目）

周易	晏子春秋
尚书	穆天子传
诗经	战国策
周礼	史记
仪礼	吴越春秋
礼记	越绝书
左传	华阳国志
韩诗外传	水经注
春秋公羊传	洛阳伽蓝记
春秋穀梁传	大唐西域记
孝经·忠经	史通
论语·大学·中庸	贞观政要
尔雅	营造法式
孟子	东京梦华录
春秋繁露	唐才子传
说文解字	大明律
释名	廉吏传
国语	徐霞客游记